# Das Haus der inklusiven Schule

Gewidmet den Pionieren der Inklusion:

- den Kindern, die miteinander und voneinander gelernt haben;
- den Eltern, die Integration erfunden, gewollt und politisch durchgesetzt haben;
- den Lehrerinnen und Lehrern, die gemeinsames Lernen im schulischen Alltag umgesetzt haben.

Lebenswelten und Behinderung **Band 14**

Herausgegeben von Karl Dieter Schuck und Ulrich Bleidick

Hans Wocken

# Das Haus der inklusiven Schule

## Baustellen – Baupläne – Bausteine

6. Auflage

ISBN 978-3-925408-47-2


FELDHAUS VERLAG GmbH & Co. KG
Postfach 73 02 40
22122 Hamburg
Telefon +49 40 679430-0
Fax +49 40 67943030
post@feldhaus-verlag.de
www.feldhaus-verlag.de

Druck und Verarbeitung: WERTDRUCK, Hamburg

**Bibliografische Information der Deutschen Nationalbibliothek**
Die Deutsche Nationalbibliothek verzeichnet diese Publikation in der Deutschen Nationalbibliografie; detaillierte bibliografische Daten sind im Internet über http://dnb.d-nb.de abrufbar.

# Vorwort der Reihenherausgeber

Am 26. März 2009 trat in der Bundesrepublik Deutschland die UN-Behindertenrechtskonvention in Kraft. Die darin getroffenen Vereinbarungen sind für die organisatorische und inhaltliche Gestaltung nicht nur der Schulsysteme der Vertragsstaaten weitreichend. Dies wurde von den bundesrepublikanischen Bildungsbehörden und in den Schulen der Bundesländer kaum wirklich wahrgenommen. Zu sehr ist unsere Schule trotz jahrzehntelanger Integrationsbemühungen im Umgang mit Behinderungen und Randständigkeit im klassischen Denken verhaftet. So gehen die mit der UN-Konvention getroffenen Vereinbarungen, die Schulsysteme der Vertragsstaaten zu inklusiven Systemen zu entwickeln, weit über die Veränderungen hinaus, die durch die Integrationsbewegung initiiert worden waren.

In diesem Kontext freuen sich die Herausgeber ganz besonders, mit diesem Sammelband grundlegende Texte von Hans Wocken zu Fragen der Integration und Inklusion vorlegen zu können. Hans Wocken ist einer der wichtigsten Autoren, die sich mit der Theorie und Praxis zunächst der Integration und nun der Inklusion behinderter Menschen beschäftigt haben. Der Sammelband fasst elf seiner zentralen Veröffentlichungen zu diesem Themenspektrum zusammen, die zum Teil bereits als Einzelbeiträge andernorts erschienen sind. Damit wird dieser Sammelband für all die Kolleginnen und Kollegen, die sich mit der Umsetzung der UN-Konvention und mit der Entwicklung einer inklusiven Schule in unterschiedlichen Kontexten beschäftigen, zu einem unerlässlichen Begleiter.

Mit diesem Sammelband schließen die Herausgeber an die bisherigen dreizehn dem Integrationsgedanken verpflichteten Bände der Reihe an, um sich damit in den Diskurs zur Operationalisierung des neuen Fachbegriffs der Inklusion einzuschalten.

Das dauerhafte, lebhafte Interesse an diesem Buch hat zur Herausgabe der nun vorliegenden sechsten Auflage geführt.

Für die Reihenherausgeber — Karl Dieter Schuck

Hamburg, 2015

# Inhaltsverzeichnis

# 1. Integration.

Integration wird hier verstanden als gemeinsame Unterrichtung behinderter und nichtbehinderter Kinder in allgemeinen Schulen. Sie wird inhaltlich definiert als (1.) allseitige Förderung (2.) aller Kinder (3.) durch gemeinsame Lernsituationen. Zunächst: Integrative Lernorte sind vielfältige Lebens- und Erfahrungsräume, die der 'ganzheitlichen' Entfaltung der kindlichen Persönlichkeit dienlich sind und dem Lernen 'mit Kopf, Herz und Hand' (Pestalozzi) Raum geben. Sodann: Integration ist grundsätzlich 'unteilbar' (Feuser); sie bezieht ausnahmslos Kinder aller Behinderungsarten und -grade ein. 'Integrationsfähigkeit' gilt nicht als eine Eigenschaft von Personen, sondern bezeichnet ein Passungsverhältnis zwischen Förderbedarfen und Förderressourcen. Schließlich: Integrative Erziehung ermöglicht das Miteinander- und Voneinanderlernen in heterogenen Gruppen, also gemeinsame Bildungsprozesse, 'zu denen alle beitragen und die alle teilen können' (Dewey). In diesem Sinne kann Integrative Erziehung als Auslegung und Konkretisierung von 'Allgemeinbildung' verstanden werden.

Etwa seit dem 'Jahr der Behinderten' 1981 haben namentlich Elterninitiativen die ersten Integrationsklassen gegen erhebliche Widerstände auch der etablierten Behindertenpädagogik erkämpft. Zur Jahrtausendwende sind in nahezu allen Ländern integrative Schulen und Klassen vorzufinden, mit deutlichem Schwerpunkt in der Grundschule. Der relative Anteil behinderter 'Integrationskinder' liegt allerdings derzeit nicht erheblich über 5 Prozent. Im europäischen Vergleich rangiert Deutschland auf den unteren Plätzen. – In der wissenschaftlichen Theoriebildung geht Integrationspädagogik über die Thematik Integration Behinderter hinaus. Unterschiedlichkeit ist ein anthropologisches Konstituens: 'Es ist normal, verschieden zu sein.' Die 'Dialektik von Gleichheit und Verschiedenheit' ist die axiomatische Grundlage der 'Theorie integrativer Prozesse' (Deppe, Reiser). Die Differenz zwischen Kulturen, Geschlechtern und Begabungen wird theoretisch eingeholt und aufgehoben in einer umfassenden, allgemeinen 'Pädagogik der Vielfalt' (Hinz, Prengel, Preuss-Lausitz). Integrative Pädagogik bricht ferner mit der Sonderanthropologie von Behinderung als defizitärem Anderssein und stellt eine subjekt- und kompetenzorientierte Sichtweise in den Vordergrund.

Für Integration können ethische, pädagogische und politische Gründe angeführt werden. Integration ist zuvörderst eine *ethische* Maxime und ein fundamentales Grundrecht. Die Integrationsforderung ist in der Gleichheit aller Menschen grundgelegt. Auch Menschen mit Behinderungen haben ein Recht, 'ein Leben so normal wie möglich' (Nirje) zu führen. Gleichberechtigte Teilhabe und ungeteilte Gemeinsamkeit sind normal, begründungs- und rechtfertigungspflichtig sind alle Ausnahmen, also Ausgrenzung und Aussonderung. Das Recht auf uneingeschränkte Teilhabe und gleiche Teilnahmechancen wird von der Verfassung nachdrücklich unterstrichen: 'Niemand darf wegen seiner Behinderung benachteiligt werden' (GG, Art. 3,3). Integration geht grundsätzlich vor Separation. Alle Sondereinrichtungen sind immer nur nachrangige Ersatzlösungen, Lernorte zweiter Priorität. Sonderschulen stehen zum allgemeinen Schulwesen in einem subsidiären Ergänzungsverhältnis, sie haben keine eigenständige Existenzberechtigung. Dem Primat der Integration entsprechend ist für behinderte Kinder 'die am wenigsten einschränkende Umgebung' (last restrictive enviroment) zu wählen. – Die *pädagogische* Rechtfertigung von Integration hebt auf den grundlegenden Auftrag aller Erziehung ab. Erziehung ist wesenhaft Annahme, nicht Auswahl (Buber). Erziehung ist nicht wählerisch, sondern nimmt alle Kinder auf und an, ohne Ansehen ihrer Person. Die 'Empfehlung zur sonderpädagogischen Förderung in den Schulen der Bundesrepublik Deutschland' der Kultusministerkonferenz (1994) bestimmen entsprechend die Bildung behinderter Kinder 'als gemeinsame Aufgabe für grundsätzlich alle Schulen' und verstehen Sonderpädagogik 'als eine Ergänzung und Schwerpunktsetzung der allgemeinen Pädagogik'. – Eine integrative Schule ist der *politischen* Idee einer demokratischen Gesellschaft verpflichtet. Demokratie und Integration haben beide das 'Miteinander der Verschiedenen' (Adorno) zum Ziel. Die integrative Schule bricht mit der konservativen Tradition, unterschiedliche Kinder in unterschiedliche Schulen zu schicken und Unterschiedlichkeit zur Rechtfertigung eines gegliederten Schulsystems heranzuziehen. Integration zielt auf die 'Bewältigung der Andernheit in der gelebten Einheit' (Buber) ab und leistet damit einen Beitrag zur Friedenserziehung.

Schulische Integration kann in unterschiedlichen Organisationsformen stattfinden: Einzelintegration, Integrationsklassen, Integrationsschulen. *Einzelintegration* dient dem Erhalt lebensweltlicher, sozialer Bezüge; sie hat neben dem Vorteil der Wohnortnähe den Charme einer natürlichen Inklusion. Je geringer Behinderungsquote und Besiedelungsdichte sind, desto eher ist eine Einzelintegration behinderter Kinder angezeigt. *Integrationsklassen* waren das historische Einfallstor für die Durchsetzung und Erprobung integrativer Erziehung. Sie sind zumeist mit dem Prinzip der Freiwilligkeit, mit besonderen Aufnahmeverfahren und ihren jeweiligen Folgeproblemen verknüpft. Innerhalb eines gegliederten Schulwesens stellen sie ein paradoxes Kunstgebilde dar. *Integrationsschulen* sind 'Schulen für alle'. Die gesamte Schule ist in das Konzept des gemeinsamen Lernens einbezogen. Die Schule ist eine gemeinwesenorientierte Nachbarschaftsschule, alle Kinder des Schulbezirks werden aufgenommen, die integrativen Klassen sind ein getreues Abbild der sozialen Umgebung. Die 'integrativen Regelklassen' in Hamburg sind 'präventiv' mit einer 'sonderpädagogischen Grundausstattung' versehen und nehmen alle Kinder mit Beeinträchtigungen des Lernens, des Verhaltens und der Sprache ohne eine vorgängige diagnostische Klassifizierung und Etikettierung als Behinderte auf ('Dekategorisierung'). Sie heben damit die sog. „Zwei-Gruppen-Theorie", also die Aufteilung der Kinder in „behindert" und „nichtbehindert", faktisch auf und haben damit schon Inklusion praktiziert, noch bevor dieser Terminus in der wissenschaftlichen Diskussion von sich reden machte.

Das Gelingen integrativer Erziehung ist an ein Bündel organisatorischer, didaktischer, professioneller und systemischer Bedingungen geknüpft. Bezüglich der *organisatorischen* Rahmenbedingungen steht die Reduzierung der Gruppenfrequenz im Vordergrund. Die Klassengrößen von Sonderschulen machen etwa die Hälfte bis ein Drittel der Klassenfrequenzen an Regelschulen aus. Entsprechend sind behinderte Kinder in integrativen Klassen doppelt oder dreifach zu zählen und von den üblichen Frequenzen in Abzug zu bringen. Die Klassengrößen variieren im Allgemeinen zwischen 15 und 20 Kindern mit 2 bis 4 behinderten Kindern. – Das *didaktische* Grundproblem eines integrativen Unterrichts ist die 'Verschiedenheit der Köpfe' (Herbart). Die Verschiedenheit der Kinder erfordert einen vielgestaltigen und differenzierenden Unterricht. Unverzichtbar sind die Prinzipien des zieldifferenten Lernens, der individualisierenden Lernhilfe und der intraindividuellen Leistungsbewertung. Inhalt und Niveau der Lernanforderungen, Art und Umfang der pädagogischen Hilfen, Maßstäbe und Formen der Leistungsbewertung müssen dem jeweiligen Vermögen der Kinder individuell angepasst werden. Im 'Haus des Lernens' kommen die Urformen kindlicher Welterschließung und – begegnung 'Spiel, Gespräch, Arbeit und Feier' (Petersen) in angemessener Ausgewogenheit zur Geltung. Innerhalb einer vielgestaltigen unterrichtsmethodischen Landschaft haben auch besondere Fördermaßnahmen und therapeutische Angebote für behinderte Kinder einen legitimen Ort. In der 'Theorie gemeinsamer Lernsituationen' (Wocken) wird integrativer Unterricht als eine 'Didaktik der Vielfalt' beschrieben, die sowohl der Verschiedenheit der Kinder als auch der Gemeinsamkeit der Gruppe zu ihrem Recht verhilft und eine ausgewogene Balance von gemeinsamen und individuellen Lernprozessen einfordert. – Als *professionelle* Bedingung erfordert Integration die kooperative Zusammenarbeit verschiedener pädagogischer Kompetenzen. Eine homogene Schülergruppe kann durch einen einzigen Lehrer unterrichtet werden, weil alle Schüler gleiche Voraussetzungen mitbringen und zu den gleichen Zielen gelangen sollen. Eine integrative Klasse ist eine Lerngruppe mit einer größeren Spannweite an Begabungen und Fähigkeiten. Eine integrative Klasse ist bejahte und gewollte Heterogenität. Für den Unterricht in einer heterogenen Schülergruppe ist die Mitarbeit eines zweiten Pädagogen erforderlich. Die Komplexität der Lerngruppe muss gleichsam durch die Komplexität der pädagogischen Kompetenzen wieder ausgeglichen werden. Eigenart und Umfang der besonderen Förderbedarfe sind maßgebend, wie viel und welche zusätzlichen professionellen Ressourcen bereitzustellen sind. – In integrativen Klassen ist insbesondere die Rolle des Sonderpädagogen starken Veränderungen unterworfen. Der Sonderpädagoge hat keine eigene Klasse mehr und ist nur stundenweise anwesend. Obwohl der Sonderpädagoge in seinem Kern ein Pädagoge für besondere Aufgaben und für besondere Kinder ist, sollte er dies in integrativen Klassen nicht ausschließlich und nicht längerfristig sein. Eine starre Abgrenzung der unterschiedlichen Qualifikationen und die Etablierung spezieller Zuständigkeiten für einzelne Kinder, bestimmte Fächer und besondere Aufgaben sind konzeptwidrig. Sowohl die Aufspaltung der Kinder als auch die Aufspaltung der Aufgaben (Unterrichtsunterstützung versus Unterrichtsgestaltung) sind als problematische Rollenverteilungen zu charakterisieren. Die Kooperation in einem multiprofessionellen Team ist chancen- und konfliktreich zugleich. Die relative Unbestimmtheit der professionellen Rollen kann mit Verunsicherungen der beruflichen Identität und erheblichen Kooperationsproblemen verbunden sein. – Zuguterletzt ist unter den *systemischen* Rahmenbedingungen die Vernetzung integrativer Schulen mit dem 'Ökosystem' (Sander)zu nennen: Elternhaus; soziale, therapeutische und medizinische Fachdienste; Tagesstätten und andere Unterstützungssysteme. Es ist gemeinhin nicht möglich, allen 'special needs' behinderter Kinder durch schulinterne Ressourcen unmittelbar vor Ort zu entsprechen. Ein besonderer Stellenwert in 'Integrationsnetzwerken' kommt so genannten 'Förderzentren' zu. Förderzentren sind dabei als Ressourcen- und Kompetenzzentren zu verstehen, die in ambulanter Form spezialisierte Hilfs- und Unterstützungsangebote vorhalten und dezentralisiert 'zu den Kindern' bringen.

Integration ist eine Wertentscheidung und nicht empirisch zu erweisen. Gegenstand wissenschaftlicher Begleitung ist die Optimierung der Realisierungsbedingungen und die summative Evaluation der Ergebnisse. Als unstrittige wissenschaftliche Erkenntnis kann gelten, dass nichtbehinderte Kinder durch die Anwesenheit behinderter und leistungsschwacher Kinder in ihren schulischen Leistungen nicht beeinträchtigt werden und zugleich an sozialer Kompetenz und empathischem Verstehen gewinnen. Für die behinderten Kinder zeichnet sich eine teilweise ambivalente Ergebnislage ab. (Lern)behinderte Kinder machen in integrativen Schulen einerseits deutlich bessere Leistungsfortschritte. Andererseits sind aufgrund von Bezugsgruppeneffekten ein herabgesetztes Selbstwertgefühl und eine geringere soziale Integration möglich. – Die künftige Entwicklung integrativer Erziehung sollte neben dem Ausbau des gemeinsamen Unterrichts die Ausweitung der Integrationsmaßnahmen auf die gesamte Lebensspanne und alle Lebensbereiche sowie deren Vernetzung anstreben.

## Literatur


Eberwein, H. (Hrsg.): Handbuch Integrationspädagogik. Kinder mit und ohne Behinderung lernen gemeinsam. 5. Auflage. Weinheim 1999

Feuser, G.: Integration = die gemeinsame Tätigkeit (Spielen / Lernen / Arbeiten) am gemeinsamen Gegenstand/Produkt in Kooperation von behinderten und nichtbehinderten Menschen. In: Behindertenpädagogik 21 (1982), S. 86-105

Haeberlin, U./Bless, G./Moser, U.: Zur empirischen Erforschung der Wirkungen separierender und integrierender Schulformen auf schulleistungsschwache Schüler. In: Vierteljahresschrift für Heilpädagogik 57 (1988), S. 361-369

Hildeschmidt, A./Schnell, I. (Hrsg.): Integrationspädagogik. Auf dem Wege zu einer Schule für alle. Weinheim 1998

Hinz, A.: Heterogenität in der Schule. Integration · Interkulturelle Erziehung Koedukation. Hamburg 1993

Reiser, H./Klein, G./Kreise, G./Kron, M.: Integration als Prozess. In: Sonderpädagogik 16 (1986), S. 115-122 und 154-160 – Rosenberger, M. (Hrsg.): Ratgeber gegen Aussonderung. Heidelberg 1998

Wocken, H.: Stichworte „Effektivität“, „Förderzentrum“, „Integration“, „Integrativer Unterricht“, „Kooperation“. In: Wocken, H. (Hrsg.) : Sonderpädagogisches Lexikon – SoLex. (http://www.erzwiss.uni-hamburg.de/soda) Hamburg 1998

# 2. Sonderpädagogischer Förderbedarf als systemischer Begriff.

## 1. Problemstellung

In diesem Beitrag geht es um das Verhältnis von Förderbedarfen der Schüler auf der einen Seite und Förderangeboten der Schule auf der anderen Seite. Mit Förderangeboten bzw. Förderressourcen sind alle materiellen und personellen Mittel gemeint, die einem Schüler mit sonderpädagogischem Förderbedarf gewährt werden. Den Kern der Förderressourcen machen die Lehrerstunden aus, die für einen förderungsbedürftigen Schüler bereitgestellt werden.
In der Schrift „Kriterien für die Bemessung zusätzlicher Fördermaßnahmen im Rahmen des Modellversuchs Integrierte Förderung/- Förderschule" lautet der erste Satz: „Ausgangspunkt zusätzlicher Fördermaßnahmen ist das Erkennen und Feststellen von Problemen im pädagogischen System Schüler – Schule – Umfeld." Die innere Logik dieses Satzes lautet mit anderen Worten: Voraussetzung für zusätzliche Lehrerstunden ist das Erkennen und Feststellen von Förderbedarfen. Diagnose und Etikettierung von Förderbedarfen bzw. von Behinderungen sind damit die unabdingbare Voraussetzung für die Bereitstellung sonderpädagogischer Ressourcen. Wer immer Lehrerstunden haben will, muss als Vorleistung behinderte Kinder namentlich benennen. Wenn diese Voraussetzung erfüllt ist, wenn also Kinder mit Förderbedarf diagnostisch ermittelt und aktenkundig gemeldet worden sind, erst dann werden zusätzliche Lehrerstunden aus dem Ressourcenetat für die etikettierten Kinder bewilligt.
Meine These ist, dass für die Inflationierung von Förderbedarfen und die Eskalation der Bedarfsanforderungen die Logik dieses Junktims zwischen Bedarfsdiagnose und Ressourcenzuweisung verantwortlich ist.
Die kritischen Erörterungen beziehen sich keineswegs einzig und allein auf den Schulversuch „Integrierte Förderung/Förderschule". Der Schrei nach immer mehr Lehrerstunden ist keine rheinland-pfälzische Spezialität, sondern ein allgegenwärtiges Phänomen integrativer Schulreformen. Die nicht enden wollende Klage über Ressourcenmangel ist mittlerweile ein zentrales Problem integrationspädagogischer Reformen geworden, das dringend einer rationalen Lösung bedarf. Die kritischen Erörterungen sind deshalb nicht als ein Angriff auf den Schulversuch misszuverstehen; vielmehr geht es um die Beschreibung, Analyse und konzeptionelle Lösung eines grundsätzlichen Problems integrativer Erziehung.

## 2. Begründung des Bedarfs-Angebots-Junktims

Dem Junktim zwischen Bedarfsdiagnose und Ressourcenangebot liegen der ursprünglichen Intention nach durchaus positive Absichten zugrunde; die positiven Funktionen des Junktims sollen vorab in aller Kürze vermerkt werden:

*1. Ressourcensicherung*
Es soll sichergestellt werden, dass alle Kinder, die besonderer Entwicklungshilfen bedürfen, diese auch wirklich erhalten. Die amtliche Bescheinigung eines Förderbedarfs soll gewährleisten, dass bedarfsdeckende Förderangebote glaubwürdig eingefordert und gegebenenfalls auch gerichtlich durchgesetzt werden können. Das diagnostische Testat „Behinderung" bzw. „Förderbedarf" hat die Funktion eines Berechtigungsscheins für Lehrerstunden.

*2.Ressourcenlegitimation*
Die Vergabe zusätzlicher oder ergänzender Mittel erscheint nur dann gerechtfertigt, wenn die Empfänger auch nachweislich und anerkanntermaßen bedürftig sind. Damit zusätzliche Lehrerstunden für eine Klasse ohne Neid und Groll von anderen akzeptiert werden können, müssen einsichtige und nachvollziehbare Gründe angeführt werden. Es bedarf der Rechtfertigung, warum in einer Schulklasse nur ein Lehrer tätig ist und in einer anderen Klasse dagegen zeitweise ein zweiter Lehrer mithilft.

*3. Praxis des Bedarfs-Angebots-Junktims*
Die guten Absichten der Bedarfs-Angebots-Logik sind unstrittig. In der Praxis integrativer Schulversuche und -reformen hat dieses Prinzip indes zu problematischen, ja paradoxen Erscheinungen geführt.
Die Schulen, die Kinder mit Behinderungen bzw. mit sonderpädagogischem Förderbedarf aufnehmen und dafür Förderressourcen erhalten, haben in kürzester Zeit den Mechanismus der Bedarfs-Angebots-Junktims begriffen. Der Lernprozess der Schulen vollzieht sich in der Tat nach lerntheoretischen Gesetzmäßigkeiten. Weil dem diagnostizierten Förderbedarf regelhaft die Zuweisung von Lehrerstunden auf dem Fuße folgt, entsteht eine stabile Reiz-Reaktions-Verbindung. Die Schulen werden ganz im Sinne von Skinner konditioniert. Man betätige die Diagnosetaste „Behinderung" bzw. „Förderbedarf" und man erhält zur Belohnung Förderstunden. Die Bekräftigung des Verhaltens „Etikettieren von Kindern" mit der angenehmen Konsequenz „Ressourcen" produziert und stabilisiert das bekannte und beklagte Verhaltensmuster der Schulen: die unersättliche Gier nach immer mehr Lehrerstunden. Was

einmal als ein Instrument zur Ressourcensicherung gedacht war, wird umfunktioniert in ein Instrument zur Ressourcenbeschaffung. Die Diagnose von Förderbedarfen sollte ihrer Idee nach eine conditio sine qua non für Förderressourcen sein, in der Realität ist daraus eine conditio per quam für Ressourcenbeschaffung geworden.
Im Alltagsjargon werden Kinder mit sonderpädagogischem Förderbedarf gelegentlich auch als „Rucksackkinder" bezeichnet. Zum persönlichen, unveräußerlichen Marschgepäck von „Bedarfskindern" gehören bestimmte Lehrerstunden, die sie mit sich herumtragen, wo auch immer sie sind. Ein Stufe-2-Kind in dem Schulversuch „Integrierte Förderung/Förderschule" bringt etwa 2 Lehrerstunden ein, und so fort.
Weil die Praxis der Ressourcenbeschaffung per Diagnose von Förderbedarfen eine verbreitete und ärgerliche Tatsache ist, mag eine sarkastische Formulierung des Sachverhalts erlaubt sein: Wer behinderte Kinder auftreiben und namhaft machen kann, wird dafür quasi mit einer Kopfgeldprämie belohnt. Das Prämieren mit Ressourcen verführt ungewollt Schulen und Lehrer zum Denunziantentum.

### 3. Gefahren des Bedarfs-Angebots-Junktims

Das Problem dürfte hinlänglich klar sein. Welche Gefahren ergeben sich daraus?

*1. Gefahren für die Kinder*
In vorintegrativen Zeiten konnten sich Kinder schon mal mehr oder minder große Fehler und Unzulänglichkeiten erlauben. Heute müssen Kinder fürchten, ob ihrer Schwächen degradiert und deklassiert zu werden. Kinder, die ehedem lediglich als „schwierig" oder „problematisch" galten, werden in präventiven und integrativen Kontexten nicht selten vorschnell als „behindert" eingestuft. Kinder, die in früheren Tagen schlichtweg „Problemkinder" waren und als solche auch getragen wurden, rutschen heutigen tags aus der Zone der Normalität ab und werden der Kategorie Behinderung zugeordnet. Kinder mit Fehlern, Problemen usw. leben also gefährlicher, weil ihnen Deklassierung droht.
Gerade in integrativen Schulen kann man ja ohne sonderliche Gewissensbisse Kinder als behindert etikettieren, weil Etikettierungen nicht mehr mit der negativen Konsequenz der schulischen Aussonderung verbunden sind. Und auch die Eltern der betroffenen Kinder leisten keinen sonderlichen Widerstand, weil sie ja mit dem Versprechen auf mehr Lehrerstunden für ihre Kinder gelockt werden können und solchermaßen die bedenkliche Stigmatisierung

ihrer Kinder als eine wohltätige Hilfe erleben. Die Schritte von Stufe 1 zur Stufe 2 oder von der Normalität zur Behinderung werden in der Folge kürzer und kürzer, denn Deklassierung von Kindern wird staatlich belohnt.

*2. Gefahren für die Pädagogen*

Ein wünschenswertes Ergebnis integrativer Erziehung wäre eigentlich, wenn Pädagogen Entwicklungsprobleme und -abweichungen von Kindern als normal akzeptieren können; wenn die Normalitätstoleranz, also die Bandbreite dessen, was man als normal durchgehen lässt, wächst. Das Gegenteil scheint vielfach der Fall zu sein. Integrationspädagogen werden in zunehmendem Maße hellhöriger und hellsichtiger für alle Arten von Auffälligkeiten. Die gesteigerte Sensibilität für Probleme von Kindern und für Problemkinder geht einher mit einer schwindenden Normalitätstoleranz. Eine Integrationspädagogin sagte einmal: „Ich habe in meiner Klasse jede Menge Behinderte!“ Im Kopf dieser Lehrerin gab es in der Klasse nahezu ebenso viele behinderte wie normale Kinder. Die Abweichung, die Nicht-Normalität ist für diese Lehrerin die Normalität geworden.

Die Ausgrenzung behinderter Kinder findet nicht mehr institutionell, sondern im Kopf der Pädagogen statt. Schwierige Kinder werden gedanklich ausgesondert und von der Normalität ausgegrenzt. Die Grenze zwischen Normalität und Behinderung hat sich in bedenklicher Weise verschoben. Integration – so scheint es – steigert nicht die Normalitätstoleranz, sondern fördert umgekehrt die Abgrenzungsbereitschaft.

*3. Gefahren für die Integrationsreform*

Man kann es wirklich kaum glauben: Seitdem Prävention und Integration praktiziert werden, steigt die Zahl „problematischer“ und behinderter Kinder unaufhörlich. Die angemeldeten Förderbedarfe schießen wie Pilze aus dem Boden, und die Nachfrage nach neuen und zusätzlichen Ressourcen ist schier grenzenlos. So paradox dies klingen mag, ein Körnchen Wahrheit ist an der folgenden Behauptung dran: Integration und Prävention führen nicht zu einer zahlenmäßigen Verringerung von auffälligen und behinderten Kindern, sondern im Gegenteil zu einer Vermehrung. Die Paradoxie ist unbegreiflich und will schlichtweg nicht in den Kopf: Integration produziert Behinderungen.

In informellen Gesprächen kann man von Fällen hören, wo die Logik des Bedarfs-Angebots-Junktims zu einem erpresserischen Kuhhandel mit den Schulbehörden schamlos ausgenutzt wurde: „Wenn wir nicht X zusätzliche Lehrerstunden bekommen, dann bleibt dieses Kind draußen vor der Schultür.“ Wenn die Logik des Bedarfs-Angebots-Junktim nicht aufgehoben wird, dann sind Inflationierung von Förderbedarfen und Behinderungen und damit auch expandierende Ressourcenhaushalte die unausweichliche Folge. Integration wird aufgrund der Kostenexplosion unbezahlbar, sie trägt sich aufgrund der Maß- und Grenzenlosigkeit der Bedarfsanforderungen selbst zu Grabe.

## 4. Lösungsvorschläge

Um der Lage Herr zu werden, ziehen die Schulbehörden angesichts leerer Kassen die finanzpolitische Notbremse. Sie verweisen auf die schwierige Haushaltslage der Kommunen und Länder und auf den limitierten Haushaltsansatz für Integrationsausgaben. Das Bedarfs-Angebot-Junktim wird jetzt auf den Kopf gestellt und in eine Angebots-Bedarfs-Regel umgewandelt. Der verfügbare Etat bestimmt von nun an die Häufigkeit von Förderbedarfen. Die Anzahl von „Bedarfskindern" hat sich nach dem Haushaltsvolumen für Förderressourcen auszurichten. Es kann fortan nur so viel Förderbedarfe und Behinderungen geben, wie man bezahlen kann. Wie viele behinderte Kinder oder „Bedarfskinder" es gibt, ist also letztlich auch nach Kassenlage zu entscheiden. Der Verweis auf die begrenzten Mittel hat gewiss zwingende Überzeugungskraft, ist jedoch mangels einer vernünftigen, rationalen nachvollziehbaren Argumentation wenig befriedigend. Was ist zur Lösung des Problems zu tun? Ich plädiere für zweierlei Maßnahmen.

1. Ich plädiere für eine engere Fassung des Behinderungsbegriffs. Entsprechend der italienischen Praxis sind Schüler mit Beeinträchtigungen des Lernens, der Sprache und der Verhaltens nicht als Behinderte zu bezeichnen. Das diagnostische Etikett ist bei lernbehinderten, sprachbehinderten und verhaltensgestörten Schülern eine unnötige Diskriminierung. Weder die Eltern noch die Öffentlichkeit bezeichnen diese Schüler als Behinderte, und auch die Schüler selbst erleben sich nicht als behindert. Alle diese Schüler gehören nicht in Sonderschulen, sondern in allgemeine Schulen. Lern-, Sprach- und Verhaltensprobleme sind die normalste Sache der Welt, wir alle sind mehr oder minder davon betroffen. Wir müssen anfangen, das Anderssein dieser Kinder ohne diagnostische Stigmatisierung zu akzeptieren.

2. Bei Kindern mit Lern-, Sprach- und Verhaltensstörungen ist der Begriff sonderpädagogischer Förderbedarf nicht als eine individuale, personbezogene Eigenschaft zu interpretieren. Sonderpädagogischer Förderbedarf für lern-, sprach- und verhaltensgestörte Kinder ist vielmehr eine systemische Kategorie. Förderbedarf ist eine Systemeigenschaft heterogener Lerngruppen (Fechler 1987)! Nicht die behinderten Kinder sind der entscheidende Legitimationsgrund für ein zeitweiliges Zwei-Pädagogen-System, sondern die pädagogi-

schen Förderbedürfnisse einer heterogenen Lerngruppe. Dementsprechend sind Förderressourcen auch nicht ad personam, für namhaft zu machende Kinder zu gewähren, sondern heterogenen, integrativen Lerngruppen als ganzen zuzuweisen. – Bei nichtbehinderten Kindern verhält es sich übrigens nicht anders. Lehrerinnen werden üblicherweise nicht einzelnen Kindern, sondern immer ganzen Klassen zugeordnet, und kein nicht- behindertes Kind hat einen Anspruch auf einzelne Lehrerstunden, quasi auf Bruchteile einer Lehrerin.
Etwa 6 bis 8 Prozent aller Kinder haben im Laufe der Grundschulzeit erhebliche Beeinträchtigungen des Lernens, der Sprache und des Verhaltens; sie sind auf sonderpädagogische Hilfe und Unterstützung angewiesen. In einer Grundschule mit 4 Klassen sind dann also etwa 6 bis 8 Kinder sondererziehungsbedürftig. Für diese Kinder sollte jede Grundschule eine volle Sonderpädagogenstelle mit den Fachrichtungen Verhaltensgestörten-, Lern- oder Sprachbehindertenpädagogik erhalten.
Die Zuweisung eines Sonderpädagogen für jeden Zug einer Grundschule sollte dabei nicht von einer diagnostischen Etikettierung der Kinder mit Beeinträchtigungen abhängig gemacht werden. Die sonderpädagogischen Ressourcen werden nicht personbezogen, sondern schulbezogen gewährt. Der Stempel „Behinderung" für diese Kinder muss nicht sein; er ist überflüssig und vielfach sogar schädlich. Wir wissen ja eh, dass es an jeder Schule, wo auch immer, diese Kinder gibt, und wir müssen ihre Existenz nicht erst noch durch eine diskriminierende Etikettierung als Behinderte belegen.
Der Hamburger Schulversuch „Integrative Regelklasse" ist konzeptionell diesem systemischen Ansatz verpflichtet (Bürgerschaft 1990). Interessierte Grundschulen verpflichten sich per Konferenzbeschluss, alle Kinder des Schuleinzugsbezirks aufzunehmen und während der Grundschulzeit kein Kind zu den Sonderschulen für Lernbehinderte, Sprachbehinderte oder Verhaltensgestörte zu überweisen. Für diese integrative Selbstverpflichtung (Hinz 1992) erhalten die Grundschulen im Gegenzug eine klassenbezogene sonderpädagogische Grundausstattung. Der Schulversuch kennt keine Aufnahmekommissionen, keine Förderausschusse und keine diagnostischen Prozeduren, mit deren Hilfe Kinder als „behindert" gekennzeichnet werden. Im Schulversuch gibt es weder „Gutachtenkinder" noch „Förderbedarfskinder" noch Kinder, die namentlich mit dem Etikett „lernbehindert", „sprachbehindert" oder „verhaltensgestört" gekennzeichnet sind. Im Schulversuch Integrative Regelklasse werden nach dem Wohnortprinzip sehr wohl Kinder mit Lern-, Sprach und Verhaltensstörungen aufgenommen, der Schulversuch verzichtet gleichwohl auf die Behinderungskategorien „lernbehindert", „verhaltensgestört", „sprachbehindert". Die „behinderten" Kinder sind da, aber niemand kennt ihren Namen.

Wenn also diese sonderpädagogische Grundausstattung – ein Sonderpädagoge für 4 Klassen – verlässlich erwartet werden kann, dann werden wir in naher Zukunft auf die Behinderungskategorien „Lernbehinderte“, „Verhaltensgestörte“, „Sprachbehinderte“ verzichten können. Für alle diese Kinder ist ja dann durch die Grundausstattung von vorneherein, im wahrsten Sinne präventiv, gesorgt. Mit der Abschaffung dieser Behinderungsbegriffe wäre ein gutes Stück mehr Normalität gewonnen. Die Maßnahme „Sonderpädagogische Regelausstattung“ läuft also auf eine Abschaffung der Behinderungsbegriffe Lernbehinderung, Verhaltensstörung, Sprachbehinderung hinaus, nicht jedoch auf eine Abschaffung der sonderpädagogischen Hilfen für eben diese Kinder.

Sofern für Kinder mit Lern-, Sprach- oder Verhaltensstörungen das systemische Verständnis von Förderbedarf Platz greift und die sonderpädagogischen Ressourcen schul- bzw. gruppenbezogen angewiesen werden, kann es keine Forderungen nach immer mehr Lehrerstunden geben. Die inflationäre Etikettierung von Kindern als „Bedarfskinder“ hätte ein Ende. Und nicht zuletzt würden auch erhebliche Mittel und Mühen eingespart, die gemeinhin für die sogenannten Förderausschüsse investiert werden. Die Etikettierungs- und Ressourcenbeschaffungsdiagnostik, die Kinder missbräuchlich für die Anheuerung von Lehrerstunden verwendet, hätte mitsamt dem leidigen Förderausschuss-Unwesen endgültig ausgedient.

## Literatur

Bürgerschaft der Freien und Hansestadt Hamburg (Hrsg.): Integration behinderter Kinder in der Grundschule. Mitteilung des Senats an die Bürgerschaft. Drucksache 13/6477 vom 11.07.1990. Hamburg 1990

Fechler, H.: Sonderpädagogik in der Grundschule. Anmerkungen zu einem problematischen Verhältnis. Sonderschule in Niedersachsen (1987), 1, S. 50-64

Hinz, A.: Aufnahmeverfahren für integrative Erziehung. Behindertenpädagogik (31) 1992, S. 338-349

Ministerium für Bildung und Kultur: Kriterien für die Bemessung zusätzlicher Fördermaßnahmen im Rahmen des Modellversuchs. Mainz 1994, 2. Auflage

Wocken, H.: Ambulante Sonderpädagogik. Zeitschrift für Heilpädagogik 42 (1991), 2, S. 104-111

## 3. Restauration der Stigmatisierung! Kritik der „diagnosegeleiteten Integration".

### 1. Das Hamburger Reformszenario

Zu den ehrgeizigsten Vorhaben des Hamburger Regierungsbündnisses von CDU und GRÜNE gehört eine grundlegende Strukturreform des Schulwesens. Die Kernstücke des Reformplanes sind erstens das längere gemeinsame Lernen in einer auf sechs Jahre aufgestockten Grundschule und zweitens die Umgestaltung der bisherigen Sekundarschulformen Hauptschule, Realschule, Gymnasium in die neu konzipierte Stadtteilschule und das Gymnasium. Beim Reformstart konnte man noch den Eindruck haben, bezüglich der sonderpädagogischen Förderung von Kindern mit Behinderungen bliebe eigentlich alles beim Alten. Ende 2009 legte nun die Behörde für Bildung ein Papier „Eckpunkte Sonderpädagogische Förderung" vor. Diese Eckpunkte weisen jetzt auch für die sonderpädagogische und integrative Förderung von behinderten Kindern in der Schule erhebliche Neuorientierungen auf, die der kritischen Aufmerksamkeit wert sind. Zum Beispiel erhalten die bisherigen Sonderschulen bzw. Förderschulen wieder einmal einen neuen Namen: „Bildungszentrum". Der Wohlklang des Namens kann nicht darüber hinwegtäuschen, dass die neuen Bildungszentren keineswegs universale Bildungseinrichtungen für alle sind, sondern auch weiterhin wie bisher für spezifische Klientele verantwortlich zeichnen. Der Begriff Bildungszentrum bemäntelt diesen exklusiven bzw. exkludierenden Charakter der Einrichtungen und hat in guter historischer Tradition eine euphemisierende Funktion.

Im Folgenden soll es allerdings nicht um die vielfältigen Details und offenen Fragen des Eckpunktepapiers gehen, sondern ausschließlich um dessen Pudels Kern. Die tragende Leitidee der neuen sonderpädagogischen Förderung wird nahezu fanfarenhaft auch mit einem neuen Begriff verkündet: „Diagnosegeleitete Integration"! Der Inhalt dieser programmatischen Formel ist erfreulicherweise recht klar und kann mit wenigen Sätzen dargestellt werden. Ganz allgemein gilt fortan die Devise: Keine Integration ohne eine vorausgehende Statusdiagnose! Sonderpädagogischer Förderbedarf bzw. Behinderung muss aller Integration vorausgehend erst einmal von sonderpädagogischen Fachkräften „gutachterlich" festgestellt werden. Erst auf der Basis eines amtlich festgestellten Förderbedarfs folgt dann auch eine schülerbezogene Ressourcenzuweisung. Ohne das gutachterliche Attest „Behinderung" gibt es also keine sonderpädagogische Förderung und auch keine Integration. Das neue Konzept wird von dem Eckpunktepapier auf die einfache Formel gebracht: „Die Ressource folgt dem Schüler".

Das Konzept einer „diagnosegeleiteten Integration“ ist ein demonstrativer Affront gegen die Praxis der Integrativen Regelklassen (IR) (VIHS 2004 und 2009). In den IR gibt es durchaus Kinder mit sonderpädagogischen Förderbedarfen in den Bereichen Lernen, Sprache und Verhalten, aber – und das ist der entscheidende Punkt! – diese „behinderten“ Kinder werden nicht als „behindert“ diagnostiziert und sie werden nicht als „behindert“ tituliert. Die Ressourcenzuweisung in den IR erfolgt vielmehr „systemisch“ für ganze Klassen und Schulen. In aller Regel haben ungefähr 10 Prozent aller Kinder Probleme im Lernen, in der Sprache und im Verhalten, und zwar in allen Klassen wo auch immer. Jede Lehrerin einer Grundschulklasse kann mühelos 2 bis 3 „Sorgenkinder“ (= 10 Prozent einer Klasse) benennen, die besonderer Aufmerksamkeit und Förderung bedürfen. Diese empirisch begründete Annahme eines regelhaften Anteils von 10 Prozent besonders förderungsbedürftiger Kinder ist die rationale Grundlage dafür, jeder Klasse bzw. jeder Schule auch besondere Förderressourcen für eben diese Kinder zu gewähren, auch ohne dass diese Kinder förmlich getestet und namentlich als Behinderte deklariert werden. „Behinderte“ Kinder in IR sitzen gleichsam inkognito mitten zwischen allen Kindern; sie sind da, aber niemand weiß definitiv, wer gemeint ist, und doch ist für sie gesorgt.

Das Konzept der IR befindet sich im besten Einklang mit der Theorie der Inklusionspädagogik. Während die Integrationspädagogik noch der sog. „Zwei-Gruppen-Theorie“ verhaftet war und alle Kinder in „normale“ und „behinderte“ Kinder einteilte, gelten in der Inklusion alle Kinder ohne jegliche Ausnahme als besonders, einzigartig und individuell. Jegliche klassifizierende Kategorisierung ist im Prinzip obsolet und mit der Philosophie der Inklusion nicht vereinbar. In der Inklusion kann es keine Grüppchen, keine Kategorien, keine Schubladen mehr geben; hier sind einfach alle ununterteilbar (Hinz 2009) verschieden. „Inklusion ist nicht denkbar mit einem Behindertenausweis, gibt es nicht mit einem Behindertenetikett, ist nicht vereinbar mit einer „Schubladisierung“ der Verschiedenen und nicht kompatibel mit einer Behindertenakte“ (Wocken 2010). Ähnlich definiert Biewer: „Inklusive Pädagogik bezeichnet Theorien zur Bildung, Erziehung und Entwicklung, die Etikettierungen und Klassifizierungen ablehnen“ (Biewer 2009, 193).

Der Hamburger Schulversuch „Integrative Regelklassen“ (IR; seit 1991) zeichnet sich insbesondere durch seinen nonkategorialen Ansatz aus. Während deutschlandweit die Integration von Kindern mit Behinderungen immer an eine formelle Statusdiagnose geknüpft ist, nehmen IR alle Kinder mit Beeinträchtigungen des Lernens, des Verhaltens und der Sprache ohne eine vorgängige diagnostische Klassifizierung und Etikettierung als Behinderte auf (‘Dekategorisierung’). Sie heben damit die „Zwei-Gruppen-Theorie“ faktisch

auf und haben folglich schon Inklusion praktiziert, noch bevor dieser Terminus im wissenschaftlichen Diskurs von sich reden machte. Die Hamburger Bildungspolitik macht sich nun an die Aufgabe, die wegweisende Rolle und die internationale Reputation des IR-Konzepts in der Inklusionspädagogik zu verspielen und die kategoriale Behindertenpädagogik wieder zu restaurieren.
Die traditionelle Statusdiagnostik ist also in den IR abgeschafft – und genau das ist der Stein des Anstoßes. Das Eckpunktepapier möchte gegenüber der IR-Regelung nun wieder eine personbezogene Ressourcenzuweisung etablieren. Es beruft sich dabei kurioserweise ausgerechnet auf die UN-Behindertenrechtskonvention: „Sonderpädagogische Förderung und Unterstützung als Hilfeleistung ist, dem Leitgedanken der UN-Konvention über die Rechte von Menschen mit Behinderung folgend, personenbezogen, nicht institutionenbezogen zu gewähren. Daraus folgt, dass auf der Basis der Feststellung eines sonderpädagogischen Förderbedarfs eine schülerbezogene Ressourcenzuweisung erfolgt“ (Behörde für Schule 2009). Diese Fehlinterpretation der UN-Konvention und ihre Vereinnahmung für eigene Zwecke sind in hohem Maße peinlich. Die UN-Konvention meint mit „System“ unterschiedliche Schulformen a la Hauptschule, Gymnasium oder Sonderschule. An derlei gegliederten Systemen soll sich in der Tat nicht orientiert werden. Die systemische Ressourcenzuweisung an IR-Schulen orientiert sich aber an „Systemen“ wie einzelnen Schulen und ganzen Klassen, nicht am gegliederten Schulsystem als ganzem – was ein substantieller Unterschied ist (Paasch 2009). Die Vereinnahmung der UN-Konvention durch das Eckpunktepapier ist mehr als ein verzeihlicher Interpretationsfehler, sondern ärgerlich und Ärgernis erregend: Die Propheten der Statusdiagnostik berufen sich auf die Bibel der Inklusion – das passt wirklich nicht zusammen.
Der geistige Vater der „diagnosegeleiteten Integration“ ist weiß Gott nicht die UN-Konvention, sondern ist unschwer in den Reihen des Verbandes Sonderpädagogik, und hier des Landesverbandes Hamburg auszumachen. Der VDS Hamburg hat seine Position zur inklusiven Pädagogik ebenfalls in einem „Eckpunktepapier“ niedergelegt. Der Landesverband des VDS tritt vehement für eine schülerbezogene Ressourcenzuweisung ein, weil seiner Auffassung nach allein durch „eine direkte Anbindung der Ressource an das Kind“ (Bornfleth 2009, 15) sichergestellt werden könne, „dass die bereitgestellten Fördermaßnahmen auch bei den betroffenen Kindern ankommen und nicht im System versickern“ (VDS Hamburg, Homepage). Darauf wird zurückzukommen sein.
Die Namensgleichheit der „Eckpunktepapiere“ von Schulbehörde und VDS Hamburg ist gewiss nicht zufällig und spricht Bände. Die Lobbyisten des Landesverbandes haben dessen Grundpositionen zunächst in die christdemokrati-

sche Bildungsprogrammatik eingeschleust und dann über die CDU auch erfolgreich in das Reformkonzept der regierenden Parteien eingebracht. Als Souffleuse der „diagnosegeleiteten Integration“ war niemand anders als der VDS Hamburg tätig; das schwarz-grüne Eckpunktepapier trägt deutlich seine Handschrift, der grüne Koalitionspartner hingegen hat bezüglich des Stellenwertes der Statusdiagnose kaum Spuren hinterlassen.
Die beabsichtigte Rückkehr zur Statusdiagnostik soll im Folgenden unter fünf Aspekten einer kritischen Analyse unterzogen werden:

1. Die Unzuverlässigkeit der frühen Statusdiagnose
2. Der Unwert der kategorialen Klassifikation
3. Der Unsinn defizitorientierter Statusdiagnostik
4. Die Unmöglichkeit präventiver Hilfe
5. Das Unrecht der Stigmatisierung

## 2. Die Unzuverlässigkeit der frühen Statusdiagnose

Im Alter von etwa 10 bis 11 Jahren erfolgt im gegliederten Schulwesen Deutschlands der Übergang von der Grundschule auf die weiterführenden Schulen. Damit die richtigen Kinder auch in die passende Schule geleitet werden, kommen für den Übertritt verschiedene selektive Instrumente zum Einsatz: Notendurchschnitte, Testuntersuchungen, Lehrerurteil und Elternwahl sowie ein Mix aus allen Verfahren. Es ist bekannt, dass die gymnasialen Empfehlungen der Grundschullehrer etwa zu einem Drittel fehlerhaft sind. Wird der freien Schulwahl durch die Eltern stattgegeben, steigert sich die Fehlerquote auf etwa 50 Prozent (Tillmann 2009). Eine valide Schullaufbahnempfehlung am Ende der Primarstufe ist offenkundig recht schwierig und in hohem Maße fehlerhaft. Aus diesem Grunde werden in vielen Ländern integrierte Schulformen mit einer ungeteilten Primar- und Sekundarstufe bevorzugt. Der Verzicht auf eine frühe Selektion gründet also in der Einsicht, dass die schulische Entwicklung von Kindern im Alter von zehn Jahren nicht verlässlich vorhergesagt werden kann.
Wirklich nicht? Sonderpädagogische Diagnostik kann nicht nur das, sondern noch vielmehr! Sie behauptet, nicht erst im Alter von zehn Jahren, sondern schon viel früher, nämlich mindestens ab Schulbeginn die erwartbare Schulkarriere definitiv vorhersagen zu können. Das Reformpapier „Eckpunkte Sonderpädagogische Förderung“ ist von dem Stand internationaler Erkenntnisse und Praktiken völlig unbeeindruckt und präsentiert als „neues“ Konzept die „diagnosegeleitete Integration“. Dieses neue Konzept behauptet, schon bei Schulbeginn und unter Umständen sogar schon vor Schulbeginn einen sonderpädagogischen Förderbedarf respektive eine Behinderung feststellen zu kön-

nen. Was die Übertrittsdiagnostik am Ende der Grundschule nachweislich nicht oder doch nur unvollkommen leistet, das kann sonderpädagogische Diagnostik schon am allerersten Schultag – so jedenfalls das vollmundige Versprechen.

*Das Beispiel Aufnahmeklassen der Förderschule*

Die forsche Selbstüberzeugung der „diagnosegeleiteten Integration" kann am Beispiel der Überweisung von Schülern mit Lernbehinderungen auf die Förderschule mit dem Förderschwerpunkt Lernen kritisch überprüft werden. Arno Bartz, ehemals Leiter einer Förderschule, hat über zwei Jahrzehnte statistische Daten über das Aufnahmeverfahren an Hamburger Förderschulen erhoben, die Aufschluss über den Anspruch einer frühen Diagnostizierbarkeit von Lernbehinderungen geben können. Abb. 1 gibt die relativen Häufigkeiten der Aufnahmeklassen wieder (Wocken 1996a).

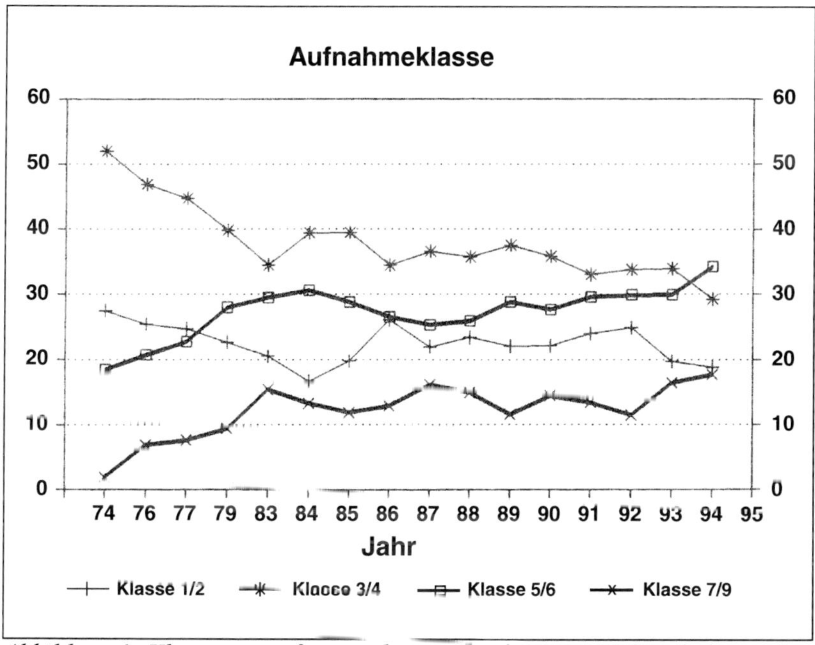


*Abbildung 1: Klasseneinstufungen der in Hamburger Förderschulen aufgenommenen Schüler (in Prozent)*

Dem Kurvenverlauf zufolge lag der Schwerpunkt der Überweisung zur Förderschule seit den 90er Jahren deutlich am Ende der Grundschule und am Anfang der Sekundarschule. Die aufgenommenen Schüler werden in etwa zu gleichen Anteilen (ca. 30 Prozent) den Klassenstufen 3/4 und 4/5 zugewiesen. Viele Förderschulen beginnen erst mit der Jahrgangsstufe 3 und haben keine Anfangsklassen, sondern allenfalls eine gemischte Klasse 1/2.
Warum werden lernbehinderte Kinder so spät überwiesen? Warum wird die Lernbehinderung nicht gleich am Schulanfang festgestellt? Für die relativ späte Feststellung von Lernbehinderungen gibt es eine simple Erklärung, nämlich die hochgradige Unzuverlässigkeit oder gar grundsätzliche Unmöglichkeit einer frühzeitigen Statusdiagnose. Kein Vater und keine Mutter, kein Arzt und kein Lehrer oder Schulleiter, kein Psychologe und auch kein Sonderpädagoge kann gleich bei Schulbeginn eine Lernbehinderung mit verlässlicher Sicherheit diagnostizieren. Dem klassischen Definitionsansatz zufolge handelt es sich bei Behinderungen um umfängliche, schwerwiegende und langandauernde Beeinträchtigungen. Wie aber soll ein schwerwiegendes und umfängliches Schulversagen festgestellt werden, wenn die Schule gerade erst begonnen hat? Und ein langdauerndes Schulversagen kann auch wohl kaum nach einigen Wochen oder Monaten Schulzeit erkannt werden.
In der Hilfsschulgeschichte war bekanntlich ein zweimaliges Sitzenbleiben das entscheidende Kriterium für „Hilfsschulbedürftigkeit“, d. h. es dauert mindestens 2 Schuljahre, bis das Kriterium eines schwerwiegenden, umfänglichen und langdauernden Schulversagens erfüllt ist und eine Lernbehinderung zugeschrieben werden kann. An diesem Sachverhalt, dass eine Lernbehinderung ausschließlich in der Schule und dort nur durch eine hinlänglich lange Bewährungszeit diagnostizierbar ist, hat sich auch durch die Hinzunahme von Intelligenztests nichts geändert. Lernbehinderungen sind im Kern Schulleistungsbehinderungen, und diese können erst in der Anforderungssituation Schule erkannt werden. Erst dann, wenn in der Schule Leistungsanforderungen gestellt werden und durch schulischen Unterricht auch hinlängliche Lernchancen für die Aneignung der geforderten Lernleistungen eröffnet worden sind, erst dann und nur dann kann logischerweise auch ein Schulversagen diagnostiziert werden. Schulversagen und Lernbehinderungen können allemal erst konstatiert werden, wenn Schule überhaupt stattgefunden hat, und zwar in ausreichender Quantität und Qualität. Die Statistiken zu den Aufnahmeklassen an Förderschulen sind ein eindrücklicher Beleg, dass Lernbehinderungen sich in der Schulzeit erst allmählich herausbilden und erst mit fortgeschrittener Schulzeit bestimmbar werden.

*Das Beispiel Schulreifetests*

Ein weiterer Beleg für die Unzuverlässigkeit einer frühen Statusdiagnose ist die Mißerfolgsgeschichte der Schulreifetests. Es gab einmal eine Zeit, da man schulfähige von nicht schulfähigen Kindern unterscheiden wollte. Zu diesem Zweck wurden psychologische Schulreife- bzw. Schulfähigkeitstests entwikkelt, mit deren Hilfe der Entwicklungsstand von Kindern zum Zeitpunkt der Einschulung erfasst wurde. Die Bemühungen um eine Differentialdiagnose der Schulfähigkeit führten allerdings zu keinen befriedigenden Ergebnissen. Krapp und Mandl haben bereits 1977 die Forschungsgeschichte von Schulreifetests nachgezeichnet. In den eigenen Untersuchungen kamen die Autoren zu einem vernichtenden Ergebnis: 17 Prozent der „schulunreifen" Kinder waren in der Schule trotzdem erfolgreich. 3 Prozent der Kinder, die den Schulreifetest bestanden haben, wurden am Ende des 1. Schuljahres entgegen der Erfolgsprognose nicht versetzt. Hätte man ohne Diagnostik einfach alle Kinder auch eingeschult, betrüge die Quote der Fehlentscheidungen nur 12 Prozent. Den möglichen Einwand, dass die verwendeten Schulreifetests qualitativ minderwertig waren und bessere diagnostische Verfahren auch eine höhere Prognosegüte haben würden, lässt Schuck nicht gelten: Die differentialdiagnostische Aufgabe, „12 % der später nicht Erfolgreichen von den 88 % Erfolgreichen fehlerfrei zu trennen, erfordert eine instrumentelle Präzision, die in den Sozialwissenschaften unter keinen Umständen … zu erreichen ist" (Schuck 2003, 46). Und die Autoren selbst urteilen über die Güte von Schulreifetests mit ernüchternder Klarheit, „dass sie als Selektionsinstrumente ungeeignet sind" (Wild/Krapp 2001, 533).

Das Konzept der „diagnosegeleiteten Integration" ignoriert den wissenschaftlichen Erkenntnisstand über die Möglichkeiten einer frühen zuverlässigen Feststellungsdiagnose. Das Versprechen, den sonderpädagogischen Förderbedarf bei Lern- und Verhaltensproblemen schon bei Schulbeginn valide und verlässlich ermitteln und festschreiben zu können, ist unhaltbar. Die angemaßte diagnostische Kunst ist wissenschaftlich nicht verifizierbar und eher ein Ausdruck berufsständischer Arroganz. Wohl gemerkt: Die Kritik bezieht sich ausschließlich und allein auf die Etikettierungs- und Statusdiagnostik, nicht jedoch auf den Nutzen und die Notwendigkeit einer lernprozessbegleiteten Diagnostik!

Die unerschütterliche Testgläubigkeit des Konzepts ist rational nicht mehr nachvollziehbar. Wer braucht eigentlich die Statusdiagnostik? Möglicherweise muss man das starrsinnige Beharren auf einer Statusdiagnose von „behinderten" Kindern auch mit den Statusambitionen von Sonderpädagogen in Verbindung bringen. Test- und Statusdiagnostik und die Macht der Definition sind eine Korsettstange sonderpädagogischer Professionalität. Werden diese Identitätsstützen der sonderpädagogischen Profession genommen, dürften auch nennenswerte Erschütterungen und Instabilitäten ihrer professionellen Identität die Folge sein.

## 3. Der Unwert der kategorialen Klassifikation

Cui bono? Einmal angenommen, die diagnostische Zuschreibung einer Behinderung sei entgegen den vorgebrachten Einsichten doch möglich. Wenn dies so sein sollte, dann liegt die nächste Frage auf der Hand: Was kann man damit anfangen? Wem nützen Statusdiagnose und Etikettierung („labeling")?
Die Frage nach dem pädagogischen Nutzen der Statusdiagnostik hat vor Jahrzehnten zur Erfindung der sog. „Förderdiagnostik" geführt. Die Kritik an der Aussonderung von behinderten Kindern hat auch die sonderpädagogische Aufnahmediagnostik aufs Korn genommen und sie der „Selektionsdiagnostik" beschuldigt, sie also als Diagnostik gebrandmarkt, die im Dienste der Selektion agiere. Was „Förderdiagnostik" ist und was man von ihr halten muss, kann hier nicht diskursiv dargestellt werden (Kornmann/Meister/Schlee 1994). Als ein zentrales Axiom der Förderdiagnostik kann aber immerhin angeführt werden, dass sie eine unauflösliche Einheit von Diagnostik und Förderung einfordert. Diagnostiziert werden soll nur das, was auch förderungsrelevant ist, und gefördert werden soll und kann nur, wenn hinlängliche diagnostische Informationen über die aufgabenspezifischen Lernvoraussetzungen vorliegen. Die führende Rolle in dem pädagogisch-psychologischen Prozess kommt dabei fraglos der Pädagogik zu. Die beliebte Rede von einer „diagnosegeleiteten Förderung" ist irrig, weil sie fälschlicherweise die Diagnostik ihrer assistierenden Funktion enthebt und ihr die Aufgabe der Wegweisung zuweist.
Schlee (1985) hat schon sehr früh die wohlgemeinten Absichten der Förderdiagnostik auf ihre Machbarkeit hin untersucht und ihre unerfüllbaren Versprechungen offengelegt. Für den anstehenden Argumentationszusammenhang sollen zwei wichtige Thesen zu den Grenzen der Förderdiagnostik in Erinnerung gebracht werden.

*1. Diagnostik kann nicht pädagogische Förderziele definieren!*
Was soll man mit einem übergewichtigen, pummeligen Jungen im Alter von 5 Jahren anstellen? Sollen wir diesen Jungen einer radikalen Abmagerungskur unterziehen? Wäre eine psychomotorische Bewegungserziehung das richtige Mittel zur Förderung seiner gesundheitlichen Entwicklung? Oder begreifen wir seine körperliche Stärke als die beste Voraussetzung für eine gezielte Ausbildung zum Kugelstoßathleten? Die Ziele pädagogischer Förderung, das mag das Beispiel lehren, können nicht unvermittelt aus dem diagnostizierten Ist-

Zustand abgeleitet werden. Die Diagnostik hat schlichtweg keine Ahnung davon, was pädagogisch wichtig und wünschenswert ist. Freilich kann es keine pädagogische Zielbestimmung geben, ohne sich der vorhandenen Voraussetzungen und gegebenen Bedingungen der kindlichen Persönlichkeit diagnostisch zu vergewissern, aber die Entscheidung für bestimmte Ziele und die nachvollziehbare Begründung der Zielentscheidung sind ureigene Aufgaben der Pädagogik. Entsprechend folgt aus einer Statusdiagnose Lernbehinderung keinesfalls, dass dieses Kind nicht Englisch lernen darf oder kann und auch nicht, dass es unter Schweiß und Tränen sich unbedingt Rechtschreibkenntnisse aneignen sollte.

*2. Die Diagnostik kann nicht die pädagogischen Wege und Hilfen definieren!*
Was macht man mit einem depressiven und antriebsarmen Kind? Schickt man dieses Kind in eine Verhaltenstherapie? Oder wäre eine Spieltherapie humanistischer Provenienz die Methode der Wahl? Möglicherweise könnte aber auch eine Familientherapie oder eine Elternberatung inklusive eines Erziehungstrainings angezeigt sein? Auch hier gilt: Aus der puren Diagnose „Depressive Stimmungen" folgt keineswegs mit einer schlüssigen Logik auch die Wahl der pädagogischen Wege und Hilfen. Welche pädagogischen Methoden und Maßnahmen wirklich gewählt werden, bestimmen schlussendlich pädagogische Überzeugungen und Theorien. Die Statusdiagnose „Intelligenzquotient 85" sagt rein gar nichts darüber aus, welcher Lernort – Sonderschule oder Integrationsklasse – für dieses Kind „passgenau" ist. Man kann noch so viel diagnostizieren wie man will, zum guten Ende werden in Ergänzung zu den diagnostischen Daten auch pädagogisches Handlungs- und Erfahrungswissen gebraucht.

Die Zuerkennung eines sonderpädagogischen Förderbedarfs bzw. einer Behinderung löst nicht per se schon pädagogische Probleme. Aus der Diagnose eines Ist-Standes können weder die Ziele noch die Wege pädagogischen Handelns ohne weitere, zusätzliche Überlegungen mit zwingender Logik abgeleitet werden. Es ist ein Irrtum zu glauben, dass die genaue Erfassung eines Entwicklungsstandes von Kindern automatisch auch gleich den individuellen Entwicklungsplan hervorbringt. Man gebe einer beliebigen Anzahl von Pädagogen die gleichen und umfänglichen diagnostischen Informationen über ein behindertes Kind mit der Aufgabenstellung, einen kindgerechten Förderplan zu schreiben. Im Ergebnis wird man so viele und durchaus auch disparate Förderpläne erhalten wie es Pädagogen gibt. Förderpläne sind eben weitaus mehr als bloße Deduktionen von Statusdiagnosen.

Diagnostik liefert also keineswegs ein fertiges Skript, das Pädagogik nur auszufüllen und zu exekutieren hätte. Aus diesem Grunde muss man die Tauglichkeit und den Nutzen von Statusdiagnosen für pädagogische Zwecke mit einem gerüttelt Maß an Bescheidenheit ansetzen. Ein trauriges Beispiel für den fraglichen Nährwert von Statusdiagnosen liefert die Geschichte der Lese- und Rechtschreibschwäche (LRS). Das gleiche Schicksal weitgehender Nichtbeachtung und pädagogischer Irrelevanz dürfte auch für die sonderpädagogischen Gutachten gelten. Eine Hamburger Forschungsgruppe (Degenhardt, von Knebel, Lemke, Schuck, Welling) hat eine repräsentative Stichprobe von 719 Gutachten aus den Ländern Bremen, Hamburg, Niedersachsen und Schleswig-Holstein auf ihre Qualität hin untersucht. Folgender Befund ist in diesem Zusammenhang bedeutsam: Entgegen dem Anspruch einer primären Förderorientierung, der mit dem neuen Begriff des sonderpädagogischen Förderbedarfs verbunden ist, werden in den Gutachten Fördervorschläge „keineswegs durchgängig und kaum in differenzierter Weise" (von Knebel 2004, 182) dokumentiert. Die Gutachten heben in erster Linie darauf ab, „ob sonderpädagogischer Förderbedarf besteht und welche Schulform geeignet erscheint" (von Knebel 2004, 184).

*3. Das Ressourcen-Etikettierungs-Dilemma*

Worin besteht also der pädagogische Nutzen von Statusdiagnosen? Der eigentliche und wahre Zweck von Statusdiagnosen ist de facto die Ressourcenschöpfung. Wird ein Kind als „behindert" eingestuft, gibt es dafür Extra-Ressourcen. Die wirkliche Funktion von Statusdiagnosen ist nicht etwa die Optimierung der pädagogischen Förderung, sondern die Legitimation von Extras (Wocken 1996b). Dieses Rechtfertigungsmotiv ist auch in dem Ansinnen des Hamburger Rechnungshofes erkennbar, in den Integrativen Regelklassen doch bitte spätestens am Ende des zweiten Schuljahres per Statusdiagnose nachzuweisen, dass auch wirklich „behinderte" Kinder vorhanden sind, die die Extra-Ausstattung mit Sonderpädagogenstunden als begründet und rechtmäßig erscheinen lassen.

Das Junktim von Statusdiagnose und Extra-Ressourcen kommt auch in unverblümter Reinheit in dem schwarz-grünen Eckpunktepapier zum Ausdruck. Dort heißt es in schlichter Deutlichkeit: „Die Ressource folgt dem Schüler." Mit dieser eingängigen Sentenz ist die schwarz-grüne Diagnostik voll in das "Ressourcen-Etikettierungs-Dilemma" hineingerasselt. Das Ressourcen-Etikettierungs-Dilemma ist aus der Integrationsforschung hinlänglich bekannt und empirisch verifiziert (Wocken 1996b). Wer Extra-Ressourcen haben will, muss vorab behinderte Kinder präsentieren können. Die Pro-Kopf-Zuweisung der Ressourcen erzwingt die Etikettierung von „behinderten" Kindern. Die neue Zauberformel der „diagnosegeleiteten Integration" müsste deshalb richtigerweise heißen: „Die Ressource folgt dem Etikett!"

Man kann sich ohne große Anstrengungen die Zukunft der „diagnosegeleiteten Integration“ anschaulich ausmalen. Die Schulen werden – und wer wollte es ihnen verübeln – sich um Extra-Ressourcen für ihre integrative Arbeit bemühen, dafür bedarf es dann natürlich vorzeigbarer Diagnosen. Die handfeste Entlohnung mit zusätzlichen Ressourcen wirkt gewissensberuhigend und dürfte die quälende Frage nach der Rechtmäßigkeit einer diagnostischen Etikettierung verstummen lassen. Von der stigmatisierenden Etikettierung werden gewiss auch „unschuldige“ Kinder betroffen sein, aber der Lohn entschuldigt das Unrecht. Die Anzahl „behinderter“ Kinder wird durch die „diagnosegeleitete Integration“ mit an Sicherheit grenzender Wahrscheinlichkeit wachsen, einfach deshalb, weil Statusdiagnosen sich auszahlen und mit zusätzlichen Ressourcen prämiert werden (Schröder 1993).

## 4. Der Unsinn defizitorientierter Statusdiagnostik

Wenn etwas für Nichts gut ist und nichts nützt, muss man sich nicht aufregen; Hauptsache, es schadet nicht. Man muss aber leider annehmen, dass die implizite Theorie, die sich hinter der „diagnosegeleiteten Integration“ verbirgt, in der Tat einen beträchtlichen Flurschaden anrichtet. Diese Vorhaltung wäre zu begründen. Eine Lieblingsvokabel des VDS Hamburg, der ja als geistiger Ahnherr der „Eckpunkte“ identifiziert wurde, ist: Die sonderpädagogischen Ressourcen müssen „beim Kinde ankommen“! Diese Sorge treibt den Fachverband für Sonderpädagogik um; er möchte, dass die sonderpädagogische Ressource den behinderten Kindern unmittelbar und unverkürzt zugutekommt und nicht irgendwie und irgendwo verpufft. Im O-Ton liest sich das auf der Homepage des VDS Hamburg so: Es muss sichergestellt sein, „dass die bereitgestellten Fördermaßnahmen auch bei den betroffenen Kindern ankommen und nicht im System versickern“. Es lohnt sich, diesen Worten zu lauschen und ihre hintersinnige Philosophie aufzuspüren.
Die Mitwirkung der Sonderpädagogen in einer inklusiven Schule darf anscheinend nur den behinderten Kindern zugutekommen, nicht aber dem Unterricht insgesamt oder der Schule überhaupt. Sonderpädagogik in der inklusiven Schule wird nahezu nach Art eines umzäunten Reservats konzipiert: Die sonderpädagogischen Ressourcen „dürfen nicht zur allgemeinen qualitativen Verbesserung des Unterrichts oder einer allgemeinen Profilbildung des Schulstandortes eingesetzt werden“, heißt es weiter in dem Eckpunktepapier des VDS. (Die Schulen sind verpflichtet, Schulprogramme zu schreiben und ein eigenes Schulprofil zu entwickeln. Es ist unfassbar, dass in einem Grundsatzpapier eines „Fachverbandes“ das Verbot eines integrativen Schulprofils ausgesprochen wird!) Damit die Ressource Sonderpädagogik auch „bei

den behinderten Kindern ankommt", nistet sich die Sonderpädagogik wie ein abgekapselter Kokon in der integrativen Schule ein. Mit dieser Abschottung versagt sich die Sonderpädagogik dem Auftrag, an der Veränderung der allgemeinen Schule zum Wohle aller Kinder mitzuwirken. Statt die Systeme Schule und Klasse integrationsfähig zu machen, doktert Sonderpädagogik nun an den behinderten Kindern herum. Sonderpädagogische Aktivitäten, die das abgezirkelte Reservat überschreiten, werden vom VDS als Maßnahmen diskreditiert, die „im System versickern" und „nicht beim Kind ankommen".

Die implizite Theorie, die sich hinter diesen Verlautbarungen verbirgt, könnte man auch als Defektologie kennzeichnen. Zentrale Lehrsätze einer defektologischen Pädagogik sind: 1. Der Schüler ist das Problem. 2. Der Defekt ist das Problem.

(1.) Die „diagnosegeleitete Integration" postuliert den Nachweis sonderpädagogischer Förderbedarfe durch schülerbezogene Statusdiagnosen. Statusdiagnosen müssen mit zwingender Notwendigkeit Fehler, Mängel und Schwächen der Schüler identifizieren, weil sie allein einen sonderpädagogischen Förderbedarf konstituieren und begründen können. Wo keine Defizite sind, da ist natürlich auch kein Bedarf vorhanden; und wo keine Bedarfe sind, gibt es folglich auch keine Ressourcen. Förderbedarfe werden über Defekte und Defizite kreiert, konstruiert und legitimiert, anders geht es – außerhalb eines systemischen Denkansatzes! – nicht. Folglich müssen ressourcenschöpfende Statusdiagnosen immer Defizitdiagnosen einzelner „behinderter" Kinder sein.

Sonderpädagogische Statusdiagnostik ist damit notwendigerweise Defizitdiagnostik! Der Zwang zur Ressourcenakquise verwandelt jedes sonderpädagogische Gutachten in ein „Schlechtachten", in ein durch und durch defizitäres Urteil über ein „behindertes" Kind. Personbezogene Statusdiagnostik verlangt mit unerbitterlicher Notwendigkeit defektologisches Denken und erzeugt es im Vollzuge je aufs Neue. Aus diesen Teufelskreisen der Statusdiagnostik gibt es kein Entrinnen.

Die ressourcenschöpfenden Statusakten verbreiten sich deshalb seitenweise über Unzulänglichkeiten und Defizite des Problemschülers. Die „behinderten" Kinder werden als Mängelwesen beschrieben, positive Potentiale kommen nicht in den Blick. Der diagnostizierte Defekt hat schlussendlich eine ausstrahlende Wirkung und wird auf die gesamte Person generalisiert. In der Wahrnehmung des „behinderten" Kindes ist die Behinderung das dominante Merkmal, sein normales menschliches Kindsein wird zu einem unbedeutenden Randphänomen. Mit anderen Worten: Das „behinderte" Kind wird auf den Defekt reduziert!

Dass die Unterstellung einer defektologischen Perspektive nicht aus der Luft gegriffen ist, beweist die bereits erwähnte Studie der Hamburger Forschungsgruppe. Die untersuchten Gutachten wiesen nicht allein einen Mangel an Fördervorschlägen, sondern auch einen Mangel an lebensweltlichen Umfeldbezügen auf. Der Fokus der gutachterlichen Aufmerksamkeit war „primär auf das zu begutachtende Kind und weit weniger auf die Bedingungen seines Umfeldes gerichtet" (von Knebel 2004, 184).

(2.) Die „Therapie" einer defektologischen Ursachenzuschreibung liegt auf der Hand. Wenn der Schüler das Problem ist, muss auch er in erster Hinsicht kuriert werden. Einer defizitorientierten Diagnose folgt eine defizitorientierte Pädagogik auf dem Fuße. Die diagnostische Orientierung an den Defekten hat die pädagogische Orientierung auf Beseitigung eben dieser Defekte zur Konsequenz. Das Förderziel ist der „normale" Schüler, der nicht mehr auffällt und keine Probleme mehr hat oder macht.

Die Förderpläne listen denn auch ein Vielerlei an „speziellen" Förderprogrammen und „diagnosegeleiteten" Interventionen auf, mit denen der Problemschüler zu traktieren ist. Der Schüler wird „behandelt" und sein Defekt soll wenn irgend möglich repariert und wegtherapiert werden. „Die Fördervorschläge beziehen sich mehrheitlich auf das Kind und seltener auf Veränderungen der Umwelt", heißt es in der Hamburger Gutachten-Studie. Dass der Unterricht für diesen Schüler besser zu adaptieren wäre; dass die Eltern als Hartz-IV-Empfänger schon mit sich selbst völlig überfordert sind und das „arme" Kind auch noch die Not der Eltern zu tragen hat; dass Noten und Sitzenbleiben aus der Schule verschwinden müssen; dass die Klassenfrequenz im gemeinsamen Unterricht gesenkt werden muss und „behinderte" Kinder mindestens doppelt zu zählen sind; dass die reiche Bundesrepublik die Schulen personell besser ausstatten könnte und müsste; dieses und anderes mehr, was außerhalb der Person des Problemschülers liegt, kommt nicht in den Blick und steht auch wohl mit hoher Wahrscheinlichkeit nicht in den Statusgutachten (von Knebel 2004; vgl. Wetzel 1999).

Die direkte sonderpädagogische Arbeit „mit dem Kind" und „am Kind" bleibt auch in der inklusiven Pädagogik weiterhin wichtig und unersetzlich. Aber die Arbeit „für das Kind" und „um das Kind drum herum", also Beratung, Kooperation, Vernetzung, eben systemische Arbeit ist nicht minder wichtig und sollte nicht als „Versickern" verunglimpft werden. Ein Hörgeschädigtenpädagoge, der den hörenden Mitschülern Gebärdensprache in elementarer Form beibringt, leistet Arbeit, die in der Tat bei dem hörgeschädigten Kind „ankommt". Ein Lernbehindertenpädagoge, der es wirklich schafft, die gesamte Klasse von der Würde eines „Schulversagers" zu überzeugen und sie zu einem wertschätzenden Umgang mit diesem Kind anzuhalten, hat weitaus mehr geschafft, als er in vielen, vielen Sitzungen mit speziellen Trainingsprogrammen schaffen kann. Verhaltensauffälligkeiten sind nur selten die Privatangelegenheit eines einzelnen Schülers, sondern affizieren ein ganzes soziales System, das verstört und ratlos um Hilfe schreit.

Eine aufgeklärte Sonderpädagogik hat längst die Abkehr vom defektologischen Ansatz vollzogen und ergänzt die direkte Arbeit mit den Kindern durch indirekten Support, also durch Beratung von und Kooperation mit Umfeldsystemen (Betz/Breuninger 2000; Reiser/Willmann/Urban 2007). Nicht die behinderten Kinder müssen für das System fit gemacht werden, sondern umgekehrt das System für das behinderte Kind. Dass eine systemische, indirekte Unterstützung des behinderten Schülers erheblich besser bei ihm „ankommt" als defektologische Klempnerei, von diesen Einsichten ist die Ideologie der „diagnosegeleiteten Integration" noch weit entfernt (Reiser 1998; Hinz 2009).

Das Konzept der „diagnosegeleiteten Integration" sitzt einem medizinischen Modell von Behinderung auf. Es stabilisiert und befördert defektologisches Denken und Handeln. Das missliche Verständnis von Behinderung als einem quasi-medizinischen Defekt und von Integration als Addition von Sonderpädagogik sollte eigentlich überwunden sein und der Vergangenheit angehören.

## 5. Die Unmöglichkeit präventiver Hilfe

Die „diagnosegeleitete Integration" hat sich mit der dogmatischen Vorschrift „Die Ressource folgt dem Etikett" in ein weiteres Dilemma hineinmanövriert. Kernstück der „diagnosegeleiteten Integration" ist – wie dargestellt – die gutachterliche Feststellung eines sonderpädagogischen Förderbedarfs, die dann die Grundlage für eine schülerbezogene Ressourcenzuweisung bildet. Bevor ein Sonderpädagoge überhaupt in Erscheinung tritt und tätig werden kann, muss es dem Ressourcen-Etikettierungs-Junktim des Eckpunktepapiers zufolge auch Kinder geben, die als „behindert" diagnostiziert und etikettiert worden sind. Zuerst das Etikett, dann die Ressourcenzuweisung und erst dann die sonderpädagogische Hilfe – das ist die logische und zeitliche Reihenfolge, die nach der Vorschrift einer „diagnosegeleiteten Integration" nacheinander abzuarbeiten ist. Was ist nun mit all den Kindern, die noch nicht „behindert" sind (und natürlich auch nicht als „behindert" klassifiziert werden dürfen!), die aber doch in ihrer Entwicklung erheblich gefährdet und damit „von Behinderung bedroht" sind? In all diesen Fällen kann und darf es noch keinen hilfreichen Sonderpädagogen geben, weil die Existenz von als „behindert" diagnostizierten Kindern als notwendige Voraussetzung (noch) nicht gegeben ist. Man könnte auch sagen: Die Stigmatisierung von Kindern als Behinderte ist Voraussetzung für die Gewährung eines sonderpädagogischen Beistands. Das Dilemma ist da: Zuerst muss das Kind in den Brunnen gefallen sein, erst dann

rührt sich auch sonderpädagogische Hilfe. Bei konsequenter Auslegung läuft eine „diagnosegeleitete Integration“ auf eine Unzulässigkeit und Verunmöglichung präventiver Unterstützung entwicklungsgefährdeter Kinder hinaus. Wer die Vorlage eines aktenkundlichen Behindertenetiketts fordert, vereitelt Prävention!
Mag sein, dass die „diagnosegeleitete Integration“ sich aus der selbstgestrickten Schlinge herauswindet und schon mal „vorsorglich“ auch entwicklungsgefährdeten Kindern einen sonderpädagogischen Förderbedarf zuschreibt und damit präventiv eine besondere Ressourcenzuweisung absichert. Entwicklungsgefährdete Kinder gibt es gewiss in genügender Anzahl, sie werden sich überall auffinden lassen. Gerade in der Grauzone zwischen „normal“ und „behindert“, also bei den Kategorien „entwicklungsgefährdet“ und „von Behinderung bedroht“ ist der diagnostischen Willkür Tür und Tor geöffnet, hier kann die Konstruktion von Förderbedarfen frei schalten und walten. Gefährdungsdiagnosen lassen sich mühelos in beliebiger Menge produzieren, denn welcher Schüler ist schon ohne Fehl und Tadel. Aber gerade in diesem diffusen Bereich der Gefährdungen ist die Wahrscheinlichkeit diagnostischer Irrtümer um ein Vielfaches höher als bei den manifesten Behinderungen (Wild/Krapp 2001; Schuck 2003). Wozu bedarf es eigentlich in dieser Grauzone der Ungewissheit einer förmlichen Statusdiagnostik, wenn sich die Existenz entwicklungsgefährdeter Kinder mit an Sicherheit grenzender Wahrscheinlichkeit sowieso vermuten lässt?
Die Integrativen Regelklassen (IR) reagieren bekanntlich auf das Problem von Entwicklungsgefährdungen mit einer eleganten Lösung, nämlich mit einer präventiven Grundausstattung. Schon vor den IR hat Hamburg in dem Schulversuch „Präventionslehrer an Grundschulen“ eine probate Problemlösung installiert. Die Behörde für Schule hat in einem Projektpapier die „Aufgaben des Präventionslehrers“ u.a. folgendermaßen beschrieben: „Der Präventionslehrer wird möglichst mit seiner vollen Stundenzahl einer Grundschule zugewiesen.“ „Die Arbeit beginnt schwerpunktmäßig in den Klassen 1 und 2 der Grundschule, gegebenenfalls in der Vorschule. Die Auswahl der zu fördernden Schüler erfolgt im Einvernehmen mit dem Klassenlehrer“ (BSB 1988). Der Schulversuch „Präventionslehrer“, auch bekannt unter dem Namen „Farmsener Modell“ (1978-1982), hat genau das praktiziert, was späterhin auch die Integrativen Regelklassen auszeichnen sollte, nämlich die Nichtetikettierung von Förderkindern und eine pauschale Sonderpädagogenausstattung pro Schule (Schirmacher/Tepp 1981). Was früher einmal von der Hamburger Schulbehörde praktiziert wurde und auch vom VDS-Landesverband vorbehaltlos(!) wertgeschätzt wurde, wird heute bei den IR in Bausch und Bogen verworfen. Alles vergessen? Der Sinneswandel dürfte wohl weniger auf ein

mangelhaftes Gedächtnis zurückzuführen sein, er ist vielmehr durch das notorisch aversive Verhältnis des VDS Hamburg zum Konzept der IR zu erklären (Bornfleth 2009, 44).
Lediglich als Randnotiz sei auf ein weiteres Folgeproblem hingewiesen. Die „diagnosegeleitete Integration“ bindet die Ressource Sonderpädagogik an das behinderte Kind und etabliert damit eine Art Rucksackprinzip. Jedes Kind mit Behinderungsetikett wirbt eine bestimmte Anzahl von Sonderpädagogenstunden ein. Die Extra-Stunden sind mit dem etikettierten Kind unauflöslich verbunden, es führt sie in seinem Rucksack mit sich. Der Sonderpädagoge und die behinderten Kinder sind miteinander verkettet, die behinderten Kinder sind die Existenzbedingung sonderpädagogischer Präsenz. Was ist nun, wenn behinderte Kinder umziehen oder aus anderen Gründen nicht mehr da sind? Folgen dann die Sonderpädagogen getreu dem Imperativ „Die Ressource folgt dem Schüler“ auch den entschwundenen Kindern, damit die Ressourcen auch wirklich zum Kind kommen? Tun sie das wirklich oder müssen anderenfalls etwa die Sonderpädagogen eine Kürzung ihres Stundendeputats befürchten? Oder müssen notgedrungenermaßen als Ersatz neue Rucksackkinder gesucht und gefunden werden? Man muss wohl Letzteres befürchten.

## 6. Das Unrecht der Stigmatisierung

Die Behindertenrechtskonvention der Vereinten Nationen (BRK) ist ein epochales Dokument von einer kaum zu überschätzenden Bedeutung. Aus der Geschichte des Behindertenwesens lässt sich keine vergleichbare Schrift benennen, die die BRK an monumentaler Größe und fundamentaler Bedeutung übertreffen könnte. Alle Behindertenpolitik und Behindertenpädagogik muss sich künftig an den Grundsätzen dieses internationalen Übereinkommens messen lassen. Im Anschluss an voraufgehende menschenrechtliche Deklarationen der UN wie die „Erklärung der allgemeinen Menschenrechte“ oder die „Kinderrechtskonvention“ fordert die BRK nun auch namentlich für Menschen mit Behinderungen „die Achtung der ihnen innewohnenden Würde“ und ganz speziell „die Achtung vor den sich entwickelnden Fähigkeiten von Kindern mit Behinderungen“ (!) ein. Das grundlegende und allgemeingültige Achtungsgebot wird sodann als prinzipielles Verbot jeglicher Diskriminierung konkretisiert. Nichtdiskriminierung ist eine zentrale Forderung der Konvention. Diskriminierung aufgrund von Behinderung – so doziert die Konvention – bedeutet „jede Unterscheidung, Ausschließung oder Beschränkung aufgrund von Behinderung, die zum Ziel oder zur Folge hat, dass das auf die Gleichberechtigung mit anderen gegründete Anerkennen, Genießen oder Ausüben aller Menschenrechte und Grundfreiheiten im politischen, wirt-

schaftlichen, sozialen, kulturellen, bürgerlichen oder jedem anderen Bereich beeinträchtigt oder vereitelt wird“ (BRK 2009). „Unterscheidungen“, mit anderen Worten kategoriale Diagnosen und Etikette, dürfen die Persönlichkeitsentwicklung und die Teilhabechancen behinderter Kinder nicht beeinträchtigen und erst recht nicht vereiteln – das ist unmissverständlich die menschenrechtlich begründete Forderung der UN-Behindertenrechtskonvention.
Die „diagnosegeleitete Integration“ des Hamburger Eckpunktepapiers produziert durch das Ressourcen-Etikettierungs-Junktim in unnötiger, vermeidbarer Weise Diskriminierungseffekte, und wird deshalb Geist und Buchstaben der UN-Konvention nicht gerecht. Die Statusdiagnostik ist sicherlich von dem guten Willen einer bestmöglichen Hilfe für behinderte Kinder motiviert, aber sie kalkuliert die Diskriminierung als ungewollte Nebenwirkung nicht ein bzw. nimmt sie einfach in Kauf. Die Eckpunkte wollen Integration, evozieren aber kategoriale Spaltung und diskriminierende Stigmatisierung. Die negativen, ungewollten Folgewirkungen müssen unnachsichtig kritisiert werden, weil sie ohne Verzicht auf eine hochwertige sonderpädagogische Förderqualität durchaus vermeidbar sind.
Der UN-Konvention zufolge ist jede „Diskriminierung aufgrund von Behinderung eine Verletzung der Würde und der Werte […], die jedem Menschen innewohnen“. Zieht man die Grundsätze der BRK zur Beurteilung der „diagnosegeleiteten Integration“ heran, gelangt man zu folgenden Feststellungen: Behinderungslabels sind diskriminierend, weil sie die Teilhabe von Kindern mit Behinderungen am sozialen Verkehr in der Altersgruppe und im alltäglichen Leben sowie eine unbeschädigte Identitätsentwicklung nachhaltig beeinträchtigen können. Dass Behinderungen Stigmata sind und dass Stigmata die Persönlichkeitsentwicklung und soziale Teilhabe beeinträchtigen oder sogar vereiteln, darf seit den 70er Jahren als wissenschaftliches Allgemeingut gelten und bedarf an dieser Stelle keiner expliziten Darstellung mehr (Cloerkes 2001).
Kränkung und Beschämung sind wohl nicht das Ziel von Statusdiagnosen, aber ihre unausweichliche Folge. Etikette machen Stigmata öffentlich und leisten diskriminierenden Einstellungen und Verhaltensweisen Vorschub (Thimm 1975). Bei den Betroffenen selbst setzen sie eine Spirale von Beschämung, Selbstabwertung, Demotivation, Lernblockaden und wieder erneuter Demütigung in Gang (Betz/Breuninger 1988). Der Schritt von Klassifikationen „behinderter“ Kinder zu demütigenden und kränkenden Deklassierungen ist nicht weit. Wenn die professionelle Sonderpädagogik Kinder mit Beeinträchtigungen des Lernens, der Sprache und des Verhaltens offiziell, öffentlich und ohne Gewissensbisse mit dem Label „behindert“ belegt, warum sollten dann eigentlich nicht die anderen Kinder die betroffenen Kinder auch so nennen

dürfen? Was die Profis sich kraft ihrer Definitionsmacht anmaßen, wird man den Kindern und der Gesellschaft insgesamt nicht verweigern und ankreiden können. Die Etikettierung als Behinderte ebnet im alltäglichen sozialen Umgang der Kinder miteinander den Weg zur Beschimpfung als „Behinderte". Etikettierende Attribuierungen wie „Schulversager", „Förderkind" oder „Behindert" oder ähnliche Kategorien stellen die betroffenen Kinder als Mängelwesen bloß, demütigen und beschämen sie zutiefst und verletzen damit ihre unantastbare Integrität. Auch der Begriff „sonderpädagogischer Förderbedarf" ist diskriminierend und damit menschenrechtswidrig, weil er die Kinder mit Behinderungen klassifiziert und von der Normalität der Verschiedenheit abtrennt. Alle Kinder ohne Ausnahme haben „individuelle Förderbedarfe"! Behinderungsetiketten wären allein dann legitim, wenn sie nach gründlichen Prüfungen unausweichlich notwendig sind und wenn die erwünschten Vorteile nachweislich und begründbar die negativen Nebenwirkungen auf die Identitätsentwicklung und die gleichberechtigte Teilhabe deutlich überwiegen.
Die UN-Behindertenrechtskonvention ist sicherlich so auszulegen, dass die Professionellen keine absolute Definitionsmacht mehr haben, sondern die Betroffenen selbst als gleichberechtigte Menschen in sämtliche Angelegenheiten, die sie persönlich betreffen, von der Diagnostik über die Begutachtung bis hin zur Förderplanung, hinlänglich einbeziehen müssen; sie müssen behinderte Menschen als autonome Subjekte achten, deshalb weitest möglich um ihre Einwilligung nachsuchen und ihnen ein Vetorecht eingestehen. „Nichts über uns ohne uns", lautete das Motto des Europäischen Jahrs der Behinderten (2003), das zur Devise selbstbestimmten Lebens von Menschen mit Behinderungen geworden ist (Hermes/Rohrmann 2006).

## 7. Schluss

Die kritische Analyse der Konzepts „Diagnosegeleitete Integration" hat folgendes Ergebnis zutage gefördert: Die Feststellung eines manifesten sonderpädagogischen Förderbedarfs bzw. einer Behinderung ist am Schulbeginn unzuverlässig oder kaum möglich. Sofern desungeachtet ressourcenschöpfende Statusdiagnosen produziert werden, sind sie für den pädagogischen Umgang mit „behinderten" Kindern nahezu wertlos, unter Umständen wegen ungünstiger Erwartungshaltungen und der individuumszentrierten Fixierung auf den Schüler als Problemträger sowie einer defizitorientierten Reparaturpädagogik sogar schädlich. Die völlig unnötige Attribuierung von Behinderungsetiketten ist über die diagnostische Unmöglichkeit und pädagogische Untauglichkeit hinausgehend auch in menschenrechtlicher Sicht bedenklich.

*Frühe Statusdiagnose und kategoriale Klassifikation „behinderter" Kinder in Verbindung mit dem Ressourcen-Etikettierungs-Junktim sind*
*1. diagnostisch unzuverlässig und deshalb unverantwortlich,*
*2. für die Praxis gänzlich wertlos und eher schädlich,*
*3. an einem defizitorientierten Modell des „Problemschülers" ausgerichtet,*
*4. für präventive Zwecke dysfunktional und ungeeignet, und schließlich*
*5. diskriminierend und menschenrechtswidrig.*

Inklusive Pädagogik beinhaltet die Abschaffung der „Zwei-Gruppen-Theorie" und ist mit Statusdiagnostik, kategorialen Klassifikationen und stigmatisierender Etikettierung nicht vereinbar. Die Zeit wird kommen, wo die höchsten Gerichte die exkludierenden diagnostischen Praktiken mit Verweis auf die Behindertenrechtskonvention als menschenrechtswidrige Entwürdigung verurteilen werden.
Die „Eckpunkte Sonderpädagogische Förderung" sind weder vom Geist der UN-Behindertenrechtskonvention angehaucht noch von den Visionen einer inklusiven Pädagogik angerührt. Die programmatische Konzeptformel „Die Ressource folgt dem Etikett" führt im Ergebnis zu einer vollständigen Restaurierung stigmatisierender Statusdiagnosen mit zahlreichen Folgeproblemen und unvorteilhaften Nebenwirkungen.
Die schwarz-grüne Diagnostik ist damit wieder im vorigen Jahrhundert gelandet. Der einstige Leuchtturm der Integrationspolitik und -pädagogik hat seine Pole-Position an die Nachbarländer Bremen und Schleswig-Holstein abgegeben. Mit Heinrich Heine möchte man einen tiefen Seufzer ausstoßen: „Denk ich an Hamburg in der Nacht …".

## Literatur


[BRK] (2009): Übereinkommen über die Rechte von Menschen mit Behinderungen (Schattenübersetzung der Behindertenrechtskonvention hrsg. von NETZWERK ARTIKEL 3 e.V. Berlin

Behörde für Schule und Berufsbildung (1988): Aufgaben des Präventionslehrers. In: Wocken, Hans/Antor, Georg/Hinz, Andreas (Hrsg.): Integrationsklassen in Hamburger Grundschulen. Bilanz eines Modellversuchs. Hamburg: Curio, S. 75

Biewer, G. (2009): Grundlagen der Heilpädagogik und Inklusiven Pädagogik. Bad Heilbrunn: Klinkhardt

Bornfleth, Enno (2009): Förder- und Sprachheilschulen im Schulreformprozess. In: VDS-Mitteilungen Hamburg, Nr. 72, S. 43-46

Cloerkes, G. (Hrsg.) (2001): Soziologie der Behinderten. Eine Einführung. 2. Aufl. Darmstadt: edition s

Faust-Siehl, G./Garlichs, A./Ramseger, J./Schwarz, H./Warm, U., (1996): Die Zukunft beginnt in der Grundschule. Empfehlungen zur Neugestaltung der Primarstufe. Reinbek bei Hamburg: Rowohlt

Jegge, Jürg (1991): Dummheit ist lernbar. Bern: Zytglogge

Kornmann, R./Meister, H./Schlee, J. (Hrsg.) (1994): Förderdiagnostik. Konzept und Realisierungsmöglichkeiten. 3. Aufl. Heidelberg

Krapp, A./Mandl, H. (1977): Einschulungsdiagnostik. Eine Einführung in Probleme und Methoden der pädagogisch-psychologischen Diagnostik. Weinheim: Beltz

Krapp, Andreas/Weidenmann, Bernd (Hrsg.) (2001): Pädagogische Psychologie. Ein Lehrbuch. 4. Aufl. Weinheim: Beltz

Schlee, Jörg (1985): Kann Diagnostik beim Fördern helfen? Anmerkungen zu den Ansprüchen der Förderdiagnostik. In: Zeitschrift für Heilpädagogik, 36, S. 153-165

Schuck, Karl Dieter (2003). Wertschätzung der Heterogenität oder Ende der Solidarität: Zur Funktion der pädagogischen Diagnostik im Schulwesen. In: Warzecha, B. (Hrsg.). Heterogenität macht Schule. Beiträge aus sonderpädagogischer und interkultureller Perspektive. Novemberakademie 2002. Münster, New York, München, Berlin: Waxmann 41-60.

Tillmann, K.-J. (2009): Sechsjährige Primarschule in Hamburg: Empirische Befunde und pädagogische Bewertungen. In: Daschner, P. (Hrsg.): Hamburg macht Schule. Hamburg (Sonderheft), S. 10-29

VDS Hamburg (2009): Bedingungen für das Gelingen umfassender inklusiver Pädagogik. Eckpunktepapier zur sonderpädagogischen Förderung im Kontext des hamburgischen Schulreformprozesses. Beschluss des Vorstandes des VDS-Landesverbands vom 13. Juli 2009. Hamburg

Wild, Klaus-Peter/Krapp, Andreas (2001): Pädagogisch-psychologische Diagnostik. In: Krapp, Andreas/Weidenmann, Bernd (Hrsg.): Pädagogische Psychologie. Ein Lehrbuch. 4. Aufl. Weinheim: Beltz, S. 513-564

Wocken, Hans (1996): Hilfsschule – Schule für Lernbehinderte – Förderschule. Der Wandel einer Schule im Spiegel der Aufnahmeverfahren. In: Zeitschrift für Heilpädagogik, 47, 7, S. 266-276

Wocken, Hans (1996): Sonderpädagogischer Förderbedarf als systemischer Begriff. In: Sonderpädagogik, 26, S. 34-38

Wocken, Hans (2009): Integration & Inklusion. Ein Versuch, die Integration vor der Abwertung und die Inklusion vor Träumereien zu bewahren In: Stein, A. (Hrsg.): Integration und Inklusion auf dem Weg ins Gemeinwesen. Möglichkeitsräume und Perspektiven. Bad Heilbrunn: Klinkhardt, S. 204-23

# 4. Elternwahlrecht !?
## Über Dienstbarkeit, Endlichkeit und Widersinn des Elternwillens.

### 1. Das Elternwahlrecht als Spielball partialer Interessen

Bildungssysteme, die verschiedene Schulformen und -arten vorhalten und in denen nicht alle Kinder eine gemeinsame Schule besuchen, müssen ein Verteilungsproblem lösen: Welche Kinder dürfen oder müssen welche Schule besuchen? Und: Wer entscheidet über die Schullaufbahn der Kinder: Die Eltern nach eigenem Gutdünken? Durch Tests unterstützte Aufnahme- und Überweisungsverfahren? Der Notendurchschnitt eines Zeugnisses? Oder das Urteil von Lehrern der abgebenden und aufnehmenden Schulen? Alle – die Eltern, die Lehrer, die Schulbehörde – wollen nur das Beste für das Kind, aber wer weiß denn wirklich, was das Beste ist? Wer kann mit prophetischer Gewissheit die Entwicklung von Kindern vorhersagen? In einem gegliederten Schulsystem ist die Verteilung der Schüler auf unterschiedliche Schulen ein höchst brisantes Politikum, weil die Schule bereits im zarten Alter von 11 Jahren die vorentscheidenden Weichen für den späteren Platz in der Gesellschaft stellt und damit zu einer zentralen Agentur für die Verteilung von Lebenschancen wird.
Im Folgenden soll insbesondere das sog. Elternwahlrecht, also das Recht der Eltern auf eine freie Schulwahl, auf seine Vorzüge wie auch auf seine Probleme hin analysiert werden. Welch unterschiedlichen Stellenwert das Elternwahlrecht in einem gegliederten Schulwesen haben kann, sei eingangs durch einige schlaglichtartige Hinweise beleuchtet:

- In Hamburg konnte eine bürgerlich-aristokratische Elterninitiative, die sich selbst mit dem exklusiven Anspruch „Wir wollen lernen“ ausstattete, ein professionell gemanagtes Bürgerbegehren mit der stattlichen Anzahl von ca. 160.000 Stimmen für sich entscheiden. Gegenstand des Bürgerbegehrens war der Widerstand gegen die geplante sechsjährige Primarschule. Die Initiative votierte für ein ungekürztes achtjähriges Gymnasium und drohte mit der Flucht in Privatschulen. Die Empörung dieser Eltern entzündete sich dabei in besonderer Weise an der vom schwarz-grünen Senat geplanten Abschaffung des Elternwahlrechts, das durch eine Kombination von Test- und Lehrerurteil ersetzt werden sollte. Die Suspendierung der freien Schulwahl durch die Eltern qualifizierte die ZEIT in ihrem Kommentar dem Credo der Liberalität folgend als „Entmündigung“.
- Wie die Bürgerinitiative „Wir wollen lernen“ votiert auch die bundesweit agierende Elternbewegung „Gemeinsam leben, gemeinsam lernen“ für eine freie Schulwahl. Unter Berufung auf die UN-Behindertenrechtskonvention,

der zufolge kein Kind wegen seiner Behinderung vom Besuch einer allgemeinen Schule ausgeschlossen werden darf, lehnt die Integrationsbewegung eine staatlich verordnete Sonderschulpflicht strikt ab und fordert für Eltern behinderter Kinder das uneingeschränkte Elternwahlrecht. Eine verbindliche Sonderschulpflicht für behinderte Kinder ist laut der UN-Behindertenrechtskonvention diskriminierend und ein Verstoß gegen Menschenrechte.

Der Teppich „Elternwahlrecht" ist bunt gewebt. Sowohl das rechte wie das linke Lager, sowohl Befürworter wie Gegner der Sonderschule bedienen sich des Elternwahlrechts. Auch die politischen Parteien reden mit vielen Zungen. Nicht selten sind die Unterschiede innerhalb einer Partei, also zwischen den Landesverbänden, größer als die Unterschiede zwischen den Parteien. Ob Parteien oder Ministerien, Verbände oder Basisinitiativen, Zeitungsredaktionen oder Gerichte – sie alle sind schon auf dem Glatteis Elternwille ausgerutscht und haben sich selbst in interne Widersprüche verstrickt. Die Berufung auf das Elternwahlrecht erfolgt relativ beliebig und willkürlich. Es gibt keine klare Regel, wer sich warum und mit welchem Ziel auf den Elternwillen beruft. Mit anderen Worten: Der Elternwille wird für beliebige Zwecke von Interessengruppen aller Couleur instrumentalisiert. Diese Beliebigkeit macht das Elternwahlrecht suspekt und stellt seine Geltung in Frage. Kann das Elternwahlrecht ein allgemeines, universal verbindliches Regulativ für die Gestaltung eines demokratischen Schulwesens sein? Oder ist es nichts weiter als eine scheindemokratische Legitimation von gesellschaftlichen Partialinteressen?

## 2. Begründung des Elternwahlrechts

Das Elternwahlrecht hat eindeutige verfassungsrechtliche Bezüge. Grundgesetz (GG) Artikel 6,2 bestimmt vorab in grundlegender Weise: „Pflege und Erziehung sind das natürliche Recht der Eltern und die zuvörderst ihnen obliegende Pflicht". Mit diesem Artikel sind die gesetzlichen Eltern vom Grundgesetz als diejenigen eingesetzt und anerkannt, die für die Erziehung ihrer Kinder zuständig und verantwortlich sind. In dieses primäre, natürliche und fundamentale Erziehungsrecht der Eltern können und dürfen andere gesellschaftliche Agenturen und staatliche Institutionen (Sozialämter; Kindergärten; Erziehungsberatungsstellen; Religionsgemeinschaften; Schulen) nur aufgrund expliziter gesetzlicher Regelungen eingreifen. Eltern müssen etwa keinen „Elternführerschein" machen und sie müssen ihr Kind nicht in den Kindergarten geben. Die Erziehung der Kinder ist zunächst ihre natürliche Aufgabe, die sie nach eigenem Gutdünken selbstbestimmt erfüllen können. Die Reichweite des elterlichen Erziehungsrechts ist allerdings keineswegs unbegrenzt, wie noch zu zeigen sein wird.

Der Elternwille ist nicht allein auf die Kinderjahre der Elementarstufe begrenzt, sondern kann sich durchaus auch noch auf die Gestaltung der schulischen Erziehung erstrecken. Das GG gestattet den Eltern ausdrücklich, selbst eigene Schulen einzurichten, die mit ihren Vorstellungen von einer guten Erziehung konform gehen. Das Recht zur Errichtung von Privatschulen wird allerdings vom GG an wichtige Bedingungen geknüpft:

1. Die staatliche Schulverwaltung muss „ein besonderes pädagogisches Interesse“ anerkennen. Dieses besondere pädagogische Interesse wäre immer dann gegeben, wenn die Schule ein eigenständiges pädagogisches Profil nach Art von Waldorfschulen oder Bekenntnisschulen vorweisen kann. Wohlgemerkt, es muss sich dabei um ein pädagogisches Interesse, nicht aber um standespolitische Interessen handeln.

2. Die Einrichtung von Privatschulen ist nur dann gestattet, „wenn dadurch eine Sonderung der Schüler nach den Besitzverhältnissen der Eltern nicht gefördert wird“ (GG Art. 7, 3). Dies ist eine verfassungsrechtliche Bestimmung, die vielfach unerwähnt bleibt und wohl auch von etlichen real existierenden Privatschulen nicht eingelöst wird. Privatschulen kosten Schulgeld, und das Schulgeld programmiert eine soziale Schieflage vor. Die Verfassungstreue gebietet es, mahnend in Erinnerung zu rufen, dass „Eliteschulen“ aller Art grundgesetzwidrig sind. Es wäre nicht verfassungskonform, wenn wohlhabende Eltern Privatschulen als Zufluchtsburgen für ihre vom Gymnasium abgewiesenen Kinder nutzen würden.

3. Zu guter Letzt findet das Elternwahlrecht auch seine Rechtfertigung in dem demokratischen Axiom, dass alle Gewalt vom Volke ausgeht und der Wille des Volkes die Gestaltung des Gemeinwesens prägen sollte. In diesem Sinne argumentiert etwa der Hamburger Erziehungswissenschaftlicher Peter Struck: „Das Elternwahlrecht sollte in jedem Fall beibehalten werden, es ist eine demokratische Errungenschaft“ (WELT-online 2009). In den politischen Auseinandersetzungen spielt gerade dieser Verweis auf die demokratische Qualität des Elternwillens eine herausragende Rolle. Die Apologeten des Elternwahlrechts lehnen emphatisch jegliche Form von staatlicher Fremdbestimmung ab, bezichtigen Schulverwaltung und Schulpolitik unzulässiger Übergriffe und einer Missachtung des Elternwillens. Der Verweis auf die demokratische Qualität des Elternwillens macht Eindruck, erzeugt Wirkung und weckt vielfältige Zustimmung.

### 3. Begrenzungen des Elternwahlrechts

Die verfassungsrechtliche Zusicherung eines natürlichen Elternrechts hat der Schauspieler Sky du Mont bei einer Kundgebung der Initiative „Wir wollen lernen“ zu einer unantastbaren Norm verabsolutiert: „Ich spreche der Politik das Recht ab, über mein Kind zu entscheiden“ (ZEIT-online: Gucci-Protest). Die Ausführungen zum Privatschulwesen deuteten bereits an, dass das elterliche Erziehungsrecht keineswegs uneingeschränkt autark ist und auch nicht allezeit und allerorten gilt.

*Schulpflicht*: Als erste Limitierung ist die Schulpflicht zu nennen. Eltern müssen ausnahmslos und ohne Wenn und Aber ihre Kinder in die Schule schicken. Die Schulpflicht existiert seit Mitte des 19. Jahrhunderts und ist seit langem eine unumstößliche Verpflichtung, die alle entwickelten Gesellschaften rechtsverbindlich gemacht haben. Der Schulbesuch wird mit staatlichem Zwang durchgesetzt; Schulschwänzen ist eine Rechtsverletzung und kann mit Bußgeld belegt werden. Alle Jahre wieder geistern Sensationsberichte über Eltern, die ihre Kinder selbst erziehen und nicht zur Schule schicken wollen, durch die Presse. Dem Widerstand solcher Eltern gegen den staatlichen Schulzwang ist so gut wie nie Erfolg beschieden; bezüglich der Schulverpflichtung endet das natürliche Erziehungsrecht der Eltern kompromisslos am Tag der Einschulung.

*Sonderschulpflicht*: Mit nicht minderer rigoroser und unnachgiebiger Gewalt geht der Staat mit dem Willen von Eltern behinderter Kinder um. Behinderte Kinder müssen (!) ihre Schulpflicht in einer Sonderschule erfüllen, heißt oder hieß es in den Schulgesetzen aller Bundesländer. Die Sonderschulpflicht gibt es seit über 100 Jahren. Gegen diese Sonderschulpflicht haben die Eltern behinderter Kinder in der Geschichte je nach Förderschwerpunkt in unterschiedlichem Maße Widerstand geleistet, die Förderschulen selbst haben – was wenig verwundert – sie eher ausnahmslos begrüßt und eingefordert. Zur Legitimation der Sonderschulpflicht haben vor einigen Jahrzehnten Politik und Pädagogik in schöner Eintracht sich das Konstrukt der „Sonderschulbedürftigkeit“ ausgedacht. In den Schulgesetzen aller Bundesländer war nachzulesen, dass es Kinder gibt, die der Aussonderung „bedürfen“! Zur Legitimation der Aussonderung wurden also die Ausgesonderten selbst herangezogen; die „Bedürftigen“ waren damit selbst Ursache und Rechtfertigung der schulischen Aussonderung. Und von all denjenigen, die sich so gern im Namen der Demokratie für das Elternwahlrecht aussprechen, war kein Sterbenswörtchen gegen das Unrecht der Zwangsaussonderung zu hören.

Diejenigen Eltern, die sich gegen die Einweisung ihres Kindes in eine Sondereinrichtung wehrten, wurden in früheren Zeiten höchstrichterlich über das caritative Motiv der Aussonderung belehrt: „Die unter Aufwendung besonderer Kosten errichteten Hilfsschulen sind vielmehr eine Wohltat, die der Staat den Kindern angedeihen lässt“ (Bundesverwaltungsgericht 1958). Ja, die widerspenstigen Eltern wurden gar als undankbare und verantwortungslose Rabeneltern hingestellt: „Die Eltern gefährden das geistige Wohl des Kindes, wenn sie in uneinsichtiger Weise und falsch verstandener Liebe ihr Kind daran hindern, von speziell hierzu ausgebildeten Lehrern in einer Weise unterrichtet zu werden, die seinen geistigen Kräften entspricht" (Oberlandgericht Neustadt 1959). Mittlerweile haben sich Rechtsprechung und Rechtsempfinden durchaus geändert, aber im Streit mit dem Staat ziehen Eltern behinderter Kinder immer noch den Kürzeren. Jüngst urteilte ein Schleswig-Holsteinisches Verwaltungsgericht (2009): „Im Bereich der Schule treffen Erziehungsrecht und Erziehungsverantwortung der Eltern auf den Erziehungsauftrag des Staates. Dieser Auftrag ist dem elterlichen Erziehungsrecht nicht nachgeordnet, sondern gleichgeordnet." Die vorgebliche Gleichordnung führte allerdings dazu, dass eine „behinderte" Schülerin gegen den Willen der Eltern als Sonderschülerin eingestuft wurde – mit anderen Worten: Der Staat obsiegte gegen die „gleichen" Eltern. Das Gericht hat Gleichheit gesagt, aber Ungleichheit praktiziert. In Gesetzgebung und Rechtsprechung galt und gilt demzufolge nicht das gleiche Elternwahlrecht für alle. Während in der Bundesrepublik Deutschland generell das Prinzip gleicher Wahlen gilt, wurde und wird das Elternwahlrecht gespalten als Zweiklassenwahlrecht praktiziert. Es gibt einen Elternwillen 1. und 2. Klasse. Die „besonderen" Eltern werden ihres Erziehungsrechts beraubt und enteignet, und der Staat schreibt sich selbst die alleinige Kompetenz zu, das Kindeswohl behinderter Kinder vertreten zu können und für sie die allein richtige Schule zu bestimmen.

*Übertrittsentscheidung*: Als weitere Begrenzung des Elternwahlrechts ist schließlich die Wahl der weiterführenden Schule nach der Grundschule zu nennen. Ob die Eltern bei der Entscheidung für eine Schulform der Sekundarstufe überhaupt ein Wörtchen mitzureden haben, diese Frage steht bei dem Streit um das Elternwahlrecht mehr im Zentrum als jede andere Einschulungs- und Übertrittsfrage. Beim Wechsel auf weiterführende Schulen liegen die Nerven blank, hier werden die Weichen gestellt für ein späteres Oben und Unten in der Gesellschaft. Gymnasium „Ja oder Nein" – das ist in der bundesrepublikanischen Schulwirklichkeit die Gretchenfrage, an der sich die Geister scheiden. Wie diese Frage realpolitisch entschieden wird, wird erstaunlicherweise in den 16 Bundesländern durchaus unterschiedlich beantwortet. Hierbei haben weder die landespolitischen Regierungsmehrheiten noch die parteipolitische Farbenlehre einen durchgängigen einheitlichen Einfluss. In acht von 16 Bundesländern ist der Elternwille beim Übergang auf das Gymnasium eingeschränkt. Der Kulturhoheit der Länder lässt für den Übergang auf das Gymnasien eine kreative Vielfalt von Regelungen entstehen: Freie Elternwahl, Grundschulempfehlungen, Aufnahmeprüfungen, Probeunterricht und Probezeiten, die Durchschnittsnote der Hauptfächer, verpflichtende Beratungsgespräche sowie ein Mix aus allen Verfahren. Die bunte Vielfalt an Kriterien und Regelungen spricht nicht unbedingt dafür, dass hier Rationalität am Werke ist.

Die Rechtskonstruktion des freien Elternwillens sollte einerseits gewährleisten, dass die „richtigen" Kinder auch die „richtige" Schule besuchen, andererseits aber auch die soziale Selektivität der Institution Schule keineswegs verstärken, sondern eher abmildern. Genau das ist aber, wie die KESS-Studie und IGLU 2006 zeigen, nicht der Fall. Fast die Hälfte aller Schüler erhält nach der vierten Klasse falsche Schulempfehlungen. Bei einem Vergleich der Steuerungsinstrumente Testurteil, Lehrerurteil und Elternwahl schneidet die Schulwahl der Eltern am schlechtesten ab. Die Elternwahl verstärkt die soziale Selektivität zu Lasten einer leistungsgerechten Schülerverteilung. Je höher die Sozialschicht, desto mehr ignorieren die Eltern die Schullaufbahnempfehlung der Grundschule. Bundesweit hat ein Akademikerkind eine 3,8fach höhere Chance als ein Arbeiterkind, qua Elternwahl tatsächlich auf das Gymnasium zu kommen, und das trotz gleicher Intelligenz und gleicher Schulleistungen (Tillmann 2009). Das Leistungsprinzip, dem sich das selektive Schulsystem angeblich verschrieben hat, wird durch die freie Schulwahl in ein Herkunftsprinzip umgewandelt. Die einschlägige wissenschaftliche Befundlage zum Elternwahlrecht kommentiert der Bildungsforscher Klaus Klemm mit der Feststellung: „Je freier die Elternwahl, desto größer die soziale Ungleichheit" (Berliner Zeitung, 15. Mai 2009). Die Steuerungsprinzipien Leistung und Elternwille sind nicht deckungsgleich, sondern eher konträr, weil die Aufstiegsaspirationen bestimmter Schichten das Leistungskriterium missachten und unterlaufen. Wer bei den Übergangsentscheidungen die Bildungs- und Chancengerechtigkeit mehren will, muss nach Möglichkeit die Eltern aus diesem Entscheidungsprozess heraushalten.

## 4. Schule als Aufgabe des Staates

Bevor das Wohl und Wehe des Elternwahlrechts abschließend erwogen wird, müssen die bislang erwähnten verfassungsrechtlichen Grundlagen um eine weitere Bestimmung ergänzt werden, die von außerordentlicher Bedeutung ist und eine erhebliche Relativierung des Elternwillens nach sich zieht. Dem Familien- und Elternartikel GG § 6 folgt der Artikel GG § 7, der das Schulwesen betrifft, auf dem Fuße. Dort heißt es: „Das gesamte Schulwesen steht unter der Aufsicht des Staates."

Auf den ersten Blick liest sich der bündige Satz wie ein abruptes und definitives Ende allen Elternwillens. Immerhin folgt ein abmildernder Absatz 2: „Die Erziehungsberechtigten haben das Recht, über die Teilnahme des Kindes am Religionsunterricht zu bestimmen." Das ist nicht eben viel, ja sogar sehr mager. Der Wind hat sich um 180 Grad gedreht. Schule und Elternhaus sind offenkundig zwei Territorien mit unterschiedlichen Hoheiten und Potentaten.

In dem Hoheitsgebiet der Schule endet definitiv das „natürliche“ Erziehungsrecht der Eltern und beginnt unumstößlich das Erziehungsrecht des Staates. In der Schule ist der Elternwille eben nicht mehr das Höchste aller Dinge, sondern an diesem Ort hat nun eine familienübergreifende Agentur das Sagen: die staatliche Gemeinschaft. Was in der Schule gelehrt wird; ob es Noten gibt und welche Noten ein Schüler bekommt; welcher Schüler sitzen bleibt; ob und welche Schulstrafen bei Verstößen gegen die Schulordnung verhängt werden; wie mit Schulabsentismus umgegangen wird; ob auch behinderte Kinder aufgenommen werden; für welche Zwecke der Schuletat verwendet wird; wer zur neuen Schulleiterin gewählt wird; ob der Unterricht nach Montessori gestaltet wird oder ein freiheitliches Konzept verfolgt werden soll und vieles andere mehr – all dieses bestimmen nicht mehr die vielen Eltern und Familien, sondern neue Gesellschafter: die Schulgemeinde, die Schulträger, die Schulverwaltungen und die Schulgesetze. Zwar haben die Eltern nun im Wege von Mitbestimmungsregelungen und -organen durchaus Mitspracherechte, aber das Sagen hat trotz aller Demokratisierung letztlich die Schule als Institution und als gesellschaftliche Einrichtung.
Das hört sich alles schrecklich undemokratisch an, ist es aber nicht. Die Schule hat einen neuen Eigentümer, einen neuen Aufsichtsrat und einen neuen Hausherrn. Und das ist die Gesellschaft, genauer das vom Volke in demokratischen Wahlen eingesetzte Parlament. In einer indirekten Demokratie ist das gewählte Parlament das einzige legitime Organ, dem über die Gestaltung von Schule die alles entscheidenden Rechte zukommen. Der Wille der vielen Elterngruppierungen von A bis Z, die ja zudem keineswegs alle das Gleiche wollen, ist nicht mehr der tragende Legitimationsgrund für die Gestaltung von Schule und des Schulwesens, sondern der Volkswille, der sich in allgemeinen, unmittelbaren, freien, gleichen und geheimen Wahlen artikuliert, ist maßgeblich und bestimmend. Der Volkswille ist demokratisch, der Elternwille nur bedingt. Es ist falsch, den Elternwillen einzelner gesellschaftlicher Gruppierungen als repräsentativen Ausdruck des Bürgerwillens zu stilisieren. In solcher Sicht wird der Elternwille nicht negiert und nicht aufgehoben, aber doch in seiner Geltung aufgrund demokratischer Logik relativiert. Der Elternwille ist für die Gestaltung von Schule und Unterricht eine Priorität zweiter Ordnung, an vorderster Stelle steht der Staatswille, wie er durch ein gewähltes Parlament zum Ausdruck gebracht wird.
Die souveräne Zuständigkeit des Staates für das Schulwesen ist fundamental und weitreichend, sie macht den Elternwillen endlich. Es ist nicht möglich, per Volksbegehren oder Volksentscheid die ungegliederte vierjährige Grundschule abzuschaffen, weil sie seit 1920 verfassungsmäßig garantiert ist. Der Staat ist auch nicht verpflichtet, ein gegliedertes Sekundarschulwesen inklusive eines

Gymnasiums vorzuhalten oder anzubieten. Sofern ein demokratisch gewähltes Parlament die Schulformen Hauptschule, Realschule und Gymnasium abschaffen und in der Sekundarstufe eine gemeinsame Schule für alle Kinder einführen würde, wäre dies absolut verfassungskonform. Eine verpflichtende gemeinsame Sekundarstufenschule verstößt keineswegs gegen das Elternrecht und kann grundsätzlich auch nicht durch irgendwelche Formen von Bürgerbegehren ausgehebelt werden. Es gibt kein imperatives Mandat des Elternwillens! Und es gibt weder ein Recht auf Gymnasien noch ein Recht auf Sonderschulen!
Mit diesen Ausführungen wird für einen grundsätzlichen und uneingeschränkten Vorrang des Volkswillens vor dem Elternwillen plädiert. Ein Plädoyer Volkswillen vor Elternwillen wird vermutlich als illiberal, demokratiefeindlich und elternfeindlich diskriminiert werden. Dieser Skandalisierung wird unnachgiebig widersprochen: Es gibt nichts Demokratischeres als den Volkswillen. Und dieser kann sich in verbindlicher Form nicht in Volksbegehren, in Elterninitiativen oder Unterschriftensammlungen äußern, sondern einzig und allein in demokratischen Wahlen. Das Schulsystem wird vom Volk, von allen bezahlt. Es wäre demokratiewidrig und schier unerträglich, wenn allein die besseren Kreise bestimmen würden, wie die „volkseigene" Institution Schule strukturiert sein soll. Demokratie ist etwas anderes als Aristokratie.
Der gegenwärtige hamburgische Schulkampf ist keine bloße Hamburgensie mehr, sondern hat eine übergreifende Bedeutung. Es geht darum, welchen Stellenwert der sogenannte Elternwille im Verhältnis zum Volkswillen hat. Ein faktisches Blockaderecht von Teilgruppierungen der Gesellschaft – welcher Herkunft und welcher Couleur auch immer – verstößt nach Auffassung des Verfassers gegen das Grundverständnis von Demokratie als Herrschaft der Mehrheit über die Minderheit. Es geht wirklich nicht um eine Abschaffung der Mitbestimmung – das ist das Geschäft der Liberalen. Es geht auch nicht darum, die Stimme der Eltern nicht wahrzunehmen und gegen alle Widerstände erbarmungslos irgendein bildungspolitisches Konzept durchzusetzen. Elternwille und Elternwahlrecht sollen unverändert ein bedeutsames Gewicht in der bildungspolitischen Auseinandersetzung behalten, aber – und das ist wichtig – mit einem genau bemessenen und sorgsam austarierten Stellenwert. Elternwille und Elternwahlrecht haben insbesondere eine hervorgehobene strategische Bedeutung für die Implementation einer Schulreform, für ihre Einfädelung. Es macht wenig Sinn, Schulreformen ohne die Eltern oder gegen einen ansehnlichen Teil der Eltern zu planen und durchzusetzen. Eine von breiten Schichten ungewollte, ungeliebte und nicht mitgetragene Reform produziert Sand im Getriebe, und trägt damit den Keim ihres Scheiterns bereits in sich. Die Politik ist gut beraten, auf die Eltern zu hören, mit ihnen zu reden und sie wenn irgend möglich mitzunehmen. Die Eltern sind gut beraten, ihre

eigenen Standpunkte nicht zur Richtschnur einer staatlichen Bildungspolitik für ausnahmslos alle Kinder des Volkes zu erheben.

**5. Wider das Elternwahlrecht**

Nach all dem ergibt sich eine logische Gedankenkette:

1. Das Elternwahlrecht macht nur Sinn im Kontext eines gegliederten Schulwesens. Wo es keine Alternativen gibt, gibt es auch nichts zu wählen und das Thema Elternwahlrecht ist gegenstandslos. Das Votum für ein gegliedertes Schulwesen impliziert als eine unausweichliche Folge, dass dann ein rationaler Verteilungsschlüssel zur Steuerung der Schülerströme gefunden werden muss. Wie der Streifzug durch das verminte Themenfeld Elternwahlrecht gezeigt hat, ist das Elternwahlrecht weder logisch noch leistungsgerecht noch sozialgerecht. Das Elternwahlrecht ist als regulatives Prinzip fragwürdig, ja gänzlich untauglich. Die „Leistung" des Elternwahlrechts ist unter diesen Gesichtspunkten erbärmlich. Wenn wirklich „Eignung" und „Leistung" die primären und exklusiven Kriterien für die Verteilung der Schüler auf verschiedene Schulformen im hierarchisch gegliederten Schulsystem sein sollten, dann wäre die Verwendung standardisierter Testverfahren die Methode der Wahl. Sowohl dem Lehrerurteil wie auch dem Elternurteil mangelt es an prognostischer Zuverlässigkeit, vor allem aber an einer von sozialer Herkunft unabhängigen Objektivität. Aber die aus rationaler Sicht zu favorisierende Methode ist mit dem Nachteil erheblicher Nebenwirkungen verbunden: Tests zur Übertrittsauslese am Ende der Grundschule würden als eine Art „Grundschul-Abitur" empfunden. Ein derartiges Grundschul-Abitur hätte einerseits schwerwiegende negative Rückwirkungen auf die pädagogische Arbeit in der Grundschule, die vom ersten Schultag an unter dem Damoklesschwert der Selektion stünde. Anderseits würde ein objektives, unbarmherziges Testurteil die Eltern schonungslos mit der sozialdarwinistischen Härte eines gegliederten Schulwesens konfrontieren, und dies würde von den geschockten Eltern dann verständlicherweise kompromisslos abgelehnt werden. Jede nachträgliche Einschränkung eines vorab eingeräumten Wahlrechts etwa durch eine zeitlich begrenzte Gültigkeit der Schulwahl oder durch anschließende Bewährungskontrollen und -fristen entwertet die liberale Großzügigkeit zunehmend und macht die einmal zugestanden freie Wahl dann in wachsendem Maße zu einer Farce, zu einem scheindemokratischen Spektakel.

2. Das hausgemachte Problem ist da: Wie kann ein gegliedertes Schulsystem aufrecht erhalten werden, ohne das es wehtut? Eine saubere Lösung gibt es nicht, kann es gar nicht geben; von Stund an waltet beim Übergang in Sekundarschulen Beliebigkeit, Willkür und vor allem das angestrengte Bemühen um

Befriedung und Besänftigung. Auf der Suche nach Lösungen aus dem unlösbaren Dilemma heißt die Devise: Die Selektion bleibt, aber sie muss psychologisch abgefedert werden; es geht weniger um richtige und rationale Lösungen, die es ja auch nicht geben kann, sondern vor allem um Schmerz- und Schocktherapie. Das ist die Geburtsstunde des Elternwahlrechts.

3. Der fundamentale Verteilungsmechanismus eines gegliederten Schulsystems ist das Leistungsprinzip und nicht der Elternwille. Das Elternwahlrecht, das ja in Wirklichkeit nur eine freie Schulwahl bis auf Widerruf erlaubt, ist dem Grunde nach in einem selektiven Schulsystem kontraproduktiv. Ein gegliedertes Schulwesen kann in letzter Konsequenz der freien Schulwahl durch die Eltern gar nicht stattgeben. Denn eine freie und an keinerlei Kriterien und Bedingungen geknüpfte Elternwahl führt zu einer Chaotisierung im gegliederten Schulwesen: Die Eltern wählen, was sie wollen, und bringen damit die ganze schöne hierarchische Gliederung durcheinander. Durch das Elternwahlrecht wird die Sonderschule partiell entvölkert und das Gymnasium partiell mit „ungeeigneten" Schülern überschwemmt und belastet. Das kontinuierliche systemwidrige Verhalten der Eltern stört zunächst niemanden; immerhin hat das geschenkte Freiheitsgefühl einen Schulfrieden zur Folge. Aber jenseits des Burgfriedens im Schulstreit ist das konstitutive Organisationsprinzip der Gliederung nach Leistung dahin. Das Elternwahlrecht ist vergiftet. Vom gegliederten Schulwesen als Problemlösung zur Milderung von Selektionsschmerzen ins Feld geschickt, wendet sich das Wahlrecht perfiderweise gegen seinen Auftraggeber. Ein nicht limitiertes Elternwahlrecht dient nicht der Selektion, sondern unterläuft es subversiv. Die Empfehlung ist nicht ohne Sarkasmus: Wer das gegliederte Schulwesen aufweichen und bis zur Unkenntlichkeit durcheinander wirbeln will, wird ihm ein radikales Elternwahlrecht gönnen. Wer es einigermaßen gut mit einem segregierenden Schulsystem meint, kann diesem System eigentlich kein Elternwahlrecht wünschen.

4. Elternwahlrecht und Selektion sind der Sache nach unverträglich und nicht kompatibel. Wenn das Elternwahlrecht ungeachtet dieser Widersprüchlichkeit trotzdem ermöglicht wird, dann geschieht es vornehmlich aus legitimatorischen und strategischen Gründen. Die zentrale Funktion des Elternwahlrechts in einem selektiven Schulsystem ist die Erzeugung von Zustimmung und Legitimation. Das Wahlrecht verschafft den Eltern die schöne Illusion, als würden sie selbst das schulische Schicksal ihres Kindes bestimmen können. Die wählenden Eltern haben das betörende Gefühl, dass sie selbst entscheiden dürfen und von niemandem gezwungen werden. Dieser gönnerhafte Respekt vor dem Elternwillen verbreitet eine Aura der Toleranz und entfaltet im Wahlvolk eine narkotisierende Wirkung: Wir sind zwar nicht wirklich frei, aber wir dürfen uns

das einbilden. Insofern hat das Elternwahlrecht nichts weiter als eine pseudodemokratische Legitimationsfunktion für eine bittere Selektionspraxis. Ein unbegrenztes Elternwahlrecht ist der Totengräber des gegliederten Schulwesens. Ein begrenztes Elternrecht ist Opium für das selektionsgepeinigte Volk.

5. Dass das Elternwahlrecht zu einem selektiven Schulsystem von Grund auf nicht passt, wird in entlarvender Weise durch die Sonderschulpflicht belegt. Eltern behinderter und leistungsschwacher Kinder dürfen sich nicht in das allgemeine Schulwesen hineinwählen, weil die freien Wahlen das konkurrierende Leistungsprinzip in Frage stellen würden. Ein geistig behindertes Kind in der allgemeinen Schule, und das auch noch ohne Sitzenbleiben? Undenkbar! Bei den Sonderschuleltern wirkt das Narkotikum Elternwahlrecht natürlich nicht, sondern lässt die Alarmglocken läuten und bringt schmerzliche Unterdrückungsgefühle hervor. In diesem Fall ist das Verbot freier Schulwahl die definitive Entmündigung. Der Staat übernimmt an ihrer statt die Vormundschaft über die behinderten Kinder und brüstet sich mit der Zusage, mehr als die Eltern das Kindeswohl im Auge zu haben.
Die Sprache der Nationalsozialisten hat die ideologische Basis der Selektion unverblümt zum Ausdruck gebracht. „Minderbegabte“ und „Schädlinge“ sind „Ballastexistenzen“, von denen die allgemeine Schule „entlastet“ werden muss.

6. Last not least: Das Elternwahlrecht ist nicht das Höchste aller Rechtsgüter, sondern ist im Gegenteil einem anderen fundamentalen Grundrecht nach- und untergeordnet. Der Elternwille darf sich nicht über das Kind hinwegsetzen, sondern muss sich am „Wohl des Kindes“ (BRK Art. 7, 2) orientieren und das Recht des Kindes auf Inklusion (BRK Art 7, 1) achten. Die Eltern können das Wahlrecht nicht einfach nach Belieben wahrnehmen. Das Erziehungsrecht der Eltern ist ein sog. „dienendes Recht“, das im Auftrag und im Interesse des Kindes auszuüben ist. Die Eltern sind berechtigt und aufgefordert, in Sachwalterschaft für das Kind Inklusion einzufordern. Das Recht des Kindes auf inklusive Bildung steht also weder für Eltern noch für Behörden zur Disposition. Es ist ein menschenrechtlich verbrieftes Kinderrecht, das über allen anderen Rechten, auch über dem Elternwillen anzusiedeln ist! Ob das Kind bzw. seine Eltern die gegebenen Rechte tatsächlich in Anspruch nehmen, ist freilich ihnen überlassen.

**6. Auswege**

Ist das Elternwahlrecht noch zu retten? Wenn das Elternwahlrecht wirklich ernst gemeint ist und nicht nur eine pseudodemokratische Befriedungs- und Beruhigungsfunktion hat, dann wären dreierlei Vorschläge zu erwägen:

1. *Allgemeingültigkeit*: Die Crux des Elternwahlrechts ist, dass es nicht allgemein gültig ist. Den gymnasialen Eltern wird es gewährt, den Sonderschuleltern verweigert; mal gilt es, mal darf es nicht gelten. Freie Wahl der weiterführenden Schule für „normale“ und verordnete Überweisung behinderter Kinder in Sondereinrichtungen – das passt nicht zum demokratischen Grundprinzip gleicher Rechte. In dieser doppelgesichtigen Form ist das Elternwahlrecht willkürlich und ärgerlich, wenn nicht gar verfassungsproblematisch. Im Namen demokratischer Gleichheit muss daher die Forderung lauten: Wenn Elternwahlrecht, dann bitte für alle! Ein bedingungsloses Elternwahlrecht bedeutet dann auch, dass es keine Vorbedingungen und Einschränkungen für die Teilnahme behinderter Kinder am gemeinsamen Unterricht geben darf. Eine inklusive Schule kennt im Prinzip kein Elternwahlrecht. Alle behinderten Kinder gehen selbstverständlich in die Schule ihres Einzugsgebiets, ohne Antrag, ohne sonderpädagogisches Gutachten und ohne jeglichen Ressourcenvorbehalt. Und die Schule kann sich nicht aussuchen, ob sie behinderte Kinder aufnehmen will oder nicht.

2. *Nachhaltigkeit*: Ein weiterer Mangel des existierenden Elternwahlrechts ist, dass dem geäußerten Elternwillen keine dauerhafte Nachhaltigkeit zugesichert wird. Der Elternwille gilt befristet und auf Probe, er kann bei mangelnder Bewährung mit einem Federstrich wieder korrigiert werden. Der abgelaufenen Bewährungsfrist folgt eine ultimative Selektionsentscheidung auf dem Fuße – ohne Rücksicht auf den Elternwillen. Die befristete Gültigkeit des Elternwillen entwertet die Wahl zu einem pseudodemokratischen Spiel: Es darf dem Scheine nach gewählt werden, eine nachhaltige Verbindlichkeit wird aber der Elternentscheidung nicht eingeräumt. Die Eltern dürfen mal „auf Probe“ mitreden, die Würfel fallen aber später und woanders. Demokratische Glaubwürdigkeit kommt dem Elternwahlrecht erst dann zu, wenn es mehr ist als ein vergängliches Strohfeuer. Alle Schulen haben die Entscheidung der Eltern als verbindlich zu akzeptieren, und zwar für die gesamte Dauer der gesetzlichen Schulpflicht. Gegen die ausdrückliche Zustimmung der Eltern darf kein Kind aus der gewählten Schule ausgeschult werden. Die Entscheidung der Eltern für eine bestimmte Schule hat bindende Kraft, sie gilt auf Dauer und kann nicht durch die gewählte Schule aufgehoben werden.

3. *Abschaffung der Sonderschulpflicht*: Die UN-Behindertenrechtskonvention fordert den Aufbau eines inklusiven Bildungssystems. Sofern parallel zu inklusiven Schulen auch weiterhin Sonderschulen vorgehalten werden sollen (was nicht zwingend erforderlich, aber durchaus möglich ist), muss konsequenterweise dann auch den Eltern behinderter Kinder ein Wahlrecht eingeräumt werden. Die Zeiten, in denen Eltern sich gegen die Einweisung in eine Sonderschule gerichtlich

zur Wehr setzen oder vor Gericht einen Integrationsplatz erkämpfen mussten, sind ein für allemal vorbei. Behinderte Kinder haben einen Rechtsanspruch auf Inklusion, die Sonderschulpflicht ist rechtswidrig und unwiderruflich abgeschafft. Umgekehrt kann und darf es durchaus eine Inklusionspflicht geben. Aus mancherlei guten Gründen empfiehlt es sich aber, zum gegenwärtigen Zeitpunkt einerseits für bestimmte Förderschwerpunkte, hier insbesondere für spezielle Behinderungen, und andererseits in der Implementations- und Übergangsphase ein Sonderschulangebot weiterhin verfügbar zu halten; dies impliziert dann natürlich auch ein Elternwahlrecht. In Kurzfassung: Wenn Sonderschule und Inklusion mögliche Optionen sind, dann muss es auch ein Elternwahlrecht geben!
Der Bildungspolitik sollte unmissverständlich klar sein, dass die freie Entscheidung von Eltern behinderter Kinder außer durch das oberste Regulativ des Kindeswohls durch keinerlei Restriktionen und Vorbehalte eingeschränkt werden kann und für die gesamte Pflichtschulzeit gilt. Ein geistig behindertes Kind sitzt folglich in der Primar- und Sekundarstufe mit vollem Recht in der allgemeinen Schule.
Wenn nun im Falle von Behinderungen ein Elternwahlrecht etabliert wird bzw. werden muss, dann hat das gegliederte Schulsystem ein neues Gerechtigkeitsproblem, dann gibt es ein neues Gleichheitsdilemma, jetzt aber mit umgekehrten Vorzeichen: Wenn die Eltern behinderter Kinder frei wählen dürfen, warum dann eigentlich nicht all die anderen Eltern auch?
Die Elterninitiative „Wir wollen lernen“ kämpft für das Elternwahlrecht. Wenn diese beiden Bedingungen – erstens Elternwahlrecht für alle und zweitens Elternschulwahl auf Dauer – damit einbezogen sind, dann wäre auch die Initiative ihres anstößigen elitären Charakters entkleidet. Als Fazit bleibt: Das Elternwahlrecht ist in beiden Schulsystemen schlichtweg dysfunktional. In einem integrierten Schulsystem ist es dysfunktional, weil es mangels wählbarer Alternativen nicht gebraucht wird. In einem segregierenden Schulsystem ist es dysfunktional, weil es das Steuerungsprinzip Leistung unterläuft und damit das segregierende System aushöhlt und zerstört. Ein ehrliches Elternwahlrecht ist in einem integrativen System gegenstandlos und überflüssig, und in einem segregativen System kontraproduktiv und inkompatibel. Also weg damit oder gleiches Recht für alle!

## Literatur


Tillmann, K.-J. (2009): Sechsjährige Primarschule in Hamburg: Empirische Befunde und pädagogische Bewertungen. In: Daschner, P. (Hrsg.): Hamburg macht Schule. Hamburg (Sonderheft), S. 10-29

## 5. Von der Integration zur Inklusion.
Ein Spickzettel für Inklusion.[1]

Die UN-Behindertenrechtskonvention ist zweifelsohne ein monumentaler Meilenstein in der Geschichte der Behindertenpolitik und Behindertenpädagogik. Sie weist den Weg unmissverständlich in eine inklusive Zukunft, in der Arbeit, in der Freizeit, im Wohnen und in der Schule. Auf diesem Weg in die Zukunft mag es erlaubt und nützlich sein, sich der integrativen Anfänge zu erinnern. Eine Zeitreise zurück zu den Anfängen der Integration beginnt im Jahre 1973. Als die Geburtsstunde der Integration kann man die Empfehlungen der Bildungskommission „Zur pädagogischen Förderung behinderter und von Behinderung bedrohter Kinder und Jugendlicher" (1973) ansehen. Der Vorsitzende dieser Bildungskommission war Jakob Muth. Im Kreis der Integrationsforscher war Jakob Muth der Älteste, und er wurde in unserer Runde auch liebevoll als unser „Vater" bezeichnet. Dieser Beitrag ist deshalb dem „Vater" der Integration, Jakob Muth, gewidmet.

Ich bin überzeugt davon, dass die Inklusion genau die gleichen Stationen anlaufen wird wie die Integration. Als gestandener Integrationspädagoge möchte ich der Inklusion einen Spickzettel aushändigen. Auf diesem Spickzettel steht ganz genau drauf, was alles auf die Inklusion zukommen wird und welche Herausforderungen zu bewältigen sind.

Die Inklusion muss und wird – wie zuvor die Integration – auf fünf Baustellen tätig sein:

1. Baustelle „Recht"
2. Baustelle „Schüler"
3. Baustelle „Ressourcen"
4. Baustelle „Unterricht"
5. Baustelle „Schule".

Natürlich gibt es noch einige Baustellen mehr, aber die genannten Baustellen genügen allemal für eine Vollbeschäftigung.

---

[1] Vortrag auf der Fachkonferenz „Besser zusammen" am 25. 04. 2009 in Rendsburg (Schleswig-Holstein)

## 1. Baustelle „Recht“: Gnade oder Recht?

Auf dieser Baustelle geht es um die Frage, ob Inklusion eine bindende Verpflichtung für ein demokratisches Schulwesen ist oder ob es sich dabei lediglich um eine zwar wünschenswerte, aber letztlich unverbindliche Aufgabe handelt.
Die Integrationspädagogik hat darauf eine unmissverständliche Antwort gegeben. Die Antwort von Jakob Muth lautet mit einer wunderbaren Einfachheit und zeitlosen Gültigkeit: „Integration ist ein Menschenrecht!“ (1986). Dieser Satz könnte genauso in der UN-Behindertenrechtskonvention stehen. Ich gestehe freimütig, dass ich seinerzeit (1986) nicht so fortschrittlich war wie Jakob Muth. Meine Maxime lautete: Integration ist eine demokratische Verpflichtung. Zwischen Recht und Pflicht gibt es einen feinen Unterschied.
Die höchsten Gerichte (Bundesverfassungsgericht; Bundesverwaltungsgericht) haben der Integration zweifellos das Primat zuerkannt, aber dieses Primat wurde an einen Ressourcenvorbehalt, an die Erfüllung von personellen, sächlichen und organisatorischen Voraussetzungen gebunden. Im Unterschied dazu ist Inklusion heute ein völkerrechtlich und innerstaatlich verbindliches Gebot, ein allgemeines Menschenrecht. Wenn Inklusion wirklich ein Menschenrecht ist, dann ist es schlichtweg nicht akzeptabel, dass ein Menschenrecht konditional an Vorbedingungen und Vorbehalte geknüpft wird. Das Recht auf Leben etwa gilt immer und überall, es ist nicht gebunden daran, ob jemand auch ein Wohnung oder Arbeit hat. Es ist unumgänglich, dass die höchsten Gerichte in den nächsten Jahren in dieser Grundsatzfrage nachbessern und dem Menschenrecht auf Inklusion zu einer uneingeschränkten Geltung verhelfen! Inklusion ist keine gütige Gnade mehr, sondern ein einklagbares Recht!

## 2. Baustelle Schüler: Integrationsfähigkeit?

Auf der Baustelle Schüler geht es um die Frage, ob wirklich ausnahmslos alle Schüler mit Behinderungen integrationsfähig sind. Der Integration wird ja immer wieder der Vorwurf gemacht, sie selektiere die behinderten Kinder und suche sich die fittesten Schüler aus. Diese Unterstellung ist falsch! Die Grundposition der Integrationspädagogik hat wiederum Jakob Muth mit wunderbarer Einfachheit und Klarheit formuliert: „Integration ist unteilbar. Damit ist gemeint, dass sie für alle gilt. Man kann nicht die Gemeinsamkeit der jungen Menschen in der allgemeinen Schule anstreben, aber einen Teil davon ausschließen“ (1986, 140). In der Theorie haben alle namhaften Integrationspädagogen durchgängig und ohne jegliche Einschränkungen diesen Grundsatz der

Unteilbarkeit vertreten. Die Praxis der Integrationspädagogik – dies muss freimütig und offen eingeräumt werden – ist allerdings diesem theoretischen Gebot der uneingeschränkten Integrationsfähigkeit nicht in der wünschenswerten Weise gefolgt. Die integrativen Schulen können sehr wohl auf manche Kinder verweisen, die trotz erheblicher Behinderungen integriert wurden: Etwa auf das gehörlose Mädchen Ariane in der Bodelschwinghschule Bonn, auf das mehrfachbehinderte Mädchen Lena der Flämingschule Berlin oder auf den blinden Jungen Sebastian in der Hamburger Grundschule Surenkamp. Ungeachtet dieser stolzen Beispiele hat sich im grauen Alltag der Integration doch eine nennenswerte Praxis der Selektion eingeschlichen, die nicht beschönigt werden soll.

Inklusion nun – so lautet ja der vielzitierte Slogan – heißt alle willkommen. Die ausnahmslose Erfüllung einer voraussetzungslosen Aufnahme aller Kinder in eine Schule für alle ist eine große Herausforderung, der sich die Inklusion zu stellen hat. Das wird keine leichte Aufgabe sein. Denn die Integrationsfähigkeit der Kinder hat eine wichtige Voraussetzung: die Integrationsbereitschaft der Pädagogik.

Die Konzeption einer Schule für alle stößt meines Erachtens auf zwei erhebliche Barrieren. Die größte Barriere ist – das mag verwundern – die sogenannte Allgemeine Pädagogik. Die allgemeine Pädagogik ist – vielleicht mit Ausnahme der Grundschule – in Theorie und Praxis keine Pädagogik für Alle, sondern eine Pädagogik, die in den Ketten des gegliederten Schulwesens gefangen ist und sich der Logik der Selektion unterworfen hat. Und Inklusion? Sie ist – wie schon zuvor die Integration – in der allgemeinen Pädagogik nicht wirklich angekommen. In der führenden Fachzeitschrift der Erziehungswissenschaft, in der Zeitschrift für Pädagogik, sind bis auf den heutigen Tag höchstens eine Handvoll Arbeiten zur Integrations- und Inklusionsthematik erschienen. Es ist zu hoffen und zu wünschen, dass die inklusive Pädagogik über die Stichworte „Heterogenität", „Differenz", „Gender", „Interkulturalität", „diversity" und anderes mehr Anschluss an den erziehungswissenschaftlichen Diskurs findet.

Die zweite Barriere war, ist und bleibt die traditionelle Sonderpädagogik. Die Sonderpädagogik befindet sich zwar nicht in einem offenen Widerstand zur Inklusion, sondern verharrt weithin in einer stillschweigenden Opposition und schaut dem inklusiven Treiben mit verschränkten Armen und distanzierter Reserviertheit zu.

Inklusion hat die Aufgabe, ihre eigene Exklusion durch die Allgemeine Pädagogik und durch die Sonderpädagogik zu beenden.

## 3. Baustelle Ressourcen: Etiketten und Kategorien?

Integration und Inklusion – beide funktionieren nicht ohne zusätzliche Ressourcen. Bei Jakob Muth liest sich das so: „Die personelle sonderpädagogische Qualifikation und die sachliche Ausstattung für die Gemeinsamkeit aller Kinder sollte gesichert werden, damit die Integration nicht auf Kosten und zu Lasten der behinderten Kinder realisiert wird“ (1986, 131).
In der Integration gibt es Extra-Ressourcen immer dann und nur dann, wenn ein nachweislicher Bedarf besteht. Kurz gesagt: Extra-Ressourcen gibt es nur bei Vorlage eines Behindertenausweises, gibt es nur gegen Etikett. In der wissenschaftlichen Literatur firmiert dieses Problem unter dem Begriff „Ressourcen-Etikettierungs-Dilemma“. Dieses Dilemma ist der äußerst hartnäckige, reale Grund für die Klassifikation und Kategorisierung von beeinträchtigten Kindern.
Die Inklusion möchte nun die Zwei-Gruppen-Theorie knacken und gleichsam eine Pädagogik ohne Behinderte sein. Doch was ist dann mit den Ressourcen, wenn es keine Stempel, keine Etiketten, keine namentlich benannten Behinderten mehr gibt? Die Integrativen Regelklassen in Hamburg haben das Ressourcen-Etikettierungs-Dilemma sehr elegant durch eine prävalenzbasierte Ressourcenakquise gelöst; das heißt, dass die notwendigen Ressourcen nicht an einzelne diagnostizierte Kinder mit Behinderungen gebunden sind, sondern nach einer festgesetzten Häufigkeitsquote pauschal an einzelne Schulen vergeben werden (Wocken 1996). Ich persönlich halte dieses Dilemma für eine nicht lösbare Aporie. Auch Inklusion wird ohne etikettierte Behinderte nicht auskommen. Beispiele: Ein persönliches Budget bekommt eben nicht jedermann, sondern nur der, der nachweislich und amtlich bescheinigt „behindert“ ist. An dieser Baustelle der Dekategorisierung wird Inklusion sich noch abarbeiten müssen! Inklusion muss dabei auf der Hut sein, dass sich auf dem Wege über die Ressourcenbeschaffung die Produktion von Behinderungsdiagnosen zum Zwecke der Ressourcengewinnung und die kritisierte Zwei-Gruppen-Theorie nicht doch wieder durch die Hintertür hereinschleicht

## 4. Baustelle Unterricht: Gleiche Ziele? Gemeinsame Inhalte?

Die homogene Jahrgangsklasse und das Lernen im Gleichschritt gehören seit Comenius zu den schier unumstößlichen Dogmen der Schulpädagogik. Das Sortieren der Kinder geschieht durch einen unpädagogischen Notenfetischismus; die Gleichmacherei der Kinder setzt sich dann fort im Sitzenbleiberelend. Die integrative Pädagogik hat mit diesem Homogenisierungswahn der traditionellen Schule radikal gebrochen. Sie ist in historischer Perspektive die Erfinderin des zieldifferenten Lernens. Bei Jakob Muth lautet das erste Gebot

einer integrativen Pädagogik so: „Jeder nach seinem Vermögen!" Nahezu gleichlautend hat Joist Grolle, der ehemalige Schulsenator von Hamburg, formuliert: „Jeder nach seinen Möglichkeiten!" Die Didaktik der integrativen Schule ist eine Didaktik der Vielfalt: Vielfalt der Ziele und Vielfalt der Inhalte. Und eine Vielfalt von gemeinsamen und individuellen Lernsituationen. Die Didaktik der Vielfalt will gleichermaßen der Verschiedenheit der Einzelnen gerecht werden als auch die Gemeinsamkeit der Verschiedenen fördern.
Auf der Baustelle Unterricht hat die integrative Pädagogik gewiss die richtigen Fundamente gelegt und auch den Rohbau fertig erstellt. Aber – dies sollte ehrlicherweise gesehen werden – der gesamte Innenausbau muss noch in sorgfältiger Detailarbeit geleistet werden – in der Theorie wie in der Praxis. Didaktik, Methodik und Unterrichtsentwicklung haben in der integrativen Pädagogik ein Mauerblümchendasein geführt. Der Inklusion sei dringend nahegelegt, sich ganz konkret mit dem Innenausbau der inklusiven Schule zu beschäftigen und das handwerkliche Rüstzeug für einen inklusiven Unterrichtsalltag zu entwickeln.

## 5. Baustelle Schule: Eine Schule? Sonderschulen? Gymnasien?

Jakob Muth setzt für die Gemeinsamkeit im Bildungswesen eine Zäsur zwischen Sekundarstufe I und Sekundarstufe II. „Die Zeit vor der Zäsur, also die Zeit bis etwa zum fünfzehnten Lebensjahr des jungen Menschen … wird von der allgemeinen Schule in Anspruch genommen, die eine Schule für alle ist, für Behinderte und Nichtbehinderte" (1986, 150). Ja, auch die Integration hat vor Zeiten einmal von einer gemeinsamen Schule für alle geträumt. In den aufreibenden bildungspolitischen Kämpfen hat Integration aber sehr bald resigniert und am gegliederten Schulwesen nicht mehr ernsthaft gerüttelt. In der bildungspolitischen Realität existiert Integration heute als eine weitere Säule, als „Auch"-Integration. Nach der Phase der Schulversuche hat Integration in einigen Bundesländern immerhin einige schulgesetzliche Anpassungen erreichen können.
Inklusion unterscheidet sich hierin sehr deutlich von Integration und versteht sich eher fundamentalistisch. Inklusion stellt die Systemfrage! Inklusion will das real existierende gegliederte Schulsystem komplett durch eine einzige Schule für alle ersetzen. In einer inklusiven Schullandschaft ist weder für Sonderschulen noch für Gymnasium ein legitimer Platz vorgesehen. Das ist der hohe Anspruch!
Als gealterter Realo will ich gerne gelten lassen, dass es auch weiterhin Sonderschulen und Gymnasien gibt. Die Zielmarke inklusiver Schulpolitik wird indessen unzweideutig durch die Spitzenklasse Europas vorgegeben: Die Inte-

grationsquote sollte bei mindestens 80 Prozent liegen!
Welche gewaltige Herkulesarbeit sich die Inklusion auf der Großbaustelle Schule vorgenommen hat, mögen zwei Ereignisse aus jüngster Zeit verdeutlichen. Beide Ereignisse trugen sich in Hamburg zu, immerhin einer relativ integrationsoffenen Stadt.

- Im Frühjahr 2009 scheiterte die Volksinitiative „Eine Schule für alle“, die von etlichen Verbänden und Organisationen unterstützt wurde, mangels Unterschriften mit der Beantragung eines Volksbegehrens.
- Im April 2009 demonstrierten vor dem Hamburger Rathaus etwa 5000 Eltern der Initiative „Wir wollen lernen“ für den Erhalt des Gymnasiums. Den Presseberichten zufolge handelte es sich bei den Demonstranten um elitäre Bildungsbürger, die einen Porsche als Zweitwagen vor der Haustüre stehen haben und/oder einen akademischen Titel auf dem Klingelschild präsentieren.

Die Bataillone gegen Inklusion beginnen sich zu formieren: das gymnasiale Bürgertum, die konservativen Parteien und Vereine, ja selbst einige Behindertenorganisationen und auch wohl der Verband Deutscher Sonderschulen. Auf die Integration ist Verlass, sie steht geschlossen hinter der Fahne der Inklusion.

## 6. Schluss

Mit der UN-Behindertenrechtskonvention im Rücken ist die Inklusion bestens für die Zukunft gerüstet. Es kann aber hier und heute kein Schlusswort geben. Die Arbeit muss noch getan werden, und sie wird nicht leicht sein. Allen, die für eine inklusive Schule streiten, möge eine testamentarische Verfügung des Vaters der Integration Mut machen: „Integration meint Gemeinsamkeit von Behinderten und Nichtbehinderten, meint eine Kommunikation, in der Behinderte sich eigentlich nicht mehr behindert vorkommen. Es gibt in der gegenwärtigen Situation unserer Schulen kaum eine Aufgabe, die sich als menschlicher erweisen könnte“ (Muth 1986, 120).

## 7. Zusammenfassung

Der Beitrag geht von der These aus, das Inklusion nichts grundsätzlich Neues und Anderes ist als Integration, sondern eher eine Revitalisierung integrationspädagogischer Grundlagen. Demzufolge hat Inklusion die gleichen Herausforderungen zu bewältigen wie Integration. Es sind die Baustellen „Recht“, „Schüler“, „Ressourcen“, „Unterricht“ und „Schule“.

## Literatur

Muth, Jakob (1986): Integration von Behinderten. Über die Gemeinsamkeit im Bildungswesen. Essen: Neue Deutsche Schule

Wocken, Hans (1996): Sonderpädagogischer Förderbedarf als systemischer Begriff. In: Sonderpädagogik, 26, S. 34-38

Wocken, H. (1997): Beiträge zur Geschichte der Integration. In: Sonderpädagogik in Schleswig-Holstein, 26, 4, S. 190-195

Wocken, H. (2001): Integration. In: Antor, G./Bleidick, U. (Hrsg.): Handlexikon der Behindertenpädagogik. Schlüsselbegriffe aus Theorie und Praxis. Stuttgart: Kohlhammer , S. 76-80

# 6. Inklusion & Integration.
Ein Versuch, die Integration vor der Abwertung und die Inklusion vor Träumereien zu bewahren.

## 1. Inklusion – und/oder/statt/gleich – Integration

Der wissenschaftliche Diskurs um Integration und Inklusion präsentiert sich bunt und kontrovers; er gleicht einer babylonischen Sprachverwirrung. Es gibt kaum eine Verhältnisbestimmung der beiden Begriffe, die nicht auf dem Markt gehandelt würde. Die einen sagen „und" und unterstellen, dass beide Begriffe inhaltlich durchaus Unterschiedliches meinen und daher auch beide Begriffe sinnvoll und notwendig seien. Die anderen sagen „statt" und legen eine vollständige Ersetzung von Integration durch Inklusion und eine ersatzlose Streichung des ausgedienten Begriffs Integration nahe. Wiederum andere reden von „Inklusion und Integration" und interpretieren die Konjunktion „und" im Sinne von „gleich": Integration und Inklusion stehen für den gleichen Sachverhalt und werden ganz nach Belieben unterschiedslos gebraucht. Einiger Beliebtheit erfreut sich auch die Variante Integration/Inklusion; der Schrägstrich steht dabei für eine eher offene Position, die es mit keiner verderben will.

Die begrifflichen Missverständnisse und Turbulenzen werden noch einmal potenziert bei inkorrekten Übersetzungen englischsprachiger Dokumente ins Deutsche. Bei der Salamanca-Erklärung 1994 stand die deutschsprachige Übersetzung eher sprach- und hilflos vor dem neuen Begriff und hat sich der alten, herkömmlichen Bezeichnung Integration bedient. Den gleichen Kunstfehler begeht mehr als ein Jahrzehnt später die offizielle deutsche Übersetzung der UN-Behindertenrechtskonvention, die die Wortfamilie „inclusiv" konsequent in das Vokabular der Integration transformiert. Da auch andere zentrale Begriffe des englischsprachigen Originals wie „accessibility" (Barrierefreiheit) und „living independently" (Selbstbestimmt leben) mit sinnentstellenden Formulierungen übersetzt wurden, wird dem deutschsprachigen Text vorgehalten, er wolle durch weichgespülte Begriffe die Radikalität der UN Konvention entschärfen und ihre bildungspolitische Schubkraft untergraben (Frühauf 2008).

Was die Begriffe „Integration" und „Inklusion" also genau beinhalten, ist offen und Gegenstand einer lebhaften und kontroversen wissenschaftlichen Diskussion, die von einem einheitlichen und einvernehmlichen Begriffsverständnis weit entfernt ist. Die terminologische Diskussion ist anarchisch: anything goes. Man kann in der Fachdiskussion alle Positionen finden, von der synonymen Verwendung „Integration ist gleichbedeutend mit Inklusion" bis hin zur scharfen Unterscheidung „Inklusion ist mehr und anderes als Integration".

Die terminologischen Wirren sind nun leider mehr als ein Schauspiel, das man sich amüsiert und gelassen ansehen kann; sie haben durchaus unerwünschte Folgen. Semantische Unklarheiten erzeugen Missverständnisse, Orientierungsunsicherheit und Verständigungsprobleme. Wann immer über Gemeinsamkeit gesprochen und verhandelt wird, müssen sich die Teilnehmer erst umständlich wechselseitig erklären, was sie denn in Wahrheit mit dem jeweiligen Begriff inhaltlich meinen. Als weitere Nebenwirkung ist auch eine gewisse Lagerbildung zu beobachten, bei der sich die konkurrierenden Positionen Integration versus Inklusion mit Argwohn, wechselseitiger Kritik und Ablehnung begegnen (Knauer 2003; Preuss-Lausitz 2005; Reiser 2007). In dieser unerfreulichen Lage sind analytische Klärungen sinnvoll und notwendig. Es ist eine genuine Aufgabe von Wissenschaft, sich dieser Begriffsklärung anzunehmen und für etwas mehr Ordnung im terminologischen Inventar zu sorgen. Die nachstehenden Ausführungen wollen einerseits zu den unerlässlichen Aufräumarbeiten beitragen. Andererseits stellen sie darüber hinausgehend eine neue theoretische Fundierung von Integration und Inklusion zur Diskussion. Zum guten Ende mag sich dann jeder positionieren, wo er steht.

## 2. Inklusion ≠ bad practice of integration?

Wenn ein neuer Begriff die öffentliche Bühne betreten will, dann muss er sich zuvor beweisen. Der „Neue“ steht in der Pflicht, überzeugend darzulegen, dass der alte Begriff untauglich geworden und der neue einfach besser ist. An der Wiege eines Berufswechsels oder -wandels steht ein unwiderstehlicher Abgrenzungszwang. In der inklusionspädagogischen Literatur hinterlässt dieser Abgrenzungszwang deutliche Spuren. Alle definitorischen Bemühungen um die neue Begrifflichkeit enthalten immer auch Ausführungen darüber, was Inklusion denn von Integration unterscheidet. Der Artikel „Inklusive Pädagogik“ im Internet-Lexikon Wikipedia zum Beispiel präsentiert an vorderster Stelle das Kapitel „1. Abgrenzung zur integrativen Pädagogik“. Dieses unterscheidende Verfahren ist durchaus ein probater Weg zu einer Klärung verwandter Begriffe. Der Abgrenzungszwang kann allerdings auch unkontrollierte und überbordende Distanzierungen zur Folge haben. Im Wettstreit der konkurrierenden Begriffe werden der Integration nicht allein nachweisliche Unzulänglichkeiten attestiert, sondern darüber hinausgehend auch vermeintliche Fehler und vermutete Schwächen zugerechnet. Aus der Distanzierung vom alten Begriff Integration werden unversehens auch Schuldzuweisungen, Anklagen, ja Vorverurteilungen und Vorurteile. Die Integration sieht sich in der Inklusionsliteratur in die Defensive gedrängt und mit einem Mängelkatalog konfrontiert.

Es sind insbesondere drei Vorhaltungen, die von der Inklusion an die Adresse der Integration vorgebracht werden:

1. Die *Zwei-Gruppen-Theorie*: Die Integration – so heißt es – unterscheide zwei Gruppen von Personen, die Normalen und die Behinderten. Der integrationspädagogische Blick fokussiere einseitig die Behinderten und blende andere Heterogenitätsdimensionen wie Alter, Religion, Geschlecht, soziale Schicht, Kultur, Sprache aus. In dem Wikipedia-Artikel heißt beispielsweise: „Die Integration geht von der Überzeugung aus, es gebe zwei Typen von Kindern, nämlich die ‚mit sonderpädagogischem Förderbedarf' und die ‚ohne sonderpädagogischen Förderbedarf'."
2. Die *Assimilationstendenz*: Die Integration strebe – so der Vorwurf – implizit eine ‚Normalisierung' der behinderten Kinder und Jugendlicher an. Hierzu wiederum Wikipedia: „Im Gegensatz zur Integration will die Inklusion nicht die Kinder den Bedingungen der Schule anpassen, sondern die Rahmenbedingungen an den Bedürfnisse und Besonderheiten der Schülerinnen und Schüler ausrichten."
3. *Defizitäre Integrationspraxis*: Die real existierende Integrationspraxis sei vielfach verflacht, halbherzig, segregierend und kritikwürdig. Bei Wikipedia klingt der Vorwurf einer „bad integration" so: „Im Fall von integrativ arbeitenden Schulen wurden Förderbedürftige in speziellen Förderkursen zusätzlich unterrichtet und verbrachten nur einen Teil der Schulzeit mit den ‚normalen' Kindern."

Das aufgelistete Sündenregister gleicht einem „Schwarzbuch" der Integration. Die Integration steht wie ein begossener Pudel dar. Wer mag angesichts solcher Anklagen noch die Hand für Integration erheben? Wer traut sich jetzt noch angesichts der despektierlichen Entwürdigung, ein verstaubtes Integrationsprojekt aus der Taufe zu heben? Die unausgesprochene Botschaft inklusionsorientierter Literatur ist unmissverständlich: Integration war gestern, Integration ist out, Inklusion ist die wahre Integration.

Die folgenden Kapitel machen sich zur Aufgabe, die zugeschriebenen Mängel der Integration einmal auf ihren empirischen Wahrheitsgehalt hin zu überprüfen. Die voranstehende Analyse soll eindringlich auf die fatalen Folgen aufmerksam machen, die von dem Abgrenzungszwang ausgehen. Im Zuge einer polarisierenden Kontrastierung der beiden Begriffe wird die Integration nicht selten in einer ungerechtfertigten Weise in die Schmuddelecke abgeschoben. Im Ergebnis entsteht aus der Abgrenzungsdynamik – nolens volens – eine schwerwiegende und nachhaltige Abwertung der Integration (Preuss-Lausitz 2005).

Für den weiteren diskursiven Wettstreit seien deshalb dreierlei Wünsche ausgebracht:

1. Von polarisierenden Kontrastierungen der Inklusion versus Integration sollte nur sparsam Gebrauch gemacht werden. Schwarz-Weiß-Malereien konstruieren „Gewinner“ und „Verlierer“, und befördern kein differenzierendes und abwägendes Denken.
2. Die Unterstellung einer defizitären Integrationspraxis sollte durch belastbares empirisches Material belegt werden. Geschichten, die sich vom Hörensagen speisen und im Hinterstübchen die Runde machen, sind nicht in intersubjektiver Weise diskutierbar.
3. Im diskursiven Umgang von Integration und Inklusion wäre überhaupt ein pflegliches und seriöses Miteinander wünschenswert. Der Widersacher von Inklusion ist nicht Integration, sondern Aussonderung!

## 3. Inklusion = die optimierte Integration?

Sander hat in einer frühen, grundlegenden Arbeit Inklusion als optimierte und erweiterte Integration beschrieben (Sander 2004). Diesen Begriffsbestimmungen gehen die folgenden Kapitel nach.
Inklusion zeigt sich mit der real existierenden Integrationspraxis unzufrieden. Sie beklagt Halbheiten, Verformungen, Kuriositäten, Missstände, sowie eine stagnierende Reformentwicklung. Im Zentrum der Kritik stehen weniger die Geschehnisse innerhalb des Klassenzimmers, sondern die vielfältigen Konfliktherde, Ungereimtheiten und Bruchstellen, die bei der Immigration eines neuen Systems unvermeidlich entstehen: Soll und darf ein nichtbehinderter Schüler sitzen bleiben, während in der gleichen Klasse lern- und geistig behinderte Schüler trotz erheblich schlechterer Schulleistungen in die nächste Klasse aufrücken? Ist es vermittelbar, wenn Integrationsklassen behinderte Kinder paradoxerweise selektieren müssen, weil für die große Nachfrage nicht ausreichend „Integrationsplätze“ zur Verfügung stehen? Müssen Lehrerinnen und Lehrer, die nicht freiwillig eine neue Integrationsklasse übernehmen wollen, die Schule wechseln? Ist es im gemeinsamen Unterricht mit der reinen Lehre der Integration vereinbar, wenn behinderte Schüler für therapeutische Interventionen aus der Klasse genommen und zeitweilig separiert werden? Boban (2000) hat eine umfängliche Liste von Verwerfungen und Irregularitäten zusammengestellt. Werfen wir einmal einen exemplarischen Blick in den grauen Alltag der Integration:

„Es verdient nicht einmal den Namen Integration,
- wenn alle Eltern nichtbehinderter Kinder gefragt werden müssen, ob ein behindertes Kind kommen darf;
- wenn Klassen aus Sonderschulen ausgelagert und Außenklassen als Integration verkauft werden;

- wenn von Integration geredet wird und Anpassung und Kompensation gemeint sind;
- wenn Integration nur von Klasse 1 bis Klasse 4 gehen darf;
- wenn von Integration geredet wird, aber ‚gemeinsame' Feste und Feiern gemeint sind;
- wenn Integration das Thema von Sonderpädagogen ist und keinen Grundschulpädagogen wirklich etwas angeht;
- wenn Sonderschulen beginnen, sich Sonderpädagogische Förderzentren zu nennen" (Boban 2000, 244f.)

Keine Frage, die Integration hat auch Schattenseiten. Während die offiziellen Berichte der wissenschaftlichen Begleitungen durchweg erfreuliche Meldungen verbreiten, werden in informellen Runden auch zweifelhafte bis bestürzende Fakten aus der Wirklichkeit der Integration ausgetauscht. Die beklagten Unvollkommenheiten und beklagenswerten Irregularitäten sind wohl am plausibelsten mit dem Systemwandel zu erklären. Das alte segregierende und das neue integrierende System sind eben nicht miteinander kompatibel, so dass es notwendigerweise auch zu unfreiwilligen, „faulen" Kompromissen und imperfekten Lösungen kommen muss. Da prallen Welten aufeinander. Integration ist keine harmlose Wohltätigkeitsveranstaltung, die sich reibungslos in segregative Strukturen einfügen lässt. Aus der theoretischen Perspektive eines Systemwandels gesehen ist die Unvollkommenheit der Integrationspraxis nicht unerwartbar und als normaler Reformabrieb unkalkulierbar.

Pikanter ist die weitergehende Frage, ob die Implementationsprobleme der Integration ausschließlich auf Systemimmigration und -transformation zurückzuführen sind, oder ob möglicherweise die Theorie der Integration mitverantwortlich zu machen ist. Hinz (2004) ist dieser Frage nachgegangen und hat die Konzepte prominenter Integrationstheoretiker (Feuser; Preuss-Lausitz; Reiser; Sandor) auf den Prüfstand gestellt. Das Prüfergebnis stellt einen rundum entlastenden Freispruch der Integrationstheorie dar. Die theoretischen Konzepte der Integration, so das Urteil, seien immer schon und von Anbeginn an inklusiv gewesen, auf der theoretischen Ebene gebe es keinerlei Korrektur-, Ergänzungs- oder Nachholbedarf. Inklusion ist in mancher Hinsicht nicht eine Weiterentwicklung der Integration, sondern „eine wichtige Rückbesinnung" (Schnell 2009, 8) auf ihre Ursprünge.

Wenn die „bad practice" der Integration nicht einer „bad theory" zuzuschreiben ist, dann ist der vorgeschlagene Begriffswechsel von Integration zu Inklusion sachlich unbegründet und ein Fehlgriff. Der Hebel für Korrekturen und Optimierungen wäre an der Praxis selbst anzusetzen. Ein neuer Begriff wäre nichts weiter als ein Fassadenwechsel, der die schadhafte Bausubstanz nicht ausbessern würde. Als Analogie sei die notorische Diskrepanz von Verfassungswirklichkeit und Verfassungsnorm ins Feld geführt. Die Verfassungsnorm bestimmt: „Männer und Frauen sind gleichberechtigt." Wenn die gesellschaftliche Wirklichkeit diesem Gebot nicht nachkommt, wäre es absurd, die Verfassung zu ändern. Das Optimierungsanliegen der Inklusion ist anerkennenswert und unterstützungswürdig, das gewählte Mittel einer begrifflichen Kosmetik allerdings ein Missgriff.

Der Nachweis, dass ein neuer Name nachhaltige Korrektur- und Ausbesserungsarbeiten befördern kann, steht aus. Inklusion steht noch in den Anfängen und kann noch keine umfängliche Praxis vorweisen, die sich als musterhaft und nachahmenswert präsentieren ließe. Erste Einblicke in inklusive Schulentwicklungen lassen indes ahnen, dass auch der Inklusion erhebliche Schwierigkeiten in dem Reformprozess ins Haus stehen. Plate (2008) hat am Beispiel einer Londoner Schule feststellen müssen, dass die Realität der Inklusion sehr weit entfernt war "from the world of fine intentions inhabited by policymakers" (Halpin 2006; zitiert in Plate 2008, 209). Wenige Beobachtungen sollen auszugsweise mitgeteilt werden:

- Die Schüler werden in den Hauptfächern literacy und numeracy in Leistungsgruppen (ability-based groups) eingeteilt, die zur Vermeidung diskriminierender Effekte neutrale oder verschleiernde Bezeichnungen erhalten.
- In der Unterrichtspraxis stehen sich das inklusive Postulat der Individualisierung der Lernprozesse aller Kinder und die staatliche Vorgabe, bestimmte Standards und Levels mit allen Kindern in einer vorgegebenen Zeit zu erreichen, konträr und unversöhnlich gegenüber. Die zentralistische Kontrolle des Staates treibt die Schulen zu einem hidden curriculum, nach dem „verstärkt nur noch die Testinhalte im Unterricht vermittelt werden" (Plate 2008, 420).
- Kinder mit Unterstützungsbedarf werden unverändert kategorisiert und mit dem Etikett „special educational needs" (SEN) etikettiert. Die offizielle Feststellung eines SEN steht in Verbindung „mit dem Bedarf der Schule nach zusätzlichen Ressourcen" (Plate 2008, 421).
- Eine stark spezialisierte Aufgabenteilung des pädagogischen Personals geht mit hierarchischen Strukturen, Tendenzen zur Aufgabenabschiebung, Unübersichtlichkeit, mangelhaften kooperativen Verständigungsprozessen, insgesamt mit einer eingeschränkten Teilhabe einher.

Auch der Bericht von Härle (2003) über inklusive Entwicklungen in Australien weist auf fragile Praktiken und bedenkliche Deformationen hin. Auch Inklusion ist scheinbar nicht von vorneherein die bessere Integration. Auch die Wirklichkeit von Inklusion enthält Licht und Schatten, auch sie ist – wie man

im Norden Deutschlands zu sagen pflegt – „durchwachsen wie Speck“. Das Attribut Inklusion ist nicht von vorneherein ein Qualitätsmerkmal, dem man ungeprüft vertrauen könnte.
Weil Inklusion aber nun einmal als die modernere und fortschrittlichere Variante von Integration gilt, nimmt es auch nicht wunder, wenn scharenweise die Schilder gewechselt werden und viele integrativen Projekte mit dem Vokabular der Inklusion überschrieben werden. Der Schilderwechsel sei an einer neueren Publikation beispielhaft illustriert. In dem Sammelwerk „Eine Schule für Hörgeschädigte auf dem Weg zur Inklusion“ (Jacobs 2008) beschreiben verschiedene Autoren das Modell der „Außenklassen“ als eine neue, „inklusive“ Form der „Beschulung“ Hörgeschädigter. In der einleitenden theoretischen Grundlegung wird als „Kritikpunkt der Integration“ „die oftmalige Beschränkung auf eine Behinderungsart“ (17) angeführt. Genau dies aber praktizieren die Außenklassen, nämlich die gemeinsame Unterrichtung von Kindern mit und ohne Hörschädigungen. Die „inkludierten“ Schüler mit Hörbeeinträchtigungen werden dabei „schulrechtlich“ weiterhin der Schule für Schwerhörige zugerechnet (40). „Bei den Außenklassen handelt es sich um zielgleiche Integrationsprojekte“ (55). Ferner muss erwähnt werden, „dass es bisher keine ausschließlich gebärdensprachlich kommunizierenden Kinder in den Außenklassen gibt“ (55). Das „Inklusionsmodell der Integrativen Außenklassen“ (38) beabsichtigt eine Dezentralisierung der sonderpädagogischen Maßnahmen, „ohne allerdings den zentralen Standort … mit seinem umfassenden Schulangebot als Schule für Hörgeschädigte zu schwächen“.
Die Außenklassen können durchaus als eine neue, integrationsorientierte Form der schulischen Förderung Hörgeschädigter gewürdigt werden. Aufgrund der Indizienlage ist indes das Attribut Inklusion keinesfalls gerechtfertigt.

## 4. Inklusion = die erweiterte Integration?

Inklusion vertritt nach eigenem Bekunden ein erweitertes Integrationsverständnis. „Jeder ist willkommen“, so lautet die freundliche und einladende Begrüßung. „Da kann ja jeder kommen“, könnte man mit einer geläufigen Redensart sagen. In der Tat gilt der Willkommensgruß der Inklusion allen Menschen ohne Ansehen ihrer Person und ohne irgendwelche Vorbedingungen. Inklusion erfüllt vollständig und ohne Einschränkungen das Benachteiligungsverbot des Grundgesetzes: „Niemand darf wegen seines Geschlechtes, seiner Abstammung, seiner Rasse, seiner Sprache, seiner Heimat und Herkunft, seines Glaubens, seiner religiösen oder politischen Anschauungen benachteiligt oder bevorzugt werden. Niemand darf wegen seiner Behinderung benachteiligt werden“ (Art. 3.3).

Schon die Integrationspädagogik hatte jedwede Grenze der „Integrationsfähigkeit“ strikt abgelehnt. Das axiomatische Diktum hat Jakob Muth (1991) mit zeitloser Gültigkeit so formuliert: „Integration ist unteilbar!“ Allerdings bezog sich das Unteilbarkeitspostulat der Integration ausschließlich auf Behinderungen, andere Heterogenitätsdimension wie Geschlecht, soziale Herkunft, Sprache, Nationalität oder Rasse wurden zunächst nicht ausdrücklich mitgedacht.
Eine signifikante Ausweitung erfuhr die Integrationspädagogik in der „Pädagogik der Vielfalt“. Die Erweiterung wurde grundgelegt durch das Buch von Prengel „Pädagogik der Vielfalt. Verschiedenheit und Gleichberechtigung in Interkultureller, Feministischer und Integrativer Pädagogik“ (1995). Insbesondere Preuss-Lausitz (1993) und Hinz (1993) haben in der Folge das Konzept aufgenommen und weiter entfaltet. Auf der Saarbrücker Integrationsforschertagung hat Hinz dann die bis dahin thematisierten Heterogenitätsdimension Gender, Migration und Behinderung ergänzt um die Aspekte Altersmischung und Soziale Schicht. In dem Beitrag verwendet Hinz (2004), immerhin ein geborener Integrationspädagoge, zum ersten Mal nicht mehr den Terminus Integration, sondern Inklusion.
Die Theoriegeschichte zeigt also deutlich an, dass Integration keineswegs mit Scheuklappen auf die Kategorie Behinderung geschaut und alle anderen Heterogenitätsdimensionen ausgeblendet hat. Integrationspädagogik war von Anfang an eine Pädagogik der Heterogenität!
Dass der Focus der Integrationspädagogik allerdings mit deutlichem Schwerpunkt auf der Dimension Behinderung lag, ist unstrittig und war auch durchaus legitim. Der Begriff Integration macht nur Sinn im Zusammenhang mit der Integration von Behinderten. Formulierungen wie „Integration von Mädchen und Jungen“, „Integration von katholischen und evangelischen Kindern“, „Integration verschiedener Altersgruppen“ usw. sind widersinnig. Die entscheidende Differenz zwischen den Heterogenitätsdimensionen Behinderung auf der einen Seite und Alter, Migrationskontext, Gender, Soziallage und anderes mehr ist eben, dass Kinder mit Behinderungen systematisch exkludiert sind und in der Tat erst mal in die allgemeinen Schule integriert werden müssen, während alle anderen heterogenen Gruppen grundsätzlich die allgemeine Schule schon besuchen und bereits „integriert“ sind. Wer nicht exkludiert ist, muss auch nicht integriert werden. Im Kontext der Behindertenpädagogik ist der Integrationsbegriff dagegen völlig korrekt und sinnig. Wenn es allein um die Heterogenitätsdimension Behinderung geht, dann gibt es keinen prinzipiellen Unterschied zwischen Integration und Inklusion noch zwischen inklusiver und integrativer Didaktik. Will man in der Inklusionsdebatte die Dimension Behinderung in den Focus rücken, sind die Begriffe Integration, integrativer Unterricht usw. völlig legitim und ausreichend.

Die Ausweitung des Integrationsverständnisses auf alle Heterogenitätsdimension kann daher kaum als ein unterscheidendes Markenzeichen der Inklusion angesehen werden und taugt auch nicht als Begründung für einen Begriffswechsel. Über den korrekten Gebrauch des Begriffs Integration hinaus hat die Integrationspädagogik von Anbeginn an auch andere Heterogenitäten im Blick gehabt und selbst den Boden für ein erweitertes Verständnis vorbereitet. Inklusion musste mit der Erweiterungsinitiative keine Barrikaden einreißen, sondern fand offene Türen vor. Die Erweiterung hat die Integration ja selbst aus der Taufe gehoben, aus diesem Grunde müssten keine neuen Pferde gesattelt werden. Schon bevor das Zeitalter der Inklusion angebrochen ist, gab es leidenschaftliche Bekenntnisse zur Heterogenität: „Integration ist bejahte und gewollte Heterogenität" (Wocken 1998, 70).
Das erweiterte Integrationsverständnis macht weniger der Integration zu schaffen, sondern könnte vielmehr für die Inklusion selbst ein Fallstrick werden. Mittlerweile ist das Thema Heterogenität in der Erziehungswissenschaft und in der allgemeinen Lehrerbildung angekommen. Eine beachtliche Anzahl einschlägiger Publikationen ist ein unstrittiger Beleg der neuen Aufmerksamkeit für „diversity" (z. B. Buchen u.a. 2007;). Vermutlich ist das gestiegene Interesse für Heterogenität aber nicht auf Impulse der Inklusion zurückzuführen, sondern den internationalen vergleichenden Schulleistungsstudien zu verdanken, die eine horrende Benachteiligung von Jungen und Migranten offen gelegt haben. Was der Blick in die Heterogenitätsliteratur lehrt, resümiert Wenning sehr dezent: „Eine Inklusion … ist kein Anliegen eines größeren Kreises von Erziehungswissenschaftlerinnen und -wissenschaftlern" (2008, 384)[2]. Die Protagonisten der Inklusion sind allesamt in behindertenpädagogischen Gefilden beheimatet. Inklusion findet in der allgemeinen Pädagogik schlichtweg nicht statt, sondern scheint bislang ein exklusives Anliegen der Behindertenpädagogik zu sein. Auf der Homepage „alle inklusive" des Schleswig-Holsteinischen Kultusministeriums sind als Beispiele inklusiver Praxis ausschließlich behindertenpädagogische Projekte angeführt. Unter dem weit aufgespannten Schirm der Inklusion versammeln sich anscheinend nicht die einschlägigen Pädagogiken, die sich mit „race", „gender" und „class" beschäftigen. Der inklusionspädagogische Diskurs findet zurzeit nur in behindertenpädagogischen Zirkeln statt. Selbst fachwissenschaftliche Beiträge, die sich explizit der Forschungsperspektive „Diversität als Vielfalt der Unterschiede und Gemeinsamkeiten" verschrieben haben, erwähnen nicht einmal den

2 „Sie wird dabei allerdings nach wie vor als Teil der Behindertenpädagogik wahrgenommen und hat außerhalb der Grundschulpädagogik wenig Niederschlag im Bereich der allgemeinen Schulpädagogik und Didaktik gefunden" (Moser/Sasse 2008, 110).

Begriff Inklusion. Man muss ernsthaft Sorge haben, dass die Heterogenitätsforschung die Behindertenpädagogik mit Ignoranz straft und auch die Inklusionspädagogik exkludiert. Es wäre wahrhaft tragisch, wenn ausgerechnet die Sachwalter der Heterogenität ausgerechnet der Inklusion die Adoption verweigern und sie nicht in die Großfamilie aufnehmen würden. Diversity ohne disability ist amputierte Vernunft.
Die angestrebte erweiterte Integration ist – so sieht es derzeit leider aus – in den Mauern der Behindertenpädagogik stecken geblieben. Der inklusionspädagogische Diskurs ist in anderen Heterogenitätsdimensionen nicht angekommen und droht im eigenen Saft zu schmoren.
Hinz (2009, 224f.) benennt weitere konkrete Beispiele für die zunehmende Verengung des Inklusionsbegriffs: Zum einen sind Studiengänge zur inklusiven Pädagogik „nach wie vor weitgehend auf den Personenkreis von Menschen mit Beeinträchtigungen gerichtet"; zum anderen finden sich in der Online-„Zeitschrift für Inklusion" fast nur Beiträge zur Integration von Behinderten, während Aufsätze zu anderen Heterogenitätsdimensionen gänzlich fehlen.
Sofern es allein um die thematische Weite der konkurrierenden Termini geht, reicht der Begriff Integration völlig aus (vgl. Stein 2008; Hinz 2009, 227). Oder ist etwa auch die Namensgebung unserer Veranstaltung „Integrationsforschertagung" antiquiert? Was würde sich wohl an der Integrationsforschertagung ändern, wenn sie den Namen Inklusionsforschertagung trüge? Mit Jakob Muth gesprochen: „Nichts, nichts, nichts!" Nach Hinz (2009, 226) handelt es sich „doch eher um eine Tagung integrationsorientierter Sonderpädagogen".

## 5. Inklusion ≠ die assimilierende Integration?

Der türkische Ministerpräsident Erdogan hat bei seinem Besuch in der Bundesrepublik im Jahre 2008 die Türken in Deutschland vor einer Aufgabe ihrer Identität gewarnt und vor 18.000 Zuhörern im Kölner Stadion ausgerufen: „Assimilation ist ein Verbrechen gegen die Menschlichkeit!" Die Forderung nach eigenen türkischen Schulen in Deutschland löste eine erregte öffentliche Debatte aus, in der die Europatauglichkeit der Türkei wegen des propagierten Nationalismus angezweifelt wurde. Im Tonfall und in der Wortwahl durchaus moderater, aber in der inhaltlichen Logik durchaus vergleichbar wird der gleiche Assimilationsvorwurf an die Adresse der Integration gerichtet. Integration erwarte von den Behinderten eine weitgehende Anpassung an übliche Normalitätsstandards. Wenn Menschen mit Behinderungen nicht die minimalen Erwartungen von Normalität erfüllen könnten, sei auch ihre Integrationsfähigkeit in Frage gestellt. Integrierbar, so die Schlussfolgerung, seien nur die Anpassungsfähigen und -willigen.

Der Assimilationsvorbehalt wird in besonders vehementer Weise von Gehörlosen vorgebracht, die bei einer Integration den Verlust ihrer kulturellen Identität und eine Verpflichtung zur lautsprachlichen Kommunikation befürchten. In radikalisierter Form werden sowohl Integration als auch Inklusion rigoros abgelehnt und eigene Gehörlosenschulen gefordert.
Integration hat auch in der frühen Krüppelbewegung und heutigen Selbstbestimmt-Leben-Bewegung durchgängig eine negative Konnotation. Integration steht unter dem Generalverdacht einer unterdrückenden Anpassung Behinderter an die Normen der nichtbehinderten Mehrheit. Statt Integration fordert die Behindertenbewegung Selbstbestimmung und Selbstvertretung ein (Köbsell 2006).
Das geschilderte Missverständnis von Integration als Assimilation verdiente eine breite Erörterung, an dieser Stelle müssen einige theoretische Fragmente und kritische Argumente genügen.
Assimilation und Anpassung haben keinen guten Ruf. Sie stehen unter dem generellen Verdacht der Unterwerfung und Unterdrückung. Der Zwang zur Anpassung unterhöhle das Recht aller Menschen auf Selbstbestimmung und individuelle Lebensgestaltung. Diese kritischen Einwände sind ohne Frage zutreffend. Nicht zutreffend ist jedoch die unterstellte Annahme, dass Pädagogik und Integration konzeptionell als einseitige Anpassungsvorgänge gefasst wären.
Piaget hat bekanntlich menschliche Entwicklung als Folge von zwei Adaptionsprozessen beschrieben. Der Entwicklungsaufbau wird vorangetrieben sowohl durch Akkomodation (Anpassung bzw. Aufbau neuer kognitiver Schemata zur Integration neuer Erfahrungen) als auch durch Assimilation (Integration neuer Erfahrungen an vorhandene kognitive Schemata). Beide Anpassungsprozesse werden situativ neu austariert und befinden sich in einem fließenden Gleichgewicht (Äquilibration). Würde man die assimilativen Prozesse ausblenden, käme es logischerweise zu einem Entwicklungsstillstand. Ohne Assimilation gibt es keinen Entwicklungsfortschritt, wobei diese zwingend rückgekoppelt sind an ausgleichende akkommodierende Aktivitäten.
In der Integrationspädagogik findet sich das Entwicklungsmodell Piagets wieder in der Theorie integrativer Prozesse der Frankfurter Gruppe (Deppe-Wolfinger, Klein, Kron, Prengel, Reiser u. a. 1986; vgl. Hinz 1993). Integrative Prozesse zeichnen sich durch eine dynamische Balance von Gleichheit und Verschiedenheit aus. Das Bedürfnis nach Gleichheit äußert sich in Annäherungs- und Assimilationstendenzen, das Bedürfnis nach Verschiedenheit im Streben nach Abgrenzung und Autonomie. Als Postulat fordert die Theorie ein, dass „Einigungen“ zwischen den widerstreitenden Annäherungs- und Abgrenzungstendenzen hergestellt werden und sich beide in einem dialektischen Gleichgewicht befinden. Gerät die Dialektik von Gleichheit und Ver-

schiedenheit aus der Balance, kommt es zu Störungen integrativer Prozesse. Das Spannungsverhältnis der bipolaren Strebungen darf nicht zugunsten einer Polarität aufgelöst werden. Dauerhafte Disbalancen werden von der Theorie explizit als Fehlformen gekennzeichnet. Die Theorie bekräftigt also nachdrücklich, dass Assimilation ein desintegrativer Prozess und eben nicht mit Integration gleichzusetzen ist. Der Theorie integrativer Prozesse folgend wendet sich Hinz (1993) konsequent gegen alle Formen „pädagogischer Aggressivität“: gegen Prävention, gegen „Förderwahn“ und gegen „Therapiewut“, also gegen Assimilation.

Ein weiterer theoretischer Gewährsmann ist das Prinzip des zieldifferenten Lernens, das durch die Integrationspädagogik als ihre historische Großtat erstmals in die Schulpädagogik eingeführt wurde. Die mächtige Institution Schule verzichtet auf das Sitzenbleiben und verneigt sich vor der Würde des Anderssein von Kindern mit Behinderungen. Im Schulversuch Integrative Regelklassen konnten „Lernbehinderungen“ weder nach ihrem qualitativen Ausmaß noch nach ihrer quantitativen Größe sonderlich minimiert werden. Dieses Faktum wurde innerhalb der wissenschaftlichen Begleitung konträr diskutiert und bewertet. In einer unversöhnlichen Auseinandersetzung hat der Verfasser – so riskant und desillusionierend es klingen mag – auch das Recht lernbehinderter Kinder auf ihr „behindertes“ Sosein verteidigt (Katzenbach 2000; Wocken 2000). Integration ist eben nicht gleichbedeutend mit Kompensation; und sie ist nicht gescheitert, wenn sie Lernbehinderungen nicht wegfördert.

Die entschiedene Verteidigung der Integrationspädagogik gegen die Anschuldigung der Assimilation darf keineswegs so verstanden werden, als würde Integration alle Formen von Anpassung von vorneherein ablehnen. Im Gegenteil. Es macht durchaus Sinn, wenn Kinder mit Migrationshintergrund die deutsche Sprache lernen. Es ist keineswegs unangebracht, Kindern mit geistigen Behinderungen das selbständige Ankleiden zu vermitteln. Es ist sinnvoll und unumgänglich, dass Kinder mit aggressivem Verhalten Selbstkontrolle erlernen. Ja, es ist durchaus pädagogisch begründbar, wenn gehörlose Kinder – sofern möglich – zur Aneignung der Lautsprache angehalten werden. Auch Behinderte dürfen und müssen an Normalität angepasst werden, aber natürlich nach strikter Maßgabe ihrer Möglichkeiten. Das zugestandene Recht auf Sosein ist keineswegs ein Freibrief für Stillstand und Bequemlichkeit. Kann Inklusion wirklich ernsthaft ein Verzicht auf „Förderung“ oder auf „Anpassung“ sein? Bei einem konsequenten Verzicht auf „Anpassung“ würde sich die Inklusion pädagogischer Versäumnisse schuldig machen.

Integration ist nicht Assimilation, aber sie verzichtet auch nicht darauf. Ein Verzicht auf Anpassung käme einer pädagogischen Selbstaufgabe der Integration gleich. „Assimilation“ ist nach Piaget ein wichtiger und unverzichtbarer

Motor menschlicher Entwicklung. Die unstrittigen positiven Wirkungen integrativer Erziehung sind gerade auch durch die Anpassungsforderung begründet und erklärbar. Das Aufwachsen in normalen Umwelten, die Auseinandersetzung mit anspruchsvollen Erwartungen und die Bewältigung herausfordernder Lebensaufgaben sind es, die die Entwicklung von behinderten Kindern beflügeln und vorantreiben. Der Anpassungsdruck der Normalität stimuliert Entwicklung – das ist ein wichtiger Wirkmechanismus der Integration! Alle Sonderwelten sind eher Schonräume, die durch eine Atmosphäre des Bewahrens und Behütens weniger Entwicklungsimpulse geben (Schumann 2007). Als Beleg sei beispielhaft auf die „reduktive Didaktik" der Lernbehindertenpädagogik verwiesen. Die reduktive Didaktik ist gekennzeichnet durch die Imperative „Weniger als normal, konkreter als normal, kleinschrittiger als normal, langsamer als normal und intensiver als normal"(Werning 1996, 462c). Dieser didaktische Reduktionismus der Förderschule ist nachweislich für die Stagnation der kognitiven Entwicklung des Sonderschülers verantwortlich (Wocken 2007).

## 6. Inklusion = die ultimative Integration?

Zur Unterscheidung von Integration und Inklusion wird vielfach auf ein Stufenmodell Bezug genommen. Das Stufenmodell wurde zuerst von Bürli (1997) entwickelt, im Weiteren dann von Sander (2004; 2008) und Hinz (2004) systematisch aufgenommen und hat in der Literatur eine beachtliche Verbreitung gefunden. Es werden vier „Entwicklungsphasen der Sonderpädagogik" unterschieden: Exklusion, Separation, Integration und Inklusion.

In der Phase der *Exklusion* werden Kinder mit Behinderungen ganz und gar aus dem Bildungs- und Erziehungssystem ausgeschlossen, sie haben kein Recht auf Bildung und sind von der Schulpflicht „befreit". Behinderte Kinder gelten als „bildungsunfähig", sie werden in Anstalten verwahrt oder verbleiben bestenfalls im familiären Kreis.

In der Phase der *Segregation* besuchen behinderte Kinder eine öffentliche oder private Schule. Seit dem Ende des 19. Jahrhunderts etwa werden auch die behinderten Kinder in die Schulpflicht einbezogen und erhalten Zugang zu schulischer Bildung in einem separierten Sonderschulwesen. Allerdings ist für sie in der allgemeinen Schule kein Platz; sie werden ausgegliedert und in speziellen Schulen abseits vom Mainstream unterrichtet. Der Phase der Segregation liegt die „Zwei-Schulen-Theorie" zugrunde. Es gibt „Regelschulen" für „normale" Kinder und „Sonderschulen" für „behinderte" Kinder.

In der Phase der *Integration* ist die allgemeine Schule mehr oder minder offen und nimmt auch bestimmte Kinder mit Behinderungen auf. Die Kinder mit

Behinderungen sind als „behindert“ diagnostiziert und etikettiert und unterscheiden sich von der Gruppe der nichtbehinderten, normalen Kinder. Die „Zwei-Schulen-Theorie“ wird abgelöst durch die „Zwei-Gruppen-Theorie“. In der gleichen und gemeinsamen Schule gibt es unter einem gemeinsamen Dach zwei deutlich unterscheidbare Schülergruppen, die „nichtbehinderten“ und „behinderten“ Kinder.

Integration steht dabei unter einem doppelten Vorbehalt, dem Ressourcenvorbehalt und Professionsvorbehalt. Die höchsten Richter haben zwar die grundsätzliche Priorität der Integration anerkannt, sie aber unter den Ressourcenvorbehalt gestellt. Von (sonder)pädagogischer Warte wird der Professionsvorbehalt eingebracht, der einen „Verlust heilpädagogischer Standards“ (Biewer 2005) befürchtet, deshalb eine volle Integration ausschließt und nur teilintegrative oder kooperative Organisationsformen als fachlich verantwortbar und sinnvoll ansieht.

In der Phase der *Inklusion* verlieren die Kinder mit Behinderungen ihren besonderen Status der Andersartigkeit. Vielfalt ist normal, alle Kinder sind unterschiedlich, anders, einzigartig, individuell. Diese neue Sichtweise hat Folgen für die Gestaltung von Schule und Unterricht. Die inklusive Pädagogik verzichtet darauf, Kinder „gleichzuschalten“ und zu „normalisieren“; nicht die Kinder werden „passend“ für die Schule gemacht, sondern die Schule passt sich umgekehrt den Kindern an. Inklusion ist die ultimative Integration, sozusagen der Olymp der Entwicklung, danach kommt nichts mehr.

Das dargestellte Stufenmodell ist fast deckungsgleich mit dem „Treppenmodell“ der UNESCO (2005), das bei Lindmeier (2008) wiedergegeben wird. Bei der Rezeption des Stufenmodells schlich sich leider nach und nach ein misslicher Bedeutungswandel ein. Das „Stufenmodell“ wurde unversehens als eine zeitliche Abfolge von epochalen Phasen interpretiert und es etablierte sich die Rede von „Entwicklungsphasen der Sonderpädagogik“; hier und da findet sich sogar die leichtfertige Attribuierung „historische Entwicklungsphasen“ (vgl. Biewer 2009, 131). Es gibt mehrere Gründe, die sogenannten „Entwicklungsphasen der Sonderpädagogik“ einer kritischen Validierung zu unterwerfen und das „Phasenmodell“ zu revidieren:

- Es ist sachlich falsch, die „Entwicklungsphasen der Sonderpädagogik“ als eine strenge Abfolge historischer Etappen zu begreifen. Menschliche Geschichte nimmt nur in seltenen Fällen einen linearen Verlauf und unterliegt keineswegs einer immanenten Teleologie von unvollkommenen Anfängen immer höher hinauf bis hin zu Zeiten absoluter Vollkommenheit und ungetrübten Glücks. Geschichte hat kein Ziel und verläuft auch nicht zielstrebig.
- Ein trauriges Beispiel für historische Brechungen und Diskontinuitäten ist die Tötung Behinderter. Die Tötung Behinderter hat es zu allen Zeiten

gegeben, nicht nur in barbarischen Vorzeiten oder im finsteren Mittelalter. Euthanasie und Sterilisation im Nationalsozialismus sind ein herausragender Beleg für einen historischen Rückfall in der „Entwicklung". Die uneingeschränkte Wertschätzung behinderten Lebens steht angesichts der Verhütungschancen durch Pränataldiagnostik und Gentechnik auch in Zukunft unter Dauerdruck. Auch in der weiteren Zukunft, auch in integrativen oder postintegrativen Zeiten können radikale Formen der Entrechtung und Dehumanisierung nicht ausgeschlossen werden.

- Die Erinnerung an die Vernichtung und Ermordung Behinderter im Nationalsozialismus gibt einen weiteren Anstoß zur Revision des sog. „Phasenmodells". Den vier Stufen der Behindertenpolitik und -pädagogik ist ein weiteres typisches Denk- und Handlungsmuster voranzustellen, das hier begrifflich als „Extinktion" (Auslöschung) gefasst werden soll. Gegenwärtig gemahnt die utilitaristische Ethik des australischen Philosophen Peter Singer daran, dass selbst das fundamentalste aller Rechte, das Recht auf Leben, Menschen mit Behinderungen nicht fraglos und bedingungslos zugestanden wird. Die „Integration" von Behinderten in die menschliche Gesellschaft fängt mit dem Recht auf Leben an, ohne dieses Recht erübrigt sich jede weitere Diskussion (Antor/Bleidick 1995).
- Der Begriff „Entwicklungsphasen" sollte ersatzlos gestrichen werden. Es wird hier vorgeschlagen, statt von „Entwicklungsphasen der Sonderpädagogik" allgemeiner von „Qualitätsstufen der Behindertenpolitik und -pädagogik" zu sprechen.

## 7. Inklusion = die menschenrechtsbasierte Integration!

Die Vereinten Nationen haben das Jahr 1981 zum „Jahr der Behinderten" erklärt. Das Motto des Jahres lautete: „Einander verstehen – miteinander leben". In den gleichen Zeitraum fällt in Deutschland der Beginn der Integrationsbewegung. Eltern von behinderten und nichtbehinderten Kindern formierten sich zu Initiativen, die die Einrichtung sog. „Integrationsklassen" forderten. Die auf Kommunal-, Landes- und Bundesebene agierenden Elterninitiativen gaben sich vielfach das Namensschild: „Gemeinsam leben – gemeinsam lernen".

Die UNO und die Elterninitiativen sind sich nicht nur einig in der Zielsetzung Integration, sie sprechen auch die gleiche Sprache, nämlich die Sprache der Gemeinsamkeit. In der Rhetorik der Gemeinsamkeit war Integration nicht eine Bringschuld einer demokratischen Schule, sie konnte nicht eingefordert oder gar rechtlich eingeklagt werden. Integration war nicht mehr als eine Bitte, eine Empfehlung, ein Appell. Zur Begründung schulischer Integration wurden sei-

nerzeit vorwiegend Argumente herangezogen, die einem sozialen, humanistischen oder karitativen Motivkreis zuzuordnen sind: Toleranz, Mitmenschlichkeit, Solidarität, Wohlwollen, Nächstenliebe.
Etwa eine Generation später verabschiedeten die Vereinten Nationen die Behindertenrechtskonvention [BRK 2009]. Diese Konvention markiert in der Geschichte des Behindertenwesens einen historischen Wandel, der in seiner Bedeutung kaum überschätzt werden kann (Lindmeier 2008). Die epochemachende Wende ist allein schon an dem neuen Vokabular ablesbar. Die neuen Signalwörter sind etwa: Independent living, accessibility, inclusion – und nicht zuletzt: human rights. Die Behindertenkonvention formuliert eben nicht besondere Rechte für besondere Menschen, sondern fordert die allgemeinen Menschenrechte auch für Menschen mit Behinderungen ein. Diese neue, bürgerrechtstheoretische Fundierung findet einen konsequenten Niederschlag in der Begründung von Inklusion. In dem Kapitel „Bildung" (§ 24) heißt es unmissverständlich: „Die Vertragsstaaten anerkennen das Recht von Menschen mit Behinderungen auf Bildung. Um dieses Recht ohne Diskriminierung und auf der Grundlage der Chancengleichheit zu verwirklichen, gewährleisten die Vertragsstaaten ein inklusives Bildungssystem auf allen Ebenen" (2009). Inklusion ist nicht mehr – wie vordem Integration – in sozialen, humanen oder karitativen Motiven begründet, sondern ist ein Recht. Das gleiche Recht auf Selbstbestimmung und Teilhabe wird nun ohne jegliche Einschränkung auch für behinderte Menschen eingefordert.
Die menschenrechtstheoretische Orientierung der Behindertenrechtskonvention ist zweifelsohne auch dienlich zur Unterscheidung von Integration und Inklusion. Integration appellierte an den guten Willen, an Humanität und an Freiwilligkeit; Inklusion stellt sich nicht zur Diskussion und beruft sich auf ein einklagbares Recht. Vordem waren die Eltern nicht mehr als Bittsteller und Klinkenputzer, die auf freundliches Entgegenkommen hoffen mussten. Nun sind die Eltern mit justiziablen Rechten ausgestattet, aus dem Wunsch nach Integration ist ein Recht auf Inklusion geworden. Das Ethos eines sozialen Humanismus wird nun ersetzt durch die rechtlich kodifizierte Gleichwertigkeit aller Menschen.
Es wird hiermit angeregt, die rechtstheoretische Fundierung auch zur Unterscheidung der dargestellten Qualitätsstufen der Behindertenpolitik und -pädagogik zu nutzen.

**Tabelle 1**: Qualitätsstufen der Behindertenpolitik und -pädagogik

| Stufe | Rechte |
|---|---|
| 4.) Inklusion | Recht auf Selbstbestimmung und Gleichheit |
| 3.) Integration | Recht auf Gemeinsamkeit und Teilhabe |
| 2.) Separation | Recht auf Bildung |
| 1.) Exklusion | Recht auf Leben |
| 0.) Extinktion | Keine Rechte |

Auf der Vorstufe *Extinktion* haben Menschen mit Behinderungen keinerlei Rechte. Sie werden als „lebensunwertes Leben" (sic!) eliminiert.

Auf der Stufe *Exklusion* haben Menschen mit Behinderungen ein gesetzlich garantiertes Recht auf Leben und körperliche Unversehrtheit. Die Tötung von Behinderten wird strafrechtlich verfolgt und geahndet. Das Recht auf Leben ist das erste und fundamentalste Recht, das sich aus der unantastbaren Menschenwürde aller ableitet.

Auf der Stufe der *Separation* partizipieren behinderte Menschen am Bildungswesen. Selbst „für Kinder mit schwersten geistigen Behinderungen, die auch die wichtigsten Selbstversorgungshandlungen niemals erlernen werden, kann Bildung als Menschenrecht ebenso eingefordert werden, wie für Kinder mit progressiver Muskeldystrophie, bei denen prognostiziert wird, dass sie das Schulalter nicht überleben werden" (Biewer 2009, 153). Es ist das historische Verdienst des separierten Sonderschulwesens, das Recht Behinderter auf eine ihnen gemäße Bildung und Erziehung verwirklicht und durch die „Integration" in schulische Bildungsmaßnahmen ihre Bildungsfähigkeit erwiesen zu haben! „Die Erkenntnis der Bildsamkeit war die Voraussetzung der Forderung nach einem Recht auf Bildung" (Biewer 2009, 149). Sonderschulen realisieren also ein kostbares Gut, das Recht auf Bildung.

Auf der Stufe der *Integration* geschieht die Teilnahme behinderter Kinder und Jugendlicher unter dem gemeinsamen Dach der allgemeinen Schule. Integration ist ein „Antragsrecht", dem entsprochen werden kann – oder auch nicht. Das Recht auf ‚participation' wird in der Realität nicht selten mit Einschränkungen praktiziert: Als „Grenzen" der Integration wird entweder ein „Ressourcenvorbehalt" von den höchsten Gerichten geltend gemacht oder eine hinlängliche „Integrationsfähigkeit" der Behinderten, attestiert von (sonder)pädagogischem Expertentum, eingefordert. Die Integration ist konditional und bindet das Recht auf Teilhabe an die Erfüllung von äußeren oder individualen Bedingungen.

Die Stufe der *Inklusion* kennt keine Vorbedingungen und keine prinzipiellen

Barrieren. Alle behinderten Kinder sind ausnahmslos „integrationsfähig", und jede Umwelt kann und muss „integrationsfähig" gestaltet werden. Die behinderten Kinder müssen sich ihre „Integrationsfähigkeit" nicht erst durch Anpassungsleistungen an die Normalität verdienen. Durch die Wahrnehmung ihres Rechts auf Sosein, auf gleichwertige und gleichberechtigte Differenz setzen sie ihre Rechte auf Teilhabe und Integration nicht aufs Spiel.
Die bekannte Formulierung des Bundespräsidenten von Weizsäcker „Es ist normal, verschieden zu sein!" bedarf aus inklusiver Perspektive einer Ergänzung. Eine großzügige Gewährung eines Rechts auf Verschiedenheit ist nämlich in dem Maße von zweifelhaftem Wert, ja zynisch, wenn die zugestandene Differenz zugleich mit Abwertung, Deklassierung und Marginalisierung einhergeht. Aus Sicht der Inklusion wäre also hinzuzufügen: *Man kann verschieden normal sein!* Das „Glück des Menschen, ein Anderer unter Gleichen zu sein" (Plato), bedarf der Ergänzung durch das Glück, ein Gleicher unter Anderen zu sein (Wocken 1993, 6).
Die Qualitätsstufen der Behindertenpolitik und -pädagogik sind nicht als historische Abfolge, sehr wohl aber als eine gestufte Werthierarchie zu verstehen. Auf jeder Stufe – mit Ausnahme der Vorstufe – werden Werte realisiert. Das Unterscheidungskriterium für die Stufen ist die qualitative Valenz der realisierten Werte. Auf jeder Qualitätsstufe Exklusion, Separation, Integration und Inklusion werden respektable Werte realisiert. Jede Stufe, selbst die Stufe der Exklusion, verdient deshalb auch vorab eine angemessene Wertschätzung. Eine kompromisslose, despektierliche Traktierung der „unteren" Stufen ist nicht gerechtfertigt, weil die dort geleistete „Wertarbeit" nicht gesehen und nicht gewürdigt wird. Die vorgeschlagene Qualitätshierarchie bringt in vollem Bewusstsein und mit voller Absicht selbst den „niederen" Stufen Exklusion und Separation in einem ersten Schritt Achtung und Anerkennung entgegen, und weist erst dann auf die möglichen und notwendigen Qualitätssteigerungen hin. Diese ausdrückliche Achtung der unteren Qualitätsstufen mag überraschen; sie ist rechtstheoretisch fundiert und bedenkenswert. Im Nationalsozialismus wären Tausende von Menschen mit geistigen Behinderungen vor der Ermordung bewahrt geblieben, wenn ihnen wenigstens das basale Recht auf Leben zugestanden worden wäre.
Die vorgeschlagene rechtstheoretische Qualifizierung behindertenpolitischer und -pädagogischer Arbeit wird hier verbunden mit dem axiomatischen Postulat des Wertetransfers. Auf den „höheren" Stufen werden nicht nur die Werte der jeweils vorgelagerten unteren Stufe realisiert, sondern darüber hinaus wird zusätzlich ein qualitativ neues und höher stehendes Rechtsgut angestrebt. Die Rechtsgüter der vorauf gehenden Stufen werden also nicht als erledigt zu den Akten gelegt, sondern auf die jeweils nachfolgende Stufe mitgenommen. Dieser „Gütertransfer" ist ein zwingendes Erfordernis für die Zuerkennung einer

Höherwertigkeit. Es kann beispielsweise nicht angehen, wenn ein behindertes Kind zwar in der allgemeinen Schule integriert wird, dort aber keinerlei besondere Förderung erfährt. Das Recht auf Bildung darf nicht dem Recht auf Teilhabe geopfert werden! Eine Integration, für die als Preis der Verzicht auf eine fachlich verantwortbare, „behindertengerechte" Bildung gezahlt werden muss, ist kein höherer Wert als Separation. Oder: Eine Inklusion, in der Minderheiten vor allem auf die Pflege der eigenen Kultur bedacht sind und den Eigensinn über den Gemeinsinn stellen, ist kein höherer Wert als Integration. Das inklusive Recht auf Selbstbestimmung muss sich in sozialen Bezügen, in sozialer Zugehörigkeit und Verbundenheit realisieren.

**Tabelle 2**: Qualitätsstufen der Behindertenpolitik und -pädagogik

| Stufe | Rechte | Anerkennungsform |
|---|---|---|
| 4. Inklusion | Recht auf Selbstbestimmung und Gleichheit | Rechtliche Anerkennung |
| 3. Integration | Recht auf Gemeinsamkeit und Teilhabe | Solidarische Zustimmung |
| 2. Separation | Recht auf Bildung | Pädagogische Unterstützung |
| 1. Exklusion | Recht auf Leben | Emotionale Zuwendung |
| 0. Extinktion | Keine Rechte | Keine Anerkennung |

Mit dem Verweis auf die unterschiedliche Qualität der realisierten Werte ist damit eine begriffliche Differenzierung von Integration und Inklusion möglich und rational legitimierbar. Mit bloßen Etikettenwechseln ist es jedenfalls nicht getan, eine wirkliche „Weiterentwicklung" muss sich auch in der Realisierung von höherwertigen Rechtsgütern wieder finden. Inklusive Schulen müssen allen behinderten Kindern das gleiche Recht auf Autonomie und Partizipation wie den „normalen" Kindern zugestehen. Wenn behinderte Kinder den formellen Status von „Integrationskindern" oder „Gutachtenkindern" haben; wenn sie möglicherweise nur „Gäste" sind, die schulrechtlich weiterhin den Sonderschulen zugeordnet sind; wenn die Würde ihres Soseins nicht respektiert wird; wenn nicht alle Barrieren für Selbstbestimmung und Teilhabe beseitigt sind; wenn also nicht Gleichwertigkeit gegeben ist, dann kann auch das Prädikat Inklusion nicht legitimerweise beansprucht werden.

Als eine weitere Möglichkeit, das Qualitätsstufenmodell theoretisch zu untermauern, sei hypothetisch die Anerkennungstheorie ins Spiel gebracht (Dederich 2002; Graumann 2006). Die in der Literatur diskutierte Trias von Anerkennungsformen emotionale Zuwendung, solidarische Zustimmung und rechtliche Anerkennung wären um den Anerkennungstyp Pädagogische Unterstützung zu erweitern. Den Qualitätsstufen der Behindertenpolitik und -pädagogik wären dann die vier Anerkennungsformen gemäß Tabelle 2 zuzuordnen. Diese theoretische Anregung ist indes vorläufig und bedarf noch einer eingehenden Prüfung.

## 8. Inklusion = die enthinderte Integration!

Die Wortschöpfung „enthindert" erlaubt mehrere Deutungen. Es ist in dieser Arbeit nicht damit gemeint, dass Integration oder Inklusion Behinderungen beheben oder heilen, also irgendwie „enthindern" möchten. Im vorliegenden Kontext ist „enthindern" gleichbedeutend mit „dekategorisieren".
Als ein kennzeichnendes Merkmal von Integration gilt die sog. „Zwei-Gruppen-Theorie". Wenn diese Klage über die Zwei-Gruppen-Theorie ernst gemeint ist, dann ist die Inklusion im Verzuge, es besser zu machen und alle Etikettierungen und Kategorisierungen samt und sonders aufzuheben. Wenn die Aufhebung der Zwei-Gruppen-Theorie, wie immer wieder hervorgehoben, ein zentrales Merkmal von Inklusion ist, dann kann es in der Inklusion nur namenlos Verschiedene geben, die keiner Kaste angehören; dann kann es in der Inklusion keine Grüppchen, keine Kategorien, keine Schubladen mehr geben; dann sind in der Inklusion einfach alle unterschiedslos und unzuordnenbar verschieden. In der Inklusion ist der Eintritt frei, niemand braucht eine Eintrittskarte. Inklusion ist nicht denkbar mit einem Behindertenausweis, gibt es nicht mit einem Behindertenetikett, ist nicht vereinbar mit einer „Schubladisierung" der Verschiedenen, ist nicht kompatibel mit einer Behindertenakte. Die inklusive Schule hebt die Zwei-Gruppen-Theorie ‚behindert' – ‚nicht behindert' auf und ersetzt sie durch die Theorie einer heterogenen Gruppe. An die Stelle der Dichotomie ‚normal' versus ‚behindert' tritt die Anerkennung der Vielfalt. Alle Kinder haben das Recht auf Differenz, und zwar ausdrücklich auf eine „egalitäre Differenz" (Prengel 1993). Das Recht auf Sosein und Differenz ist unverbrüchlich verbunden mit Gleichwertigkeit und Gleichberechtigung. Die Gleichwertigkeit der Differenz wird dabei nicht nur für Behinderte eingefordert, sie gilt auch unabhängig von Geschlecht, Sprache, Nationalität, Rasse und sozialer Schicht. Die inklusive Kindergruppe besteht aus vielen Minderheiten und kennt keine hegemoniale Mehrheit, deren Werte und Normen den Maßstab der Integrationsfähigkeit bilden. In der inklusiven Schule entfällt also die hergebrachte Einteilung nach Behinderungsarten ebenso wie

eine klassifizierende und etikettierende Feststellung eines sonderpädagogischen Förderbedarfs. Und es gibt auch nicht mehr Ressourcen für einzelne etikettierte Kinder mit Behinderungen, sondern Ressourcen für heterogene Lerngruppen und heterogene Systeme; die Ressourcenzuweisung erfolgt nunmehr systembezogen, nicht mehr personbezogen (Wocken 1996; vgl. Grohnfeldt u. a. 1996).
Alle Projekte und Initiativen, alle Organisationen und Institutionen, die sich inklusiv nennen, müssen unabdingbar dieses Kriterium der nonkategorialen, namenlosen Verschiedenheit erfüllen! Inklusion kennt keine Kasten, keine Kategorien, keine Parteibücher, keine Mitgliedschaften in Betroffenheitsgruppierungen, keine Vereine und Clubs gleich Gearteter.
Das Kriterium der Dekategorisierung wird damit als notwendiges und substantielles Unterscheidungsmerkmal zwischen Integration und Inklusion postuliert. Dekategorisierung ist eine conditio sine qua non für Inklusion. Dieses postulierte Definitionsmerkmal ist auch in einer beachtenswerten Begriffsbestimmung von Biewer (2009, 193) enthalten. „Inklusive Pädagogik bezeichnet Theorien zur Bildung, Erziehung und Entwicklung, die Etikettierungen und Klassifizierungen ablehnen, ihren Ausgang von den Rechten vulnerabler und marginalisierter Menschen nehmen, für deren Partizipation in allen Lebensbereichen plädieren und auf eine strukturelle Veränderung der regulären Institutionen zielen, um der Verschiedenheit der Voraussetzungen und Bedürfnisse aller Nutzer/innen gerecht zu werden."
Legt man diese Meßlatte der Dekategorisierung an die Wirklichkeit schulischer Inklusion an, dann ist es in deutschsprachigen Ländern um manche Selbstzuschreibungen eines inklusiven Status schlecht bestellt. Die Inklusionspädagogik schaut deshalb in weite Fernen, sie schaut nach England, Kanada und Australien, und vergisst dabei, die inklusive Praxis vor der eigenen Haustür zu erwähnen. Als Protagonist und Pionier einer inklusiven Schule können die Integrativen Regelklassen gelten, die schon 1991, geraume Zeit vor Salamanca 1994, in Hamburg eingerichtet wurden. Die integrativen Regelklassen in Hamburg sind ‚präventiv' mit einer ‚sonderpädagogischen Grundausstattung' versehen und nehmen alle Kinder mit Beeinträchtigungen des Lernens, des Verhaltens und der Sprache ohne eine vorgängige diagnostische Klassifizierung und Etikettierung als „Behinderte" auf; „eine Stigmatisierung der zu Inkludierenden, also die individuelle Benennung der zu Integrierenden" (Brill 2006, 57) findet nicht statt. Auch wenn die Integrativen Regelklassen auf die Grundschule und auf die Förderschwerpunkte Lernen, Sprache und Verhalten beschränkt sind, so können sie dennoch als ein herausragendes Modell einer inklusiven Schulorganisation gelten (Fiedler 2008). Sie heben die Kategorisierung der Kinder in „behindert" und „nichtbehindert"

faktisch auf und haben damit schon Inklusion praktiziert, noch bevor dieser Terminus in der nationalen und internationalen Diskussion von sich reden machte (Wocken 2001).

## 9. Inklusion = die visionäre Integration?

Die Stufenhierarchie gibt als Fernziel aller behindertenpädagogischen und -politischen Programme Inklusion an und stimmt darin mit der Salamanca-Erklärung und der UNO-Behindertenrechtskonvention vollständig überein. Das Ziel Inklusion steht fest und kann nicht zur Diskussion gestellt werden. Die Selbstporträtierung der Inklusion geht allerdings weit über die aktuelle Tagespolitik hinaus und entwirft ein visionäres Szenario. Inklusion träumt einen großen Traum. Es ist der Traum von einer inklusiven Bildungslandschaft, in der es weder Gymnasien, noch Sonderschulen noch auch Privatschulen gibt. Es ist der Traum von einem inklusiven Leben, das alle Altersstufen und alle Lebensbereiche vom Kindergarten über die Schule bis hin zu Beruf und Freizeit umfasst. Und es ist der Traum von einer inklusiven Gesellschaft, die keine marginalisierten Gruppen, keine Diskriminierungen durch „gender“, „race“, „class“, „ability“ und anderes mehr kennt. Inklusion versteht sich selbst nicht als ein Aktionsprogramm für die Tagespolitik, sondern als eine Vision, die – so das freimütige Eingeständnis (Hinz 2008, 24) – niemals erreicht werden kann.

Über den guten Sinn von Visionen lässt sich trefflich streiten. Man kann geteilter Ansicht sein, ob visionäre Leitsterne wirklich eine Orientierungsfunktion haben und motivationale Energien freisetzen oder ob im Gegenteil die abverlangte habituelle Bescheidenheit mit halben und vorläufigen Lösungen zu Dauerfrust und Resignation führt. Über Sinn und Unsinn soll an dieser Stelle keine Debatte geführt werden. Als beherzigenswerte Alternative wird vorgeschlagen, den Blick nicht nur auf den Sternhimmel zu richten, sondern sehr pragmatisch auf die unmittelbar vor den eigenen Füßen liegenden Stolpersteine. Die Stolpersteine, die im Hier und Jetzt die Fortschritte auf dem Weg zur Inklusion behindern, firmieren in der Inklusions- und Disability-Literatur unter dem Begriff Barrieren. Die Barrieren für Inklusion aufzuspüren, zu skandalisieren und zu sprengen, ist eine unverzichtbare Mühsal. Ohne die pragmatische Programmatik der Barrierefreiheit wird Inklusion keinen Schritt weiter kommen.

Es gibt gute Beispiele für eine inklusive, barrierefreie Gestaltung der Umwelt. Einige exemplarische Nennungen mögen als Illustration genügen:

- Die Busse im öffentlichen Nahverkehr sind in Hamburg und anderenorts mit einem einfachen Klappmechanismus ausgestattet, der es Rollstuhlfahrern und Müttern mit Kinderwagen ermöglicht, jederzeit und überall ohne jegliche Voranmeldung und ohne Berechtigungsausweis öffentliche Verkehrsmittel zu nutzen.

- Viele Kirchen und andere Versammlungsstätten haben das Gestühl mit einer Induktionsanlage ausgestattet. Schwerhörige Menschen können sich mit ihrem Hörgerät komplikationslos an die Induktionsanlagen andocken. Gebäude mit Induktionsanlagen sind barrierefrei, sie erfordern wiederum keine vorherige Bedarfsanmeldung und auch keinen Behindertenausweis, sondern halten diesen Support präventiv vor.

Wenn auch die „accessibility“ weiterhin kontinuierlicher Aufmerksamkeit bedarf und alle Möglichkeiten noch nicht ausgeschöpft sind, so muss doch mit Realismus auf Grenzen inklusiver Umweltgestaltung hingewiesen werden, die grundsätzlich nicht überschreitbar sind:

- Parkplätze für Autofahrer sind besonders in der Stadt und belebten Vierteln knapp. Will man behinderten Verkehrsteilnehmern einen garantierten Parkplatz einräumen, dann ist gegenwärtig die Reservierung mit einer expliziten Behindertentafel, manchmal sogar zusätzlich mit einer eingetragenen Identitätsziffer die Methode der Wahl. Behindertenparkplätze sind gewiss ein Rückfall in die Kategorisierungspraxis, aber ohne sie wäre die Teilhabe am öffentlichen Leben empfindlich und nicht akzeptierbar eingeschränkt (Kron 2005).
- Gebärden- und Schriftdolmetscher sind für viele gehörlose Menschen unverzichtbare Kommunikationshilfen. Es ist zurzeit aber wohl nicht vorstellbar, dass immer und überall – in allen Schulklassen, in allen Seminaren an der Universitäten, in allen Workshops auf Tagungen und Kongressen – von vorneherein auch entsprechende Kompetenzen und Hilfen vorgehalten werden. Dolmetscher für Gehörlose gibt es nur auf Anfrage, wobei die Beantragung allein mit einem ausgewiesenen Behindertenstatus möglich ist.
- Studierenden mit Behinderungen werden als Nachteilsausgleich bei mündlichen oder schriftlichen Prüfungen besondere Konditionen, etwa mehr Bearbeitungszeit eingeräumt. Dieser Nachteilsausgleich wird nur bei nachgewiesener Legitimation eingeräumt. Das inklusive Motto „Da kann ja jeder kommen!“ wird wohl kein Prüfungsamt zur Aufgabe der strikten Prüfungsrichtlinien bewegen können.

Die Beispiele alltäglicher Barrieren mögen verdeutlichen, dass es auch unüberschreitbare Grenzen der Inklusion gibt. Viele Formen des Nachteilsausgleichs erfordern eine Legitimation durch einen attestierten Behindertenstatus und/oder eine explizite Bedarfsanmeldung (Kron 2005). Eltern und Professio-

nelle sollten sich sehr wohl überlegen, „ob sie den Mechanismus und die Funktionsweise des Nachteilsausgleichs gegen die ungewisse Versicherung aufgeben, dass in einer neuen Schulgestaltung alle Kinder zu ihrem Recht kommen werden“ (Reiser 2007, 103).Die Möglichkeiten der Barrierefreiheit sind vielfältig, aber in der Sache auch endlich. Eine totale Barrierefreiheit ist aber hier auf Erden nicht vorstellbar. Inklusion mag einer großen Vision anhängen, sie ist aber gut beraten, sich vor Träumereien und Illusionen zu hüten. Eine inklusive Schule und eine inklusive Gesellschaft sind große Utopien, die wir schwerlich ohne jegliche Abstriche und ohne jegliche Zwischenaufenthalte erreichen können. Für die „Integration“ von ca. 15 Prozent behinderter Kinder hat Deutschland ca. 25 Jahre gebraucht. Mit einem kompletten Systemwechsel zu einer inklusiven Schullandschaft ohne Sonderschulen und ohne Gymnasien wird Deutschland – dafür bedarf es keiner hellseherischen Prophetie – wohl das restliche 21. Jahrhundert beschäftigt sein.
Reiser (2007) hat die „Vision“ der Inklusion unverblümt und kompromisslos als „Illusion“ eingestuft. Es wäre in der Tat unrealistisch und illusionär, die Grenzen der Inklusion leugnen zu wollen. In manchen Fällen müssen wir uns mit integrativen Lösungen einschließlich einer kategorialen Gruppierung in Behinderte und Nichtbehinderte zufrieden geben. Eine despektierliche Herabsetzung als „Nur-Integration“ verdienen solche unvermeidbaren, integrativen Lösungen nicht. Auch integrative Lösungen sind gut! Manchmal geht es sogar nicht besser.

## 10. Inklusion / Integration

Was ist Integration? Was ist Inklusion? Die kritische Analyse der Identitätskonstruktionen und Identitätskonkretionen hat mehrere thematische Stationen durchschritten. Zum guten Ende soll der Blick nach vorne gerichtet werden. Wie geht es weiter? Wie könnte und sollte es mit Integration und Inklusion aus der subjektiven Sicht des Verfassers weitergehen? Die abschließenden Empfehlungen beziehen sich auf drei Felder, nämlich auf Schulentwicklung, Unterrichtsentwicklung und auf die Terminologie. Alle Empfehlungen sind zutiefst von Pragmatismus geprägt.

*Empfehlungen zur Schulentwicklung*
Für die Organisationsentwicklung einer einzelnen Schule in Richtung Inklusion leistet der „Index of Inklusion“ (Boban/Hinz 2003) sicherlich gute Dienste. Mit seiner Hilfe können strukturelle Barrieren, problematische Praktiken und steigerungsfähige Kulturen identifiziert und einer kollektiven Bearbeitung zugeführt werden. Über die Entwicklungsarbeit einer einzelnen Institution

hinaus ist Inklusion im Wort, für den öffentlichen und politischen Diskurs verallgemeinerbare konkrete Schulkonzepte und -modelle vorzulegen (vgl. Preuss-Lausitz 2006). Für zahlreiche organisatorische und administrative Aufgabenfelder sind Strategien und Programme zu erarbeiten. Insbesondere geht es hier um die Ausstattung mit Ressourcen und die Modalitäten der Lerngruppenbildung.

Die Inklusion muss sich der Verwaltungsseite von Schule stellen und für die organisations- und verwaltungstechnischen Fragen konkrete Lösungsmuster anbieten. Bislang verhält sich die Inklusionspädagogik in schulkonzeptionellen Fragen sehr bedeckt bis völlig abstinent. Mit der plakativen Forderung nach einer „Schule für alle“ kann man es keineswegs bewenden lassen. In den Selbstbeschreibungen der Inklusion liest man immer wieder Formulierungen wie „Alle sind willkommen“ und „Jeder bekommt die Unterstützung, deren er bedarf“. Derart fromme Losungen sind zwar betörende Verheißungen, aber zugleich erschreckend naiv.

Als Beispiel sei der Wikipedia-Artikel angeführt, der mit rührender Einfältigkeit verkündet: „Statt vieler Schulen gibt es nur noch ‚eine Schule für alle‘, die jeden individuell fördert und seine Interessen beachtet. Alle Schüler werden gemeinsam unterrichtet, ohne Wenn und Aber. Alle Pädagogen können alle Kinder unterrichten. Hilfestellungen dazu werden bei Bedarf bereitgestellt“. Angesichts solcher Phantasmen wähnt man sich im Wunderland, in dem auf ein Handzeichen hin die gebratenen Tauben herbeifliegen. Die neue, inklusive Schule muss aber nicht geträumt, sondern neu gedacht und in konkrete, händelbare Pläne übersetzt werden. Die personellen und sächlichen Ressourcen liegen eben nicht zur gefälligen Selbstbedienung für jedermann frei herum. Sie müssen mit Maß und Zahl im politischen Raum nachvollziehbar eingefordert und in die öffentlichen Haushalte als Haushaltstitel eingestellt werden. Die Finanztöpfe bedürfen sodann einer funktionalen Logistik und transparenter Algorithmen, die Verteilungsgerechtigkeit zu sichern vermögen. Der wohlfeilen Devise „Wer Bedarf hat, nimmt Unterstützung für sich in Anspruch“ (Hinz 2005, 77) werden Finanzverwaltungen und Rechnungshöfe sicherlich nicht folgen.

Exemplarisch sei das angemahnte Erfordernis konkreter Schulentwicklungspläne am Beispiel der Ressourcenakquise verdeutlicht. Eine Kategorisierung behinderter Kinder kann es ja in der Inklusion nicht mehr geben. Das Gebot der Dekategorisierung löst zwar das bekannte Ressourcen-Etikettierungs-Dilemma. Aber es bedarf ersatzweise eines anderen rationalen Schlüssels, der eine gerechte Verteilung der endlichen Ressourcen regeln kann. Es muss Klarheit bestehen, wer welche Ressourcen in welchem Umfang rechtens beanspruchen und auf welchem Verfahrenswege er ihrer habhaft werden kann.

Das Konzept der Integrativen Regelklassen stellt für die konzeptuelle Modellierung einer inklusiven Schule eine durchaus diskutierbare Lösung zur Verfügung. Die integrativen Regelklassen praktizieren eine systemische Ressourcenzuteilung (Wocken 1996). Die Mittelverteilung erfolgt nicht mehr ad personam, pro Kind mit Unterstützungsbedarf, sondern pauschal an das System Klasse bzw. Schule. Der Ressourcenbedarf wird dabei anhand einer festgesetzten Prävalenzrate von Kindern mit Beeinträchtigungen des Lernens, der Sprache und des Verhaltens errechnet. Die Integrativen Regelklassen sind damit der Prototyp einer prävalenzbasierten Ressourcenakquise. Es wäre durchaus denkbar, dass diese Ressourcenlogistik auch für Kinder mit speziellen Behinderungen (geistige Entwicklung, körperliche Entwicklung, Hörschädigungen, Sehschädigungen) in Anschlag gebracht wird.[3]

Für das Bundesland Bremen haben Klemm und Preuss-Lausitz (2008) einen beispielhaften und beachtenswerten Schulentwicklungsplan vorgelegt, der die angemahnte Konkretisierung eines schulübergreifenden Reformplanes in vollem Umfang einlöst. Der Bremer Plan vertritt zwar nicht durchgängig die reine Lehre der Inklusion, sondern ist ein konstruktiver Mix aus integrativen und inklusiven Elementen; aber er belässt es nicht bei der visionären Idee einer Schule für alle, sondern macht Nägel mit Köpfen und entwirft eine inklusive Schullandschaft, die bis in handwerkliche Details ausgearbeitet ist.

Gleichviel nach welchem Modell: Der romantische Fundamentalismus der Inklusion sollte so oder so vom Himmel auf die Erde herniederkommen.

*Empfehlungen zur Unterrichtsentwicklung*

Zu den unerledigten und sträflich vernachlässigten Aufgaben gehört auch die Unterrichtsentwicklung. Trotz einiger Vorarbeiten etwa von Wocken (1998), Platte (2005) und Seitz (2007) fristet die Entwicklung einer inklusiven Unterrichtstheorie und -praxis ein Mauerblümchendasein. Die Praxisorientierung lässt in der Inklusion wie auch in der Integration sehr zu wünschen übrig. Weder die Integrationspädagogik noch die Inklusionspädagogik haben es bislang geschafft, ein ausgearbeitetes praktisches Handbuch für die Unterrichtung heterogener Lerngruppen auf den Markt zu bringen. Die einschlägigen methodischen Lehrbücher zur untermethodischen Bewältigung von Heterogenität entstehen derzeit in Arbeitszusammenhängen außerhalb der Integrationspädagogik (z. B. Graumann 2002; Groeben 2008; Kiper u. a. 2008). Guter Unterricht und inklusiver Unterricht werden einfach gleich gestellt, das Erfordernis eines neuen, kreativen Umgangs mit Heterogenität wird schlichtweg negiert.

---

3 Für Schüler mit speziellen Behinderungen präferiere ich z. Zt. immer noch das integrative, diagnosebasierte Ressourcenmodell.

Dieses schmerzliche Desiderat wird durch leichtfertige und unhaltbare Behauptungen auf Dauer gestellt. Bei Wikipedia heißt es: „Die inklusive Schule erfordert keine bestimmten Methoden oder Konzepte für ihre Umsetzung. Vielmehr benötigt die Inklusion eine weitgehend flexible Anwendung unterschiedlicher Unterrichtsmethoden und organisatorischer Vorschläge." Solchermaßen verabschiedet sich die Inklusion aus der praktischen Verantwortung und überlässt die handwerkliche Umsetzung spontanen Intuitionen und situativen Zufällen. Wie Schüler mit und ohne Migrationshintergrund, wie Jungen und Mädchen, Hochbegabte und Minderbegabte, privilegierte und deklassierte Schüler gleichzeitig und zu wechselseitigem Nutzen unterrichtet werden können, auf diese Frage kann mit Fug und Recht eine konkrete Antwort erwartet werden. Können wirklich – wie Wikipedia behauptet – ausnahmslos alle (!) Lehrer es allen Schülern (!) recht machen? Ist inklusiver Unterricht wirklich ein so einfaches Kinderspiel, worüber man keine Worte verlieren sollte? Die gemeinsame Unterrichtung aller Schüler ohne jegliche Ausnahme ist die anspruchsvollste Aufgabe, die Schulpädagogik und Unterrichtsdidaktik in ihrer Geschichte jemals zu leisten herausgefordert waren! Die Inklusion ist aufgerufen, sich in Übungen zur Konkretisierung einer Idee (von Hentig 1993) nachhaltig zu befleißigen!

*Empfehlungen zur Terminologie*

Abschließend ist die Gretchenfrage zu beantworten, wie man es künftig mit den Begriffen Integration und Inklusion halten sollte. Die folgende Antwort ist nicht um wissenschaftliche Stringenz bemüht, sondern wiederum pragmatisch ausgerichtet. Der neue Begriff Inklusion ist da – und er ist willkommen! Keine noch so scharfsinnige Begriffsanalyse wird konsensfähige Kriterien herausarbeiten können, mit deren Hilfe man einer willkürlichen Begriffswahl Einhalt gebieten kann. Und da es obendrein auch keine anerkannte Zertifizierungsstelle gibt, die verbindlich und wirksam über die rechte oder unrechte Begriffsverwendung wacht, gibt es auch keine Dämme mehr, die den Siegeszug des neuen Signalwortes stoppen könnten. Kritizistische Nachhutgefechte sind wenig aussichtsreich bis erfolglos. Es ist völlig aussichtslos, gegen den neuen Begriff zu opponieren, der Wettbewerb ist bereits entschieden.
Zur Unmöglichkeit einer verbindlichen Sprachregelung gesellt sich ein weiteres Pro-Argument. Der Inklusionsbegriff ist spätestens seit Salamanca 1994, erst recht nach der UN-Behindertenrechtskonvention hoffähig und internationaler Standard. Der Terminus Integration dagegen ist international nicht mehr anschlussfähig. Aus den genannten Gründen plädiere ich für eine bedingungslose Freigabe und eine unterschiedslose Wortwahl. Es bleibt uns eh nicht erspart, in jedem einzelnen Fall genau zu prüfen, was denn mit dem gewählten

Etikett wirklich gemeint und was tatsächlich in der Verpackung drin ist. Der Inhalt der Verpackung entscheidet, nicht der Aufkleber.
Dem Plädoyer für eine bedingungslose Freigabe würde am ehesten die Schrägstrichvariante Integration/Inklusion entsprechen. Die Schrägstrichkombination Integration/Inklusion kann allerdings die Lesbarkeit und Leichtigkeit von Texten empfindlich stören. Eine vorab abzugebende Erklärung, dass beide Begriffe dasselbe meinen und frei variierend benutzt werden, könnte Klarheit schaffen und einen nervigen Textstau durch wiederholte schräge Barrikaden vermeiden. Wenn Integration und Inklusion zwar mit unterschiedlichen Gewändern, aber doch mit gleicher Identität auf der öffentlichen Bühne agieren, dürfte dies auch die Verständigungsprobleme und Irritationen der verunsicherten Zuschauer minimieren.
Die Zeit der Abgrenzung von Integration versus Inklusion ist vorbei, es kann nur eine solidarische Zukunft geben. In diesem Sinne möge den Geschwistern Integration und Inklusion eine gute gemeinsame Zukunft beschieden sein. Im Ruhrgebiet würde man sagen: Glückauf!

## Literatur


[BRK] (2009): Übereinkommen über die Rechte von Menschen mit Behinderungen. Berlin (Zwischen Deutschland, Liechtenstein, Österreich und der Schweiz abgestimmte Übersetzung)

Antor, G./Bleidick, U. (Hrsg.) (1995a): Recht auf Leben – Recht auf Bildung. Aktuelle Fragen der Behindertenpädagogik. Heidelberg: Edition Schindele

Biewer, G. (2009): Grundlagen der Heilpädagogik und Inklusiven Pädagogik. Bad Heilbrunn: Klinkhardt

Boban, I. (2000): It's not Inclusion ... – Der Traum von einer Schule für alle Kinder. In: Hans, M./Ginnold, A. (Hrsg.): Integration von Menschen mit Behinderung – Entwicklungen in Europa. Neuwied: Luchterhand , S. 238-247

Boban, I./Hinz, A. (2009): Inklusive Pädgogik zwischen allgemeinpädagogischer Verortung und sonderpädagogischer Vereinnahmung – Anmerkungen zur internationalen und deutschen Debatte. In: Börner, S./Glink, A./Jäpelt, B./ Sanders, D./Sasse, A. (Hrsg.): Integration im vierten Jahrzehnt. Bilanz und Perspektiven. Bad Heilbrunn: Klinkhardt , S. 220-228

Boban, I./Hinz, A. (Hrsg.) (2003): Index für Inklusion. Lernen und Teilhabe in Schulen der Vielfalt entwickeln. Halle: Martin-Luther-Universität

Börner, S./Glink, A./Jäpelt, B./Sanders, D./Sasse, A. (Hrsg.) (2009): Integration im vierten Jahrzehnt. Bilanz und Perspektiven. Bad Heilbrunn: Klinkhardt

Brill, W. (2006): Disability Studies und Inklusionsdebatte: Kritische Anmerkungen aus Sicht der materialistischen Behindertenpädagogik. In: Platte, A./ Seitz, S./Terfloth, K. (Hrsg.): Inklusive Bildungsprozesse. Bad Heilbrunn, S. 55-64

Buchen, H./Horster, L./Rolff, H.-G. (Hrsg.) (2007): Heterogenität und Schulentwicklung. Stuttgart: Raabe Verlag

Dederich, M. (2002): Anmerkungen zu einer Ethik und Politik der Anerkennung und ihrer Bedeutung für Menschen mit Behinderungen. In: Behinderte in Familie, Schule und Gesellschaft 25, S. 25-38

Dederich, M./Greving, H./Mürner, Ch./Rödler, P. (Hrsg.) (2006): Inklusion statt Integration? Heilpädagogik als Kulturtechnik. Gießen: Psychosozial

Eberwein, H./Mand, J. (Hrsg.) (2008): Integration konkret. Begründung, didaktische Konzepte, inklusive Praxis. Bad Heilbrunn: Klinkhardt

Fiedler, A. (2008): Die Clara-Grunwald-Schule in Hamburg-Neuallermöhe-West auf dem Weg zur inklusiven Schule. In: Hinz, A./Körner, I./Niehoff, U. (Hrsg.): Von der Integration zur Inklusion. Grundlagen – Perspektiven – Praxis. Marburg: Lebenshilfe , S. 248-262

Frühauf, Th. (2008): Von der Integration zur Inklusion – ein Überblick. In: Hinz, A./Körner, I./Niehoff, U. (Hrsg.): Von der Integration zur Inklusion. Grundlagen – Perspektiven – Praxis. Marburg: Lebenshilfe , S. 11-32

Geiling, U./Hinz, A. (Hrsg.) (2005): Integrationspädagogik im Diskurs. Auf dem Weg zu einer inklusiven Pädagogik? Bad Heilbrunn: Klinkhardt

Graumann, S. (2006): Biomedizin und die gesellschaftliche Ausgrenzung von Menschen mit Behinderungen. In: Dederich, M./Greving, H./Mürner, Ch./ Rödler, P. (Hrsg.): Inklusion statt Integration? Heilpädagogik als Kulturtechnik. Gießen: Psychosozial , S. 142-156

Groeben, A. von der (2008): Verschiedenheit nutzen. Besser lernen in heterogenen Gruppen. Berlin

Hans, M./Ginnold, A. (Hrsg.) (2000): Integration von Menschen mit Behinderung – Entwicklungen in Europa. Neuwied: Luchterhand

Härle, F. (2003): Die 'inklusive' Schulpraxis von Primarschulen in New South Wales, Australien. Eine qualitative Studie. In: Sonderpädagogische Förderung. Integration und pädagogische Rehabilitation 48, S. 351-373

Hentig v., Hartmut (1993): Die Schule neu denken. 2. Aufl. München/Wien: Hanser

Hinz, A. (1993): Heterogenität in der Schule. Integration – Interkulturelle Erziehung – Koedukation. Hamburg: Curio

Hinz, A. (2004): Vom sonderpädagogischen Verständnis der Integration zum integrationspädagogischen Verständnis der Inklusion!? In: Schnell, I:/Sander, A. (Hrsg.) : Inklusive Pädagogik. Bad Heilbrunn: Klinkhardt, S. 41-74

Hinz, A. (2005): Zur disziplinären Verortung der Integrationspädagogik – sieben Thesen. In: Geiling, U./Hinz, A. (Hrsg.): Integrationspädagogik im Diskurs. Auf dem Weg zu einer inklusiven Pädagogik? Bad Heilbrunn: Klinkhardt , S. 75-78

Hinz, A. (2007): Inklusion – Vision und Realität! In: Katzenbach, D. (Hrsg.): Vielfalt braucht Struktur. Heterogenität als Herausforderung für die Unterrichts- und Schulentwicklung. Frankfurt: J. W. Goethe-Universität (Frankfurter Beiträge zur Erziehungswissenschaft), S. 81-98

Hinz, A./Körner, I./Niehoff, U. (Hrsg.) (2008): Von der Integration zur Inklusion. Grundlagen – Perspektiven – Praxis. Marburg: Lebenshilfe

Jacobs, H. (Hrsg.) (2008): Eine Schule für Hörgeschädigte auf dem Weg zur Inklusion. Außenklassen – Erprobung neuer Formen der Beschulung Hörgeschädigter. Heidelberg: Median

Katzenbach, D. (Hrsg.) (2007): Vielfalt braucht Struktur. Heterogenität als Herausforderung für die Unterrichts- und Schulentwicklung. Frankfurt: J. W. Goethe-Universität (Frankfurter Beiträge zur Erziehungswissenschaft)

Klemm, K./Preuss-Lausitz, U. (2008): Gutachten zum Stand und zu den Perspektiven der sonderpädagogischen Förderung in den Schulen der Stadtgemeinde Bremen. Essen und Bremen

Knauer, S. (2003): Von den Anfängen der Integration zur heutigen Integrationspädagogik. Eine kritische Zwischenbilanz. In: Behinderte in Familie, Schule und Gesellschaft 26, S. 14-25

Knauer, S. (2008): Integration. Inklusive Konzepte für Schule und Unterricht. Weinheim: Beltz

Köbsell, S. (2006): Im Prinzip: „Jein". Zum Verhältnis der deutschen Behindertenbewegung zur Integration behinderter Menschen. In: Dederich, M./ Greving, H./Mürner, Ch./Rödler, P. (Hrsg.): Inklusion statt Integration? Heilpädagogik als Kulturtechnik. Gießen: Psychosozial , S. 62-71

Kron, M. (2005): „Behinderung" – notwendiger Begriff in der inklusiven Pädagogik? In: Geiling, U./Hinz, A. (Hrsg.): Integrationspädagogik im Diskurs. Auf dem Weg zu einer inklusiven Pädagogik. Bad Heilbrunn: Klinkhardt, S. 82-86

Lindmeier, Ch. (2008): Inklusive Bildung als Menschenrecht. In: Sonderpädagogische Förderung heute, S. 354-375

Mittendrin e.V. (Hrsg.) (2008): Warum macht Integration schlau? Materialien zum Kongress „Eine Schule für Alle" vm 16.-18. November 2007 in Köln. Köln

Moser, V./Sasse, A. (2008): Theorien der Behindertenpädagogik. München, Basel: Reinhardt

Netzwerk Artikel 3 (Hrsg.) (2009): Übereinkommen über die Rechte von Menschen mit Behinderungen. Korrigierte Fassung der zwischen Deutschlad, Liechtenstein, Österreich und der Schweiz abgestimmten Übersetzung. [Schattenübersetzung] Berlin

NN (2009): Inklusive Pädagogik. In: Wikipedia, die freie Enzyklopädie., 15.02.2009

Plate, E. (2008): Betrachtungen 'inklusiver' Schulentwicklungen in England aus einer internationalen Perspektive. In: Sonderpädagogische Förderung heute 53, S. 399-427

Platte, A. (2005): Schulische Lebens- und Lernwelten gestalten. Didaktische Fundierung inklusiver Bildungsprozesse. Münster

Platte, A./Seitz, S./Terfloth, K. (Hrsg.) (2006): Inklusive Bildungsprozesse. Bad Heilbrunn: Klinkhardt

Prengel, A. (1993): Pädagogik der Vielfalt. Verschiedenheit und Gleichberechtigung in Interkultureller, Feministischer und Integrativer Pädagogik. Opladen: Leske+Budrich

Prengel, Annedore (2006): Pädagogik der Vielfalt. Verschiedenheit und Gleichberechtigung in Interkultureller, Feministischer und Integrativer Pädagogik. Wiesbaden: VS Verl. für Sozialwiss. (Schule und Gesellschaft, 2)

Preuss-Lausitz, U. (2006): Die Bildungsperspektive der integrativen Schule für alle. In: Platte, A./Seitz, S./ Terfloth, K. (Hrsg.): Inklusive Bildungsprozesse. Bad Heilbrunn, S. 90-96

Preuss-Lausitz, U. (Hrsg.) (1993): Die Kinder des Jahrhunderts – Zur Pädagogik der Vielfalt im Jahr 2000. Weinheim: Beltz

Reiser, H. (2007): Inklusion -Vision oder Illusion? In: Katzenbach, D. (Hrsg.): Vielfalt braucht Struktur. Heterogenität als Herausforderung für die Unterrichts- und Schulentwicklung. Frankfurt: J. W. Goethe-Universität (Frankfurter Beiträge zur Erziehungswissenschaft), S. 99-108

Sander, A. (2004): Inklusive Pädagogik verwirklichen – zur Begründung des Themas. In: Schnell, I./Sander, A. (Hrsg.): Inklusive Pädagogik. Bad Heilbrunn, S. 11-22

Sander, A. (2008): Inklusion macht Schule. Ein langer Weg zu einem humaneren Bildungswesen. In: Sonderpädagogische Förderung heute, S. 342-354

Sander, A. (2008): Etappen auf dem Weg zu integrativer Erziehung und Bildung. In: Eberwein, H./Mand, J. (Hrsg.): Integration konkret. Begründung, didaktische Konzepte, inklusive Praxis. Bad Heilbrunn: Klinkhardt , S. 27-40

Schnell, I. (2009): Auf dem Wege zu einer Schule für alle. Vortrag auf der Fachkonferenz „alle inklusive“ – Die neue UN-Konvention und die Bildungspolitik für Menschen mit Behinderungen. Berlin (Manuskript)

Schnell, I./Sander, A. (Hrsg.) (2004): Inklusive Pädagogik. Bad Heilbrunn

Schumann, B. (2007): „Ich schäm mich ja so!“ Die Sonderschule für Lernbehinderte als „Schonraumfalle“. Bad Heilbrunn: Klinkhardt

Stein, Anne-Dore (2008): Die Bedeutung des Inklusionsgedankens – Dimensionen und Handlungsperspektiven. In: Hinz, A./Körner, I./Niehoff, U. (Hrsg.): Von der Integration zur Inklusion. Grundlagen – Perspektiven – Praxis. Marburg: Lebenshilfe , S. 74-90

Wenning, N. (2008): Scheitern inklusiv? Wider ein unbedachtes Eingliedern? In: Sonderpädagogische Förderung heute 66, S. 375-390

Wikipedia (2009): Inklusive Pädagogik. http://de.wikipedia.org/-wiki/-Inklusive Paedagogik (24.06.2009)

Wocken, H. (1993): Vorwort. In: Hinz, A.: Heterogenität in der Schule., S. 6

Wocken, H. (1998): Gemeinsame Lernsituationen. Eine Skizze zur Theorie des gemeinsamen Unterrichts. In: Hildeschmidt, A./Schnell, I. (Hrsg.): Integrationspädagogik. Auf dem Wege zu einer Schule für alle. Weinheim, München: Juventa , S. 37-52

Wocken, H. (2001): Integration. In: Antor, G./Bleidick, U. (Hrsg.): Handlexikon der Behindertenpädagogik. Schlüsselbegriffe aus Theorie und Praxis. Stuttgart: Kohlhammer , S. 76-80

Wocken, Hans (1988): Bilanz und Perspektiven des Schulversuchs Integrationsklassen. In: Wocken, Hans/Antor, Georg/Hinz, Andreas (Hrsg.): Integrationsklassen in Hamburger Grundschulen. Bilanz eines Schulversuchs. Hamburg: Curio , S. 49-60

Wocken, Hans (1996): Sonderpädagogischer Förderbedarf als systemischer Begriff. In: Sonderpädagogik, 26, S. 34-38

Wocken, Hans (2007): Fördert Förderschule? Eine empirische Rundreise durch Schulen für „optimale Förderung“. In: Demmer-Dieckmann, I./Textor, A. (Hrsg.) : Integrationsforschung und Bildungspolitik im Dialog. Bad Heilbrunn: Klinkhardt , S. 35-60

# 7. Architektur eines inklusiven Bildungswesens. Eine bildungspolitische Skizze.

## 1. Gebot der UN-Konvention

Seit dem 26. März 2009 ist die Konvention der Vereinten Nationen über die „Rechte behinderter Menschen“ in Kraft. Bundestag und Bundesrat haben dieser Konvention einvernehmlich zugestimmt. Nun sind die Bundesländer am Zuge, die Bestimmungen der Behindertenrechtskonvention [BRK] in Landesrecht umzusetzen.
Die BRK ist ein Dokument von einer überragenden historischen Bedeutung. Sie enthält eben nicht eine Liste von frommen Wünschbarkeiten und unverbindlichen Empfehlungen, sondern einen prägnanten Katalog von Anforderungen, die mit dem Status einer menschenrechtlichen Verpflichtung ausgestattet wurden. Die BRK fordert nicht besondere Rechte für Menschen mit Behinderungen, sondern schlicht und einfach die gleichen Rechte für Menschen mit Behinderung. Zentrale Leitziele sind das bedingungslose Verbot jeglicher Formen von Diskriminierung, das unbedingte Recht auf Selbstbestimmung und das uneingeschränkte Recht auf gleiche Teilhabe.
Für den Bereich Schule und Bildung enthält die BRK konkrete Bestimmungen, die für die Gestaltung des Bildungswesens eine weitreichende Bedeutung haben. In §24 der BRK heißt es:

> *„Die Vertragsstaaten anerkennen das Recht von Menschen mit Behinderungen auf Bildung. Um dieses Recht ohne Diskriminierung und auf der Grundlage der Chancengleichheit zu verwirklichen, gewährleisten die Vertragsstaaten ein inklusives Bildungssystem auf allen Ebenen und lebenslanges Lernen.“*

Mit dieser Vorschrift werden sich die folgenden Ausführungen beschäftigen.

## 2. Merkmale eines inklusiven Bildungssystems

Wie kaum anders zu erwarten, ergeht über die Zielbestimmung „inklusives Bildungssystem“ eine äußerst kontroverse Diskussion. Aus dem konservativen Lager gab es Stimmen, die eine recht simple Argumentationskette ins Feld führten: Behinderte Kinder können ausnahmslos Sonderschulen besuchen; sie sind damit auch in das Bildungswesen inkludiert, und es gibt folglich keinerlei Handlungsbedarf. Auf der anderen Seite deuten die fortschrittlichen Kräfte den Terminus „inklusives Bildungssystem“ als eine Aufforderung zu einer

Abschaffung jeglicher Gliederung: Keine Gymnasien, keine Realschulen, keine Sonderschulen, sondern nur noch und einzig und allein eine gemeinsame Schule für alle.
Die herrschende, mehrheitsfähige Auslegung der BRK sieht anders aus. Die BRK äußern sich schlichtweg nicht zu Schulstruktur-Fragen. Nirgendwo steht ein Satz, dass es Sonderschulen nicht mehr geben dürfe, und nirgendwo wird etwa die Abschaffung des Gymnasiums gefordert. Allen sensiblen Bürgerinnen und Bürgern kann deshalb vorab die tröstliche und beruhigende Botschaft überbracht werden, dass weder Gymnasien noch Sonderschulen ausdrücklich verboten sind.
Der BRK geht es nicht um eine Suspendierung gegliederter Schulstrukturen, sondern um Nichtdiskriminierung, Gleichberechtigung und Teilhabe. Schüler mit Behinderungen dürfen die gleiche Schule besuchen wie das Nachbarskind. Das ist die einfache und doch so gewichtige Botschaft der UN-Konvention. Mit diesem Recht auf den Besuch der gleichen Schule, die auch die anderen Kinder besuchen, korrespondiert ein Verbot der Sonderschulpflicht. Eine zwangsweise Einweisung in Sonderschulen kann und darf es künftig nicht mehr geben. Denn die Vertragsstaaten haben sich im §24 dazu verpflichtet sicherzustellen, „dass Menschen mit Behinderungen nicht aufgrund von Behinderung vom allgemeinen Bildungssystem ausgeschlossen werden". Was ist nun aber unter einem inklusiven Bildungssystem zu verstehen?
Zur Beantwortung dieser Frage leistet das sogenannte „4A-Schema" gute Dienste: availability (Verfügbarkeit), accessibility (Zugänglichkeit), acceptability (Akzeptierbarkeit) und adaptability (Anpassungsfähigkeit). Das 4A-Schema geht auf Katherina Tomasevski zurück, die von 1998 bis 2004 als erste UN-Sonderberichterstatterin zum Recht auf Bildung tätig war. Ihr menschenrechtsbasierter Bildungsansatz fand internationale Anerkennung und wurde 1999 auch in den Allgemeinen Kommentar (‚general comments') des Sozialpaktausschusses der Vereinten Nationen aufgenommen (Deutsches Institut für Menschenrechte 2005, 265f.):
(1) *Verfügbarkeit*: Bildung ist ein allgemeines Gut, das für alle Kinder in gleicher Weise frei verfügbar sein muss. Bildung in separaten Institutionen widerspricht dem Gleichheitsgebot. Der oberste US-amerikanische Gerichtshof hat im Jahre 1954 im Falle der schwarzen Pfarrerstochter Linda Brown das weltweit beachtete Urteil gesprochen: *Separate is not equal* – getrennt ist nicht gleich. Mit diesem Urteil wurden aussondernde Schulen als eine diskriminierende Verletzung des Gleichheitsgebots und damit als verfassungswidrig deklariert. Damit inklusive Bildungsangebote wirklich eine wählbare Option sind, müssen sie auch in ausreichendem Maße real vorhanden sein. Inklusion muss allen Kindern und Eltern, die es wollen, grundsätzlich möglich sein.

(2) *Zugänglichkeit*: Bildungseinrichtungen müssen wirtschaftlich und physisch zugänglich sein. Wirtschaftlich zugänglich ist Bildung, wenn sie für alle erschwinglich ist. Eltern behinderter Kinder dürfen nicht zur Kasse gebeten werden, wenn sie eine inklusive Bildung wünschen. Physisch zugänglich ist Bildung dann, wenn die Bildungseinrichtungen barrierefrei gebaut sind und in einer zumutbaren Entfernung liegen. Inklusive Bildungsangebote müssen erreichbar, also wohnortnah vorgehalten werden; also ein Bildungsangebot, das Schüler mit Behinderungen „mit anderen in der Gemeinschaft, in der sie leben"(BRK 42, 2d), wahrnehmen können.
(3) *Akzeptierbarkeit*: Das Kriterium der Akzeptierbarkeit bzw. Angemessenheit bezieht sich auf Form, Inhalt und Qualität der Bildung. Kinder und Jugendliche haben das Recht auf Teilhabe am gleichen Curriculum und dürfen nicht auf reduzierte Sondercurricula festgelegt werden. Eine diskriminierungsfreie Akzeptierbarkeit ist nur dann gegeben, wenn auch die pädagogischen Methoden und Hilfen hochwertig sind. Nur eine Bildung, die dem fortgeschrittenen Stand des pädagogischen Könnens und Wissens entspricht, ist qualitativ akzeptabel. Akzeptierbarkeit beinhaltet insbesondere die Forderung nach einer angemessenen Ausstattung mit allen notwendigen Ressourcen. Innerhalb der Regelschule muss die notwendige materielle Ausstattung und personelle Unterstützung verfügbar sein, um alle Kinder mit und ohne Behinderungen ihren individuellen Möglichkeiten entsprechend fördern zu können. Die UN-Konvention verwendet für das Kriterium der Akzeptierbarkeit auch den Begriff der „angemessenen Vorkehrungen für eine wirksame und gleichberechtigte Teilhabe". Die Wortschöpfung „passgenaue Förderung", die gegenwärtig in sonderpädagogischen Kreisen zum Modewort avanciert, sollte dagegen baldmöglichst aus dem Wortschatz der Pädagogik gestrichen werden. „Passgenaue Förderung" suggeriert, dass das pädagogische Problem einer angemessenen Passung zwischen Förderbedarf und Förderangebot mit einer technologischen Präzision gelöst werden könne, und erzeugt die Vorstellung, als könnten und sollten behindertes Kind und spezielle Förderung so zusammenpassen wie Schraube und Mutter. Entwicklung und Lernen ereignen sich aber nach Piaget gerade dann, wenn dosierte Widersprüche und mangelnde Passungen gegeben sind. Das Bildungsgefälle einer heterogenen Lerngruppe ist lernförderlicher und stimulierender als das reduktive, sedierende Entwicklungsmilieu sonderpädagogischer Schonräume.
Zur Beurteilung der Angemessenheit kann der Grundsatz der Ressourcengleichheit herangezogen werden. Sonderschulen und inklusive Schulen müssen in vollem Umfange gleichwertig mit allen Ressourcen ausgestattet werden. Keine Schulform darf bevorzugt oder benachteiligt werden. In beiden Schulformen muss eine hinlängliche Passung zwischen den Förderbedarfen

aller Kinder und den erforderlichen schulischen Förderressourcen hergestellt werden. Das Kriterium der Angemessenheit impliziert damit zugleich eine deutliche Warnung, die Inklusionsreform für Sparzwecke zu missbrauchen oder auf Sparniveau umzusetzen. Eine unzureichend und schlecht ausgestattete inklusive Schule wäre ein unattraktives Billigmodell, das den Eltern als Zumutung erscheinen muss und in der Folge wegen der inakzeptablen Qualität von ihnen nicht gewählt wird.

(4) *Anpassungsfähigkeit*: Die Schule muss sich an den Lebenslagen der Kinder orientieren und den unterschiedlichen Bedürfnissen der Kinder Rechnung tragen. Der diversity-Ansatz der inklusiven Bildung räumt den Kindern das Recht auf Verschiedenheit ein. Alle Kinder sind gleich und verschieden; alle Kinder sind mit gleichen Rechten ausgestattet und zugleich in ihrer Unterschiedlichkeit willkommen. Das bedeutet beispielsweise, dass die sprachliche Identität der Gehörlosen anerkannt und gefördert werden muss, oder dass für leistungsschwache Kinder das Prinzip des zieldifferenten Lernens zunächst im Aneignungsprozess und dann insbesondere bei der Leistungsevaluation anzuwenden ist. Eine diskriminierungsfreie Bildung fordert die Anpassung der Schule an die Kinder und nicht umgekehrt.

Ein inklusives Schulsystem muss diesen vier Strukturmerkmalen des Menschenrechts auf Bildung genügen. Es spielt also keine Rolle, ob es daneben weiterhin andere Schulen wie Sonderschulen oder Gymnasien gibt. Wichtig ist allein, dass inklusive Bildungsangebote verfügbar, wohnortnah, hochwertig und bedürfnisgerecht sind.

Für zweierlei Zwecke kann die UN-Konvention indessen nicht genutzt werden: Erstens kann aus der Konvention nicht gefolgert werden, dass das Schulsystem in Gänze gesamtschulartig verfasst sein muss und dass es außer der einen Schule für alle keine anderen Schulformen mehr geben dürfe. Und zweitens kann aus der Konvention nicht hergeleitet werden, dass es auf jeden Fall Sonderschulen geben muss.

Der Verband Sonderpädagogik (VdS) fordert in der aktuellen bildungspolitischen Debatte den ungeschmälerten Erhalt der gesamten Palette der tradierten Sonderschularten. Auch die Kultusministerien der Bundesländer sprechen sich in ihrer überwiegenden Mehrheit für den Erhalt der Sonderschulen aus. Es ist ohne Frage legitim, die Konservierung des Sonderschulsystems bildungspolitisch zu vertreten, aber in der Debatte ist ein außerordentlich hohes Maß an seriöser und rationaler Rechtfertigung einzufordern. Die Bestandsgarantien und -forderungen können sich zur ihrer Legitimierung allerdings auf keinen Fall auf die Behindertenrechtskonvention berufen. Die BRK stuft separierende Sonderschulen unzweideutig als ungleiche Behandlung von Kindern mit und ohne Behinderung und damit als Diskriminierung ein.

Ein inklusives Bildungssystem unterscheidet sich von einem gegliederten Schulwesen durch andere organisatorische, materielle und personelle Rahmenbedingungen. Im Folgenden soll nun die veränderte Struktur eines inklusiven Bildungssystems entfaltet werden.

## 3. Das inklusive Regelsystem

Zur Inklusion aller Kinder mit Behinderungen bedarf es zweierlei Systeme. Das erste System ist für die Inklusion von behinderten Kindern mit den Förderschwerpunkten Lernen, Sprache und emotionale und soziale Entwicklung zuständig.
Das inklusive Regelsystem soll durch ein gedankliches Planspiel begründet und schrittweise entfaltet werden. Man stelle sich eine einzügige Grundschule mit 4 Klassen vor. Jede Klasse möge 25 Kinder haben. Die Grundschule wird von allen Kindern des Schulsprengels besucht, sie ist also ein getreues Abbild der sozialen Umgebung. In dieser unausgelesenen Grundschule befinden sich dann selbstverständlich auch Kinder mit Beeinträchtigungen, die auf besondere pädagogische Hilfe und Unterstützung angewiesen sind. Im Laufe der Grundschulzeit haben etwa 10 Prozent aller Kinder erhebliche Beeinträchtigungen des Lernens, der Sprache und des Verhaltens.
Der Prozentsatz von 10 ist keine empirisch ermittelte Größe, sondern eine begründete Schätzung. Fragt man etwa die Lehrerin eines ersten Schuljahres, wie viele „Sorgenkinder“ sie in ihrer Klasse hat, die nicht mitkommen und besonderer Unterstützung bedürfen, so wird jede Lehrerin mühelos 2 bis 3 Kinder nennen können. Unter diesen 10 Prozent sind nicht allein jene Kinder subsummiert, die bereits manifeste Lernbehinderungen, Sprachbehinderungen und Verhaltensstörungen haben und jetzt Sonderschulen besuchen, sondern auch Kinder mit weniger gravierenden Lern-, Sprach- und Verhaltensstörungen. Diese Kinder gelten auch als „Risikokinder“, als „von Behinderung bedroht“; sie benötigen ebenfalls eine zusätzliche Unterstützung, die einer möglichen Überweisung in die Sonderschulen präventiv vorbeugen soll.
Die 10-Prozent-Quotenregelung gilt es nun auf die Schule anzuwenden. In einer Grundschule mit 4 Klassen sind dann also etwa 10 Kinder sondererziehungsbedürftig. Die Zuweisung einer sonderpädagogischen Ressource zur Förderung dieser 10 Kinder orientiert sich – dem Prinzip der Ressourcengleichheit folgend – an der durchschnittlichen Klassenfrequenz in Förderschulen; diese beträgt laut KMK-Statistik im Jahre 2008 für den Förderschwerpunkt Lernen 11,0, für alle anderen Förderschwerpunkte noch weniger. Die 10 Förderkinder an der gedachten Musterschule sind damit also genau so viel wie eine durchschnittliche Klasse an einer Förderschule. Aus der faktischen Exis-

tenz von 10 Prozent Förderkindern an einer unausgelesenen Grundschule kann gefolgert werden, dass diese Grundschule dann einen begründeten Anspruch auf eine volle Sonderpädagogenstelle hat. Für diese 10 Kinder sollte jede Grundschule eine volle Sonderpädagogenstelle mit den Fachrichtungen Verhaltensgestörten-, Lern- oder Sprachbehindertenpädagogik erhalten.
Verallgemeinert man das Planspiel mit der Musterschule, dann ergibt sich für die Organisation einer inklusiven Schule eine einfache Regel: Für 4 Klassen bzw. 100 Kinder erhält jede Schule eine Sonderpädagogenstelle. Diese Ressourcenzumessung wird auch mit dem Begriff „sonderpädagogische Grundausstattung“ belegt. Bei einer Lehrerwochenstundenzahl von 27 Unterrichtsstunden wäre der Sonderpädagoge an jedem Schultag mindestens eine Unterrichtsstunde in jeder der 4 Klassen, und hätte dann noch sieben Stunden freie Kapazitäten für Beratung, Eltern- und Netzwerkarbeit, Extraförderung und ähnliches.
Die Anwesenheit von etwa 3 Förderkindern wirkt sich auch auf die Klassenfrequenz aus. In den Förderschulen mit den Schwerpunkten Lernen, Sprache und Verhalten ist die Klassenfrequenz etwa halb so groß wie in den Grund- und Hauptschulen. Daraus kann gefolgert werden, dass die 3 Förderkinder in einer inklusiven Klasse nicht einfach, sondern doppelt gezählt werden dürfen. Eine inklusive Klasse besteht dann aus 19 nichtbehinderten Kindern und 3 Förderkindern, also real aus 22 Kindern. Wegen der Doppelzählung der Förderkinder beträgt die virtuelle Klassengröße wiederum 25 Kinder – die Senkung der Klassenfrequenz ist damit kostenneutral.
Das vorgeschlagene Organisationsmodell eines inklusiven Regelsystems ist durch zwei Charakteristika gekennzeichnet:

*1. Systemische Ressourcenzuweisung*
Die pauschale Zuweisung eines Sonderpädagogen für 10 Prozent aller Schüler wird nicht von einer diagnostischen Etikettierung der Kinder mit Beeinträchtigungen abhängig gemacht. Die sonderpädagogischen Ressourcen werden nicht mehr ad personam für namentlich benannte Kinder, nicht mehr personbezogen, sondern schulbezogen gewährt. Der Umfang der zusätzlichen Ressourcen wird durch eine festgesetzte Bedarfsquote berechnet; dieses Steuerungsmuster kann auch als prävalenzbasierte Ressourcenakquise bezeichnet werden. – Bei nichtbehinderten Kindern verhält es sich übrigens nicht anders. Lehrerinnen werden üblicherweise nicht einzelnen Kindern, sondern immer ganzen Klassen zugeordnet, und kein nichtbehindertes Kind hat einen Anspruch auf einzelne Lehrerstunden, quasi auf Bruchteile einer Lehrerin.
Die systemische Ressourcenzuweisung löst auf elegante Art und Weise ein schwieriges Problem, das in der Integrationsforschung unter dem Begriff

„Ressourcen-Etikettierungs-Dilemma“ diskutiert wurde. Dem Dilemma liegt die folgende Logik zugrunde: Voraussetzung für zusätzliche Lehrerstunden ist das Erkennen und Feststellen von Förderbedarfen. Diagnose und Etikettierung von Förderbedarfen bzw. von Behinderungen sind die unabdingbare Voraussetzung für die Bereitstellung zusätzlicher pädagogischer Ressourcen. Wer zusätzliche Lehrerstunden haben will, muss als Vorleistung behinderte Kinder namentlich benennen. Wenn diese Voraussetzung erfüllt ist, wenn also Kinder mit Förderbedarf diagnostisch ermittelt und aktenkundig gemeldet worden sind, erst dann werden zusätzliche Lehrerstunden für die etikettierten Kinder bewilligt. Im Alltagsjargon werden Kinder mit sonderpädagogischem Förderbedarf gelegentlich auch als „Rucksackkinder“ bezeichnet. Zum persönlichen, unveräußerlichen Marschgepäck von „Bedarfskindern“ gehören bestimmte Lehrerstunden, die sie mit sich herumtragen, wo auch immer sie sind.
Dem Junktim zwischen Bedarfsdiagnose und Ressourcenangebot liegen der ursprünglichen Intention nach durchaus positive Absichten der Ressourcensicherung und Ressourcenlegitimation zugrunde:
Es soll erstens sichergestellt werden, dass alle Kinder, die besonderer Entwicklungshilfen bedürfen, diese auch wirklich erhalten. Die amtliche Bescheinigung eines Förderbedarfs soll gewährleisten, dass bedarfsdeckende Förderangebote glaubwürdig eingefordert und gegebenenfalls auch gerichtlich durchgesetzt werden können. Das diagnostische Testat „Behinderung“ bzw. „Förderbedarf“ hat die Funktion eines Berechtigungsscheins für Lehrerstunden.
Zweitens erscheint die Vergabe zusätzlicher Mittel nur dann gerechtfertigt, wenn die Empfänger auch nachweislich und anerkanntermaßen bedürftig sind. Damit zusätzliche Lehrerstunden für eine inklusive Klasse ohne Neid und Groll von anderen akzeptiert werden können, müssen einsichtige und nachvollziehbare Gründe angeführt werden. Es bedarf der Rechtfertigung, warum in einer Schulklasse nur ein Lehrer tätig ist und in einer anderen Klasse dagegen zeitweise ein zweiter Lehrer mithilft.
Die guten Absichten der Bedarfs-Angebots-Logik sind unstrittig. In der Praxis integrativer Schulversuche und -reformen hat dieses Prinzip indes zu problematischen, ja paradoxen Erscheinungen geführt (Wocken 1996). Was einmal als ein Instrument zur Ressourcensicherung gedacht war, wird umfunktioniert in ein Instrument zur Ressourcenbeschaffung. Die Feststellungsdiagnostik wurde und wird missbräuchlich zur Konstruktion von Behinderungen genutzt, um Bedarfe zu generieren und Ressourcen zu akquirieren. Wenn die Logik des Bedarfs-Angebots-Junktim nicht aufgehoben wird, dann sind die Inflationierung von Förderbedarfen sowie die Eskalation von Bedarfsanforderungen und damit auch expandierende Ressourcenhaushalte die unausweichliche Folge.

*2. Dekategorisierung und Nichtetikettierung*
Das inklusive Regelsystem kennt keine Aufnahmeverfahren, keine Förderausschüsse und keine diagnostischen Prozeduren, mit deren Hilfe Kinder als „behindert" gekennzeichnet werden. Im inklusiven Regelsystem gibt es weder „Gutachtenkinder" noch „Förderbedarfskinder" noch Kinder, die namentlich mit dem Etikett „lernbehindert", „sprachbehindert" oder „verhaltensgestört" gekennzeichnet sind. Die inklusiven Regelklassen nehmen nach dem Wohnortprinzip sehr wohl Kinder mit Lern-, Sprach- und Verhaltensstörungen auf, verzichten aber auf die traditionellen Behinderungskategorien „lernbehindert", „verhaltensgestört", „sprachbehindert". Die „behinderten" Kinder sind da, aber niemand kennt ihren Namen. Der Stempel „Behinderung" für diese Kinder muss nicht sein; er ist überflüssig und vielfach sogar schädlich. Wir wissen ja eh, dass es an jeder Schule, wo auch immer, diese Kinder gibt, und wir müssen ihre Existenz nicht erst noch durch eine diskriminierende Etikettierung als Behinderte belegen. Der Verzicht auf eine Statusdiagnostik ist im Übrigen nicht misszuverstehen als ein Verzicht auf Diagnostik überhaupt; eine lernprozessbegleitende Diagnostik hat auch in einer inklusiven Didaktik einen unverändert hohen Stellenwert. – Die dargestellte Programmatik der Nichtetikettierung von Kindern mit Behinderungen wird in der internationalen Fachdiskussion unter dem Stichwort „Dekategorisierung" erörtert (Benkmann 1994, Lindmeier 2005).
Wenn also diese sonderpädagogische Grundausstattung – ein Sonderpädagoge für 4 Klassen bzw. 100 Kinder – verlässlich erwartet werden kann, dann werden wir in naher Zukunft auf die Behinderungskategorien „Lernbehinderte", „Verhaltensgestörte", „Sprachbehinderte" verzichten können. Für alle diese Kinder ist ja dann durch die Grundausstattung von vorneherein, im wahrsten Sinne präventiv, gesorgt. Mit der Abschaffung dieser Behinderungsbegriffe wäre ein gutes Stück mehr Normalität gewonnen. Die Maßnahme „Sonderpädagogische Grundausstattung" läuft also auf eine Abschaffung der Behinderungsbegriffe Lernbehinderung, Verhaltensstörung, Sprachbehinderung hinaus, nicht jedoch auf eine Abschaffung der sonderpädagogischen Hilfen für eben diese Kinder.
Das vorgeschlagene Modell eines inklusiven Schulsystems soll nun noch um zwei Modifikationen ergänzt werden.

*(1) Schuleigenes Personalbudget:*
Als personelle Ressource für eine sonderpädagogische Grundausstattung wurde eine volle Sonderpädagogenstelle ins Spiel gebracht. Genauer und besser sollte es allerdings heißen: Eine zusätzliche Personalressource im finanziellen Umfang einer Sonderpädagogenstelle. In der Schulwirklichkeit gibt es

kaum noch einzügige Schulen. Es wäre vorstellbar, dass mehrzügige Schulen sich nicht jeweils für 4 Klassen immer einen Sonderpädagogen wünschen, sondern auch andere Professionen (z. B. Sozialpädagogen, Erzieher) für eine bedarfsgerechte Inkludierung von behinderten und benachteiligten Kindern nützlich oder notwendig halten. Deshalb wird vorgeschlagen, inklusiven Schulen ein gewisses Maß an pädagogischer und finanzieller Autonomie einzuräumen. Inklusive Schulen erhalten für jeweils 100 Kinder einen zusätzlichen Personaletat im Umfang einer Sonderpädagogenstelle. Dieses Budget können die Schulen für zusätzliche professionelle Kompetenzen verwenden und nach eigenem Gutdünken einen Mix unterschiedlicher Professionen „einkaufen".

*(2) Sozialräumlicher Korrekturfaktor:*
Die Einzugsbereiche von Schulen sind nicht selten extrem unterschiedlich. Schulen in sozialen Brennpunkten haben durchaus mehr und schwierigere Problemlagen, die die 10-Prozent-Annahme quantitativ und qualitativ übersteigen. Schulen mit bekanntermaßen prekären Problemlagen sollten deshalb über die sonderpädagogische Grundausstattung hinaus eine erhöhte Ressourcenzuweisung erhalten, die nach sozialen Indizes (Anzahl der Arbeitslosen, Anzahl der Migranten, Anzahl der Sozialhilfeempfänger, u. a.) rational begründbar zu ermitteln ist.

## 4. Das inklusive Unterstützungssystem

Das dargestellte inklusive Regelsystem ist für Kinder der Förderschwerpunkt Lernen, Sprache, emotionale und soziale Entwicklung zuständig. Wie ist nun die Inklusion der anderen Kinder mit speziellen Behinderungen, also der Förderschwerpunkte Sehen, Hören, geistige Entwicklung, körperliche und motorische Entwicklung zu organisieren?
Die Kinder der ersten Gruppe (Lernen, Sprache, Verhalten) unterscheiden sich in einem eigentlich banalen Merkmal von den Kindern mit speziellen Behinderungen, das ungeachtet seiner Banalität für die Organisation einer inklusiven Schule höchste Relevanz hat: Die Kinder mit speziellen Behinderungen sind selten! Die speziellen Behinderungsarten haben allesamt Prävalenzraten unter 1 Prozent, während – wie dargestellt – die Kinder mit Lern-, Sprach- und Verhaltensproblemen ja eine Häufigkeit von etwa 10 Prozent aufweisen (Tabelle 1). Schwerhörige Kinder etwa haben eine Prävalenzquote von ca. 0,1 Prozent, d. h. etwa jedes tausendste Kind ist schwerhörig. Die Seltenheit der Kinder mit speziellen Behinderungen ist der einzige und maßgebliche Grund, warum ihre schulische Inklusion in einer anderen Organisationsform erfolgen

muss. Wenn zum Beispiel nur jedes tausendste Kind schwerhörig ist, dann kann die Zuweisung einer fachlichen Personalressource nicht mehr wie in dem inklusiven Regelsystem präventiv durch eine sonderpädagogische Grundausstattung erfolgen. Jeder inklusiven Schule von vorneherein jeweils einen Sonderpädagogen für alle speziellen Fachrichtungen zuzuweisen – das kann vernünftigerweise niemand fordern und auch nicht bezahlen.

Bei den seltenen Behinderungsarten sollte daher wie bisher üblich der sonderpädagogische Förderbedarf formell festgestellt und darauf aufbauend eine personbezogene Zuweisung zusätzlicher und fachlich angemessener Pädagogenstunden vorgenommen werden. Bei Kindern mit speziellen Behinderungen wird also sowohl am Behinderungsbegriff wie auch an einer kindbezogenen Feststellungsdiagnostik und Ressourcenadministration festgehalten.

**Tabelle 1**: Prävalenzraten der Förderschwerpunkte (KMK: Sonderpädagogische Förderung in Schulen 1999 bis 2008. Dokumentation 189)

| **Förderschwerpunkt** | **%** |
|---|---|
| Lernen | 2,6 |
| Sprache | 0,6 |
| Emotionale und soziale Entwicklung | 0,7 |
| Sehen | 0,1 |
| Hören | 0,2 |
| Körperliche und motorische Entwicklung | 0,4 |
| Geistige Entwicklung | 1,0 |

Die zusätzlichen Lehrerwochenstunden für Kinder mit speziellen Behinderungen können etwa nach folgenden Formeln berechnet werden: (1.) Lehrerwochenstunden von Sonderpädagogen (LWSt)/ Klassenfrequenz der speziellen Förderschule (KFreq) oder (2.) Lehrerwochenstunden (LWSt) / Schüler-Lehrer-Relation (SLR). Diese Formel hat keine unabweisbare fundierende Sachlogik – das sei freimütig eingestanden. Die Anwendung des Algorithmus führt aber zu Ergebnissen, die durchaus diskutabel sind und dem postulierten Gesetz der Ressourcengleichheit zur Geltung verhelfen können (Tabelle 2). Die in der Spalte LWSt/KFreq dargestellte Wochenstundenzahl stellt in jedem Fall die unbedingte Mindestressource dar, die nicht unterschritten werden darf.

**Tabelle 2**: Zusätzliche Sonderpädagogenstunden pro behindertem Kind bei inklusiver Unterrichtung (KMK: Sonderpädagogische Förderung in Schulen 1999 bis 2008. Dokumentation 189)

| Schwerpunkt | LWSt | KFreq | SLR | LWSt/KFreq | LWSt/SLR |
|---|---|---|---|---|---|
| Lernen | 27 | 11,0 | 7,5 | 2,45 | 3,60 |
| übrige | 26 | 09,1 | 5,3 | 2,86 | 4,91 |

In der zweiten Organisationsform, das hier inklusives Unterstützungssystem genannt wird, hat jeder Sonderpädagoge genauso viele Kinder wie in der entsprechenden Förderschule. Da gibt es keinerlei Unterschiede zwischen Förderschule und inklusivem Unterstützungssystem. Aber in einem inklusiven Unterstützungssystem findet der Sonderpädagoge „seine" Kinder nicht in einer einzigen Klasse vor, sondern die Kinder mit speziellen Behinderungen sind auf verschiedene Klassen und Schulen verteilt. Die behinderten Kinder kommen nun nicht mehr zum Sonderpädagogen in die Förderschule, sondern der Sonderpädagoge geht jetzt zu den behinderten Kindern hin. Die sonderpädagogische Förderung der behinderten Kinder erfolgt nun durch eine ambulante Unterstützung. Der Sonderpädagoge ist in dem zweiten System kein Klassenlehrer mehr, sondern ein „Wanderlehrer", der von Klasse zu Klasse, von Schule zu Schule geht und dort „seine" Kinder aufsucht.

Modellhafte Vorbilder für ein ambulantes sonderpädagogisches Unterstützungssystem sind die Schleswiger Schule für Blinde und Sehbehinderte, der „Mobile sonderpädagogische Dienst" (MSD) in Bayern oder die „Regionalen Beratungs- und Unterstützungsstellen" (REBUS) in Hamburg, um nur einige Beispiele zu nennen. In einigen Bundesländern und in der Fachdiskussion werden ambulante Unterstützungssysteme auch unter dem Begriff „Förderzentrum" erörtert.

Es sind insbesondere zwei Merkmale, die zur Charakterisierung eines mobilen sonderpädagogischen Servicezentrums wichtig sind:

*1. Zentrum für pädagogische Professionen.*

Die Pädagogen eines ambulanten sonderpädagogischen Dienstes sind durchaus nicht „obdachlos" und allcweil „on the road", sondern ganz seriös in einem Dienstgebäude ansässig, das sie für Teamkonferenzen, für eine Fachbibliothek, für behinderungsspezifische Medien oder für öffentliche Sprechstunden nutzen können. In diesem multiprofessionellen Zentrum haben sie auch ihre Dienstzimmer und ihre kollegiale „Heimat". Aber in dem neuen inklusiven Professionszentrum gibt es keine Klassen und keine Kinder mehr. Förderzentren sind „Schulen ohne Schüler"!

Das Eigenschaftspaar ambulant-stationär bezeichnet die markanteste Differenz zwischen Sonderschulen und Förderzentren. Sonderschulen sind ohne ambulante Dienste denkbar, Förderzentren nicht. Sonderschulen sind ohne stationäre Lerngruppen nicht denkbar, Förderzentren dagegen durchaus. Für die Sonderschulen sind stationäre Gruppen konstitutiv, für die Förderzentren ambulante Arbeit. Sonderschulen brauchen als Existenzbegründung und -nachweis hauseigene Schüler; Förderzentren können dagegen sehr wohl als Schulen ohne Schüler existieren. Dies ist die alles entscheidende Differenz zwischen Sonderschulen und Förderzentren.

*2. Systemische Arbeit*

Die Tätigkeit von Sonderpädagogen an Förderzentren kann grob in zwei Arbeitsbereiche eingeteilt werden: 1. Unterrichtsarbeit und 2. Beratungsarbeit. Unterrichtsarbeit meint pädagogische Arbeit *mit* behinderten Kindern (Mitarbeit im Unterricht, spezielle Förder- und Therapiemaßnahmen; Spielgruppen, usw.). Beratungsarbeit meint pädagogische Arbeit *für* behinderte Kinder (Elternberatung, Mediendienst, Entwicklung von Förderplänen, Koordination sozialer Dienste, usw.).

Sonderpädagogische Servicezentren unterscheiden sich zum Teil erheblich in der Art und Weise, ob die professionellen Mitarbeiter in unmittelbarem Kontakt mit der Klientel stehen, sie auch unterrichten und fördern, oder ob sie ihren Tätigkeitsschwerpunkt mehr oder minder auf Beratungsarbeit verlagert haben. In der vielfältigen Landschaft von Förderzentren präsentieren sich auch „Beratungszentren", die mit Kindern selbst kaum noch Umgang haben und sich ganz und gar auf Fortbildung, Elternarbeit, Öffentlichkeitsarbeit, Innovationsbegleitung und Dokumentation konzentrieren.

Die neue Arbeitsweise eines inklusiven Unterstützungssystems lässt sich als „systemische Förderung" charakterisieren. Einem behinderten Kind ist ja „mit einem bisschen Sonderförderung" jeden Tag keineswegs ausreichend geholfen, weil es auch außerhalb etwaiger spezieller Förderzeiten und außerhalb sonderpädagogisch begleiteter Unterrichtsstunden besonderer Hilfen bedarf. Auch im übrigen, im „sonderschullehrerlosen" Unterricht sind bei behinderten Kindern weiterhin sonderpädagogische Maßnahmen erforderlich, die dann der gerade abwesende Sonderpädagoge nicht mehr beisteuern kann, sondern notwendigerweise von den jeweils präsenten Pädagogen (Klassenlehrer, Fachlehrer, Schulbegleiter usw.) geleistet werden müssen. Zur Sicherung der Nachhaltigkeit verlagert sich das Ziel ambulanter sonderpädagogischer Tätigkeit mehr oder minder weg von der unmittelbaren Arbeit mit den Kindern hin auf das Umfeld der Kinder. Nicht die behinderten Kinder müssen für das System fit gemacht werden, sondern umgekehrt das System für das behinderte

Kind. Die Eltern, die Klasse und die zuständigen Lehrer müssen lernen, mit den anwesenden behinderten Kindern umzugehen. Diese Systemberatung und -förderung ist die zentrale Aufgabe eines ambulanten sonderpädagogischen Kompetenzzentrums. Die Organisationsform „inklusives Unterstützungssystem“ ist auf eine systemische, indirekte Unterstützung ausgerichtet und betreibt keine defektorientierte „Klempnerei“ mehr (Reiser 1998; Hinz 2009). Eine aufgeklärte, inklusive Sonderpädagogik hat längst die Abkehr vom defektologischen Ansatz vollzogen und ergänzt die direkte Arbeit mit den Kindern durch indirekten Support, also durch Beratung von und Kooperation mit Umfeldsystemen (Betz/Breuninger 2000; Reiser/Willmann/Urban 2007).
Die direkte sonderpädagogische Arbeit „mit dem Kind“ und „am Kind“ bleibt natürlich auch in der inklusiven Pädagogik weiterhin wichtig und unersetzlich. Aber die Arbeit „für das Kind“ und „um das Kind drum herum“, also Beratung, Kooperation, Vernetzung, eben systemische Arbeit ist nicht minder wichtig.

## 5. Entwicklung eines inklusiven Bildungssystems

### 5.1 Struktur des Bildungssystems

Die Tabelle enthält zunächst eine kompakte Zusammenfassung der wesentlichen Merkmale und Parameter der beiden Organisationsformen eines inklusiven Bildungssystems. Die kursiven Zahlen geben die virtuelle Anzahl der Kinder wieder.

**Tabelle 3**: Strukturelle Subsysteme eines inklusiven Bildungssystems

| | **Regelsystem** | **Unterstützungssystem** |
|---|---|---|
| **Klientel** | Lernbehinderungen<br>Sprachbehinderungen<br>Verhaltensprobleme | Hörbehinderungen<br>Sehbehinderungen<br>Körperbehinderungen<br>Geistige Behinderungen |
| **Klasse** | - mit Förderbedarf 3 *(6)*<br>- ohne Förderbedarf 19 *(19)*<br>Summe 22 *(25)* | - mit speziellem Förderbedarf 1 *(3)*<br>- mit Förderbedarf 3 *(6)*<br>- ohne Förderbedarf 16 *(16)*<br>Summe 20 *(25)* |
| **Personal** | 1 Stunde pro Klasse und Tag<br>(1 Sonderpädagoge für 4 Klassen) | Je Kind ~ 2-3 Stunden pro Woche zusätzlich<br>(1 Sonderpädagoge für 10 Kinder) |

Die vorgestellte Struktur eines inklusiven Bildungssystems will nicht als ein Modell verstanden werden, das 1:1 umgesetzt werden muss. Die zweigliedrige Organisationsstruktur ist vielmehr ein Grundmuster, das je nach regionalen und lokalen Ausgangslagen (Trägerschaft, Sozialraum usw.) und nach speziellen Zielsetzungen und Erfordernissen variabel angepasst werden muss.
Zu dem Entwurf eines inklusiven Bildungssystems ist einschränkend hinzuzufügen, dass vorwiegend die Personengruppe der Kinder mit Behinderungen konzeptionell einbezogen wurde. Inklusion ist aber mehr als Integration, sie bezieht ausnahmslos alle Kinder in ihrer ganzen Vielfalt mit ein. Eine besondere Aufmerksamkeit muss in einem inklusiven Schulsystem, das dem Anspruch größerer Chancengerechtigkeit genügen will, auf Kinder mit Migrationshintergrund und Kinder in Armut gerichtet sein. Und nicht zuletzt muss eine inklusive Schule sich auch die Förderung besonderer Begabungen und Talente angelegen sein lassen.
Der Aufbau eines inklusiven Bildungssystems wird in den Anfängen mit mancherlei Problemen zu tun haben. Zum gegenwärtigen Zeitpunkt sind etwa folgende Aufgaben noch nicht oder nur schwer zu bewältigen:
(1) Gehörlose Kinder, die keine Lautsprache beherrschen und auf Gebärdensprache angewiesen sind, sind gegenwärtig schwer inkludierbar, weil es auf dem Markt nicht genügend Gebärdendolmetscher gibt.
(2) Kinder mit gravierenden Mehrfachbehinderungen benötigen ein ganztägiges Schulangebot. Wenn die wohnortnahe Schule nur halbtägig geführt wird, ist ein Verzicht auf eine ganztägige Betreuung und Erziehung weder den Kindern noch ihren Eltern zumutbar.
(3) Kinder mit einer psychiatrischen Symptomatik, mit einem hohem Aggressions- und Unruhepotential stellen das friedliche Zusammenleben und effektive Lernen radikal in Frage; sie benötigen in vielen Fällen eine Einzelbetreuung.

## 5.2 Prozess der Inklusionsreform

Ein inklusives Bildungssystem kann nicht von heute auf morgen installiert werden. Das Bundesverfassungsgericht hatte in seinem Grundsatzurteil aus dem Jahre 1994 zwar das Primat der Integration anerkannt, aber unter Ressourcenvorbehalt gestellt. Im Lichte der völkerrechtlich bindenden BRK dürfte der Ressourcenvorbehalt in dieser Form nicht mehr haltbar sein (Riedel 2010, 38). Auch die BRK erachtet finanzpolitische Verhältnismäßigkeitserwägungen als durchaus legitim. Sie fordert mit pragmatischem Augenmaß eine schrittweise Umsetzung (Prinzip der progressiven Implementation) sowie die bestmögliche Ausschöpfung aller vorhandenen und nutzbaren Ressourcen.

Abschließend sollen für den inklusiven Reformprozess einige strategische Richtziele und Empfehlungen benannt werden:
(1) In den Förderschwerpunkten Lernen, Sprache und Verhalten sollte eine inklusive Unterrichtung die verpflichtende Regel sein. Die Förderschulen dieser Förderschwerpunkte sind aufzulösen. Ab einem vereinbarten Reformstart werden in diesen Förderschulen keine neuen Klassen mehr eingerichtet und alle Ressourcen an die inklusive Schule transferiert.
Die Auflösung dieser Förderschulen ist u. a. auch mit finanziellen Argumenten begründbar. Wenn in erwartbarer Zeit etwa die Hälfte aller Eltern dieser Förderschulen inklusive Bildung wählen wird, können viele Förderschulstandorte nicht mehr gehalten werden, was zu längeren Schulwegen oder gar zu Einrichtung von Schulinternaten führen wird.
Ein doppeltes Fördersystem für die Förderschwerpunkte Lernen, Sprache und Verhalten ist unabweisbar auch mit einem doppelten Finanzbedarf verknüpft. Die Finanzierung eines doppelten Fördersystems für Schüler mit Behinderungen ist die denkbar teuerste Lösung überhaupt.
(2) In den Förderschwerpunkten Sehen, Hören, körperliche und motorische sowie geistige Entwicklung sollten auf absehbare Zeit weiterhin entsprechende Förderschulen als Wahlmöglichkeit für die Eltern vorgehalten werden. Die Option der Eltern von Kindern mit speziellen Behinderungen, sich schon jetzt für eine inklusive Schule zu entscheiden, bleibt selbstredend davon unberührt.
(3) Die wichtigste innovationsbegleitende Maßnahme ist eine intensive berufsbegleitende Fortbildung des pädagogischen Personals. Fortbildung ist wichtiger als Ausbildung – mindestens in der Implementationsphase. Alle pädagogischen Professionen im Handlungsfeld Schule sind auf einen inklusiven Umgang mit Vielfalt und Heterogenität in aller Regel nicht vorbereitet. Das Gelingen und die Qualität der Inklusionsreform hängen zu allererst vom engagierten Mittun und von der unterrichtlichen Kompetenz der beteiligten Lehrerinnen und Lehrer ab. Die Teilnahme an Fortbildungsmaßnahmen sollte verpflichtend gemacht werden; sie kann im ersten Jahr mit einer Stunde Unterrichtsnachlass vergutet werden. Es wäre hilfreich, wenn auf Landesebene von einem Kompetenzteam, das in Theorie und Praxis einer inklusiven Unterrichtung expert ist, Fortbildungsmodule und -materialien erarbeitet würden, die dann kommunalen oder regionalen Fortbildungseinrichtungen als Handreichungen zur Verfügung gestellt werden.
(4) Eine inklusive Schule ist schwerlich realisierbar ohne den stützenden Kontext einer inklusiven Gesellschaft. Eine von breiten Schichten ungewollte, ungeliebte und nicht mitgetragene Reform ginge mit Sand im Getriebe an den Start und müsste ohne das stabilisierende und stützende Netz eines gesamtgesellschaftlichen Inklusionswillens auskommen. Inklusive Bildung braucht die

Anteilnahme der Zivilgesellschaft. Bildungspolitik und -verwaltung sollten deshalb auf allen Ebenen Öffentlichkeitsarbeit und „Bewusstseinsbildung“ (BRK § 8) betreiben und sich werbend für die Inklusionsreform einsetzen. Die Träger der Schulen, der Sozial- und Jugendhilfe und die allgemeinen Schulen müssen über den anstehenden Reformprozess informiert werden. Ganz konkret ist die Einführung einer Informationspflicht unerlässlich: Alle Schulen sind zu verpflichten, bei festgestellten besonderen Förderbedarfen die Eltern verbindlich auf die Möglichkeit einer inklusiven Unterrichtung hinzuweisen.
Im Zusammenhang mit der „Bewusstseinsbildung“ soll auch ein ermunterndes und mahnendes Wort an die Sonderpädagogik gerichtet werden. Der Bundesbehindertenbeauftragte Hüppe (CDU) hat die inklusionspolitische Lage treffend beschrieben: Es geht nicht mehr um die Frage „Ob“, sondern allein um das „Wie“. Die UN-Behindertenrechtskonvention mit freundlich-unverbindlicher Diplomatie „zu begrüßen“, wie es derzeit landauf und landab geschieht, ohne eine erkennbare bildungspolitische Neuorientierung zu signalisieren – das reicht nicht. Vom VDS muss erwartet werden, dass er sich an die Spitze des Reformprozesses setzt, was gegenwärtig keineswegs der Fall ist. Der VDS, die europaweit größte Standesorganisation der Sonderpädagogik, hat einmal mit der Namensänderung in „Verband Sonderpädagogik“ ein innovatives Zeichen gesetzt. Den aktuellen Positionspapieren zufolge regrediert der Verband wieder auf seinen historischen Ursprung als „Verband deutscher Sonderschulen (VdS)“. Wer für die ungeschmälerte Erhaltung von Sonderschulen eintritt, plädiert nicht für Inklusion, sondern für Selektion! Im Klartext: Der VdS muss sich Vorwurf gefallen lassen, im Verein mit dem Philologen – und Realschullehrerverband bewusst und absichtsvoll ein selektives Schulsystem zu unterstützen.
Der Aufbau eines inklusiven Bildungssystems ist eine große Herausforderung für alle. Es ist eine Bildungsreform von historischem Ausmaß, sowohl hinsichtlich des quantitativen Umfangs wie auch bezüglich der qualitativen Ausgestaltung. Eltern, Lehrer, Schulen, Universitäten, Parteien und Verbände, Bildungspolitik und Bildungsverwaltung sind zu einem gesellschaftlichen Schulterschluss aufgefordert, der zur Bewältigung dieser Jahrhundertaufgabe unabdingbar ist. Als mittelfristiges Ziel könnte eine Agenda 2020 vereinbart werden, die eine Integrationsquote von 80 Prozent anstrebt. Damit würde die Bundesrepublik Deutschland Anschluss an jene Länder finden, die in Europa und in der ganzen Welt in der Verwirklichung eines inklusiven Bildungssystems führend sind. Die Kinder mit Behinderungen warten darauf; sie haben ein Recht auf gleiche und gemeinsame Bildung.

## Literatur


[BRK] (2009): Übereinkommen über die Rechte von Menschen mit Behinderungen. (Behindertenrechtskonvention). Schattenübersetzung des Netzwerk Artikel 3 e.V. Berlin

Benkmann, R. (1994): Dekategorisierung und Heterogenität – Aktuelle Probleme schulischer Integration von Lernschwierigkeiten in den Vereinigten Staaten und der Bundesrepublik Deutschland. In: Sonderpädagogik, 24, S. 4-13

Betz, Dieter/Breuninger, Helga (1987): Teufelskreis Lernstörungen. Theoretische Grundlegung und Standardprogramm. 2. Aufl. München: Psychologie Verlags Union

Deutscher Bildungsrat, Empfehlungen der Bildungskommission (1976): Zur pädagogischen Förderung behinderter und von Behinderung bedrohter Kinder und Jugendlicher. 2. Aufl. Stuttgart: Klett

Deutsches Institut für Menschenrechte (Hrsg.) (2005): Die 'General Comments' zu den VN-Menschenrechtsverträgen. Deutsche Übersetzung und Kurzeinführungen. Baden-Baden: Nomos

Hinz, A. (2006): Kanada – ein 'Nordstern' in Sachen Inklusion. In: Platte, A./ Seitz, S./Terfloth, K. (Hrsg.): Inklusive Bildungsprozesse. Bad Heilbrunn, S. 149-158

Hinz, A. (2007): Inklusion – Vision und Realität! In: Katzenbach, D. (Hrsg.): Vielfalt braucht Struktur. Heterogenität als Herausforderung für die Unterrichts- und Schulentwicklung. Frankfurt: J. W. Goethe-Universität (Frankfurter Beiträge zur Erziehungswissenschaft), S. 81-98

Klemm, K./Preuss-Lausitz, U. (2008): Gutachten zum Stand und zu den Perspektiven der sonderpädagogischen Förderung in den Schulen der Stadtgemeinde Bremen. Essen und Bremen

Lindmeier, Bettina (2005): Kategorisierung und Dekategorisierung in der Sonderpädagogik. In: Sonderpädagogische Förderung, 2, S. 131-149

Lindmeier, Ch. (2008): Inklusive Bildung als Menschenrecht. In: Sonderpädagogische Förderung heute, S. 354-375

Netzwerk Artikel 3 (Hrsg.) (2009): Übereinkommen über die Rechte von Menschen mit Behinderungen. Korrigierte Fassung der zwischen Deutschland, Liechtenstein, Österreich und der Schweiz abgestimmten Übersetzung. [Schattenübersetzung] Berlin

Reiser, H. (1998): Sonderpädagogik als Service-Leistung? Perspektiven der Berufsrolle. Zur Professionalisierung der Hilfsschul- bzw. Sonderschullehrerinnen. In: Zeitschrift für Heilpädagogik, 49, S. 46-54

Reiser, H./Willmann, M./Urban, M. (Hrsg.) (2007): Sonderpädagogische Unterstützungssysteme bei Verhaltens-problemen in der Schule. Innovationen im Förderschwerpunkt Emotionale und Soziale Entwicklung. Bad Heilbrunn: Klinkhardt

Riedel, Eibe (2010): Gutachten zur Wirkung der internationalen Konvention über die Rechte von Menschen mi Behinderung und ihres Fakultativprotokolls auf das deutsche Schulsystem. o. 0:: Universität Mannheim

Verband Sonderpädagogik (VDS) (2010): Positionspapier zur inklusiven Bildung. Würzburg

Wocken, H. (1995a): Zukunft der Sonderpädagogik. In: Evangelische Französisch-Reformierte Gemeinde Frankfurt (Hrsg.): Spuren. Gemeinsamer Unterricht von Kindern mit und ohne Behinderung in Hessens Grundschulen. Bonn: Reha-Verlag (Lernziel Integration, Nr. 15) (Lernziel Integration, Nr. 15), S. 214-224

Wocken, H. (1997): Beiträge zur Geschichte der Integration. In: Sonderpädagogik in Schleswig-Holstein, 26, 4, S. 190-195

Wocken, H. (1999): Ambulanzlehrerzentren – Unterstützungssysteme für integrative Förderung. In: Heimlich, U. (Hrsg.) : Sonderpädagogische Fördersysteme. Auf dem Wege zur Integration. Pfaffenweiler: Centaurus (Pädagogik) (Pädagogik), S. 79-96

Wocken, H. (2001): Integration. In: Antor, G./Bleidick, U. (Hrsg.): Handlexikon der Behindertenpädagogik. Schlüsselbegriffe aus Theorie und Praxis. Stuttgart: Kohlhammer , S. 76-80

Wocken, Hans (1991): Ambulante Sonderpädagogik. In: Zeitschrift für Heilpädagogik, 42, S. 104-111

Wocken, Hans (1996): Sonderpädagogischer Förderbedarf als systemischer Begriff. In: Sonderpädagogik, 26, S. 34-38

Wocken, Hans (1996): Das Ende der kategorialen Behindertenpädagogik. In: Sonderpädagogik, 26, 1, S. 57-62

Wocken, Hans (2010): Integration & Inklusion. Ein Versuch, die Integration vor der Abwertung und die Inklusion vor Träumereien zu bewahren. In: Stein, Anne-Dore/Niediek, Imke/Krach, Stefanie (Hrsg.): Integration und Inklusion auf dem Wege ins Gemeinwesen. Möglichkeitsräume und Perspektiven. Bad Heilbrunn: Klinkhardt , S. 204-234

# 8. Was ist Inklusiver Unterricht?
Eine Checkliste zur Zertifizierung schulischer Inklusion.

## 1. Ziel

Pädagogik ereignet sich im Strom der Zeit. Aktuelle gesellschaftliche Diskurse spiegeln sich auch immer in pädagogischen Themen, Trends und Moden wieder. Seit der Behindertenrechtskonvention der Vereinten Nationen (BRK 2009) steht das Thema Inklusion ganz oben auf der Agenda bildungspolitischer und wissenschaftlicher Auseinandersetzungen. Durch die rechtsverbindliche Verpflichtung, ein inklusives Bildungssystem aufzubauen, gerät insbesondere die Schulpolitik unter einen beträchtlichen Handlungsdruck. In Deutschland trifft die Inklusionsfrage mehr als anderenorts den Nerv des gegliederten Bildungssystems. Die Debatten erörtern äußerst kontrovers, ob es nach der BRK überhaupt noch ein gegliedertes Schulwesen geben könne oder ob man nur den inklusionswilligen Eltern ein entsprechendes Angebot machen müsse, es aber im Übrigen bei der schönen alten Gliederung belassen könne.

Im behindertenpädagogischen Bereich muss das vorherrschende Konzept einer separierenden Förderung von Kindern mit Behinderungen auf den Prüfstand gestellt werden, wie weit es noch von der Idee der Inklusion entfernt ist und welche Annäherungsschritte notwendig und möglich sind. Ein Land, das ca. 85 Prozent aller Kinder mit Behinderungen in Sonderschulen exkludiert, tut sich bei dem eingeforderten radikalen Kurswechsel verständlicherweise schwer. Da nimmt es nicht Wunder, wenn in der beklemmenden Not auch seichte und fragwürdige Pfade beschritten werden. Ohne einen einzigen, signifikanten Schritt in Richtung Inklusion zu tun, werden einfach über Nacht die Schilder gewechselt und die amtlichen Integrationsstatistiken aufgebessert und auf gefühlte Integrationsquoten angehoben.

Der öffentliche Streit um die Sache infiziert auch die Frage, was man denn nun richtigerweise unter Inklusion zu verstehen habe. Und hier ist die Bandbreite der Exegesen von den Fundamentalisten bis hin zu den Pragmatikern so dehnbar, dass ein gemeinsamer Kern kaum noch erkenntlich ist. Parteien, Schulträger und Verbände kultivieren in diesen Auseinandersetzungen ein je eigenes Verständnis von Inklusion. Die begrifflichen Interpretationen von Inklusion dienen dabei in erster Linie der Rechtfertigung, warum dieses und jenes jetzt gemacht wird oder noch nicht geht. Was Inklusion wirklich meint, ist also weiß Gott nicht nur eine akademische Frage, die sich mit wissenschaftlicher Gewissheit beantworten ließe, nein im Gegenteil, Politik und Schulpraxis sind in erster Linie gefragt und kommen um eine Antwort nicht herum.

Dass pädagogische Begriffe wie Inklusion in die Mühlen der politischen Auseinandersetzung geraten, ist eigentlich grundsätzlich nicht zu beklagen, sondern ein Normalfall. Pädagogik ereignet sich im Strom der Zeit, so wurde eingangs reklamiert; und damit sind auch pädagogische Begriffe den hin und her wogenden Diskussionen in der Öffentlichkeit ausgesetzt. Die gesellschaftspolitischen Auseinandersetzungen führen nur bedingt zu einvernehmlichen Verständnissen über den Sachverhalt und zu Klärungen der Positionen, sondern naturgemäß auch zu Verwässerungen, Verformungen und Verunklarungen. In dieser Lage ist die wissenschaftliche Inklusionspädagogik aufgerufen, durch rationale Analysen die Vernebelungen und Konfusionen einzudämmen und für klare Begriffe zu sorgen.
Ein solcher Versuch soll hier unternommen werden. Auf die Frage, was eigentlich ein inklusiver Unterricht ist, soll mit einer Definition geantwortet werden. Das Wort Definition enthält den lateinischen Wortstamm „finis“ = Grenze. Definitionen versuchen also Grenzziehungen vorzunehmen. Sie geben an, wo Inklusion anfängt und wo sie endet; alles, was jenseits der markierten Grenzen liegt, wird als nicht zugehörig „ausgegrenzt“. Definitionen sind Instrumente, um die Spreu vom Weizen zu trennen. Je unmissverständlicher und präziser die terminologischen Bestimmungen sind, desto eher sind sie auch geeignet, die Grenzstreitigkeiten zu klären und die Verständigung über eine Sache zu befördern.

## 2. Logik

Die folgende Definition eines inklusiven Unterrichts zeichnet sich durch einige logische Merkmale aus, die vorab benannt werden sollen.

*Merkmal „präskriptiv“*
Die Definition Inklusiver Unterricht ist nicht deskriptiv, sondern präskriptiv; sie ist nicht beschreibend, sondern vorschreibend. Es geht nicht darum, was Inklusion ist, sondern was Inklusion sein sollte. Insofern enthält die Definition normative Vorgaben, Erwartungen und Anforderungen, denen ein inklusiver Unterricht möglichst entsprechen sollte. Bei einer Unterrichtsinspektion sollten die angeführten Definitionsmerkmale in einem hohen Maße vorfindbar sein, wenn der Unterricht als inklusiv zertifiziert werden soll. Die aufgelisteten Präskriptionen sind dabei keineswegs beliebig, sondern durch theoretische Vorstellungen von einer inklusiven Pädagogik wissenschaftlich gedeckt. Die präskriptiven Sätze sind zwar in einer Theorie inklusiven Unterrichts fundiert, aber letztlich nicht „beweisbar“; sie beinhalten durchaus auch subjektive Auffassungen des Verfassers. Die Präferenzen des Autors sind selbstredend keine

Glaubenswahrheiten oder verbindliche Dogmen, sondern Vorschläge, die sich im theoretischen Diskurs wie im praktischen Alltag zu bewähren haben.

*Merkmal „enumerativ"*
Die Definition Inklusiver Unterricht umschreibt den Gegenstand nicht durch begriffliche Festlegungen („Alle Vierbeiner, die bellen, sind Hunde."), sondern enumerativ, d. h. in aufzählender Weise. Die Definition präsentiert eine ganze Liste von Merkmalen, die einen inklusiven Unterricht auszeichnen sollten. Dieser Merkmalskatalog kann als eine ausdifferenzierte Checkliste zur Überprüfung der inklusiven Qualität des Unterrichts genutzt werden.

*Merkmal „hierarchisch"*
Die Definition Inklusiver Unterricht folgt dem Beispiel des „Index für Inklusion" (Booth/Ainscow 2003) und unterscheidet nach dem Grad der Abstraktheit drei Stufungen. Die höchste und abstrakteste Stufe bilden drei „Dimensionen", die sich auf der nächst niedrigeren Abstraktionsebene in 15 „Indikatoren" untergliedern. Die unterste und konkreteste Ebene wird durch eine Vielzahl einzelner „Items" gebildet. In dieser Arbeit werden lediglich die Dimensionen und Indikatoren eines inklusiven Unterrichts beschrieben. Die Operationalisierung der Indikatoren durch Items kann im Rahmen dieser Arbeit nur exemplarisch durch einige Beispiele und Hinweise geschehen.

*Merkmal „dimensional"*
Alle Indikatoren werden ausdrücklich nicht als dichotome Kategorien verstanden. Inklusive Unterrichtsqualitäten sind in den allerseltensten Fällen in einer digitalen Form nach dem 0-1-Muster vorhanden. Bei der Einschätzung der inklusiven Qualität sind keine Schwarz-Weiß-Urteile möglich, aller Unterricht ist immer mehr oder minder inklusiv. Die Indikatoren sind deshalb nicht alternativlose mit Ja oder Nein zu qualifizieren, sondern nach ihrem Ausprägungsgrad entlang eines abgestuften Merkmalskontinuums einzuschätzen.
Der folgende Gedankengang ist deduktiv angelegt. Zunächst werden die obersten Kategorien, die Dimensionen, erläutert. Im nächsten Schritt werden dann die Dimensionen weiter „herunter gebrochen" und durch Indikatoren konkretisiert. Der letzte Schritt der Operationalisierung ist dann, wie bereits erwähnt, die exemplarische Darstellung relevanter Items. Bei dieser deduktiven Gedankenführung wird der Leser also nicht an die Hand genommen und Zug um Zug entwickelnd zu einem Schlussergebnis geführt, sondern von vorneherein mit einem Endprodukt konfrontiert. Eine Definition gehört nicht zur Literaturgattung Roman, der in epischer Breite und auf unterhaltsame Art eine Geschichte erzählen kann. Eine Definition ist eher ein komprimiertes Lehrbuch, sozusa-

gen eine Theorie im Westentaschenformat. Aus diesem Grunde ist die Lektüre eher spröde und sperrig; Definitionen haben keinen hohen Unterhaltungswert und sind aufgrund ihrer Wesensbestimmung eher „unspannend".

### 3. Dimensionen

Versuchen wir zunächst, die zentralen Dimensionen der Inklusionspädagogik zu bestimmen. Das Haus der Inklusion ruht auf drei Säulen: Vielfalt der Kinder, Vielfalt des Unterrichts und Vielfalt der Pädagogen.

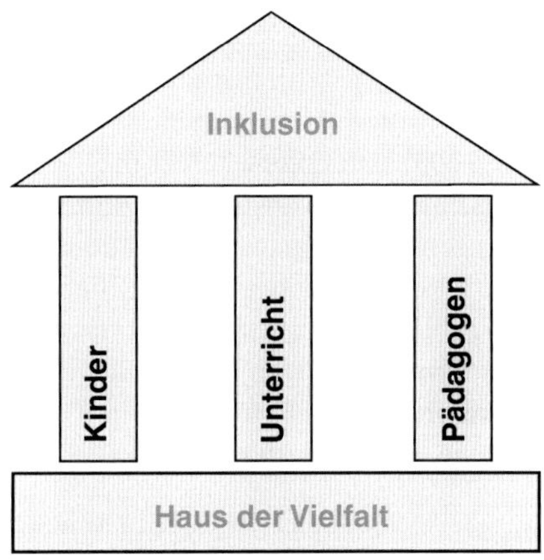


*Abbildung 1: Inklusion als Haus der Vielfalt*

Bereits 1993 legte Annedore Prengel ein wegweisendes Grundlagenwerk der Integrationspädagogik vor mit dem Titel: „Pädagogik der Vielfalt. Verschiedenheit und Gleichberechtigung in Interkultureller, Feministischer und Integrativer Pädagogik" (Prengel 1993). Im gleichen Jahr wurde auch von Andreas Hinz das Buch „Heterogenität in der Schule. Integration – Interkulturelle Erziehung – Koedukation" (Hinz 1993) publiziert. Beide Bücher thematisieren gleichermaßen die Spannweite der Heterogenität, die die Theorie der Integrationspädagogik schon sehr früh in den Blick nahm, nämlich neben den Kindern mit Behinderungen auch die Kategorien Gender und Ethnie (vgl. Preuss-Lausitz 1993). Aufgrund der Erfahrungen im Hamburger Schulversuch „Integrative Regelklassen" erweiterte Hinz 1998 das Heterogenitätsspektrum um die Merkmale Alter und soziale Herkunft. Was in der „Pädagogik der Vielfalt" schon angedacht und theoretisch grundgelegt war, kam dann in der Pädagogik der Inklusion endgültig zum Durchbruch. In der Inklusion findet nun eine völlige Entgrenzung der Heterogenität statt. „Alle sind willkommen!" lautet der programmatische Willkom-

mensgruß der Inklusion. Das allererste Merkmal einer inklusiven Schule und eines inklusiven Unterrichts ist daher die Vielfalt der Kinder. Vielfalt der Kinder ist das alles entscheidende und unterscheidende Konstitutionsmoment der Inklusionspädagogik. Während viele Pädagogiken sich immer auf bestimmte Klientele (Gymnasiasten, Sonderschüler, Hauptschüler usw.) beziehen und damit eigentlich „Sonderpädagogiken" sind, ist Inklusionspädagogik prinzipiell nicht auf eine bestimmte Klientel fixiert und festgelegt. Deshalb muss auch „Vielfalt der Kinder" als die erste und fundierende Dimension gelten.
Wenn nun die schier unbegrenzte Vielfalt der Kinder die konstitutive Eingangsbedingung der Inklusionspädagogik ist, dann hat dieses zur Folge, dass dann auch das gesamte pädagogische Haus, das diese unterschiedlichen Kinder bewohnen, dieser Kindervielfalt angepasst werden muss. Dies lässt sich mit Jean Piaget begründen. Piaget hat bekanntlich menschliche Entwicklung als Folge von zwei Adaptionsprozessen beschrieben. Der Entwicklungsaufbau wird vorangetrieben sowohl durch Akkomodation (Anpassung des Subjekts an die Umwelt) als auch durch Assimilation (Anpassung der Umwelt an das Subjekt). Beide Anpassungsprozesse werden situativ neu austariert und befinden sich in einem fließenden Gleichgewicht (Äquilibration).
Es müssen also Passungen hergestellt werden, und zwar eine doppelte Passung

- zwischen den Lernbedürfnissen der Kinder und den pädagogischen Angeboten der Schule (Didaktische Passung);
- zwischen den Lernbedürfnissen der Kinder und den Kompetenzen der Pädagogen (Professionelle Passung).

Das Erfordernis einer doppelten Passung zwischen Kindern und Unterricht einerseits und Kindern und Pädagogen andererseits begründet die beiden zentralen Dimensionen Vielfalt des Unterrichts und Vielfalt der Pädagogen.
Die Heterogenitätssteigerung des Bedingungsmoments ‚Schüler' muss, soll nicht das ganze Haus einstürzen, nach systemtheoretischer Logik irgendwie aufgefangen werden, und zwar durch eine Heterogenitätspotenzierung der beiden Systemkomponenten ‚Unterricht' und ‚Pädagogen'. Weil die Systemvariable ‚Schüler' verändert wurde, müssen notwendigerweise die beiden anderen Stellschrauben ‚Unterricht' und ‚Pädagogen' nachjustiert werden. Die erforderlichen Passungsprozesse sollen im Detail ein wenig erläutert werden.

*Didaktische Passung*
Wenn eine inklusive Kindergruppe so vielfältig und so heterogen ist, muss auch notwendigerweise die unterrichtliche Umwelt äußerst vielgestaltig und mannigfaltig sein. Eine andere Logik als die Entsprechung einer Vielfalt der Kinder und einer Vielfalt des Unterrichts liegt außerhalb aller Denkmöglich-

keiten. Die mitunter vernehmbaren Antworten „Ein guter Unterricht bietet allen Etwas!“, oder „Im Offenen Unterricht individualisieren sich die Kinder selbst“ oder die Verpflichtung der unvergleichlichen Kinder auf einen „gemeinsamen Gegenstand“ sind Halbwahrheiten, die die didaktische Aufgabe nur verkürzt und reduziert wahrnehmen. Ein blindes Kind kann einer Power-Point-Präsentation nicht folgen, ein sozial benachteiligtes Kind wird durch die mittelschichtorientierte Sprache der Schule überfordert, und das hochbegabte Kind schreit schon in der Grundschule nach Extras. Ohne diese Dimension „Vielfalt der Unterrichts“ wäre Inklusion nicht viel besser als Rasenmäherpädagogik. Ein durchgängig „gemeinsamer“ Unterricht vernachlässigt das unhintergehbare Gebot der Individualisierung; er kommt dem Frontalunterricht weitaus näher als einer inklusiven didaktischen Veranstaltung. Damit dürfte die Notwendigkeit dieser Dimension erwiesen sein.

*Professionelle Passung*

Neben der didaktischen Dimension hat auch die professionelle Dimension in der Integrationspädagogik keineswegs durchgehend die Beachtung gefunden, die unabdingbar notwendig ist. Eine inklusive Unterrichtung einer vielfältigen Kindergruppe ist in hergebrachter Art mit einem Klassenlehrer als Solisten völlig undenkbar. Inklusion braucht die Mitarbeit mehrerer pädagogischer Professionen, damit für die differenten Unterstützungsbedarfe auch passende pädagogische Kompetenzen zur Verfügung stehen. Man braucht natürlich nicht alle möglichen Professionen in jeder Klasse und zu jeder Zeit. Jene Professionen, die wegen des Anrechts aller Kinder auf eine „passende“ Förderung präsent sein müssen, können nur in Ansehung der jeweiligen Lerngruppe vor Ort bestimmt werden. Die unumgängliche situative Anpassung professioneller Ressourcen ändert indes nichts an der Notwendigkeit einer „Vielfalt der Pädagogen“.

Die zwingende Notwendigkeit eines „zweiten“ Pädagogen ist auch systemtheoretisch begründbar. Auf die Frage von Comenius (1657) „Wie kann ein einziger Lehrer für eine große Schülerzahl ausreichen?“ gibt es aus inklusionspädagogischer Sicht nur eine klare Antwort: Ein einziger Lehrer kann es nicht, und zwar nie und nimmer. „Eine heterogene Schülergruppe stellt ein solches Problempotenzial dar, das ohne Komplexitätsreduktion nicht bewältigt werden kann. Weil Integration eine Komplexitätsreduktion auf der Schülerseite durch Bildung homogener Gruppen nicht zulässt, muss kompensatorisch die Komplexität auf der Lehrerseite erhöht werden. Der Komplexität einer heterogenen Schülergruppe muss die Komplexität des Pädagogen-Teams entsprechen, dann ist das Verhältnis wieder im Lot“ (Wocken 1991, 19).

Die Dimensionen „Vielfalt des Unterrichts“ und „Vielfalt der Pädagogen“ sind damit keine mehr oder minder beliebigen Basiskategorien eines inklusiven Unterrichts, sondern conditiones sine qua non. Fällt auch nur eine einzige Dimension weg, sollte man das ganze Unternehmen Inklusion besser nicht inklusiv nennen.

## 4. Exkurs: Inklusion als allgemeine Bildung

Von der Festlegung der drei Säulen eines inklusiven Unterrichts mag ein kurzer Exkurs in die Didaktik dann zu den einzelnen Indikatoren hinüber leiten. Comenius hatte bekanntlich den großen Traum, alle alles vollständig („omnes omnia omnino") lehren zu können. Auch wenn Inklusion sich durchaus durch einen visionären Impetus auszeichnet, träumt sie diesen Traum nicht. Der Traum regt allerdings dazu an, an die Theorie eines inklusiven Unterrichts grundlegende didaktische Fragen zu richten: Kann es in der „Schule für alle" auch eine „Bildung für alle" geben? Wenn es so viele verschiedene Kinder gibt, kann es dann für diese Vielfalt der Kinder auch ein einheitliches, gemeinsames Bildungsziel geben?
„Bildung für alle" ist nicht gleichzusetzen mit „gleiche Bildung für alle". Inklusive Pädagogik lebt von der Wertschätzung der je individuellen Einzigartigkeit aller Kinder und ist deshalb weit entfernt von der Einebnung von Unterschieden und der Liquidierung von Vielfalt. Inklusive Bildung für alle bedeutet aber umgekehrt auch nicht eine Auflösung in einen totalen Individualismus, dem alleine die Egos der vielen Kinder am Herzen liegen. Inklusive Bildung für alle hat bei aller Mannigfaltigkeit einen gemeinsamen Nenner, einen gemeinsamen Kern, an dem alle individualisierten Programme für die Verschiedenen teilhaben und sich anschließen. Diesen bildungstheoretischen Kern kann man auch als „Allgemeinbildung" oder besser als „allgemeine Bildung" bezeichnen.
Wolfgang Klafki, der Altmeister der bildungstheoretischen Didaktik, hat den Begriff „Allgemeinbildung" in dreifacher Weise ausgelegt (Klafki 1996): Allgemeinbildung bedeutet erstens Bildung für alle. Allgemeinbildung muss von Grund auf herrschaftsfrei, universal und demokratisch gedacht werden, sie bezieht ausnahmslos alle Kinder ohne Ansehung ihrer Person ein. Allgemeinbildung meint zweitens allseitige Bildung. Sie verfolgt ein „ganzheitliches" Konzept und ist auf alle Seiten der menschlichen Persönlichkeit, auf „Kopf, Herz und Hand" (Pestalozzi) ausgerichtet. Und schließlich beinhaltet Allgemeinbildung als inhaltlichen Kern eine grundlegende Bildung. Der inhaltliche Kern der Allgemeinbildung ist ein gemeinsames Fundamentum, das durch eine prinzipiell unbegrenzte Zahl von Addita ergänzt und erweitert werden kann. Allgemeinbildung ist also nicht im alltagssprachlichen Sinne – („Das

gehört aber zur Allgemeinbildung!“) – als ein bestimmter Kanon von Inhalten zu verstehen, die „man“ kennen sollte.
An dieses bildungstheoretische Verständnis von allgemeiner Bildung kann eine inklusive Didaktik bruchlos anknüpfen. Ein früherer Definitionsversuch des Verfassers war ganz im bildungstheoretischen Sinne ausgerichtet und lautete: „Das Ziel eines integrativen Unterrichts ist die allseitige Förderung aller Kinder durch gemeinsame Lernsituationen“ (Wocken 1987, 72). Diese Definition berücksichtigte schon die Dimensionen Vielfalt der Kinder und Vielfalt der Unterrichts, die Dimension Vielfalt der Pädagogen, die hier als drittes notwendiges Moment eines inklusiven Unterrichts eingefordert wurde, blieb allerdings in der Begriffsbestimmung noch unberücksichtigt. Aus heutiger Sicht wäre unter Berücksichtigung der vorliegenden Überlegungen zu definieren:

*Inklusiver Unterricht bedeutet, dass*
*1. alle Kinder („Vielfalt der Kinder“)*
*2. sich allgemeine Bildung („Vielfalt des Unterrichts“)*
*3. mit aktiver pädagogischer Unterstützung („Vielfalt der Pädagogen“)*
*aneignen können.*

Die vorstehende Leitdefinition wird nun auch die folgende Gedankenführung bestimmen und die Indikatoren eines inklusiven Unterrichts in eine geordnete Struktur bringen. Die Tabelle 1 präsentiert eine Vorschau auf die Definition, die dann Schritt für Schritt entfaltet wird:

**Tabelle 1**: Definition „Inklusiver Unterricht“

| **Inklusiver Unterricht bedeutet,** | | |
|---|---|---|
| **Vielfalt der Kinder** | 1.1<br>1.2<br>1.3 | dass alle Kinder<br>einer unausgelesenen<br>und ungeteilten Lerngruppe |
| **Vielfalt des Unterrichts** | 2.1<br>2.2<br>2.3<br>2.4<br>2.5<br>2.6<br>2.7<br>2.8<br>2.9 | sich allgemeine Bildung<br>nach individuellem Vermögen und<br>nach individuellen Bedürfnissen<br>in vielfältigen Lernprozessen<br>mit gemeinsamen und differentiellen Lernsituationen<br>unter Nutzung förderlicher Ressourcen<br>ohne behindernde Lernbarrieren und<br>ohne diskriminierende und exkludierende Praxen<br>sowie mit entwicklungsorientierter Lernevaluation<br><br>aneignen können, und zwar |
| **Vielfalt der Pädagogen** | 3.1<br>3.2<br>3.3 | mit aktiver Unterstützung<br>von kooperierenden Pädagogen<br>und sozialen Netzwerken. |
| **Dimensionen** | | **Indikatoren** |

## 5. Indikatoren

### 5.1 Dimension: Vielfalt der Kinder

Als erstes kommen die Indikatoren für die Dimension „Vielfalt der Kinder“ zu Wort: Alle Kinder, unausgelesene Lerngruppe und ungeteilte Lerngruppe.

*Vielfalt der Kinder: Alle Kinder*
Die Integrationspädagogik hatte in der Theorie durchaus verschiedene Heterogenitätsdimensionen im Blick: Geschlecht, Herkunft, Behinderung, Ethnien, Alter. In der Praxis blieb allerdings die Integrationspädagogik weitestgehend dem Thema „Integration von Behinderten“ verhaftet. Inklusive Pädagogik weitet den Blick auf die gesamte Heterogenität aus und kennt keine Begrenzungen der Klienten mehr. Inklusion meint wirklich alle Kinder. Alle Kinder sind willkommen, lautet die programmatische Botschaft.

Die an keinerlei Kriterien geknüpfte, unbedingte Akzeptanz jeglicher Verschiedenheit hat mit zeitlos gültigen Worten schon der jüdische Philosoph Martin Buber eingefordert. In seinem kleinen Büchlein „Reden über Erziehung“ beschreibt er die Haltung des Erziehers mit folgenden Worten:

> *„Da betritt er den Schulraum zum ersten Mal, da sieht er sie in den Bänken hocken, wahllos durcheinander gewürfelt, missratene und wohlbeschaffene Gestalten, tierische Gesichter, nichtige und edle – wahllos durcheinander, wie ein Bild der Menschenwelt, so vielfältig, so widerspruchsvoll und so unzulänglich. Und sein Blick, der Blick des Erziehers nimmt sie alle an und nimmt sie alle auf“ (Buber 1962, 31 und 79).*

Buber zeichnet kein verklärendes Bild der Heterogenität, er beschönigt nichts und lenkt mit schonungsloser Offenheit die Aufmerksamkeit gerade auf die Unvollkommenheit des Menschen hin. Im vollen Bewusstsein der ganzen Vielfalt von Kindern wird aber als pädagogisches Ethos die vorbehaltlose, uneingeschränkte Akzeptanz dieser Unterschiedlichkeit gefordert. Diesem Ethos ist auch inklusive Pädagogik verpflichtet. Die inklusive Schule „ist nicht wählerisch. Sie verzichtet darauf, Kinder zu mustern und auszumustern, sie auszusuchen und sich anzupassen“ (Wocken 1987, 77).
Auch die Integrationspädagogik hatte schon jedwede Grenze der „Integrationsfähigkeit“ strikt abgelehnt. Das axiomatische Diktum hat Jakob Muth (1986) mit zeitloser Gültigkeit so formuliert: „Integration ist unteilbar!“ Das Unteilbarkeitspostulat der Integration bzw. der Inklusion hat zur Folge, dass es keine kategorialen Kriterien für eine Exklusion irgendwelcher Kinder geben kann. In der Integrationspädagogik wurden immer wieder die „Möglichkeiten und Grenzen“ – ein beliebtes Thema von Examensarbeiten – unter dem Begriff „Integrationsfähigkeit“ ausgelotet. Ein ähnliches Unwort „Inklusionsfähigkeit“ kann es in einer inklusiven Pädagogik schlechterdings nicht geben, weil schon der bloße Gedanke an mögliche Ausnahmen die Idee der Inklusion kompromittiert und aufhebt. Ein inklusiver Unterricht ist also in dem Maße inklusiv, in dem er alle Kinder einschließt. Auswahl und Ausnahmen sind mit Inklusion unvereinbar.

*Vielfalt der Kinder: Unausgelesene Lerngruppe*
Peter Petersen gehört neben Johann Heinrich Pestalozzi und Maria Montessori zu den wenigen Pädagogen, die das Bildungsgefälle einer Kindergruppe ausdrücklich bejahten und als Baustein ihres pädagogischen Konzepts formulierten. Im seinem Kleinen Jena-Plan beschreibt Petersen den Nutzen von altersgemischten Klassen, die drei Jahrgänge umfassen. Für die Bildung von Lern-

gruppen empfiehlt er zusammenfassend: „Damit ist bereits alles Nötige über den Wert einer starken sozialen Mischung der Schülerschaft gesagt. Je treuer ihr Bild die tatsächliche soziale Schichtung wiedergibt, umso reicher ist sie auch an sozialen und rein menschlichen Anregungen für die Kinder selbst" (Petersen 1968, 21).
Diese Empfehlung hat auch die Integrationspädagogik wieder aufgenommen. „Eine Integrationsgruppe ist im Idealfall ein getreues Abbild der sozialen Umgebung einer Schule" (Wocken 1987, 70). Integrative bzw. inklusive Lerngruppen werden also nicht nach besonderen Gesichtspunkten zusammengestellt und künstlich komponiert. Eine inklusive Schule ist immer eine wohnortnahe Nachbarschaftschule, die eine natürliche Heterogenität gewährleistet. Die Lerngruppen in einer mehrzügigen Schule sind nicht pädagogisch konstruiert, sondern eher nach dem Zufallsprinzip gebildet. Mit Inklusion ist insonderheit nicht vereinbar, Kinder nach einem Leistungsprinzip in A-B-C-Gruppen (ability based groups) zu sortieren oder dauerhaft besondere Fördergruppen wie z.B. Migrantenklassen zu bilden. Es ist ebenso unzulässig, in eine bestehende Integrationsklasse weitere „Problemschüler" aus anderen Parallelklassen abzustellen mit der Begründung: „Da ist ja ein Sonderpädagoge!". Eine derartige Bildung von Sammelklassen und Sondergruppen steht in einem unversöhnlichen Widerspruch zu der inklusiven Wertschätzung von Heterogenität. Bei dem anstehenden Umbau zu einem inklusiven Bildungssystem kann allenfalls auf mittlere Sicht erörtert werden, ob es vorteilhaft oder erforderlich ist, dass sich Schulen als Schwerpunktschulen für bestimmte Förderbedarfe profilieren.

*Vielfalt der Kinder: Ungeteilte Lerngruppe*

Inklusion bestreitet die Existenz von zwei Sorten Menschen, nämlich von behinderten und nichtbehinderten Menschen. Die inklusive Schule hebt die Zwei-Gruppen-Theorie ‚behindert' – ‚nichtbehindert' auf und ersetzt sie durch die Theorie einer heterogenen Gruppe (Hinz 2004; 2007; 2009). An die Stelle der Dichotomie ‚normal' versus ‚behindert' tritt die Anerkennung der Vielfalt. In der Inklusion sind einfach alle unterschiedslos und namenlos verschieden. Die Einteilung der Kinder in dichotome Zuschreibungen wie ‚behindert' und ‚nichtbehindert' oder ihre Etikettierung als ‚Gutachtenkinder', ‚Förderkinder', ‚Integrationskinder' oder sonstige abspaltende Kategorien ist mit der Philosophie inklusiver Pädagogik nicht vereinbar. Dieses Kriterium einer nonkategorialen, namenlosen Verschiedenheit ist für Inklusion substantiell – und wird zugleich noch sehr selten eingelöst.
Der Hauptgrund für die dominierende Praxis von kategorialen Statusdiagnosen ist das Ressourcen-Etikettierungs-Junktim. Wird ein Kind als „behindert" eingestuft, gibt es dafür Extra-Ressourcen. Wer Extra-Ressourcen haben will,

muss vorab behinderte Kinder namentlich benennen können. Die Pro-Kopf-Zuweisung der Ressourcen erzwingt die Etikettierung von „behinderten“ Kindern. Die wirkliche Funktion von Statusdiagnosen ist also schlichtweg Ressourcenschöpfung und die Legitimation dieser Extra-Ressourcen (Wocken 1996). In der inklusiven Schule entfällt damit die hergebrachte Einteilung nach Behinderungsarten ebenso wie eine klassifizierende und etikettierende Feststellung eines sonderpädagogischen Förderbedarfs. Und es gibt auch nicht mehr Ressourcen für einzelne etikettierte Kinder mit Behinderungen, sondern Ressourcen für heterogene Lerngruppen und heterogene Systeme; die Ressourcenzuweisung erfolgt nunmehr systembezogen, nicht mehr personbezogen (Wocken 1996; vgl. Grohnfeldt u. a. 1996). Hierzulande praktizieren zurzeit lediglich die Hamburger Integrativen Regelklassen eine konsequente Dekategorisierung in Verbindung mit einer systemischen Ressourcenzuweisung, allerdings nur für die Bereiche Lernen, Sprache und Verhalten.

## 5.2. Dimension: Vielfalt des Unterrichts

*Vielfalt des Unterrichts: Allgemeine Bildung*

Eine inklusive Schule hat dem Grunde nach keine andere Zielsetzung als die allgemeine Schule. Eine Schule für alle vermittelt Bildung für alle. Der Kern einer Bildung für alle ist Allgemeine Bildung. In enger Anlehnung an die bildungstheoretische Didaktik (Klafki 1996) verfolgt Allgemeine Bildung eine dreifache Zielsetzung: Allseitige Entfaltung, grundlegende Bildung, existentielle Bildung.

1. Allgemeine Bildung ist auf eine allseitige Entfaltung der Kinder ausgerichtet. Ein inklusiver Unterricht hat nicht allein den Erwerb von kognitiven Kompetenzen zum Ziel, sondern macht sich die Entfaltung aller menschlichen Anlagen zum Anliegen. Eine „verkopfte“ Schule ist für Inklusion und wie für Kinder überhaupt ungeeignet. Die intellektuelle Bildung darf nicht mehr nach dem traditionellen Intelligenzverständnis auf das Kognitive verengt werden. Im Sinne der „Theorie der multiplen Intelligenz“ (Gardner 1998) ist auch die emotionale, soziale, praktische und moralische Intelligenz der Kinder zu entwickeln. Inklusive Bildung ist also immer „ganzheitliche“ Bildung, die alle Seiten der kindlichen Persönlichkeit einbezieht.

2. Allgemeine Bildung in einem inklusiven Sinne ist weiterhin als grundlegende Bildung zu verstehen. In der inklusiven Schule geht es darum, das Leben zu lernen. Alle Inhalte, die zu einem selbstbestimmten und erfüllten Leben notwendig sind, haben eine fundamentale Bildungsrelevanz. In der Grundschulpädagogik ist „grundlegende Bildung“ ein fest etablierter Fachterminus, an den inklusive Pädagogik anschließen kann (Faust-Siehl u. a. 1996). Die Inhalte einer grundlegenden Bildung sind die Lernbasis für alle.

3. Schließlich soll allgemeine Bildung hier als existentielle Bildung verstanden werden. Mit diesem neu geprägten Begriff sind jene Kernkompetenzen gemeint, die den Sinn allen menschlichen Lebens, also seine existentielle Bestimmung ausmachen. Klafki (1996) benennt als Kernkompetenzen Selbstbestimmungsfähigkeit, Mitbestimmungsfähigkeit und Solidaritätsfähigkeit. In der BRK-Konvention werden Selbstbestimmung und soziale Teilhabe als leitende Zielsetzungen ausgegeben.
Die pädagogische Literatur enthält eine Vielzahl tiefschürfender Traktate zum Bildungsbegriff. Im Rahmen eines Definitionsversuchs können Gehalt und Auslegung des Bildungsbegriffs nicht ansatzweise dargelegt werden. Stellvertretend für eine breite Erörterung des Bildungsbegriffs soll an dieser Stelle lediglich die soziale Dimension der existentiellen Bildung ein wenig entfaltet werden.
Die Semantik des Begriffs „soziale Teilhabe“ legt das Missverständnis nahe, als ginge es um ein eher passives Anteilnehmen am sozialen Leben oder gar um ein Empfangen von Sozialleistungen. Teilhabe ist vielmehr als ein tätiges Partizipieren an gesellschaftlichen Prozessen zu verstehen. Dörner (2007) hat überzeugend dargelegt, dass Selbstbestimmung allein den Menschen nicht glücklich macht, sondern dass darüber hinaus die Erfahrung, „Bedeutung für andere“ zu haben, von sinnstiftender Relevanz ist. Menschen haben den Wunsch, von anderen „gebraucht“ zu werden, für andere wichtig zu sein. Erst im Dasein mit anderen und für andere wird der Mensch zum Menschen. Mit den Worten Martin Bubers: „Der Mensch wird am Du zum Ich“ (Buber 1997, 32).
In der Behindertenpädagogik hat Gerhard Gotthilf Hiller (1989) diese soziale Komponente von allgemeiner Bildung in einer sehr zugespitzten und beeindruckenden Weise zum Ausdruck gebracht. „Allgemeinbildung“ äußert sich nach Hiller in der Fähigkeit und Bereitschaft, sich mit schwachen, marginalisierten, unterdrückten und benachteiligten Menschen zu solidarisieren. Bildung ist Solidarität mit allen, die „unten“ sind. Wer für Menschen in Not, in Armut, im Abseits und in Unterdrückung kein Herz hat, ist ungebildet. In diesem Verständnis sind alle jene Banker und Manager, die die weltweite Finanz- und Wirtschaftskrise zu verantworten haben, ungebildete Barbaren. Sie verfügten fraglos über herausragende intellektuelle Kompetenzen, ihre moralische Entwicklung war aber im kindlichen Stadium des Utilitarismus stecken geblieben.
Dieses Verständnis von Bildung als tätige Solidarität mit schwachen und hilfebedürftigen Menschen sollte – nach meiner Auffassung – von der inklusiven Pädagogik stärker in den gesellschaftlichen Diskurs eingebracht werden. Inklusion kann, will sie ihrer eigenen Idee treu bleiben und glaubwürdig

sein, es sich nicht leisten, auch nur einen einzigen Menschen von der Solidarität auszunehmen. Inklusion meint den Einschluss aller Menschen. Und deshalb gibt es das Zertifikat Allgemeine Bildung nicht außerhalb von Solidarität. Inklusion muss Widerstand leisten gegen den alltäglichen Sozialdarwinismus, gegen die Macht der Ellbögen und des Kapitals, sowie gegen die BILD-Phantasien einer sozialen Hängematte von Arbeitslosen und Sozialhilfeempfängern. Die Ideologien des Kapitalismus und des Neo-Liberalismus sind mit der Philosophie der Inklusion nicht vereinbar. Eine inklusive Gesellschaft braucht gebildete Menschen, die zum Gemeinsinn fähig und zur Gemeinnützigkeit bereit sind.

*Vielfalt des Unterrichts: Individuelles Vermögen*

Kinder, die verschieden sind, können und müssen auch nicht die gleichen Ziele erreichen. Ein inklusiver Unterricht verlangt von allen Kindern genau das, was sie leisten können. Nicht mehr, aber auch nicht weniger. Hochbegabte Kinder sollen und müssen mehr leisten als geringer befähigte Kinder. Motorisch unbeeinträchtigte Kinder müssen schneller laufen und weiter springen als körperbehinderte Kinder. Jedes Kind soll seine individuellen Fähigkeiten entfalten und seine Persönlichkeit entwickeln. Wir müssen zufrieden sein, wenn ein Kind das wird, was es werden kann; wenn es das leistet, was es leisten kann. Mehr können wir von den Kindern vernünftigerweise nicht erwarten.

Die Notwendigkeit einer fähigkeitsadaptiven Zielsetzung beschreibt Georg Feuser (1982) mit den Worten „auf ihrem jeweiligen Entwicklungsniveau". Der ehemalige Hamburger Schulsenator Joist Grolle (1987) hat als Zielvorstellung formuliert, dass alle Kinder „ihren Möglichkeiten entsprechend" gefördert und gefordert werden sollen. Damit ist zugleich ausgesagt, dass Inklusion nichts mit Leistungsverzicht oder mit einer generellen Absenkung des Anspruchsniveaus zu tun hat. Es geht vielmehr um eine spannungsreiche Passung zwischen dem unterschiedlichen Vermögen der Kinder und den an sie gerichteten Lern- und Leistungserwartungen.

Diesen Grundsatz: Verschiedene Ziele für verschiedene Kinder nennt man in der Pädagogik auch das Prinzip des zieldifferenten Lernens. Das Prinzip des zieldifferenten Lernens hat in der wissenschaftlichen Inklusionspädagogik einen festen Platz und gehört zu den unverzichtbaren Standards. Ohne Zieldifferenz kann Inklusion nicht funktionieren.

Obwohl das Prinzip des zieldifferenten Lernens keinen einzigen Cent kostet, sondern „nur" ein neues pädagogisches Denken erfordert, ist es außerordentlich schwer zu realisieren. Zieldifferenz rüttelt nämlich an den Grundfesten des gegliederten Schulsystems. Er ist mit einem nach Begabung und Leistung gestaffelten Schulsystem nicht vereinbar. Eine inklusive Schule muss unterschiedliche Leistungsniveaus im eigenen Hause akzeptieren und dies etwa in einem „multi-level-curriculum" zum Ausdruck bringen.

*Vielfalt des Unterrichts: Individuelle Bedürfnisse*
Unterschiedliche Kinder dürfen, können und sollen in einem inklusiven Unterricht auch unterschiedliche Inhalte lernen. In einer inklusiven Gruppe mag es Kinder geben, die sich noch nicht die Schuhe zubinden können, und dieses lernen dürfen. Dann gibt es Kinder, die sich mit der Frage, warum ein Specht beim Aushacken seines Baumnestes keine Kopfschmerzen bekommt, wissenschaftlich befassen möchten. Wiederum andere Schüler wollen rein gar nichts von Goethe wissen, sondern verschlingen stattdessen Harry Potter in Serie. Kurzum: Den unterschiedlichen individuellen Bedürfnissen soll ein inklusiver Unterricht möglichst auch durch eine Individualisierung der Lehr- und Förderpläne entsprechen. Es muss auch gestattet sein, dass Kinder etwas „für sich" lernen, ihre eigenen Interessen inhaltlich einbringen können und durch ihre Wahlthemen und -fächer ein persönliches Bildungsprofil ausbilden können. Ein inklusiver Unterricht ermöglicht nicht nur zieldifferentes, sondern auch inhaltsdifferentes Lernen.
Diese inhaltlich-thematische Differenzierung kann die verbindliche Orientierung an einer grundlegenden Bildung nicht außer Kraft setzen. Das gemeinsame Curriculum und die vielen einzelnen Lernpläne sind in ein ausbalanciertes Verhältnis zu bringen und miteinander zu verknüpfen. Das Curriculum einer inklusiven Schule ist nicht pluralistisch und individualistisch, aber doch plural und profiliert. In bildlicher Sprache ließe sich das inhaltliche Themenangebot auch als „Markt der Möglichkeiten" oder als Essen á la carte beschreiben.

*Vielfalt des Unterrichts: Vielfältige Lernprozesse*
Zur Begründung dieses Indikators inklusiver Didaktik sei wieder und erneut an die konstitutive Ausgangsbedingung erinnert, dass die Kinder verschieden sind. Die Unterschiedlichkeit der Kinder äußert sich auch darin, dass sie unterschiedlich lernen. Ihre Lernprozesse unterscheiden sich nach Lerntempo und Lernzeit, nach präferierten Lernwegen, nach Lernmotiven und Lernvoraussetzungen, nach dem Ausmaß der Selbstständigkeit, Selbststeuerung und Selbstreflektion. Die Vielfältigkeit der Lernpräferenzen und -modi erfordert mit logischer Notwendigkeit auch eine Vielfältigkeit der Lehr- und Lernprozesse ein. Methodenmonotonie ist schon im üblichen Unterricht problematisch (Meyer 2005), im inklusiven Unterricht erst recht gänzlich verfehlt. Es gibt nicht „die" eine Methode eines inklusiven Unterrichts und es gibt auch keine

alleinseligmachende Ideal- und Universalmethode. Methodendogmatismus und Methodenmonotonie sind die erklärten Antikonzepte einer inklusiven Unterrichtstheorie. Ein heterogenitätsadaptiver Unterricht zeichnet sich durch eine breite Variation von Lehr- und Lernformen aus, er ist nicht nur ziel- und inhaltsdifferent, sondern auch wegdifferent. Die Erkennungsmelodie eines inklusiven Unterrichts ist die Vielfalt der Methoden. Ein Gütesiegel wird für Variabilität vergeben, Variabilität ist ein Merkmal guten Unterrichts (Helmke/ Weinert 1997). Methodische Einbahnstraßen und monotones Einerlei sind nicht inklusiv.

*Gemeinsame und differentielle Lernsituationen*

Ein fundamentales Postulat einer inklusiven Didaktik ist die Balance von gemeinsamen und differentiellen Lernsituationen. Dieses Postulat wurde bereits 1998 vom Verfasser formuliert: In der kritischen Erörterung des Theorems vom gemeinsamen Gegenstand (Feuser 1998) hat dann der Grundsatz eine weitere Begründung und Vertiefung erfahren. Worum geht es?

Ein inklusiver Unterricht muss – bildlich gesprochen – einen Spagat zwischen Großraumbüro und Filmtheater hinbekommen. Auf der einen Seite muss ein inklusiver Unterricht individualisieren und vielfältige differentielle Lernsituationen schaffen. Aber die geforderte Individualisierung kann auch in Individualismus und Partikularismus umschlagen. Die Unterrichtung einer heterogenen Gruppe durch Individualisierung kann in extremer Form auch die Vereinzelung der Schüler zur Folge haben. Ein inklusiver Unterricht sollte nicht eine Art Großraumbüro sein, wo viele für sich allein arbeiten und vor sich hin werkeln, ohne miteinander in Kontakt zu treten.

Das notwendige Gegengewicht gegen Individualisierung bilden also gemeinsame Lernsituationen. In gemeinsamen Lernsituationen lernen die Schüler miteinander, füreinander und voneinander. Aber auch die unverzichtbare Gemeinsamkeit der Schüler kann in das Extrem eines gleichschrittigen Unterrichts umschlagen, in Totalitarismus und Kollektivismus. Ein inklusiver Unterricht sollte nicht nach Art eines Filmtheaters modelliert werden, wo alle Kinder in Reih und Glied sitzen und sich den gleichen Film anschauen. Eine vielfältige Kindergruppe braucht gewiss auch einen „gemeinsamen Gegenstand“, aber sie sollte nicht dogmatisch auf diese Verpflichtung festgenagelt werden.

Es kommt also darauf an, gemeinsame und differentielle Lernsituationen in ein ausgewogenes Verhältnis zu bringen. Diese Grundregel inklusiver Didaktik wurde 1987 so formuliert:

> „Integrativer Unterricht ist ein schwieriger Balanceakt. Es gilt die Balance zu wahren zwischen individuellen Lernangeboten einerseits, damit jedes Kind zu seinen Möglichkeiten findet, und gemeinsamen Lernsituationen andererseits, damit die soziale Integration der Kindergruppe gefördert wird. Das Grundproblem eines integrativen Unterrichts besteht also darin, verschiedene Kinder gemeinsam zu fördern, und zwar so, dass sowohl die Verschiedenheit der Kinder als auch die Gemeinsamkeit der Gruppe zu ihrem Recht kommen. Das dialektische Spannungsverhältnis von individuellen und gemeinsamen Lernprozessen muss in ausgewogener Weise zur Geltung kommen“ (Wocken 1987, 75).

Eine herausragende Bedeutung innerhalb des unterrichtsmethodischen Arsenals haben die kooperativen Methoden (Green/Green 2005; Huber 2004; Weidner 2005). Kooperative Methoden bringen unterschiedliche Lerner miteinander in Beziehung, stellen Gemeinsamkeit und soziale Verbundenheit her. Zur Stärkung des Gemeinschaftsgefühls haben – über die Unterrichtsmethodik im engen Sinne hinaus – auch altersgemäße Formen demokratischer Mitbestimmung (Klassenrat, Schülerrat, Schulversammlung) eine wichtige Bedeutung.
Alle Formen einer äußeren Differenzierung sind in einem inklusiven Konzept eher grenzwertig. Die „Zwei-Gruppen-Theorie“ sollte sich möglichst nicht im Unterrichtsgeschehen in Gruppentrennungen nach Art einer Zwei-Räume-Pädagogik widerspiegeln, bei der die besonderen Pädagogen mit den besonderen Kindern sich im Gruppenraum aufhalten und die übrige Klasse im Klassenraum verbleibt.

*Vielfalt des Unterrichts: Nutzung förderlicher Ressourcen*
Die Umwelt enthält nicht allein Barrieren, die das Lernen behindern, sondern auch hilfreiche Ressourcen, die neue Möglichkeiten eröffnen. In aller Kürze seien vier Arten von Ressourcen angeführt: Räumliche, soziale, materiale und kulturelle Ressourcen.

*Räumliche Ressourcen*
In der Reggio-Pädagogik (Göhlich 1997) sind die anderen Kinder der erste Pädagoge und die Erwachsenen der zweite. Der dritte Pädagoge ist der Raum. Die pädagogischen Potenzen des Raumes hat Maria Montessori mit dem Begriff „vorbereitete Umgebung“ auf eine bündige Formel gebracht. In der Pädagogik von Celestin Freinet (Baillet 1995) wird der Klassenraum in viele Ateliers und Funktionsecken untergliedert. Die pädagogischen Ideen von Montessori und Freinet sind heute ein selbstverständliches Element von Konzepten des Offenen Unterrichts (Göhlich 1997; Kasper 1993; Wallrabenstein

1994; Wocken 1988). Ein inklusiver Unterricht ereignet sich in einer Lernlandschaft mit verschiedenen Lernorten, individuellen Arbeitsplätzen, Ruhezonen und Stationen der Gemeinsamkeit.
Die Klassenzimmerpädagogik ist die größte Barriere eines inklusiven Unterrichts. Ein differenzierender Unterricht nimmt Abschied von der Kasernierung von Schülern in rechteckige Räume, die nach Art von Hörsäalen gestaltet und zum Dozieren vor der Klasse geschaffen sind. Inklusive Pädagogik braucht eine andere Ökologie: Offene und flexible Lernlandschaften mit Funktionsekken, Ateliers, Ruhezonen, Nischen, Kästen, Magazinen, Paravents, Separees, Büros, Konferenzräumen, Marktplätzen und einem Festsaal.

*Soziale Ressourcen*
Die wichtigste soziale Ressource eines inklusiven Unterrichts ist die Vielfalt der Kinder. Herbart hatte noch erklärt: „Die Verschiedenheit der Köpfe ist das größte Hindernis aller Schulbildung". Eine inklusive Pädagogik folgt dieser Sichtweise nicht. Sie wird von der Überzeugung getragen, „dass Unterschiede zwischen den SchülerInnen Chancen für das gemeinsame Lernen sind und nicht Probleme, die es zu überwinden gilt" (Booth/Ainscow 2003, 10). Die Wertschätzung von Heterogenität drückt sich etwa in der Option aus, zeitweilig klassenübergreifende Lernangebote auszubringen oder gar altersgemischte Lerngruppen zu installieren. Zur Sicherung sozialer Stabilität und intensiver persönlicher Bindungen kann auch die Bildung von heterogenen „Tischgruppen" mit etwa 4 Schülern förderlich sein (Schwager 2005).
Ein inklusiver Unterricht ist also nicht allein darum bemüht, Heterogenität irgendwie zu bewältigen und über die Runden zu kommen, sondern sie für soziales wie auch kognitives Lernen fruchtbar zu machen. Die produktive Nutzung von Heterogenität in den Lerngruppen muss allerdings in Theorie und Praxis des inklusiven Unterrichts noch weiter entwickelt werden.

*Kulturelle Ressourcen*
Die Werte von großen und kleinen Gesellschaften sind in Regeln, Bräuchen und Sitten kodifiziert und inkorporiert (Mayer 1994; von der Groeben 1999; Kaiser 2001). Das soziale Miteinander ist durch ein Vielerlei an symbolischen Interaktionsmustern geprägt und in erwartbarer Form vorab strukturiert. Für diese Ritualisierung des Soziallebens seien beispielhaft die ungeschriebenen, aber sehr differenzierten Begrüßungsformen (Handkuss, Händedruck, Umarmung, Verbeugung, Knicks, Kuss) genannt. In der Schulpädagogik erlebt das Thema Rituale zurzeit eine Renaissance. Zu Recht! Durch eine Ritualisierung des Unterrichtsalltags und des sozialen Zusammenlebens werden die Pädagogen von der Aufgabe, alle Schüler einzubinden und teilhaben zu lassen, in nicht

unterschätzbarer Weise entlastet. So manches muss im unterrichtlichen Alltag nicht mehr je aufs Neue angestoßen und geregelt werden, sondern regelt sich gleichsam ohne viele Worte von selbst. Ein inklusiver Unterricht nutzt in einer reflektierten Form die nachhaltige und „autopoietische" Wirksamkeit von Ritualen. Der „Index für Inklusion" (Booth/Ainscow 2003) vermittelt konkrete Anregungen für die Entwicklung einer inklusiven Unterrichtskultur.

*Vielfalt des Unterrichts: Barrierefreie Lernprozesse*
Die Behindertenrechtskonvention (Artikel 20 und 23) wie auch die Inklusionspädagogik, etwa der „Index für Inklusion" (Booth/Ainscow 2003), fordern gleichermaßen Barrierefreiheit. Sie richten den Blick nicht zuerst auf die Defizite des Individuums, sondern auf die Defizite der Umwelt. Ein inklusiver Unterricht ist gehalten, alle Barrieren für Lernen und Teilhabe zu beseitigen.
Barrierefreiheit meint weitaus mehr als eine unbehinderte Mobilität und darf nicht auf rollstuhlgerechte Gebäude und Verkehrswege reduziert werden. Im schulischen Kontext kommt es vor allem darauf an, angemessene Vorkehrungen für eine barrierefreie Information und Kommunikation zu treffen. Für Kinder mit Lernschwierigkeiten ist die mittelschichtorientierte Schulsprache, und für Kinder mit Migrationshintergrund der monolinguale Habitus ein großes Lernhindernis; sie benötigen „Leichte Sprache". Alle Lernmaterialien und -medien (Schulbücher, Arbeitsblätter, Filmdokumente, u. a.) sind dringend auf ihre sprachliche Barrierefreiheit kritisch zu überprüfen. Die neuen informationstechnologischen Medien (Internet; Tondokumente u. a.) sind zu befragen, ob sie barrierefrei gestaltet sind und ihre Chancen für neue Lernwege genutzt werden. Für gehörlose Kinder muss im Bedarfsfall die Gebärdensprache, für blinde Kinder die Brailleschrift vorgehalten werden (BRK 2009, Art. 24). Und schließlich sollte die inklusive Schule ein Vorreiter in der Entwicklung eines „universal design" (BRK 2009, Art. 2) sein. Die gesamte schulische Lernumwelt sollte so gestaltet sein, dass sie auch wirklich von allen Kindern ungehindert genutzt werden kann und damit dem Anspruch einer „Schule für alle" gerecht wird.
Eine weitere Barriere von erheblicher Relevanz sind Unterrichtsstörungen:

> „Die wichtigste Voraussetzung für wirkungsvolles und erfolgreiches Lernen ist das Ausmaß der aktiven Lernzeit, das heißt der Zeit, in der sich die einzelnen Schüler mit den zu lernenden Inhalten aktiv, engagiert und konstruktiv auseinander setzen. Je mehr Unterrichtszeit für die Reduktion störender Aktivitäten verbraucht bzw. verschwendet wird, desto weniger aktive Lernzeit steht zur Verfügung. Der Klassenführung kommt deshalb eine Schlüsselfunktion im Unterricht zu" (Weinert 1996, 24).

*Vielfalt des Unterrichts: Diskriminierende Praxen*

Diskriminierende Praxen und Exkludierende Sanktionen sind die einzigen Indikatoren, die negativ formuliert sind; d. h. sie sollten in einem inklusiven Unterricht in einem möglichst geringen Ausmaße vorhanden sein.

Die alte Schule kannte mancherlei Rituale, Kinder zu beschämen. Die Rückgabe von Klassenarbeiten erfolgte strikt nach der Notenfolge, so dass vor aller Augen ersichtlich wurde, wer „gut" und wer „schlecht" ist. Bei Fehlverhalten wurde der schuldige Schüler wie ein Schandpfahl „in die Ecke gestellt". Und für manche Schüler war das Vorrechnen an der Tafel eine öffentliche Bloßstellung ihrer Leistungsschwäche. Derartige Demütigungen als Kinder leben noch lange in den Erinnerungen der Erwachsenen weiter.

Behindertenrechtskonvention und Inklusion fordert die gleiche Achtung und Wertschätzung aller Kinder ein, und zwar sowohl im Lehrer-Schüler-Verhältnis wie auch in den Beziehungen der Schüler untereinander. Schwerwiegende Formen von diskriminierenden Praktiken sind Mobbing und Gewalt. Mobbing will ein missliebiges Gruppenmitglied rausekeln und damit den bewussten Ausschluss, also Exklusion. Gewalt will die Erniedrigung, Unterwerfung, ja mitunter die Vernichtung eines anderen, sie tritt die unverfügbare Würde des anderen buchstäblich mit Füßen. Mobbing und Gewalt wertschätzen nicht Verschiedenheit, sondern gehen aggressiv gegen Andersartigkeit vor.

Neben den groben und offensichtlichen Formen der Diskriminierung gibt es eine Unzahl von Lieblosigkeiten, Nadelstichen, Herabsetzungen und Verletzungen: Hänseln, Verspotten, Belächeln, Beleidigen, Ausschimpfen, Bespukken, Auslachen, Ignorieren und anderes mehr. Diese alltäglichen Entwürdigungen und Verletzungen können das Ehrgefühl und Wohlbefinden eines Betroffenen empfindlich treffen und in der Summe das Klima im sozialen Miteinander nachhaltig vergiften.

Zu den diskriminierenden Praktiken gehören auch klischeehafte Vorstellungen und vorurteilsvolle Einstellungen. Sie untergraben die Gleichwürdigkeit behinderter Menschen und müssen als despektierliche, verletzende Zumutungen gewertet werden. Und schließlich beinhaltet die Akzeptanz von Verschiedenheit auch die Forderung, mit Unvollkommenheiten, Schwächen und Fehlern einen toleranten Umgang zu pflegen. Fortgesetztes Kritisieren und penetrantes Herumnörgeln ist destruktiv; es belastet die Beziehung, wirkt demotivierend und ist herabsetzend. Die Abwesenheit diskriminierender Praxen ist daher alles in allem ein unverzichtbares Gütemerkmal eines inklusiven Unterrichts.

*Vielfalt des Unterrichts: Exkludierende Selektionen*

Seit PISA pfeifen es die Spatzen von den Dächern: Deutschland hat weltweit das selektivste Schulsystem. Von Bildungsungerechtigkeit sind insbesondere

Kinder mit Migrationshintergrund und Kinder in sozioökonomisch benachteiligten Lebenslagen betroffen. Kinder mit geringem ökonomischem, kulturellem und sozialem Kapital (Bourdieu 1997) erreichen im deutschen Schulsystem nicht die Lernerfolge und Schulabschlüsse, die ihnen aufgrund ihrer Potenziale durchaus möglich wären. Der UNO-Sonderbeauftragte Muñoz hat verdienstvollerweise ergänzend darauf aufmerksam gemacht, dass auch Kinder mit Behinderungen hierzulande in der Bildung benachteiligt werden.

Was für das allgemeine Schulwesen gilt, trifft auch für die Förderschulen zu. Auch die Förderschulen sind keine heile Welt, sondern durch Bildungsungleichheit charakterisiert. Beispielhaft sei auf die eigenen Untersuchungen in Förderschulen für lernbehinderte Schüler verwiesen. Die Sonderschulen mit dem Förderschwerpunkt Lernen sind durch eine Überrepräsentanz der Migranten, der Armen, der Kinderreichen, der Jungen und der Arbeitslosen gekennzeichnet (Wocken 2007).

Die inklusive Schule nimmt das in Vergessenheit geratene Verfassungsgebot der Chancengerechtigkeit wieder auf und will alle marginalisierten und benachteiligten Gruppen zu ihrem Recht auf Bildung verhelfen. Durch das erklärte Bemühen um mehr Bildungsgerechtigkeit positioniert sich Inklusion jenseits von Sozialromantik und Humanduselei als eine politische und demokratische Pädagogik. Ein inklusiver Unterricht muss sich folglich daran messen lassen, in welchem Maße es ihm gelingt, Bildungsungerechtigkeit zu mindern und abzubauen.

Zum Indikator „Exkludierende Selektionen" zählt sodann das gesamte Arsenal der formellen, institutionellen Selektionen, die das gegliederte Schulwesen zwecks Homogenisierung der Lerngruppen in schwindelerregender Anzahl und immer wieder aufs Neue exekutiert: (1) Zurückstellungen bei der Einschulung; (2) Sitzenbleiben; (3) Schulverweis auf andere Schulen; (4) Sortieren nach Schulformen; (5) Rückstufungen der „falschen" Schüler in niedere Schulformen (Tillmann 2009). Alle diese exkludierenden Selektionen sind keine unvermeidlichen „Betriebsunfälle", sondern gewollte, geplante und konsequent umgesetzte Systemoperationen. Die Pannen haben System! Die Selektionsmaschinerie ist derart zur Routine geworden, dass weder Raum noch Zeit ist für Trauerarbeit, Nachdenklichkeit oder moralische Skrupel.

Nimmt man Inklusion als „bejahte und gewollte Heterogenität" (Wocken 1987, 70) beim Wort, dann kann es in einer inklusiven Schule exkludierende Selektionen jedweder Art samt und sonders nicht geben. Die Praxis einer nichtexkludierenden, selektionsfreien Schule muss nicht im Einzelnen ausgepinselt werden. Auf der Agenda obenan steht der vollständige Verzicht auf Sitzenbleiben und Klassenwiederholungen, Maßnahmen, in denen Peter Petersen den „Bankrott des Jahrgangs-Klassensystems" verkörpert sah.

Das Postulat, alle exkludierenden, selektiven Praktiken zu unterlassen, ist theoretisch zwingend und undiskutierbar. In Übergangs- und Implementationsphasen mag es gute Gründe etwa für Zurückstellungen und Klassenwiederholungen „auf freiwilliger Basis" geben. Die anspruchsvolle Zielsetzung, alle institutionellen Desintegrationsmechanismen und -instrumente zu suspendieren, darf aber theoretisch nicht aufgeweicht werden. Die Qualität eines inklusiven Unterrichts wird auch an diesem Maßstab „exkludierende Selektionen" zu messen sein. Selektionen sind ein valider Indikator für Inklusivität. Eine Schule, die systematisch exkludiert, ist nicht inklusiv.

*Vielfalt des Unterrichts: Entwicklungsorientierte Lernevaluation*

Es ist ungerecht, die Leistungen verschiedener Kinder nach dem gleichen Maßstab zu bewerten. Kinder, die einzigartig und einmalig sind, kann man nicht miteinander vergleichen. Ziffern- oder Notenzeugnisse dagegen vergleichen die Schüler miteinander und nach einem einheitlichen Maßstab: Es gibt gute, durchschnittliche und schlechte Schüler. Lernbehinderte Schüler etwa können nicht so gut lesen und rechnen wie leistungsfähige Schüler. Wenn alle Schüler nach dem gleichen Maßstab bewertet werden, dann erhalten lernschwache Schüler immer ein „mangelhaft" oder „ungenügend", auch dann, wenn sie sich angestrengt und, gemessen an ihren eigenen Möglichkeiten, sehr viel und „sehr gut" gelernt haben.

F. Herbart schrieb 1832 in seinen Pädagogischen Briefen: „Der Erzieher vergleicht seinen Zögling nicht mit anderen, er vergleicht ihn mit sich selbst. Er ist mit keinem zufrieden, der hinter sich selbst zurückbleibt, und mit keinem unzufrieden, welcher so viel wird, als man vermutlich von ihm erwarten konnte."

Eine wichtige Hilfe für eine individualisierende Leistungsbewertung sind Berichtszeugnisse (Bambach 1994; Bartnitzky 1994) und Portfolios (Vierlinger 1999; Vierlinger 2002; Winter 2002). Berichtszeugnisse geben die Möglichkeit, die Entwicklungsfortschritte und Leistungsergebnisse von Kindern ausführlich und auf jeden einzelnen Schüler bezogen zu beschreiben. Portfolios verzichten fast völlig auf eine Fremdbewertung; hier legen die Arbeitsergebnisse und -produkte selbst ein ungeschminktes und authentisches Zeugnis über die Lernentwicklung der Schüler ab.

Die Formen der Leistungsdokumentation, -rückmeldung und -bewertung sind vielfältig, wesentlich ist dabei immer die Ausrichtung an einer individuellen Bezugsnorm (Rheinberg 1980; Rheinberg 1995). „Es gilt für jedes Kind ein eigener Maßstab" (Grolle 1987, 42). In einem inklusiven Unterricht wird der Vergleich der Schüler miteinander eingeschränkt und dem Prinzip der individualisierten Leistungsbewertung besondere Bedeutung zugemessen.

## 5.3. Dimension: Vielfalt der Pädagogen

*Vielfalt der Pädagogen: Aktive Unterstützung*

Der Ausdruck „aktive Unterstützung" ist sich seiner selbst nicht ganz sicher und deshalb nur ein erster, tastender Versuch. Mit „aktiver Unterstützung" soll die veränderte Qualität der Lehrer-Schüler-Beziehung auf den Begriff gebracht werden. Ein inklusives pädagogisches Verhältnis unterscheidet sich nicht unbedeutsam von dem, was mit „sonderpädagogischer Förderung" verbunden wird.

Der Begriff ist in Anlehnung an das „aktive Zuhören" in der humanistischen Psychologie (Rogers 1985; Bachmaier u.a. 1999) geprägt worden. Während „Fördern" eher mit stark steuerenden, lenkenden Interventionen assoziiert wird und an eine Behandlung eines Kindes als passives Objekt denken lässt (Boban/Hinz 1996), will der Ausdruck „aktive Unterstützung" auf ein ausgeglichenes Verhältnis von Initiative und Aktivität im pädagogischen Prozess hinaus (Speck 1996). In der geisteswissenschaftlichen Pädagogik hat Theodor Litt (1927; 1964) bereits dieses fließende Gleichgewicht als ein dialektisches Verhältnis von „Führen und Wachsenlassen" charakterisiert. Ines Boban und Andreas Hinz haben den pädagogischen Umgang in „demokratischen Schulen" mit den Methoden kooperativen Lernens verglichen; die abwägende Erörterung kommt zu dem Schluss, dass ein inklusiver Umgang mit Kindern sich im „Spannungsfeld von Lernprozesssteuerung und Freiheitsberaubung" (Boban/Hinz 2009) bewegt.

Jakob Muth schließlich hat den Begriff „Pädagogischer Takt" von Herbart übernommen und neu ausgelegt. Pädagogischer Takt „ist gekennzeichnet durch das feste Vertrauen auf den autonomen Lebenswillen und die eigenen Wachstumskräfte von Kindern; durch die aufspürende Aufmerksamkeit für die Botschaften, die die Handlungen der Kinder vermitteln; und durch die zurückhaltende Unterstützung der gegebenen Fähigkeiten" (Wocken 1988, 220). „Der Lehrer muss dazu seine pädagogische und didaktische Aggressivität aufgeben, die sich darin äußert, dass er ständig fragt, belehrt, fordert, diktiert, korrigiert, an die Tafel schreibt, bittet, befiehlt, vorträgt, usw.. Zurückhaltung ist auf Seiten des Lehrers die kardinale methodische Tugend" (Muth 1986, 76).

Inklusion glaubt an den Lernwillen der Kinder und hat „Achtung vor den sich entwickelnden Fähigkeiten von Kindern mit Behinderungen" (BRK 2009, Art. 3). Sonderpädagogische Förderung ist dagegen eher durch ein Misstrauen in die Entwicklungskräfte behinderter Kinder geprägt; sie meint deshalb, die Initiative ergreifen und die Steuerung der Lernprozesse übernehmen zu müssen (Speck 1996). Sonderpädagogisches Fördern ist eher der Redensart verpflichtet: „Das Gras wächst schneller, wenn man daran zieht" (vgl. Hinz 1993, 140 f).

Pädagogischer Takt ist durch Achtsamkeit und Respekt gekennzeichnet, er gründet in einem tiefen Vertrauen auf die Selbstentfaltungskräfte aller Kinder. Er aktiviert als anteilnehmende Lernbegleitung die Mitverantwortung des Lernenden für seinen Lernprozess und betrachtet Lernschwierigkeiten als eine gemeinsam zu bewältigende Aufgabe. Diese pädagogische Haltung in einer inklusiven Schule soll der Begriff „aktive Unterstützung" ausdrücken. Maria Montessori formuliert die rechte Haltung als einfache Regel: „Hilf mir, es selbst zu tun!"

*Vielfalt der Pädagogen: Kooperation der Pädagogen*
Die Erziehung und Unterrichtung einer heterogenen Lerngruppe ist eine Aufgabe, die nicht mehr durch einen einzigen Lehrer geleistet werden kann. Als systemtheoretische Begründung wurde bereits oben auf das Gesetz einer ausbalancierten Komplexität hingewiesen. In aller Regel wird eine inklusive Klasse durch ein pädagogisches Team aus mehreren Personen geführt. Wie die professionellen Ressourcen für eine inklusive Schule auszugestalten sind, wird zwischen den Finanz- und Kultusbehörden als dem Arbeitgeber und den professionellen Pädagogen als Arbeitnehmern naturgemäß äußerst kontrovers erörtert. Die unabdingbare Teamarbeit bedeutet nicht, dass in jeder Unterrichtsstunde immer ein zweiter Pädagoge anwesend sein muss. Sie bedeutet auch nicht, dass der zweite Pädagoge in jedem Fall ein Sonderpädagoge sein muss. Welcher Pädagoge mit wie viel Stunden in einem inklusiven Unterricht zusätzlich mitwirken muss, kann überhaupt nicht allgemeingültig, sondern nur in Ansehung einer konkreten Lerngruppe und der dort vorfindlichen Förderbedürfnisse festgelegt werden. Pflegerische Aufgaben erfordern andere Kompetenzen als die unterrichtlichen Aufgaben. Assistenz und kurative Dienste können auch von pädagogischem Laienpersonal (Schulbegleiter, Integrationshelfer, Eltern) wahrgenommen werden, wie durch die „community education" (Göhlich 1997) belegt. Bei besonderen, individuellen Förderbedarfen ist selbstverständlich für eine passende und qualifizierte sonderpädagogische Unterstützung zu sorgen.
Über die quantitative Erweiterung um passendes pädagogisches Personal hinaus hat die Qualität ihrer Zusammenarbeit eine herausragende Bedeutung. Es kommt nicht allein darauf an, dass da noch eine weitere Person mehr an Bord ist und auch mit anpackt, sondern wichtig ist, dass die inklusive Unterrichtsarbeit als eine gemeinsame Aufgabe verstanden wird, die nur in Kooperation zu leisten ist und auch kooperativ durchgeführt wird. Das Missverständnis von Inklusion als eine Addition von Regelpädagogik und Sonderpädagogik ist leider weit verbreitet. Der Sonderpädagoge, der mit „seinen" Kinder im Gruppenraum arbeitet, während der Unterricht mit der übrigen Klasse seinen gewohnten Gang nimmt – das ist nicht nur eine Karikatur, sondern leider auch hier und da die traurige Wirklichkeit von Kooperation.

Das problemhaltige Thema Kooperation von Pädagogen wurde in der Integrationsforschung gründlich bearbeitet (Lütje-Klose 1999; Schöler 2005; Wocken 1991; Wocken 1988). Ungeachtet vorliegender Forschungsarbeiten und Praxishilfen hat das Thema weiterhin eine kaum zu überschätzende Bedeutung für die Entwicklung eines inklusiven Unterrichts. Lehrer sind als Einzelkämpfer sozialisiert und müssen Kooperation von der Pike auf lernen. Die Qualität eines inklusiven Unterrichts hängt an diesem seidenen Faden einer gelingenden Kooperation des pädagogischen Personals.
Hilfreiche Anregungen für eine professionelle Kooperation können auch aus den Erfahrungen der Gesamtschulen mit dem Team-Kleingruppen-Modell gewonnen werden. Die Fixierung auf das Klassenlehrer-Modell und der unerfüllbare Traum einer ständigen Doppelbesetzung verdienen durchaus eine kritische Reflexion. Die Installation von kooperativen Pädagogenteams, die für eine ganze Jahrgangsstufe mit mehreren Klassen verantwortlich sind, die von der Schulleitung mit erweiterten Kompetenzen ausgestattet werden und als institutionelle Suborganisation, quasi als „eine Art Schule in der Schule eine recht große Autonomie“ (Schwager 2005, 263) haben, wäre eine mögliche Entwicklungsrichtung zu einer kooperativen Professionskultur. Auch auf professioneller Ebene ist die „Zwei-Gruppen-Theorie“ zu überwinden; inklusiver Unterricht ist keine additive Kooperation von Regel- und Sonderpädagogen.

*Vielfalt der Pädagogen: Soziale Netzwerke*
Ein inklusiver Unterricht zeichnet sich durch die Einbindung in soziale und gemeindliche Netzwerke aus – so die Aussage der Definition. Die deutsche Schule hat keine ausgeprägte sozialpädagogische und sozialräumliche Tradition. Sie gleicht vielfach einer Insel im wogenden Meer der umgebenden Gesellschaft. Eine lebendige Erziehungspartnerschaft zwischen Schule und Elternhaus ist hierzulande nur in bescheidenen Ausmaßen gegeben. Außer den gesetzlich vorgeschriebenen Elternabenden und Elternsprechtagen sowie einem jährlichen Tag der offenen Tür stehen Schule und Gemeinde relativ selten in regen Austauschbeziehungen.
Eine inklusive Schule versteht sich als Teil einer inklusiven Gemeinde. Die Behindertenrechtskonvention fordert ausdrücklich den Zugang zu gemeindenahen Unterstützungsdiensten, die Teilhabe am öffentlichen und kulturellen Leben sowie die Teilhabe an Erholung, Freizeit und Sport (BRK 2009, Art. 29 und 30). Ein afrikanisches Sprichwort druckt die Einbindung der Schule in ihr soziales Umfeld mit einem schönen Bild aus: „Für die Erziehung eines Kindes braucht man ein ganzes Dorf.“ Zu diesem Dorf gehören: Die Eltern, Eltern- und Fördervereine, die Träger der Jugendhilfe, Schul- und Sozialbehörde, Verkehrspolizei und lokale Presse, Sport- und Freizeitvereine, vorschulische Ein-

richtungen, Berufsschulen und Ausbildungsbetriebe, und nicht zuletzt Kinderärzte und therapeutische Dienste. Inklusive Pädagogik bezieht neben Familie und Schule die Nachbarschaft als „dritten Sozialraum“ (Dörner 2007) konzeptionell in ihre Arbeit ein und macht sich das bürgerschaftliche Engagement für Schulentwicklungsprozesse zunutze. Gütemaßstab eines inklusiven Unterrichts ist also eine eine sozialräumliche Vernetzung von Bildungsprozessen. In jüngster Zeit sind in zunehmendem Maße Tendenzen der Auslagerung von speziellen pädagogischen und therapeutischen Angeboten aus der Schule zu beobachten. Dieses Outsourcen entspringt vorwiegend dem Motiv, die Kosten auf die Sozial- und Gesundheitsämter zu verschieben und sich dadurch finanziell zu entlasten. Die Verweigerung therapeutischer Leistungen durch die Schule widerspricht Geist und Buchstaben der Konvention, der zufolge „wirksame individuell angepasste Unterstützungsmaßnahmen“ innerhalb der Bildungssystems zu gewährleisten sind.

## 6. Schluss

Damit sind die Überlegungen zur Frage „Was ist ein inklusiver Unterricht?“ an ihr Ende gekommen. Es kann nun zusammenfassend definiert werden:

***Inklusiver Unterricht bedeutet,***

- ***dass alle Kinder***
  - *einer unausgelesenen*
  - *und ungeteilten Lerngruppe*
- ***sich allgemeine Bildung***
  - *nach individuellem Vermögen*
  - *und individuellen Bedürfnissen*
  - *in vielfältigen Lernprozessen*
  - *mit gemeinsamen und differentiellen Lernsituationen*
  - *unter Nutzung förderlicher Ressourcen*
  - *ohne behindernde Lernbarrieren und*
  - *ohne diskriminierende und exkludierende Praxen sowie*
  - *mit entwicklungsorientierter Lernevaluation*

  ***aneignen können, und zwar***
- ***mit aktiver Unterstützung***
  - *von kooperierenden Pädagogen*
  - *und sozialen Netzwerken.*

Die Definition listet nach den Dimensionen Vielfalt der Kinder, des Unter-

richts und der Pädagogen gegliedert insgesamt 15 Indikatoren auf. Mit dieser Ausdifferenzierung kommt die Definition schon an eine Grenze der Handhabbarkeit und Praktikabilität. Möglicherweise ist der Begriff Checkliste angemessener als der Anspruch einer Definition.
Trotz der Nennung einer stattlichen Anzahl von 15 Indikatoren wird mancher kundige Leser den einen oder anderen Aspekt vermissen, der ihm persönlich wichtig ist. Die Definition bzw. Checkliste beansprucht keine Vollständigkeit. Sie könnte mühelos um weitere Kriterien ergänzt werden. Beispielsweise verdienten auch Merkmale Erwähnung, die nach gegenwärtigem Forschungsstand einen „guten Unterricht“ (Meyer 2005) ausmachen, denn selbstverständlich muss ein inklusiver Unterricht auch ein guter Unterricht sein. Eine weitere Vermehrung der Indikatoren würde aber bald zu einer völligen Überfrachtung führen und die Alltagstauglichkeit eines Lehrbuches im Taschenformat in Frage stellen. Die Checkliste soll sich also nicht durch Vollständigkeit, sondern durch Relevanz auszeichnen.
Zu guter Letzt sei noch einmal nachdrücklich auf den dimensionalen Charakter aller Indikatoren hingewiesen. Man kann sich bei jedem Indikator etwa eine fünfstufige Skala von 2 Plus bis 2 Minus vorstellen, auf der dann per Einschätzung eine Zertifizierung vorgenommen wird. Es gibt keinen inklusiven Unterricht, der in allen Indikatoren perfekt ist und überall Höchstwerte erreicht. Inklusion ist ein Ideal, das immer nur in Annäherungen erreicht werden kann.

## Literatur


[BRK] (2009): Übereinkommen über die Rechte von Menschen mit Behinderungen. (Behindertenrechtskonvention). Schattenübersetzung des Netzwerk Artikel 3 e.V. Berlin

Bachmair, Sabine/Faber, Jan/Hennig, Claudius/Kolb,Rüdiger (1999): Beraten will gelernt sein. Ein praktisches Lehrbuch für Anfänger und Fortgeschrittene. Weinheim: Psychologie Verlags Union

Baillet, Dietlinde (1995): Freinet – praktisch. Beispiele und Berichte aus Grundschule und Sekundarstufe. Weinheim: Beltz

Bambach, H. (1994). Ermutigungen. Nicht Zensuren. Lengwil: Libelle

Bartnitzky, H./Christiani, R. (1994): Zeugnisschreiben in der Grundschule. Beurteilen ohne und mit Zensuren. Heimsberg: Dieck

Booth, Tony/Ainscow, Mel (2003): Index für Inklusion. Lernen und Teilhabe in der Schule der Vielfalt entwickeln. (Übersetzt, für deutschsprachige Verhältnisse bearbeitet und herausgegeben von Ines Boban und Andreas Hinz): Martin-Luther-Universität Halle-Wittenberg

Bourdieu, Pierre (1997): Ökonomisches, soziales und kulturelles Kapital. In:

Baumgart, Franzjörg (Hrsg.): Theorien der Sozialisation. Bad Heilbrunn: Klinkhardt , S. 217-231
Buber, M. (1986): Reden über Erziehung. Heidelberg
Buber, Martin (1962): Das dialogische Prinzip. Heidelberg
Comenius, J.A. (1992): Große Didaktik („Didactica magna" 1657, übersetzt und hrsgg. von A. Flitner). 7. Aufl. Stuttgart: Klett
Dörner, Klaus (2003): Auf dem Weg zur heimlosen Gesellschaft. In: impulse, S. 26-29
Faust-Siehl, G./Garlichs, A./Ramseger, J./Schwarz, H./Warm, U., (1996): Die Zukunft beginnt in der Grundschule. Empfehlungen zur Neugestaltung der Primarstufe. Reinbek bei Hamburg: Rowohlt
Feuser, G. (1982): Integration = die gemeinsame Tätigkeit (Spielen/Lernen/Arbeiten) am gemeinsamen Gegenstand/Produkt in Kooperation von behinderten und nichtbehinderten Menschen. In: Behindertenpädagogik, 21, S. 86-105
Feuser, G. (1998): Gemeinsames Lernen am gemeinsamen Gegenstand. Didaktisches Fundamentum einer Allgemeinen (integrativen) Pädagogik. In: Hildeschmidt, A./Schnell, I. (Hrsg.): Integrationspädagogik. Auf dem Weg zu einer Schule für alle. Weinheim/München: Juventa , S. 19-35
Gardner, H. (1998): Der Abschied vom IQ. Die Rahmentheorie der vielfachen Intelligenzen. 2. Aufl. Stuttgart: Klett-Cotta
Göhlich, M. (1997): Offener Unterricht. Weinheim: Beltz
Göhlich, Michael (Hrsg.) (1997): Offener Unterricht, Community Education, Alternativschulpädagogik, Reggiopädagogik. Die neuen Reformpädagogiken. Geschichte, Konzeption, Praxis. Weinheim: Beltz
Green, Norm/Green, Kathy (2005): Kooperatives Lernen im Klassenraum und im Kollegium. Das Trainingsbuch. Seelze: Kallmeyer
Groeben, A. von d. (1999): Was sind und wozu brauchen Schulen „gute" Rituale? In: Pädagogik, 51, 4, S. 6-9
Grohnfeldt, Manfred/Angerhoefer, Ute/Dobslaff, O./Rasper, Helga/Spiess, Walter/Opp, Günther (1996): Anmerkungen zum Positionspapier „Sonderpädagogischer Förderbedarf als systemischer Begriff" von H. Wocken. In: Sonderpädagogik 26, S. 39-62
Grolle, Joist (1987): Grußwort zum Bundeselterntreffen. In: Hinz, Andreas/Wocken, Hans (Hrsg.): Gemeinsam leben – gemeinsam lernen beim Hamburger Integrationszirkus. Hamburg: Curio , S. 41-44
Hiller, Gotthilf G. (1989): Ausbruch aus dem Bildungskeller. Pädagogische Provokationen. Langenau-Ulm: Vaas

Hinz, A. (1993): Heterogenität in der Schule. Integration – Interkulturelle Erziehung – Koedukation. Hamburg: Curio

Hinz, A. (1998): Pädagogik der Vielfalt – ein Ansatz auch für Schulen in Armutsgebieten? Überlegungen zu einer theoretischen Weiterentwicklung. In: Hildeschmidt, A./Schnell, I. (Hrsg.): Integrationspädagogik. Auf dem Weg zu einer Schule für alle. Weinheim/München: Juventa , S. 127-144

Hinz, A. (2004): Vom sonderpädagogischen Verständnis der Integration zum integrationspädagogischen Verständnis der Inklusion!? In: Schnell, I: /Sander, A. (Hrsg.) : Inklusive Pädagogik. Bad Heilbrunn: Klinkhardt , S. 41-74

Hinz, A. (2007): Inklusion – Vision und Realität! In: Katzenbach, D. (Hrsg.): Vielfalt braucht Struktur. Heterogenität als Herausforderung für die Unterrichts- und Schulentwicklung. Frankfurt: J. W. Goethe-Universität (Frankfurter Beiträge zur Erziehungswissenschaft), S. 81-98

Hinz, Andreas (2009): Inklusive Pädagogik in der Schule – veränderter Orientiierungsrahmen für die schulische Sonderpädagogik!? Oder doch deren Ende? In: Zeitschrift für Heilpädagogik 60, 5, S. 271-279

Huber, Anne (Hrsg.) (2004): Kooperatives Lernen – kein Problem. Effektive Methoden der Partner- und Gruppenarbeit (für Schule und Erwachsenenbildung). Leipzig: Klett

Kaiser, Astrid (2001): 1000 Rituale für die Grundschule. Hohengehren: Schneider

Kasper, H. (1993): Offener Unterricht. In: Heckt, D./Sandfuchs, U. (Hrsg.): Grundschule von A bis Z Braunschweig: Westermann , S. 191-193

Kautter, H./Klein, G./Laupheimer, W./Wiegand, S. (1988): Das Kind als Akteur seiner Entwicklung. Heidelberg: Schindele

Klafki, Wolfgang (1996): Neue Studien zur Bildungstheorie und Didaktik. Zeitgemässe Allgemeinbildung und kritisch-konstruktive Didaktik. Weinheim: Beltz

Litt, Theodor (1964): Führen oder Wachsenlassen. (1927) Stuttgart

Lütje-Klose, Birgit/Willenbring, Monika (1999): „Kooperation fällt nicht vom Himmel". Möglichkeiten der Unterstützung kooperativer Prozesse in Teams von Regelschullehrerin und Sonderpädagogin aus systemischer Sicht. In: Behindertenpädagogik, 38, 1, S. 2-31

Mayer, W.G. (1994): Riten, Regeln, Rituale. In: Kohls, E. (Hrsg.) : Grundbegriffe zur Erziehung, zum Lehren und Lernen in der Grundschule. Heinsberg: Agentur Dieck , S. 226-240

Meyer, H. (2005): Was ist guter Unterricht? 2. Aufl. Berlin: Cornelsen

Muth, Jakob (1986): Integration von Behinderten. Über die Gemeinsamkeit im Bildungswesen. Essen: Neue Deutsche Schule

Petersen, Peter (1961): Der Kleine Jena-Plan. (1927) 31. Aufl. Weinheim: Beltz

Plate, E. (2008): Betrachtungen ‘inklusiver’ Schulentwicklungen in England aus einer internationalen Perspektive. In: Sonderpädagogische Förderung heute 53, S. 399-427

Prengel, A. (1993): Pädagogik der Vielfalt. Verschiedenheit und Gleichberechtigung in Interkultureller, Feministischer und Integrativer Pädagogik. Opladen: Leske+Budrich

Rheinberg, F. (1980): Leistungsbewertung und Lernmotivation. Göttingen: Hogrefe

Rheinberg, Falko (1995): Individuelle Bezugsnormen der Leistungsbewertung und Motivation im Unterricht. In: Pädagogische Welt, 49, 2, S. 59-62

Rogers, C.R. (1985): Die Kraft des Guten. Frankfurt: Fischer

Schöler, J. (2005): Leitfaden zur Kooperation von Lehrerinnen und Lehrern – nicht nur in Integrationsklassen. 3. Aufl. Heinsberg

Schwager, M. (2005): Eine Schule auf dem Weg zur Inklusion? Entwicklungen des Gemeinsamen Unterrichts an der Gesamtschule Köln-Holweide. In: Zeitschrift für Heilpädagogik 56, S. 261-268

Speck, Otto (1996a): Sonderpädagogische Förderung neu verstehen (Teil 1). In: Forum E, 49, 5, S. 17-21

Speck, Otto (1996b): Sonderpädagogische Förderung neu verstehen. (Teil 2). In: Forum E, 49, 6, S. 9-12

Tillmann, K.-J. (2009): Sechsjährige Primarschule in Hamburg: Empirische Befunde und pädagogische Bewertungen. In: Daschner, P. (Hrsg.): Hamburg macht Schule. Hamburg (Sonderheft), S. 10-29

Vierlinger, R. (1999): Leistung spricht für sich selbst: „Direkte Leistungsvorlage“ (Portfolio) statt Ziffernzensuren und Notenfetischismus. Heimsberg: Dieck

Vierlinger, R. (2002): Das Konzept der „Direkten Leistungsvorlage“. In: Winter, F./Groeben, A. v.d./Lenzen, K.-D. (Hrsg.): Leistung sehen, fördern, werten. Neue Wege für die Schule. Bad Heilbrunn: Klinkhardt , S. 28-38

Wallrabenstein, W. (1994): Offener Unterricht. In: Kohls, E. (Hrsg.) : Grundbegriffe zur Erziehung, zum Lehren und Lernen in der Grundschule. Heinsberg: Agentur Dieck , S. 200-207

Wallrabenstein, W. (1994): Offene Schule – offener Unterricht. Ratgeber für Eltern und Lehrer. Reinbek: Rowohlt

Weidner, Margit (2005): Kooperatives Lernen im Unterricht. Das Arbeitsbuch. 2. Aufl. Seelze-Velber: Kallmeyer

Winter, F. (2002): Ein Instrument mit vielen Möglichkeiten – Leistungsbewertung anhand von Portfolios. In: Winter, F./Groeben, A. v.d./Lenzen, K.-D. (Hrsg.): Leistung sehen, fördern, werten. Neue Wege für die Schule. Bad Heilbrunn: Klinkhardt , S. 175-183

Wocken, H. (1987b): Integrationsklassen in Hamburg. In: Wocken, H./Antor, G. (Hrsg.): Integrationsklassen in Hamburg. Erfahrungen – Untersuchungen – Anregungen. Oberbiel: Jarick , S. 65-90

Wocken, H. (1998): Gemeinsame Lernsituationen. Eine Skizze zur Theorie des gemeinsamen Unterrichts. In: Hildeschmidt, A./Schnell, I. (Hrsg.): Integrationspädagogik. Auf dem Wege zu einer Schule für alle. Weinheim, München: Juventa , S. 37-52

Wocken, H. (1999): Ambulanzlehrerzentren – Unterstützungssysteme für integrative Förderung. In: Heimlich, U. (Hrsg.) : Sonderpädagogische Fördersysteme. Auf dem Wege zur Integration. Pfaffenweiler: Centaurus (Pädagogik) (Pädagogik), S. 79-96

Wocken, Hans (1987): Bilanz und Perspektiven des Schulversuchs Integrationsklassen. In: Wocken, Hans/Antor, Georg/Hinz, Andreas (Hrsg.): Integrationsklassen in Hamburger Grundschulen. Bilanz eines Schulversuchs. Hamburg: Curio , S. 49-60

Wocken, Hans (1988): Offener Unterricht. In: Wocken, Hans/Antor, Georg/ Hinz, Andreas (Hrsg.): Integrationsklassen in Hamburger Grundschulen. Hamburg: Curio , S. 359-377

Wocken, Hans (1988): Kooperation von Pädagogen in integrativen Grundschulen. In: Wocken, Hans/Antor, Georg/Hinz, Andreas (Hrsg.): Integrationsklassen in Hamburger Grundschulen. Bilanz eines Modellversuchs. Hamburg: Curio , S. 199-274

Wocken, Hans (1991): Integration heißt auch: Arbeit im Team. Bedingungen und Prozesse kooperativer Arbeit. In: Pädagogik, 43, 1, S. 18-23

Wocken, Hans (1996): Sonderpädagogischer Förderbedarf als systemischer Begriff. In: Sonderpädagogik, 26, S. 34-38

Wocken, Hans (2007): Fördert Förderschule? Eine empirische Rundreise durch Schulen für „optimale Förderung". In: Demmer-Dieckmann, I./Textor, A. (Hrsg.) : Integrationsforschung und Bildungspolitik im Dialog. Bad Heilbrunn: Klinkhardt , S. 35-60

Wocken, Hans (2009): Integration & Inklusion. Ein Versuch, die Integration vor der Abwertung und die Inklusion vor Träumereien zu bewahren. In: Stein, Anne-Dore/Niediek, Imke/Krach, Stefanie (Hrsg.): Integration und Inklusion auf dem Wege ins Gemeinwesen. Möglichkeitsräume und Perspektiven. Bad Heilbrunn: Klinkhardt, S. 204-234

# 9. Inklusive Unterrichtsorganisation.
Indirekter Unterricht als Maxime einer inklusiven Unterrichtsmethodik.

## 1. Das Problem

„Didaktik" und „Methodik" sind angestammte Kernbegriffe unterrichtlichen Denkens und Handelns. Während sich die Didaktik (im engeren Sinne) mit den Zielen und Inhalten des Unterrichts beschäftigt, bearbeitet die Methodik die Fragen der Wege und Mittel der unterrichtlichen Vermittlung und Aneignung. Auf eine griffige Kurzformel gebracht geht es in der Didaktik um das „Was", in der Methodik um das „Wie" des Lehrens und Lernens. Dieser Beitrag fokussiert die Methodik des Unterrichts, und zwar unter dem besonderen Aspekt der Heterogenität schulischer Lerngruppen. Leitende Fragestellung ist, wie schulischer Unterricht gestaltet werden kann und soll, wenn sich die Schüler in vielerlei Hinsichten, nach Alter, Geschlecht, Herkunft, Ethnie, Begabung und anderen lernrelevanten Merkmalen unterscheiden. Die Struktur des Problems sei einleitend am Beispiel großer Pädagogen aufgezeigt.

### 1.1 Erste Problemstation: Viele Schüler (Comenius)

Viele pädagogischen Probleme, die uns heutigen Tags drücken, gab es zu Zeiten des Hauslehrers nicht. Jeder Schüler hatte seinen eigenen Lehrer, erhielt persönliche Zuwendung und individualisierten Unterricht. Individualisierung musste nicht erst hergestellt werden, sie war immer schon durch das Eins-zu-Eins-Setting strukturell gegeben. Comenius stellte 1657 erstmals die neuzeitliche Frage: „Wie kann ein einziger Lehrer für eine große Schülerzahl ausreichen?" Seiner Auffassung nach genügt „ein einziger Lehrer für die größte Schülerzahl, wenn er nämlich ... niemals einen allein unterrichtet, weder privat außerhalb der Schule noch während des öffentlichen Unterrichts in der Schule, sondern gleich alle zusammen. Er soll also zu niemandem besonders hingehen und nicht dulden, dass einer besonders zu ihm komme, sondern auf dem Katheder bleiben und wie die Sonne seine Strahlen über alle verbreiten" (Comenius 1992, 123).
Comenius löste das Problem, wie ein einziger Lehrer viele Schüler unterrichten könne, durch ein rigoroses Verbot (!) jeglicher Individualisierung. Wenn der Lehrer sich mit einem Schüler beschäftigt, kann er sich nicht gleichzeitig um all die anderen kümmern, folglich darf es keine individuellen Lehrer-Schüler-Situationen geben. Alle bleiben auf ihren Plätzen, der Lehrer geht nicht zu den Schülern hin und diese dürfen nicht zu dem Lehrer hin. Mit der gleichmä-

ßigen „Bestrahlung“ aller Schüler war der Frontalunterricht geboren, ein Konzept, das über Jahrhunderte das Bild von Schule und Unterricht prägen sollte und wohl auch noch heute in erheblichem Maße bestimmt.
Das Lernen im gleichen Schritt und Tritt hat eine unumstößliche und folgenreiche Voraussetzung: die Homogenität der vielen Schüler. Seit Comenius sind die Jahrgangsklasse und der Lehrer, der „vor der Klasse“ steht, das Urbild von Schule und Unterricht. Seither jagt die Schule dem Phantom der homogenen Schülergruppe nach. Die problematischen Folgekosten des Homogenisierungswahns: Die Misere des gegliederten Schulwesens, der Frontalunterricht, das alljährliche Sitzenbleiberelend (Tillmann 2004).

## 1.2 Zweite Problemstation: Verschiedene Schüler (Trapp)

Etwa 100 Jahre später hat Ernst August Trapp die verkürzte Fragestellung von Comenius korrigiert. Es geht nicht allein um das Problem, wie ein einziger Lehrer viele Schüler unterrichten kann, sondern um das weiterreichende Problem, wie ein einziger Lehrer viele verschiedene Schüler unterrichten kann. Bei Trapp lautet nun die Fragestellung: „Wie hast du dies alles anzufangen, bei einem Haufen Kinder, deren Anlagen, Fähigkeiten, Fertigkeiten, Neigungen, Bestimmungen verschieden sind, die aber doch in einer und eben derselben Stunde von dir erzogen werden wollen?“ (Trapp 1780/1977).
Trapp hat damit die Heterogenität der Schüler wahrgenommen und als pädagogische Herausforderung anerkannt, aber er blieb in der Beantwortung des Problems ganz und gar der Homogenisierungspädagogik verhaftet. Er schlug vor, den Unterricht „auf die Mittelköpfe zu kalkulieren“. Wenn der Unterricht an einem imaginären Durchschnittsschüler ausgerichtet wird, können die Abweichungen von diesem Durchschnitt und damit die Über- und Unterforderungen möglichst gering gehalten werden. Das Wissen um die Verschiedenheit der Schüler hatte keine angemessenen unterrichtlichen Konsequenzen. Die unterschiedlichen Schüler wurden weiterhin über einen Leisten geschlagen und nach einem imaginären Durchschnittswert unterrichtet. Heterogenität wird zwar nicht mehr wie zuvor negiert, sondern unterrichtlich durch die Einbildung von Homogenität bewältigt – eine Strategie, die für die Realität des Unterrichts in deutschen Schulen unverändert prägend ist. Deutsche Lehrer klagen am lautesten über Heterogenität, haben aber weltweit die homogensten Klassen.

## 1.3 Dritte Problemstation: Viele verschiedene Schüler (Inklusion)

Die Homodoxie, der Glaube an die Gleichheit der Schüler (Wocken 2010), hat die Schulpädagogik über Jahrzehnte und Jahrhunderte bestimmt – mit weni-

gen Ausnahmen, zu denen etwa Peter Petersen und Maria Montessori zu zählen sind. Erst integrative und inklusive Pädagogik brechen radikal mit der Fiktion der Homogenität.
Ungeachtet des inakzeptablen Vorschlags einer Durchschnittspädagogik hat Trapp die richtige Frage gestellt und in gültiger Form das pädagogische Problem der unterrichtlichen Bewältigung von heterogenen Lerngruppen aufgeworfen. Die Fragestellung von Trapp kann zeitlose Gültigkeit für sich beanspruchen und bringt auch die Aufgabenstellung einer inklusiven Pädagogik sehr prägnant auf den Punkt: Wie kann ein einziger Lehrer viele und verschiedene Schüler gleichzeitig unterrichten? Wenn Inklusion „bejahte und gewollte Heterogenität" (Wocken 1987, 70) bedeutet, dann kann es keine Durchschnitts- und Homogenisierungspädagogik mehr geben, dann bedarf es anderer Lösungen.

## 2. Prämisse der Problemlösung: Professionelle Kooperation

Das aufgeworfene Problem, wie ein einziger Lehrer viele verschiedene Schüler unterrichten kann, hat in der inklusiven Pädagogik eine unstrittige, einvernehmliche Antwort gefunden. Sie lautet: Ein einzelner Lehrer kann es nicht! Auch der beste Pädagoge wäre mit der Aufgabe überfordert, eine heterogene Gruppe von Schülern mit einer großen Spannweite von Begabungen und Interessen gemeinsam zu unterrichten. Die Verschiedenartigkeit der Lernvoraussetzungen, -möglichkeiten und -bedürfnisse erfordert eine stetige Individualisierung des Unterrichts, die ein Lehrer allein nicht leisten kann; die Verschiedenartigkeit der Förderbedarfe behinderter und nichtbehinderter Kinder erfordert ferner eine Vielzahl von pädagogischen Kompetenzen, die einem Lehrer allein nicht abverlangt werden können. Eine heterogene Schülergruppe braucht mehrere Pädagogen, ein pädagogisches Team.
Eine wissenschaftliche Begründung für das geforderte Team-System liefert die Systemtheorie. Das Zauberwort heißt „Komplexitätsreduktion". Eine heterogene Schülergruppe stellt ein solches Problempotential dar, das ohne Komplexitätsreduktion nicht bewältigt werden kann. Weil Inklusion eine Komplexitätsreduktion auf der Schülerseite durch Bildung homogener Gruppen nicht zulässt, muss kompensatorisch die Komplexität auf der Lehrerseite erhöht werden. Der Komplexität einer heterogenen Schülergruppe muss die Komplexität des Pädagogen-Teams entsprechen, dann ist das Verhältnis wieder im Lot (Fechler 1987).
Die inklusive Unterrichtung einer heterogenen Schülergruppe macht also grundsätzlich die Arbeit in einem Team von Pädagogen erforderlich. Jenseits dieser pauschalen Lösung, die in der Fachdiskussion völlig unstrittig ist, fan-

gen allerdings die Probleme erst an. Die offenen Fragen beziehen sich erstens qualitativ auf die Art der pädagogischen Professionen, die in einem Team zusammenarbeiten sollen. In Theorie und Praxis der inklusiven Pädagogik wird die Rolle des zweiten Pädagogen mit einer bunten Palette von Professionen besetzt: Schulhelfer, Erzieher, Sozialpädagogen, Heilpädagogen, Regelschullehrer, Sonderschullehrer.
Zu dieser qualitativen Frage nach der Art der mitwirkenden pädagogischen Professionen gesellt sich als weiteres Problem die Frage nach dem quantitativen, zeitlichen Umfang der kooperativen Arbeit: Einzelstunden, Teilzeit- oder Vollzeitlösungen? Für beide Problemkomplexe der Qualität und Quantität professioneller Kooperation bieten Theorie und Praxis eine breite, buntscheckige Palette von Lösungen an, die von einem Konsens weit entfernt ist. Das vielschichtige Problem verdient eine gründliche Bearbeitung, die an dieser Stelle nicht geleistet werden kann. Im anstehenden Zusammenhang ist vorrangig von Interesse, welche Konstellation aus unterrichtsmethodischer Sicht für eine angemessene Bewältigung der Schülervielfalt wünschenswert und erforderlich ist. In einem ersten Zugang sollen zwei Lösungen eine kritische Erwähnung finden, die zwar häufig diskutiert und praktiziert werden, die aber gleichermaßen unrealistisch und untauglich sind.

## 3. Untaugliche Problemlösungen

### 3.1 Erster Irrweg: Man-Power-Lösung

Recht großer Beliebtheit erfreut sich die Forderung nach einem vollen Zwei-Lehrer-System, bestehend aus einem Regelschul- und einem Sonderpädagogen. Die Forderung unterstellt, dass der Einsatz eines Regelschul- und eines Sonderpädagogen, beide jeweils mit voller Stundenzahl, nicht nur ein zwingendes Erfordernis ist, sondern zugleich auch alle pädagogischen Probleme, die sich bei der Unterrichtung heterogener Lerngruppen stellen, in zufriedenstellender Weise lösen kann. Bei einer kritischen Analyse ist das Zwei-Lehrer-System indessen sowohl als unrealistisch wie auch als unzureichend zu kennzeichnen.
Ein volles Zwei-Lehrer-Systems für inklusive Klassen ist keineswegs von vorneherein und immer pädagogisch zureichend. Wenn sich etwa in einer Inklusionsklasse Kinder mit unterschiedlichen Behinderungen, z. B. je ein Kind mit dem Förderschwerpunkt Lernen, Sprache, Hören und Sehen, befinden, dann dürfte es kaum einen Sonderpädagogen geben, der all diesen Förderbedarfen mit fachlicher Kompetenz entsprechen kann. In solchen Fällen wird man trotz der Anwesenheit eines vollen Sonderpädagogen auf die zusätzliche Mitarbeit

weiterer externer Professionen, die etwa in Förderzentren oder Zentren für pädagogische Unterstützung (Wocken 1999 und 2010; Klemm/Preuss-Lausitz 2008) angesiedelt sind, nicht verzichten können.

Für jedwede inklusive Schülergruppe ausnahmslos eine volle Doppelbesetzung mit Lehrer zu fordern, dürfte durch die pädagogischen Bedarfslagen von heterogenen Lerngruppen kaum zwingend und durchgängig begründbar sein. Die Einforderung eines Zwei-Lehrer-Systems für alle inklusiven Klassen ist damit nicht nur sachlich ungerechtfertigt, sondern sie wird in der Folge sich auch unüberwindbaren finanzpolitischen Vorbehalten gegenübersehen und dürfte wohl jenseits aller volkswirtschaftlichen Machbarkeit liegen. Auf eine Lösung des unterrichtsmethodischen Problems durch ein generelles Zwei-Lehrer-System zu hoffen, dies muss man als eine aussichtslose „Traumlösung" ansehen.

### 3.2 Zweiter Irrweg: Die Needs-Power-Lösung

Um das unterrichtsmethodische Problem „Viele verschiedene Schüler" zu bewältigen, wird auch noch ein anderer Weg beschritten: Die Needs-Power-Lösung. Dieser Lösungsweg wird bezeichnenderweise in theoretischen Konzepten fast nie, in der realen inklusionspädagogischen Praxis dagegen nicht selten beschritten.

Zusätzliche personelle Ressourcen werden in aller Regel über besondere Förderbedarfe behinderter Schüler legitimiert und finanziert. Das sog. Ressourcen-Etikettierungs-Dilemma bringt dieses Junktim zwischen Ressourcenausstattung und Nachweis von Förderbedarf eindringlich zum Ausdruck. Nur dann, wenn besondere Förderbedarfe behinderter Kinder diagnostisch demonstriert und belegt werden können, nur dann werden auch personelle Extra-Ressourcen in Form von zusätzlichen Lehrerstunden gewährt; diese Form der Ressourcenakquise ist mit der problematischen Folge einer stigmatisierenden Etikettierung der behinderten Kinder verbunden. Die behinderten Kinder sind mit „Rucksackkindern" vergleichbar, die die zusätzlichen Pädagogenstunden gleichsam im Rucksack mit sich herumtragen (Wocken 2010).

Dieses Rucksackprinzip macht sich die Needs-Power-Strategie zu Nutze. Ein volles Zwei-Pädagogen-System lässt sich auch dadurch erreichen, indem man „mehr" Kinder mit Behinderungen in einer Lerngruppe versammelt. Wenn etwa ein behindertes Kind 3 bis 4 zusätzliche Lehrerstunden als Mitgift einbringt, dann würden etwa 7 bis 8 Kinder eine volle Sonderpädagogenstelle refinanzieren. So trifft man denn in der Realität inklusiver Pädagogik immer wieder Lerngruppen an, in denen sich 5 bis 9 behinderte Kinder finden.

Diese Needs-Power-Lösung ist ausschließlich durch das Motiv einer Refinanzierung der zusätzlichen Pädagogenressource begründet, eine pädagogische

Begründung dafür gibt es nicht. Eine inklusive Klasse ist kein künstlich konstruiertes Gebilde, sondern ein natürlicher Lebensort für alle Kinder. Im Idealfall ist eine inklusive Lerngruppe – so bislang die theoretische Grundposition – „ein repräsentatives Abbild der sozialen Umgebung einer Schule" (Wocken 1987, 70). Das bedeutet, dass in einer inklusiven Lerngruppe in aller Regel durchschnittlich etwa 10 Prozent aller Kinder, also 2 bis 3 Kinder in einer Klasse, besonderen Förderbedarf haben. Auch in Wohnbezirken mit einem hohen Anteil an Migranten und Sozialhilfeempfängern sollte die Förderbedarfsquote die 20-Prozent-Marke grundsätzlich nicht übersteigen. Wenn die Problembelastung einer inklusiven Lerngruppe überhandnimmt und einen kritischen Grenzwert überschreitet, dann droht die Heterogenität umzukippen in ein ungünstiges Entwicklungsmilieu, in dem sich Probleme aller Art konzentrieren. Heterogenität kann pädagogisch nur dann anregend und förderlich sein, wenn die Normalität deutlich die Oberhand behält, wenn die unauffälligen und unproblematischen Kinder mehrheitlich vertreten und darüber hinaus auch Kinder vorhanden sind, die allen anderen schon voraus sind und sich schon in der „Zone der nächsten Entwicklung" (Wygotski) befinden.

## 4. Problemstellung und Problemlösung

### 4.1 Pointierung der Problemstellung

Die Man-Power-Lösung setzt auf eine Maximierung der professionellen Ressourcen, die Needs-Power-Lösung auf eine Maximierung der schülergebundenen Refinanzierung. Beide Strategien lösen das unterrichtsmethodische Problem „Viele verschiedene Schüler" nicht. Nein, beide Strategien umgehen einfach das methodische Grundproblem eines inklusiven Unterrichts, indem sie nicht über neue, angepasste Lehr- und Lernverfahren nachdenken, sondern versuchen, die Rahmenbedingungen inklusiver Lerngruppen zu ändern. Mit der Einforderung eines vollen Zwei-Lehrer-Systems oder der Einwerbung zusätzlicher Lehrerstunden via Aufstockung der Förderbedarfe endet die methodische Phantasie der Power-Lösungen.

Das Scheitern der Power-Strategien fordert dazu auf, sich dem unterrichtsmethodischem Problem ohne Ausflüchte und Ausreden zu stellen. Um der pädagogischen Herausforderung eines inklusiven Unterrichts in vollem Umfang und in realistischer Weise gerecht zu werden, muss die bislang mit dem Kürzel „Viele verschiedene Schüler" umschriebene Problemstellung sogar noch pointierter zugespitzt werden. In etlichen Fortbildungs- und Vortragsveran-staltungen stellen interessierte Regelschullehrer immer wieder eine bohrende Nachfrage: „Was mache ich mit der Klasse, wenn der Sonderschullehrer nicht da ist? Wie komme ich mit einer heterogenen Lerngruppe klar, wenn ich alleine bin und von keinem anderen Unterstützung erwarten kann?“ Ein Grundschullehrer stellte einmal die kabarettreife Frage: „Kann ich die behinderten Kinder nach Hause schicken, wenn der Sonderpädagoge krank ist?“ Diese Fragen von Lehrern, die die Bewältigung von Heterogenität in der tagtäglichen Arbeit praktisch leisten müssen, drücken eine tiefe Besorgnis und eine reale Notlage aus; sie wollen ernst genommen werden. Die Theorie einer inklusiven Unterrichtsmethodik wird deshalb nicht nur die einfache Frage, wie „viele verschiedene Schüler“ unterrichtet werden können, zu beantworten haben. In radikalisierter Form lautet die Fragestellung: „Wie kann ein einziger Lehrer viele verschiedene Schüler unterrichten?“ In der inklusiven Gesamtschule Köln-Hohlweide werden „etwa 50% des Unterrichts von zwei Lehrerinnen in Form des Teamteaching durchgeführt“ (Schwager 2010, 273). Die andere Hälfte der Unterrichtszeit muss aber auch inklusiv bewältigt werden! Sicherlich kann mit Recht die Einschränkung vorgebracht werden, dass die „Einsamkeit“ des inklusiven Regelschullehrers keine Dauersituation ist, sondern „nur“ eine begrenzte Unterrichtszeit, „nur“ eine gewisse Anzahl von Unterrichtsstunden betrifft. Aber immerhin, es gibt sie, die „sonderschullehrerlosen“ Unterrichtszeiten! Und weil sie da sind, dürfen sie nicht von der Unterrichtstheorie als irrelevant negiert werden, sondern müssen eine konkrete theoretische Antwort finden.

## 4.2 Schlüssel zur Problemlösung

Wie kann ein einziger Lehrer „einen Haufen Kinder, deren Anlagen, Fähigkeiten, Fertigkeiten, Neigungen, Bestimmungen verschieden sind“, „in ein und derselben Stunde“ unterrichten – so lautet die pointierte Fragestellung einer inklusiven Unterrichtsmethodik. Dass dies mit gleichschrittiger, frontaler und durchschnittsorientierter Belehrung nicht möglich ist, dürfte deutlich geworden sein. Die Unterrichtsvorstellungen von Comenius und Trapp leiden unter einer Denkblockade, die es zu identifizieren und aufzubrechen gilt. Beide Autoren folgen implizit der Annahme, dass Schüler nur in Anwesenheit und unter Anleitung eines Lehrers lernen. Das Lernen von Schülern findet vornehmlich, wenn nicht ausschließlich in direkten Lehrer-Schüler-Beziehungen statt. Lehren ist unmittelbare Einwirkung auf Schüler, direkte „Bestrahlung“ durch eine Sonne. Diese hypnotische Fixierung auf direkte Lehrer-Schüler-Beziehungen verhindert den Entwurf alternativer Bewältigungsformen von Heterogenität. Dass es auch anders geht, soll am Beispiel der „Hausaufgabe“ verdeutlicht werden.

Hausaufgaben sind vom Lehrer vergebene Arbeiten, die vom Schüler zuhause außerhalb der schulischen Lernzeit zu erledigen sind. Die Bearbeitung der Hausaufgaben erfolgt durch den Schüler alleine, ohne Präsenz und ohne Unterstützung des Lehrers. Damit sind Hausaufgaben gleichsam ein verlängerter Arm des Lehrers. Der Lehrer realisiert via Hausaufgaben schulische Lernziele. Man könnte auch sagen: Er unterrichtet, ohne zu unterrichten. Der „Hausaufgabenunterricht" ist aber nicht mehr ein direkter Unterricht mit einer unmittelbaren Lehrer-Schüler-Beziehung, sondern ein indirekter, mittelbarer Unterricht über das Medium Hausaufgabe. In dem Medium Hausaufgabe sind Lehrfunktionen inkorporiert, die im Wege der Bearbeitung pädagogisch aktiv werden und lehrend wirken.

Das Beispiel Hausaufgabe zeichnet den Weg vor, wie viele verschiedene Schüler zur gleichen Zeit durch einen Lehrer unterrichtet werden können. Im indirekten Unterricht unterrichtet der Lehrer nicht mehr selbst, sondern er lässt sich durch ein Medium „vertreten". Ein Medium „unterrichtet" an seiner Statt und wird als Hilfs- und Ersatzlehrer tätig. Damit ist der Lösungsschlüssel gefunden. Er lautet: Delegation von Lehrfunktionen. Die Aufgabe des Lehrens wird übertragen an ein Medium.

Es sei kurz angemerkt, dass der Begriff Medium im Folgenden nicht mehr verwendet wird, weil er insbesondere im Plural mit dem üblichen Begriff von Medien vermischt wird und dann seinen ursprünglichen Gehalt einbüßt. Im Folgenden soll stattdessen immer von Helfern und Mittlern die Rede sein.

Wenn die Delegation von Lehrfunktionen der Schlüssel zum Erfolg ist, dann müssen zur Konkretisierung eines indirekten Unterrichts zweierlei Aufgaben in Angriff genommen werden.

Erstens ist zu fragen, welche Lehrfunktionen an pädagogische Mittler übertragen werden können. Gibt es pädagogische Aufgaben und Tätigkeiten, die allein dem Lehrer vorbehalten sind oder vernünftigerweise nur von ihm wahrgenommen werden sollten? Zweitens muss man auf die Suche gehen, welche Helfer und Mittler denn als Träger von Lehrtätigkeiten und -funktionen in Frage kommen und genutzt werden können. Wer oder was kann Medium, Helfer oder Mittler eines Lehrers sein?

Die Antworten auf beide Fragen werden zeigen, dass es einerseits vielfältige Möglichkeiten eines indirekten Unterrichts gibt, die vielfach noch ungenutzt sind. Zugleich wird aber auch deutlich werden, dass es Grenzen des indirekten Unterrichts gibt. Die Aufgabe des Lehrers ist nicht in vollem Umfange delegierbar, ein lehrerloser Unterricht wäre der Übergang zu autodidaktischem Lernen und ist eine Utopie.

### 4.3 Delegation von Lehrfunktionen

**Tabelle 1**: Transformation von Lehrfunktionen des Lehrers in Lerntätigkeiten der Schüler

| Lehrfunktionen des Lehrers | Lernfähigkeiten der Schüler |
|---|---|
| 1. Vorbereitung des Lernens | 1. Selbstbestimmung des Lernprogramms |
| - Bestimmen der Lernziele<br>- Begründen der Lernziele<br><br>- Motivieren zum Lernen<br>- Planung und Organisation des Lernprozesses<br>- Aktivierung des Vorwissens | - Selbstbestimmung der Lernziele<br>- Selbstbewusstsein über Relevanz der Lernziele<br>- Eigenmotivation zum Lernen<br>- Selbstorganisation des Lernprozesses<br><br>- Rückbesinnung auf das Vorwissen |
| 2. Steuerung des Lerntätigkeiten | 2. Selbstregulierung des Lernens |
| - Lerninhalte darbieten und erklären<br>- Lernfortschritte überprüfen<br>- Anleitung zum Transfer des Gelernten<br>- Anleitung zur Reflektion der Lernprozesse | - Lerninhalte selbst erarbeiten<br>- Lernfortschritte selbst beurteilen<br>- Selbstständiges Anwenden<br>- Selbständige Reflektion der Lernerfahrungen |
| 3. Leistungsbeurteilung | 3. Selbstbeurteilung |
| - Feedback über das Lernen geben<br>- Lernprozesse und -ergebnisse beurteilen | - Sich selbst Feedback geben<br>- Lernergebnisse selbst realistisch beurteilen |
| 4. Motivation und Konzentration | 4. Motivation und Konzentration |
| - Motivieren zum Lernen<br>- Konzentriertes Lernen sicherstellen | - Eigenmotivation zum Lernen<br>- Selbst konzentriertes Lernen anstreben |

Die Delegation von Lehrfunktionen ist überall dort ein Thema, wo eine Reduktion des lehrergesteuerten Lernens zugunsten des selbständigen Lernens angestrebt wird. Alle Formen eines offenen Unterrichts beanspruchen das selbsttätige Lernen des Schülers und haben seine Selbstständigkeit zum Ziel. Nach Dubs (1995) geht es beim Übergang vom angeleitetem zum selbständigen Lernen darum, Lehrfunktionen des Lehrers in Lernfähigkeiten des Schülers umzubauen. Die Tabelle gibt in Auszügen diesen Umbau wieder.

Die Tabelle ist weder vollständig noch abschließend, sondern hat eher illustrativen Wert. Auch andere Auflistungen und Ordnungsschemata wären denkbar. An dieser Stelle ist es jedoch wichtig, auf ein Desiderat hinzuweisen. Die Tabelle erweckt den Anschein, als könnten und sollten Lehrfunktionen ausschließlich in Lernaktivitäten der Schüler umgewandelt werden. Dies ist keineswegs der Fall; wie zu zeigen sein wird, gibt es außer den Schülern noch weitere Mittler und Helfer des Lehrers.

Die Kenntnis von Lehrfunktionen hat durchaus einen unterrichtspraktischen Wert. Erst wenn ein Lehrer weiß, was in den Unterrichtsstunden des nächsten Tages an Lehre zu leisten ist, kann er daran anknüpfend über Möglichkeiten der Delegation an andere Mittler nachdenken.

Ein konkretes Beispiel. Am nächsten Tag stehen u. a. an: Die Geschichte „Der Großvater und sein Enkel“ (Brüder Grimm) erzählen; Milchgeld einsammeln; Experimente zur Schwimmfähigkeit von Stoffen durchführen; Stoffe und Materialien für die Anfertigung einer Collage „Tiere im Zoo“ bereitstellen. Bei jeder Lehraufgabe ist nun zu fragen, was unabwendbar Sache des Lehrers ist und was an andere Mittler übertragen werden kann. Für die Lehraufgabe „Eine Geschichte erzählen“ etwa gäbe es durchaus mehrere Delegationsmöglichkeiten. Ein guter Leser könnte einer Kleingruppe die Geschichte vorlesen. Eine Tischgruppe könnte sich mit Kopfhörer die Geschichte von einer CD oder einer Kassette anhören. Oder alle Schüler bekommen die Geschichte als Text und müssen sie selbst erlesen. Oder die Schüler schreiben zu einer Bildgeschichte selbst die Geschichte auf. In ähnlicher Weise ließen sich auch die anderen Lehraufgaben in vielfältige Mittler von Lehrfunktionen übersetzen. Zunächst aber muss die Lehrfunktion identifiziert sein, dann erst können Überlegungen zu Delegationsmöglichkeiten angestellt werden.

Gibt es Grenzen der Delegation von Lehraufgaben? Die Praxis von Alternativschulen, offenen Schulen (Peschel 2007) und sog. Demokratischen Schulen, die das selbstorganisierte Lernen radikalisiert haben (Gidion 2010; Boban/Hinz 2008), lehrt uns, mit voreiligen und absoluten Grenzziehungen für die Autonomie von Schülern recht vorsichtig zu sein. Schüler können nicht selten mehr, als öffentliche Schulen ihnen zutrauen. Mit einigem Bedacht sollen trotzdem einige Grenzen für autonomes Lernen von Schülern benannt werden.

1. Schulisches Lernen unterliegt verbindlichen Richtlinien und Lehrplänen. Diese enthalten zwar durchaus nennenswerte Spielräume, trotzdem können Lehrer die Ziele und Inhalte des Lernens nicht an die Selbstbestimmung der Schüler freigeben, auch um der Anschlussfähigkeit bei etwaigen Schulwechseln willen.

2. Schule ist eine gesellschaftliche Institution, die die Qualität von Lernergebnissen verbindlich zertifiziert und mit Berechtigungsscheinen verknüpft. Das Erreichen von formellen Schulzielen, von Klassenzielen oder Abschlussprüfungen können die Schüler sich nicht selbst attestieren, dies bleibt hoheitliche Evaluationsaufgabe des Lehrers. Ungeachtet dieses Vorbehalts ist es durchaus möglich und auch notwendig, Schüler in die Bewertung von Lernprozessen und -ergebnissen einzubeziehen und einzuüben.

3. Bei Kindern mit Lernschwierigkeiten ist die Selbststeuerungskompetenz vielfach schwächer ausgeprägt. Sie sind auf unterstützende Hilfen, gezielte Anleitungen und auf eine intensive, systematische Vermittlung von Strategien und Arbeitstechniken angewiesen. Je schwächer die Schüler sind, desto mehr sind sie auf eine aktive Unterstützung des Lehrers, orientierende Lerngerüste und strukturierte Lernsituationen angewiesen (Benkmann 2009; 2010).
„Während sich die wenigen autonomen Lerner in der Regel auch ohne profilierte Lehrersteuerung und -hilfen „durchzuwursteln" verstehen, sind die meisten übrigen Schüler/innen stark darauf angewiesen, dass ihnen von Lehrerseite klärende Rahmenvorgaben und Hilfestellungen angeboten werden, die der drohenden Überforderung entgegenwirken. ... Von daher ist es ein Gebot der Fairness und Chancengleichheit, dass die Lehrkräfte als Regisseure, Berater, Helfer und Prozessbegleiter im besten Sinne des Wortes zur Verfügung stehen. Heterogene Schülergruppen können von dieser dosierten „Hilfe zur Selbsthilfe" nur profitieren" (Klippert 2010, 89).

## 5. Indirekter Unterricht: Hilfen und Mittler

In diesem zentralen Kapitel werden nun die Helfer und Mittler eines indirekten Unterrichts konkret beschrieben und mit Beispielen erläutert. Die Unterscheidung in nonpersonale und personale Hilfen geschieht allein der Ordnung halber, hat aber keine handlungsrelevante Bedeutung.

### 5.1 Nonpersonale Hilfen

#### 5.1.1 Aufgaben und Aufträge

Eine historische Quelle des aufgaben- und auftragsgestützten Unterrichts ist die Pädagogik der Landschule und der jahrgangsgemischten Lerngruppen (de Boer/ Burk/Heinzel 2007; Christiani 2006).

> „Die wenig gegliederte Schule ist darauf angewiesen, ihre Schüler auf größere und kleinere Zeitstrecken aus der unmittelbaren Führung durch den Lehrer zu entlassen; in dieser Zeit müssen sie sich dann allein behelfen: der unmittelbare Unterricht wird durch den mittelbaren Unterricht abgelöst. Statt dass der Lehrer die Schüler selbst unterrichtet, haben sie sich allein an und mit einem Unterrichtsmittel zu unterrichten" (Huber 1961, 60).

Die Delegation von Lehrfunktionen an Aufgaben und Aufträge kommt im offenen Unterricht in verschiedenen Methoden zum Tragen:

- Stationenlernen bzw. Lernzirkel (Hagstedt 1998)
- Wochenplanunterricht (Claussen 1988; Strote 1994)

- Projektunterricht (Bönsch 1988; Frey/Frey-Eiling 2008)
- Freiarbeit (Claussen 1988; Röbe 1994)
- Werkstattarbeit (Bosse 2004; Hagstedt 1998; Hegele 2008; Pallasch/Wiechmann 2008)
- Portfolioarbeit (Häcker 2002; Wiedenhorn/Engel 2008)

Keine Unterrichtsform kommt ohne Aufgaben und Aufträge aus! Sie sind das Medium des Lehrens und Lernens schlechthin. Aufgaben sind didaktische Werkzeuge des Lehrers. Man kann Unterricht in gewisser Weise als Arbeiten an Aufgaben verstehen (Ball u. a. 2003). Weil Arbeitsaufgaben und -aufträge das wichtigste Lehr- und Lernmedium überhaupt sind, hat auch die Entwicklung einer hochwertigen Aufgabenkultur und die Gestaltung von anspruchsvollen Aufgabenformaten eine herausragende Bedeutung, nicht zuletzt auch für die Lehrerbildung. Die Praxis der Aufgabenkultur (Bohl/Kleinknecht 2009) sieht allerdings wenig erfreulich aus. Klippert führt lautstarke Klage gegen die vorherrschende Arbeitsblattpädagogik und konkretisiert das positive Gegenbild:

> „Die meisten Arbeitsblätter, die in den Schulen eingesetzt werden, sind eher eindimensional auf das Rezipieren bzw. Memorieren bestimmter Fakten ausgerichtet. Sie sind eng gestrickt, inhaltlich stark normiert und von der gesamten Machart eher dazu angetan, den Schüler/innen das eigenverantwortliche Arbeiten und Denken abzunehmen. Im Klartext: Viele Arbeitsblätter bieten nichts anderes als vordergründige Beschäftigungstherapie" (2010, 84).
>
> „Gute Arbeitsblätter müssen produktive Arbeitsblätter sein, d. h.: Sie müssen so gestaltet sein, dass sie die Schüler in möglichst vielschichtiger Weise zum Denken und Arbeiten, Recherchieren und Exzerpieren, Strukturieren und Visualisieren, Kommunizieren und Kooperieren, Experimentieren und Problemlösen veranlassen" (Klippert 2010, 84).
>
> „Gute Arbeitsblätter hingegen
> - sind unfertig und unvollkommen, und haben gerade deshalb Aufforderungs- und Rätselcharakter;
> - enthalten eine vollständige Dokumentation der erforderlichen Informationen und Bearbeitungshilfen;
> - ermöglichen eine selbstständige oder kooperative Ergebnisüberprüfung;
> - überzeugen durch ein klares und übersichtliches Layout" (Klippert 2010, 85).

Nach dem PISA-Desaster haben die Didaktiken des sprachlichen, mathematischen und naturwissenschaftlichen Unterrichts die Entwicklung von hochwertigen Aufgabenformaten in Angriff genommen. Die neuen Aufgabenformate sind komplex und offen, ermöglichen individualisierendes und kooperatives Lernen, und orientieren sich an den Bildungsstandards der KMK. Die Individualisierung findet dabei vielfach nicht „von oben“ durch den Lehrer, sondern „von unten“ durch die Schüler selbst statt.

*Beispiele:*
*Offene Rechenaufgaben*

- „Finde viele Rechenaufgaben mit dem Ergebnis 1000“ (Scherer 2008). Bei dieser Aufgabe findet eine „natürliche Differenzierung“ durch die Kinder selbst statt, weil alle Kinder unterschiedlich viele und schwere Lösungen produzieren können.
- „Bilde Plus- und Minusaufgaben mit ungeraden Zahlen. Was fällt Dir auf?“
- „Ein Kind kann sich nicht vorstellen, wie viel eine Million ist. Erkläre es ihm!“
- „Wie häufig schlägt Dein Herz ungefähr am Tag?“

*Zahlenmauern*
Die Schülerinnen können in eine Zahlenmauer, von unten beginnend, nach Wahl kleine und große Zahlen eintragen. In der nächsten Reihe müssen dann, wiederum nach eigener Wahl, zwei „Mauersteine“ der darunterliegenden Reihe addiert oder multipliziert werden. Eine Internet-Recherche zu Zahlenmauern erbringt reiche Beute.

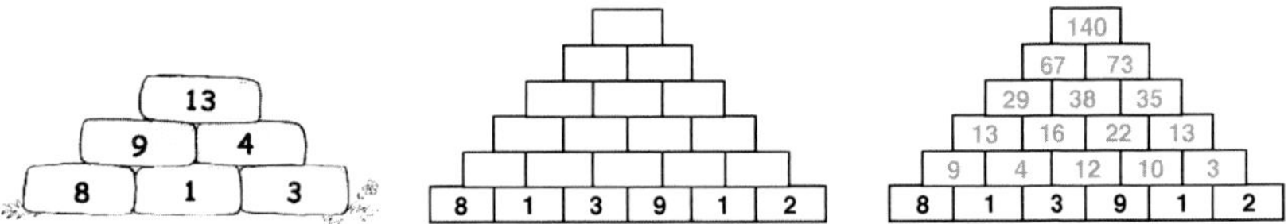


*Einer raus!*
Von 5 Wörtern aus einer Wortfamilie muss ein Wort gestrichen werden, weil es einer Regel nicht folgt. Von „Schale, Farbe, Bad, Zahl, Kamm“ können mit Ausnahme von „Bad“ Verben mit „ä“ gebildet werden. Von der Wortreihe „Jäger, Päckchen, Späße, Bäcker, Rätsel“ gibt es für alle Wörter außer für „Späße“ Verben mit „a“ (Spiegel 2008; Metzger 2008).

*Gemeinschaftsromane*
Eine Gruppe von Schülern erhält als Thema einen Handlungsrahmen, z.B. „Ein Kind hat sich verlaufen und irrt durch die Straßen“ oder „Ein Tag im

Leben eines Taxi-Fahrers". Die Schüler schreiben gleichzeitig verschiedene Kapitel und stimmen diese dann aufeinander ab, so dass ein Roman entsteht (Kunkel 2003).

*Nahrungsnetz im Biotop Wald*
Eine Schülergruppe erhält Bildkarten von Tieren des Waldes. Sie haben die Aufgabe, die Beziehungen zwischen den Tieren mit Pfeilen darzustellen. Als gemeinsame Konstruktionsleistung entsteht ein strukturelles Netz der Nahrungskette („Fressbeziehungen") (Stamme 2003).

### 5.1.2 Arbeitstechniken und Lernstrategien

„Ein zentrales Ziel von Schule und Unterricht ist es, Schüler zum eigenständigen (autonomen, selbstregulierten, selbstgesteuerten) Lernen zu befähigen" (Helmke 2009, 205). Der Weg zu diesem Ziel führt nicht über Belehrungen, sondern einzig und allein über eigenaktive, selbstgesteuerte und selbstbestimmte Lernprozesse (Jürgens 2010). Wenn aus einem Schüler zum guten Ende ein selbständiger Mensch werden soll, der auch nach der Schule noch selbst weiterlernen kann und will, dann wird kein Weg daran vorbeiführen, das „Lernen des Lernens" systematisch aufzubauen. „Der autonome Lerner, der selbstbestimmt, selbstbewusst und selbstorganisiert zu arbeiten und zu lernen versteht, ist und bleibt das Fernziel – auch unter dem Vorzeichen heterogener Lerngruppen" (Klippert 2010, 89).
Lernkompetenz ist ein mehrdimensionales Konstrukt und umfasst mehrere Komponenten, die zusammengenommen die Selbstlernkompetenz bzw. Lernkompetenz konstituieren (Vgl. Mackowiak 2008; Mackowiak 2004; Klippert 2010):

1. Fachliche Kompetenzen.
   Sie beinhalten alle kognitiven Strategien, die der Aufnahme, Verarbeitung und Speicherung von Informationen dienen, wie z. B. Nachschlagen, Gliedern, Markieren, Visualisieren, usw.
2. Soziale Kompetenzen
   Sie beziehen sich auf kommunikative und kooperative Fähigkeiten, wie z. B. Zuhören, Kritik üben und annehmen, Kompromisse schließen, Hilfe erbitten und geben, Präsentieren usw.
3. Personale Kompetenzen
   Hier geht es etwa um eine angemessene Selbsteinschätzung eigener Stärken und Schwächen, um die Entfaltung von Neugierde, Eigeninitiative und Motivation, um die Bewältigung blockierender Emotionen oder um angemessene Selbstbekräftigung.

Genau diese Lernkompetenzen werden auch von den Bildungsstandards der KMK eingefordert. Die neuen Bildungsstandards verlangen nach „einem Unterricht, der selbständiges Lernen, die Entwicklung von kommunikativen Fähigkeiten und Kooperationsbereitschaft sowie eine zeitgemäße Informationsbeschaffung, Dokumentation und Präsentation von Lernergebnissen zum Ziel hat“ (KMK 2004, 6). Für die Primarstufe werden im Fach Deutsch folgende Kompetenzbereiche aufgelistet (Abb. 1).
Arbeitstechniken und Lernkompetenzen können aber nicht als gegeben vorausgesetzt werden, sondern müssen vermittelt und angeeignet werden. „Selbstständigkeit und Selbststeuerung sind keine Selbstläufer“ (Klippert 2010, 88). Der autonome Lerner steht nicht am Anfang eines schüleraktivierenden und -gesteuerten Unterrichts, sondern ist das perspektivische Ziel. Wenn die Schüler Experten ihres eigenen Lernens werden sollen, müssen sie schon in der Schule angeleitet werden, wie sie alleine und mit anderen kompetent lernen können. Der gezielte Aufbau von Lernfähigkeiten geschieht im indirekten Unterricht einerseits durch die kontinuierliche Übertragung von Lehrfunktionen an die Schüler, andererseits auch durch regelhafte besondere Trainingsphasen, in denen fortschreitend hilfreiche Arbeitstechniken und Lernstrategien angeeignet werden.

| Sprechen und Zuhören | Schreiben | Lesen – mit Texten und Medien umgehen |
|---|---|---|
| – zu anderen sprechen<br>– verstehend zuhören<br>– Gespräche führen<br>– szenisch spielen<br>– über Lernen sprechen | – über Schreibfertigkeiten verfügen<br>– richtig schreiben<br>– Texte planen<br>– Texte schreiben<br>– Texte überarbeiten | – über Lesefähigkeiten verfügen<br>– über Leseerfahrungen verfügen<br>– Texte erschließen<br>– Texte präsentieren |

**Methoden und Arbeitstechniken**
Methoden und Arbeitstechniken werden jeweils in Zusammenhang mit den Inhalten jedes einzelnen Kompetenzbereichs erworben.

**Sprache und Sprachgebrauch untersuchen**
- grundlegende sprachliche Strukturen und Begriffe kennen
- sprachliche Verständigung untersuchen
- an Wörtern, Sätzen, Texten arbeiten
- Gemeinsamkeiten und Unterschiede von Sprachen entdecken

*Abbildung 1: Kompetenzbereiche des Faches Deutsch (KMK 2004)*

Die Bedeutung der Lernkompetenz von Schülern für die Unterrichtung heterogener Lerngruppen ist unmittelbar einsichtig. Wenn die Schüler selbst lernen können, braucht es keinen Lehrer dafür. Je geringer die Selbstlernkompetenz von Schülern ist, desto größer ist ihre Lehrerabhängigkeit. Wenn Schüler sich selbst motivieren können, muss es der Lehrer nicht tun. Wenn Schüler sich selbst Informationen aus diversen Quellen beschaffen können, ist der Lehrer als Wissensvermittler überflüssig. Wenn die Schüler kooperations- und gruppenfähig sind, können sie ohne stetige Lehrerhilfe erfolgreich arbeiten. Mit anderen Worten: Lernkompetente Schüler nehmen Lehrfunktionen des Lehrers in die eigenen Hände. In dem Maße, in dem Lernaufgaben und -prozesse den Schülern kraft ihrer Lernkompetenz überantwortet werden können, wird gleichermaßen eine höhere Individualisierung des Unterrichts wie auch eine spürbare Entlastung des Lehrers möglich (Helmke 2009, 211).
Die logische Konsequenz ist: Die Schüler zu selbstständigen Lernern erziehen! Die Arbeitstechniken und Lernstrategien müssen durch systematisches Methodenlernen vermittelt werden. Die einschlägige Literatur gibt hierzu vielfältige Anregungen . Hier nur einige illustrierende Beispiele:

*Strukturmuster*

Ein Themengebiet wird in einfachen Schaubildern, Strukturmustern oder Diagrammen visualisiert. Bei Baumdiagrammen, Gedankenlandkarten (‚Mind-Maps') oder vernetzten Geweben (‚Webbing') werden die zentralen Informationen ins Zentrum gerückt und die Beziehungen und Zusammenhänge durch Linien oder Pfeile symbolisiert. Visualisierte Strukturmuster erleichtern sowohl das Verstehen als auch das Behalten. Beispielaufgabe: Stelle eine Einkaufsliste mit 30 Artikeln in einer geordneten Mind-Map dar (vgl. Horster/Rolff 2001; Klippert 2004). Mittlerweile stehen auch computerbasierte Mind-Mapping-Tools zur Verfügung.

*T-Chart-Methode*

Zur Arbeitsregel „Ermutigen" wird gemeinsam ein T-Diagramm erarbeitet. In den beiden T-Spalten mit den Überschriften „Ich sehe" und „Ich höre" stehen konkrete Verhaltensweisen, die man bei Wertschätzung und Ermutigung sehen oder hören kann: Anschauen, auf die Schulter klopfen, „Gute Idee!", „Nicht aufgeben!" (Weidner 2005, 41).

*Spickzettel*

Spickzettel sind nicht nur zum Mogeln nützlich, sondern auch für freie Vorträge und Präsentationen unentbehrlich. Die Schüler lernen in mehrstufigen Trainingsspiralen, in einem Text die wichtigen Textstellen zu markieren und anschließend ein stichwortartiges Exzerpt für einen Vortrag zu erstellen (Klippert 2010, 195f.).

*Selbstinstruktion*
Bei der Selbstinstruktionsstrategie gibt sich ein Schüler durch halblautes Denken oder innere Dialoge sprachliche Anweisungen. Die verbalen Selbstinstruktionen (‚innere Dialoge') steuern das Verhalten, sie führen zu einem sorgsamen, überlegten und planvollem Vorgehen (reflexives Handeln). Die Selbstanweisungen beinhalten Überlegungen zur Aufgabenstellung ("Worum geht es eigentlich?"), zum strategischen Vorgehen („Was mache ich zuerst?"), zu metakognitiven Steuerung, Regulierung und Kontrolle des Lernprozesses („Bin ich auf dem richtigen Weg?" „Ich muss etwas langsamer arbeiten!"), zum kontrollierten Verhalten bei Fehlern und Frustrationen („Nicht so schlimm. Ich lasse mich nicht aus der Ruhe bringen!") und auch abschließende Selbstbekräftigungen („Das habe ich gut gemacht!"). Das Training beginnt mit einer Demonstration des Verhaltens (kognitives Modellieren); auf den weiteren Trainingsstufen wird das modellierte Verhalten vom Schüler übernommen und zunehmend verinnerlicht. Am Ende kann der Schüler sein Verhalten über verdeckte Selbstinstruktionen (Denken) steuern. Empirische Untersuchungen bescheinigen dem Selbstinstruktionstraining eine hohe Wirksamkeit (Lauth 2004; Mackowiak/Lauth/Spieß 2008).

### 5.1.3 Lernräume und Lernumgebungen

Ein Gedankenexperiment mag die Bedeutung von Lernräumen und Lernumgebungen demonstrieren: Schulen weisen architektonisch eine breite Vielfalt von Gestaltungsformen auf, ein Element haben aber alle Schulen: Klassenzimmer! Nun stelle man sich eine Schule ohne Klassenzimmer vor. Die etwas andere Schule hat mehrere Großräume, die durch Stellwände, Bücher- und Materialregale und Blumenbeete strukturiert sind, viele Lernbüros, Lehrerarbeitsplätze, Gruppen- und Sitzecken aufweisen und auch reichlich mit PC-Stationen bestückt sind. Daneben gibt es noch vielleicht einen Kinosaal und eine Aula für Schulversammlungen. Vielerlei Lernräume sind denkbar, nur eines gibt es nicht: Klassenzimmer. Die Kinder einer „Klasse" versammeln sich zum Schulbeginn und am Wochenende in einem Stuhlkreis, ansonsten sind sie während des Unterrichtstages verstreut an den unterschiedlichen Orten der „Bildungslandschaft" zu finden.
Die skizzierte Bildungslandschaft mag verdeutlichen, in welchem Maße das „Klassenzimmer" als Urbild schulischer Lernorte die Gestaltung von Unterrichts- und Lernprozessen bestimmt. Wenn man den Schulen und den Lehrern

die Klassenzimmer einfach wegnehmen würde, wäre dies der sichere Tod des Frontalunterrichts. „Die Lernumgebung strukturiert den Unterrichtsprozess in einem indirekten Unterricht erheblich“ (Bohl/Kuchartz 2010, 115).
Die herausragende Bedeutung von Lernräumen hat als historische Pionierin Maria Montessori (2009) erkannt und in dem genialen Konstrukt der „vorbereiteten Umgebung“ zum Ausdruck gebracht. Ihre Ausgangsfrage lautete: „Wie kann man dem Kind eine Umgebung schaffen, die seiner Entwicklung förderlich ist, um es dann in dieser Umgebung sich frei entwickeln zu lassen zu können, um ihm so zu helfen, selbstständig zu werden?“ In einer „vorbereiteten Umgebung“ steht den Schülern in offenen Regalen eine Vielzahl von Materialien, Ordnern mit Arbeitsblättern und Informationsmaterialien, Büchern und Verbrauchsmaterial zur Verfügung. Der Lebens- und Lernraum muss den Schülern eine selbstständige Entfaltung und Aneignung von Kenntnissen, Fähigkeiten und Fertigkeiten ermöglichen. „Die Aufgabe der Umgebung ist nicht, das Kind zu formen, sondern ihm zu erlauben, sich zu offenbaren“ (Montessori 2009, 40).
In ähnlicher Form haben auch Helen Parkhurst („Laboratorien“), Peter Petersen („Gruppenräume“) und Celestin Freinet („Ateliers“) der Ökologie des Lernens Aufmerksamkeit geschenkt. Einen herausragenden Stellenwert hat der Lernraum der Kinder dann wieder in der Reggiopädagogik (Goehlich 1997). Begründer und Inspirator der Reggiopädagogik ist der Pädagoge und Architekt Malaguzzi. Eine zentrale Botschaft seines Konzepts ist in dem geflügelten Wort verdichtet: „Der Raum ist der dritte Pädagoge!“ Der vollständige Satz ist von provokativer Brisanz: „Die anderen Kinder sind der erste Pädagoge, Lehrer sind der zweite, und der Raum ist der dritte Pädagoge.“
In der pädagogischen Fachliteratur finden Lernräume und -umgebungen heutigen Tags immer noch nicht eine hinreichende Würdigung. In dem Standardwerk des renommierten Unterrichtsforschers Andreas Helmke (2009) werden gestaltete Lernräume nicht als Qualitätsmerkmale erwähnt – ein dunkler Fleck der empirischen Unterrichtsforschung. Eine Ausnahme bildet Hilbert Meyer, der die vorbereitete Umgebung explizit in den Katalog der 10 Merkmale eines guten Unterrichts aufgenommen hat. Seine Definition drückt den dynamisierenden und aktivierenden Charakter von vorbereiteten Lernumgebungen aus. „Der Klassenraum ist das materialisierte Curriculum des Unterrichts.“ Die vorbereitete Umgebung kann „als Ensemble von ‚eingefrorenen‘ Ziel-, Inhalts-, und Methodenentscheidungen verstanden werden, die durch das didaktisch-methodische Handeln der Lehrer und Schüler wieder ‚aufgetaut‘ werden müssen“ (Meyer 2005, 120).
Das Kapitel soll mit wenigen Beispielen beschlossen werden, die die schüleraktivierende und zugleich lehrerentlastende Funktion von Lernräumen noch einmal illustrieren können.

*Konzentrationsinsel*
Die Konzentrationsinsel ist ein kleiner, mit Stellwänden abgetrennter Raum innerhalb des Klassenzimmers, der nebst Tisch und Stuhl mit diversen Schreib-, Mal-, Spiel- und Lernutensilien ausgestattet ist: „Eine abgeschirmte, gemütliche und sehr persönliche Ecke – gut geeignet als Rückzugs- und Erholungsort im Klassenraum“ (Blaser 2002, 121). Schüler, die nicht mehr konzentriert am Unterricht teilnehmen können, werden nicht mehr vor die Tür, sondern auf die Insel geschickt. Das Time-Out auf der Insel können die Schüler als einen Ort des Rückzugs und der Sammlung nutzen, um sich danach wieder selbstbestimmt in den Unterricht einzugliedern. Die Inselaufenthalte dauern erfahrungsgemäß nicht länger als 15 Minuten (Blaser 2002).

*Bewegungslandschaft*
Eine Bewegungslandschaft ist ein Arrangement von Sportgeräten, das unterschiedliche Bewegungsmöglichkeiten ermöglicht und zumeist in der Turnhalle in Form von Bewegungsstationen angeboten wird. Die Sportgeräte werden dabei mit einer Bewegungs- und Spielidee verknüpft und dadurch verfremdet angeboten. Eine „Gebirgslandschaft“ etwa besteht aus Gletscherspalten, Seilbrücken, Steilhängen und Baumpallisaden. Der psychomotorischen Grundlegung entsprechend sollen die Kinder entwicklungsbedeutsame Bewegungs- und Sozialerfahrungen machen. Der didaktische Unterschied zum herkömmlichen Sportunterricht liegt insbesondere darin, „dass Bewegungslandschaften nicht auf Bewegungsfertigkeiten ausgerichtet sind und dass sich der Lehrer bei ihrer Nutzung zurückhält. Bewegungslandschaften setzen auf die Selbsttätigkeit und Selbständigkeit der Kinder. Sie schreiben nicht vor, was gemacht werden soll, sie machen allenfalls Angebote.“ Der Lehrer muss die Bewegungsumwelt „so arrangieren, dass sie auch ohne ihn oder mit möglichst geringer Unterstützung anregend und lernwirksam ist“(Kretschmer 2003, 250 und 251; Kretschmer 2009). Die Konzepte Bewegungslandschaft und indirekter Unterricht sprechen offensichtlich die gleiche Sprache.

*Architektur*
Die Idee des Raums als dritten Pädagogen ist mittlerweile von der modernen Schularchitektur aufgenommen und in kreativen Entwürfen umgesetzt worden (Kahl o. J.). Der Hinweis auf die Schularchitektur sollte indes nicht nicht zur Ausrede verhelfen, als bedürfte es zur Verwirklichung einer „ökologischen“ Pädagogik unbedingt auch neuer Schulbauten (Mayer 1994; Kasper 1979).

### 5.1.4 Regeln, Rituale und Routinen

Lehrer, die eine neu zusammengesetzte Lerngruppe übernommen haben, etwa ein 1. oder 5. Schuljahr, können ein Lied davon singen, welche beträchtliche, oft nervenaufreibende Kraft es kostet, bis die Klasse in einem langwierigen Eingewöhnungsprozess zu einer arbeitsfähigen Gruppe zusammengewachsen ist. Die Schüler sind anfänglich völlig orientierungslos; sie wissen einfach nicht, wie Schule und Unterricht funktionieren. Die Folgen der Desorientierung sind Aufmerksamkeitsprobleme, Unterrichtsstörungen, soziale Spannungen und eine unruhige, hektische Lernatmosphäre. Alles muss im Detail und immer wieder aufs Neue vom Lehrer geregelt werden, nichts läuft ohne seine ordnende und lenkende Hand.

Was alles zu regeln ist, sei beispielhaft erinnert (Helmke 2009, 181). Was passiert,

- wenn Schüler ohne Aufzeigen in die Klasse rufen?
- wenn eine Stillarbeit vorzeitig fertig gestellt wurde?
- wenn eine Hausarbeit nicht angefertigt wurde?
- wenn etablierte Regeln bewusst verletzt werden?

All dieses und anderes mehr bedarf einer vorsorglichen und vereinbarten Regelung, ansonsten muss jeder Störungsfall je für sich vom Lehrer höchstpersönlich geregelt werden (Helmke 2009, 180 f.).

Die Arbeit mit den „drei Rs" ermöglichen Lehrern und Schülern ein geordnetes Zusammenleben und ertragreiche Lehr-Lernprozesse. Die Etablierung verhaltenswirksamer Regeln, Rituale und Routinen ist eine unabdingbare Voraussetzung für eine lernförderliche Arbeitsatmosphäre und ein befriedigendes Sozialklima. Regeln, Rituale und Routinen geben Orientierung, sorgen für Klarheit, schaffen Halt und vermitteln Verlässlichkeit. Der Unterricht läuft einem Regelwerk gleichend in gleichförmig wiederkehrenden Szenen ab, er wird damit berechenbar und vorhersehbar. Diese Regelhaftigkeit bewirkt auf Schülerseite Verhaltenssicherheit, Aufmerksamkeit, Anstrengungsbereitschaft und Wohlbefinden, auf Lehrerseite eine merkliche Entlastung. Der Lehrer hat die Steuerung des Unterrichtsgeschehens an die „drei Rs" abgegeben. Wenn die Regeln, Rituale und Routinen erst einmal eingeführt sind, läuft manches wie von selbst. Einige Beispiele:

*Die Problemlösungskette*

Jeder Schüler ist bei der Wochenplanarbeit zunächst bemüht, die Aufgabe selbst zu lösen. Bei Bearbeitungsproblemen bittet der Schüler wenigstens zwei andere Schüler um Hilfe. Erst dann darf er seinen Namen an die Tafel schreiben und dadurch dem Lehrer sein Hilfeersuchen anzeigen.

*Der Anfangskreis*
In der Sportstunde laufen die Schüler nach dem Umkleiden in die Turnhalle und spielen mit herumliegenden Bällen. Nach einiger Zeit setzt sich der Lehrer, ohne ein Wort zu sagen, auf den aufgemalten Ring in der Mitte der Turnhalle. Die Schüler bemerken die Geste des Lehrers und versammeln sich ebenfalls am Mittelring.

*Das Stoppritual*
Wenn Streitigkeiten zwischen Schülern in körperliche Gewalt umzuschlagen drohen, können alle Schüler das Stoppritual anwenden. Sie überkreuzen beide Hände und halten die geöffneten Handflächen etwa in Schulterhöhe schützend vor sich: Stopp!
Regeln, Rituale und Routinen entlasten den Lehrer von Steuerungsfunktionen durch feststehende Verhaltensregeln und Handlungssequenzen, die insbesondere bei symbolischer Unterstützung ohne Erklärungen verstanden werden (Klippert 2010; Kaiser 2000; Mayer 1994).

### 5.1.5 Lernmedien und Lernmaterialien

Das zentrale Anliegen dieser Abhandlung ist zu zeigen, dass durch einen indirekten Unterricht viele verschiedene Schüler zur gleichen Zeit (auch) durch einen Lehrer unterrichtet werden können. Darum geht es auch in diesem Abschnitt: Können Lehraufgaben und -funktionen an Lernmedien und Lernmaterialien übertragen werden?
Medien – das sagt schon ihr Name – sind die Inkarnation didaktischer Funktionen. Sie können (fast) alles, was Lehrer auch können: Motivieren, Informieren, Vertiefen, Einüben, Evaluieren. Für den indirekten Unterricht bedarf es allerdings eines ganz anderen Material- und Medientypus als für direkten Unterricht. Tafel, Tageslichtprojektor, Whiteboard, Landkarten, Beamer, Demonstrationsgeräte und anderes mehr eignen sich für lehrergeleiteten „Frontalunterricht" (Gudjons 2007) – und befördern ihn auch; für schüleraktive, selbsttätige Lernprozesse sind sie völlig ungeeignet. Das zentrale Kriterium für die Eignung von Lernmedien und Lernmaterialien in einem indirekten Unterricht ist Schüleraktivierung: Ermöglichen und unterstützen die Medien und Materialien eine selbstständige Auseinandersetzung und Aneignung?
Der Landschulpädagogik zufolge muss ein Arbeitsmittel folgende Anforderungen erfüllen:

1. „Es muß den Schüler zur selbständigen Arbeit anreizen und anhalten.
2. Es muß dem Schüler wirkliche Arbeitsaufträge erteilen.
3. Die Arbeitsaufträge müssen seiner Leistungsfähigkeit angemessen sein.

4. Es muss die zur Lösung der Aufgabe nötigen Arbeitshinweise und Arbeitshilfen bieten.
5. Es muß mit den übrigen in Verwendung stehenden Arbeitsmitteln nach Inhalt und Gestaltung zusammenstimmen.
6. Es soll tunlichst die Möglichkeit eigener Kontrolle einschließen“ (Huber 1961,67).

Dieser altehrwürdige Kriterienkatalog bedarf keiner Ergänzung und Modernisierung. Abschließend einige Beispiele:

*Bücher*

Das Medium des Lernens schlechthin ist nach wie vor das Buch, in der Schule wie im späteren Leben. Jede Klasse sollte über eine eigene Bibliothek verfügen. In dieser stehen neben Nachschlagewerken, Sachbüchern auch die üblichen Schulbücher, und zwar nicht nur für den eigenen Jahrgang, sondern auch für die vorausliegenden und nachfolgenden Schuljahre. Eine „jahrgangsübergreifende“ Klassenbibliothek ermöglicht ohne Aufwand differenzierte und angepasste Aufgabenstellungen, etwa per Wochenplan.

*Puzzletabletts*

Die bekannten und sehr beliebten Tabletts „Lerne – übe – kontrolliere“ (LÜK) eignen sich vor allem zum selbstständigen Üben, Wiederholen, Memorieren. Ihre Vorzüge sind inhaltsunabhängige Vielseitigkeit und eine (verzögerte) Lernkontrolle. Die zahlreichen Übungshefte entlasten von Vorbereitungsarbeit.

*Lernkartei*

Lernkarteien sind in mehrere Fächer untergliederte Zettelkästen, in denen sich Wendekarten befinden. Auf der Vorderseite der Wendekarte steht eine Frage oder Aufgabe, auf der Rückseite befindet sich die Lösung. Der Zettelkasten ist untergliedert in drei Fächer: nicht bearbeitet – unsicher – fertig. Die Schüler bauen in mehreren Durchgängen sukzessive sichere Kenntnisse auf. Mit Lernkarteien kann man etwa Begriffe und Bilder zuordnen, Vokabeln lernen, Rechtschreibung üben, Rechenaufgaben im Kopf lösen oder Quizfragen zu einem Thema beantworten („Trivial pursuit“) (Horster/Rolff 2001, Labas/Bederski 2004).

*Lerntheke*

Die Lerntheke ist ein komplexes, multimateriales Medium. Historische Vorläufer sind die Laboratorien von Helen Parkhurst oder die Ateliers von Celestin Freinet. Zu einem umgrenzten Thema werden nach Art eines Buffets alle

Materialien ausgebreitet, die zur Bearbeitung notwendig sind: Texte, Fachbücher, Atlanten, CDs, Experimentiermaterialien, Kartonagen, usw. Die Schüler müssen sich selbst bedienen und alle Arbeitsmittel selbst an der Lerntheke zusammenstellen. Der Lernprozess wird wie beim Stationenlernen durch schriftliche Arbeitsaufträge gesteuert und durch Aufgabenlisten kontrolliert.

*Computer*
Unter der Chiffre Computer soll das computerbasierte und das netzbasierte Lernen zusammengefasst werden. Die klobigen und schweren Schultaschen, unter denen Kinder zusammenzubrechen drohen, gehören der Vergangenheit an, die Zukunft gehört der elektronischen Schultasche. Schon in der Grundschule sollte ausnahmslos jedes Kind mit einem robusten Netbook ausgestattet sein. Auf diesem sind neben Text-, Tabellen- und Präsentationsprogramm auch Web-Browser, Lexika, Trainingsprogramme und Lernspiele installiert.
Im schulischen Intranet haben die Lehrer nach und nach eine nach Fächern und Lernstufen geordnete Unterrichts- und Materialdatenbank zusammengetragen, das die Schüler passwortgeschützt benutzen können. Für weitere Recherchen steht selbstverständlich das Internet zur Verfügung, wobei neben einem souveränen Umgang mit den Suchmaschinen auch gut geordnete Bookmarks, die Links zu lernrelevanten Internetseiten enthalten, zur Verfügung gestellt werden sollten. Hypermediale Informationssysteme ermöglichen freies Explorieren und Navigieren; die Lernwege werden vom Lernenden durch das ungesteuerte Aufsuchen von Querverweisen selbst bestimmt, z.B. beim Stöbern in der Encarta-Enzyklopädie. Mit dem Computer können die Schüler unabhängig von Zeit, Ort und vom Lehrer lernen. Die Möglichkeiten der Individualisierung sind schier grenzenlos. Mit dem digitalen „Lehrer“ sind zweifellos große didaktische Potentiale verknüpft; derzeit mangelt es allerdings noch an einer elaborierten Didaktik, an hinlänglichen Kompetenzen bei den Lehrern und auch an vielseitiger und lernniveauadaptiver Lernsoftware. Über die verfügbare Lernsoftware informieren etwa der Deutsche Bildungsserver (www.bildungsserver.de) oder Bildungsportale einzelner Bundesländer (NRW: www.learn-line.de).

## 5.2 Personale Hilfen

### 5.2.1 Schüler

Die Schüler sind die kostbarste und zugleich auch kostengünstigste Ressource in einem inklusiven Unterricht. Dass Schüler von Schülern lernen können, ist

eigentlich eine alte pädagogische Erkenntnis. Pestalozzi berichtet in dem Erziehungsroman „Wie Gertrud ihre Kinder lehrte" von seiner Stanzer Zeit: „Kinder lehrten Kinder. Da ich keine Mitlehrer hatte, setzte ich das fähigere Kind zwischen zwei unfähigere; es umschlang sie mit beiden Händen, sagte ihnen vor, was es konnte, und sie lernten es ihm nachsprechen, was sie nicht konnten. … Freude und Teilnahme belebten ihr Inneres, und ihr gegenseitig erwachtes, inneres Leben führte sie beiderseits vorwärts, wie sie nur durch diese vereinigte Selbstbelebung vorwärts geführt werden konnten." Ein Anhänger Pestalozzis, Karl August Zeller, griff diese Anregung Pestalozzis auf: „In jede Schulbank, die 5 Plätze hat, wird ein fortgeschrittener Schüler gesetzt. Er ist der ‚Unterlehrer' oder ‚das Helferlein' der anderen schwächeren Schüler" (1809).
In der alten Landschulpädagogik (Huber 1961; Strobel 1963) war ebenfalls der Helfergedanke sehr lebendig. In der wenig gegliederten Schule mit mehrere Jahrgänge umfassenden altersgemischten Klassen ging es einfach nicht anders, auch die Schüler mussten als ‚Hilfslehrer' ran und mithelfen. Die Landschulpädagogik unterschied zwischen Unterrichtshelfern und Erziehungshelfern. Die folgenden Abschnitte können durchaus in diese Systematik eingeordnet werden: Unterrichtshelfer mit den Themen Tutorielles Lernen und Kooperatives Lernen; Erziehungshelfer mit den Themen Friedensbrücke und Sozialerziehung. Die genannten Themen werden hier nicht systematisiert, sondern schlicht nacheinander bearbeitet.

### 5.2.1.1 Kooperatives Lernen

Seit den 1970er Jahren sind besonders in den USA, in Kanada und Israel kooperative Lehr-Lernformen entwickelt und erprobt worden. Eine reichhaltige Fachliteratur belegt die hohe Praxistauglichkeit, seriöse theoretische Fundierung und qualifizierte empirische Evidenz. Ein wichtiges historisches Motiv für die Entwicklung kooperativer Arbeitsformen war die Überwindung von Rassenkonflikten. Die Aufhebung der Rassentrennung sorgte an der Schule für gravierende Konflikte und Unruhen, so dass kein harmonischer und effizienter Unterricht mehr möglich war. Dieses historische Motiv verweist darauf, dass kooperativer und inklusiver Unterricht ein gemeinsames, sozialintegratives Anliegen verfolgen. In der Tat kann man das kooperative Lernen als den Königsweg eines inklusiven Unterrichts ansehen.
Kooperatives Lernen ist nicht eine einzige Methode, sondern ein Sammelbegriff für eine ganze Methodengruppe, die durch folgende Grundmerkmale gekennzeichnet ist:

- Ein Schülerteam besteht aus 3 bis 5 Schülern.
- Die Teams sind grundsätzlich heterogen zusammengesetzt, wobei die verschiedenen Teams innerhalb der Klasse miteinander vergleichbar sind. Innerhalb einer Klasse ist eine heimliche Hierarchisierung nach einem Fähigkeitskriterium konzeptwidrig.
- Die Zusammensetzung der Teams erfolgt prinzipiell nach dem Zufallsprinzip.
- Die Gruppen bleiben nicht nur für ein Projekt, sondern für mehrere Wochen und Monate zusammen.

Kooperatives Lernen unterscheidet sich erheblich von den traditionellen Sozialformen Partnerarbeit und Gruppenarbeit. Es zeichnet sich durch fünf Basismerkmale aus:

1. *Positive Interdependenz*
   Wie beim Staffellauf in der Leichtathletik erreichen die Teammitglieder ihr Lernziel nur, wenn auch alle anderen ihren Anteil dazu beitragen, gemäß der Redensart: Alle sitzen in einem Boot. Die Arbeits- und Lernziele der Einzelnen sind in wechselseitiger Abhängigkeit positiv miteinander verknüpft, die Gruppe will ein gemeinsames Ziel erreichen. Das Gegenteil einer positiven Zielstruktur ist eine kompetitive Zielstruktur. Die Lernenden konkurrieren miteinander. Am Ende eines kompetitiven Lernprozesses steht ein sozialer Vergleich, der einerseits die strahlenden Sieger krönt, andererseits demotivierte, beschämte Verlierer mit einem beschädigten Selbstwertgefühl produziert. Weil der Erfolg der Einen auf Kosten anderer geht, spricht man von einer negativen Interdependenz.
   Eine positive Interdependenz kann hergestellt werden
   - durch *Zielinterdependenz*: Das angestrebte Ziel kann nur gemeinsam erreicht werden. Das Erreichen der individuellen Ziele wird vom Verhalten der anderen beeinflusst.
   - durch *Rolleninterdependenz*: Zur Zielerreichung nehmen die Teammitglieder unterschiedliche Rollen wie Zeitwächter, Vorleser, Materialverwalter, Lautstärkenwächter, usw. ein. Dabei müssen die Zuständigkeiten in der Gruppe rotieren, damit keine Über- und Unterverantwortlichkeiten entstehen.
   - durch *Belohnungsinterdependenz*: Die Lernerfolge werden nicht mehr nur individuell gratifiziert, sondern durch kollektive Mannschaftsbewertungen ergänzt oder ersetzt. Teamarbeit und Teamkompetenz sind Teil der Gesamtnote.
   - durch *Ressourceninterdependenz*: Die Arbeitsmittel und -materialien werden bewusst verknappt, um die Zusammenarbeit anzuregen.

– durch *Aufgabeninterdependenz*: Das gesamte Inhaltspaket wird fragmentiert, die Teammitglieder bearbeiten sich ergänzende Teilaufgaben, die erst zusammen das inhaltliche Arbeitspensum ausmachen. Durch die Aufgabenspezialisierung trägt jedes Teammitglied Verantwortung für den Lernerfolg der Gruppe.

2. *Persönliche Verantwortlichkeit*
   Unerwünschte Begleiterscheinungen bei Gruppenarbeiten sind bekanntermaßen das „Trittbrettfahren" unwilliger Schüler und das „Sich-Ausgenutzt-Fühlen" der engagierten Schüler durch „Drückeberger". Damit einzelne Schüler sich nicht auf den Lorbeeren der Gruppe ausruhen, müssen die individuellen Beiträge zur kollektiven Gruppenleistung deutlich erkennbar sein. Dies kann durch eine Verknüpfung von individueller und teambezogener Gratifikation erreicht werden. Durch die Zuteilung unterschiedlicher Funktionen und Rollen (Schriftführer, Zeitwächter, Regelwächter, usw.) leistet jeder einen Beitrag zum Ganzen und hat das Gefühl gebraucht zu werden. Einen Gruppenführer gibt es nicht, alle tragen Verantwortung.

3. *Direkte und förderliche Interaktionen*
   Die Gruppenarbeit darf nicht durch Aufgabenspezialisierung und Arbeitsteilung erledigt werden, sondern erfordert die dauerhafte Nähe der Mitglieder, reale Interaktionen und face-to-face-Kommunikation: Erklären, Nachfragen, Argumentieren, Akzeptieren und Wertschätzen anderer Standpunkte, Zuhören, Ausredenlassen, Kritikfähigkeit usw.

4. *Kooperative Arbeitstechniken und soziale Kompetenzen*
   Wenn Wissen ausgetauscht und neues Wissen entstehen soll, erfordert dies kommunikative Kompetenzen als unabdingbare Voraussetzung einer kooperativen Zusammenarbeit. Hierzu gehören etwa das konstruktive Austragen von Kontroversen, die wechselseitige Anregung und Unterstützung, der Aufbau eines angstfreien, vertrauensvollen Gruppenklimas, die vorbehaltlose, gegenseitige Wertschätzung und nicht zuletzt ermutigende Bewertungen und Rückmeldungen (Klippert 2006 und 2010).

5. *Reflexion und Evaluation der Gruppenprozesse*
   Die Gruppe macht die eigenen Gruppen- und Lernprozesse zum Gegenstand metakognitiver Reflektionen: Wurden die Ziele erreicht? Was war hilfreich und förderlich, was war störend und beeinträchtigend? Was muss das nächste Mal besser werden?

Kooperatives Lernen ist aktives, selbstreguliertes und interdependentes Lernen. Weil kooperative Lernarrangements durch **we**chselseitiges **L**ehren und **L**ernen charakterisiert sind, werden sie auch als WELL-Methoden bezeichnet. Ihr gemeinsames Merkmal ist ein Wechselspiel von individuellem und sozialem Lernen. Die wechselseitigen Lehr- und Lernprozesse sind selbst- und sozialgesteuert und durchbrechen das „Lehrmonopol der Amtsinhaber“ (Hagstedt 2007,56).

Dem kooperativen Lernen liegen unterschiedliche theoretische Perspektiven zugrunde (Hasselhorn/Gold 2009). Die „Selbstbestimmungstheorie der Motivation“ (Deci/Rayan 1993) geht von drei angeborenen psychologischen Bedürfnissen aus:

1. Bedürfnis nach Kompetenz und Wirksamkeit
   Individuen wollen sich als leistungsfähig und selbstwirksam erleben. Man ist den Anforderungen gewachsen und kann Aufgaben aus eigener Kraft bewältigen.
2. Bedürfnis nach Autonomie
   Menschen wollen ihre Handlungen und Aufgaben frei wählen und selbst bestimmen, wie sie bei der Bewältigung der Aufgaben vorgehen. Es geht darum, sich selbst als Ursprung und Mitte des Handelns zu erleben („to feel an origin“).
3. Bedürfnis nach sozialer Zugehörigkeit
   Menschen haben das starke Bedürfnis nach Dabeisein und Mitmachen, nach sozialer Sicherheit und sozialem Feedback.

Soziale Umwelten, in denen wichtige Bezugspersonen Anteil nehmen, die Autonomiebestrebungen des Lerners unterstützen und die Erfahrung individueller Kompetenz ermöglichen, fördern die Entwicklung der gesamten Persönlichkeit. „Verantwortlich … sind letztlich die sozialen Bedingungen, die das Bestreben nach Autonomie, Kompetenz und sozialer Eingebundenheit unterstützen oder verhindern“ (Deci/Ryan 1993, 236; vgl. Krapp 2008).

Die Methodengruppe des kooperativen Lernens besteht aus einer Vielzahl von einzelnen Methoden mit zahlreichen Variationen: Gruppepuzzle, Gruppenralley, Innenkreis-Außenkreis (Fish-bowl), Murmelgruppen, Vier Ecken, Runder Tisch, T-Chart, und andere mehr (siehe Literatur). An dieser Stelle sollen illustrative Beispiele genügen.

*Drei-Finger-Reflexion*

Mit der Drei-Finger-Reflexion kann rasch und unaufwendig die Arbeit in den Gruppen eingeschätzt werden. Der Lehrer nennt ein Bewertungskriterium, die Schüler zeigen mit einem, zwei oder drei Fingern die subjektive Einschätzung der Qualität an: „Hat die Einhaltung der Gruppenrollen geklappt?" Der Lehrer geht dann auf einzelne Wertungen ein: „Warum gibst du deiner Gruppe nur einen Finger?" (Bochmann/Kirchmann 2007, 12).

*Zielscheibe*
Eine Zielscheibe mit mehreren Ringen wird in mehrere Segmente unterteilt, denen verschiedene Bewertungskategorien (Zuhören; Ausreden; Loben usw.) zugeordnet werden. Die Schüler bewerten durch Aufkleben von Punkten die Qualität der Kooperation, anschließend wird das Zielscheibenbild in der Gruppe oder im Plenum interpretiert (Bastian/Combe 2008).

*Rechtschreibfließband*
Ein fehlerhafter Text wird von mehreren Schülern korrigiert. Der Text wandert von Posten zu Posten, die für ein bestimmtes Rechtschreibproblem spezialisiert sind: Großschreibung, Kommata, ß oder ss, usw. (Horster/Rolff 2001, 99). Welche Gruppe produziert einen fehlerfreien Text?

*Think-Pair-Share*
Die Methode „Think- Pair- Share" oder „Think-Pair-Square" stellt ein Grundprinzip kooperativen Lernens dar, sie erfolgt im Dreischritt: 1. Schritt: Individuelle Erarbeitung (Konstruktion), 2. Schritt: Austausch in der Gruppe (Erste Ko-Konstruktion) und 3. Schritt: Vorstellen im Plenum (Zweite Ko-Konstruktion) (Brüning/Saum 2008).
In der ersten Phase „Think" (ca. 5 Minuten) bearbeiten die Schüler zunächst eigenständig die vom Lehrer gestellte Aufgabe. Die Schüler aktivieren ihr Vorwissen und halten die individuellen Lösungen, Gedanken und Fragen stichwortartig schriftlich fest. In der zweiten Phase „Pair" (ca. 10 bis 15 Minuten) wird jedem Schüler per Zufallsprinzip ein Partner zugeordnet. Die Partner tauschen die individuellen Ergebnisse miteinander aus, räumen mögliche Unklarheiten aus dem Weg, ergänzen und korrigieren sich wechselseitig, und einigen sich schließlich auf ein gemeinsames Ergebnis. Unsichere und schwache Schüler müssen ihre Antwort nicht sofort vor der ganzen Klasse äußern, sondern können sich erst einmal einem Peer anvertrauen. In der dritten Phase „Share" (ca. 10-15 Minuten) formieren sich aus jeweils zwei Paaren Viergruppen, die wiederum ihre Ergebnisse austauschen und einen gemeinsamen Lösungsvorschlag entwickeln. Das gemeinsame Arbeitsergebnis wird von der Vierergruppe etwa auf einem Plakat festgehalten und von einem zufällig ausgewählten Gruppenmitglied dem Klassenplenum präsentiert. Das präsentierte Ergebnis ist eine Kombination von Einzelleistung, die die individuelle Verant-

wortlichkeit beinhaltet, und Gruppenleistung, die der Präsentator nicht allein zu verantworten hat.

*Gruppenpuzzle*
Das Gruppenpuzzle ist eine besondere Form eines strukturierten Gruppenunterrichts, die in der Literatur auch als Jigsaw-Methode oder Experten-Stammgruppen-Methode bezeichnet wird. Die Lernenden werden für einen Teil des Lernstoffes zu Experten und vermitteln diesen sich wechselseitig. Vor Beginn des Unterrichts teilt der Lehrer ein Rahmenthema in verschiedene Teilgebiete auf und organisiert für diese Themensegmente informative Texte, Arbeitsmaterialien, Lernhilfen und Fragenkataloge. Das übergreifende Arbeitsthema „Der Hund" könnte z. B. unterteilt werden in die Teilthemen (A) „Hunderassen", (B) „Aufzucht und Pflege von Hunden", (C) „Hunde als Freund und Helfer" und (D) „Anschaffung eines Hundes". In der ersten Phase (Einführungsphase) gibt der Lehrer einen Überblick über das Thema und erläutert die Arbeitsorganisation mit einer grafischen Darstellung. Dann beginnt die Arbeit in den heterogenen Stammgruppen. Dort werden zunächst in der Gruppe die Themen A bis D an verschiedene Schüler verteilt, danach setzen sich alle Schüler selbst in Einzelarbeit mit ihrem jeweiligen Thema auseinander. Sie markieren wichtige Textstellen, fertigen Mind-Maps an, machen sich Notizen und formulieren Fragen. In der zweiten Phase (Erarbeitungsphase) finden sich jene Schüler, die das gleiche Thema bearbeitet haben, zu Expertenrunden zusammen. In diesen themengleichen Expertenrunden wird zunächst durch wechselseitiges Fragen, Nachfragen und Erklären ein vertieftes Verständnis des Themas erarbeitet. Die weitere wichtige Aufgabe der Expertenphase ist die didaktische Vorbereitung: Wie können die neuen Kenntnisse und Erkenntnisse am wirkungsvollsten den Mitgliedern der Stammgruppe in der nächsten Runde vermittelt werden. In der dritten Phase (Vermittlungsphase) kehren die Experten in ihre alte Stammgruppe zurück, dort sind nun alle Teilthemen durch je einen Experten vertreten. Die Experten unterrichten nun reihum die anderen Stammgruppenmitglieder über ihr vorbereitetes Thema. Am Ende dieser Austauschphase ist die gesamte Stammgruppe durch wechselseitiges Lehren und Lernen mit allen Segmenten des Rahmenthemas bekannt gemacht worden. Das Puzzle ist jetzt zusammengesetzt, und alle haben dazu beigetragen. Alle Schüler haben sowohl die Rolle des Lehrers wie auch die Rolle des Schülers eingenommen. In der abschließenden Phase (Evaluationsphase) wird der individuelle Lernerfolg geprüft, der Arbeitsprozess in den Gruppen reflektiert und sowohl Einzelleistung wie auch Teamarbeit bewertet. Im Internet sind unter der Adresse (http://educeth/ethz.ch) vorbereitete Materialien für Gruppenpuzzles abrufbar.

In der Literatur werden immer wieder Zweifel geäußert, ob sich die kooperativen Methoden auch für Schüler mit Lernschwierigkeiten eignen. Aufgrund ungenügender Eigenmotivation, mangelnder Selbstregulation, eingeschränkter kognitiver Fähigkeiten und emotionaler Belastungen wie Unsicherheit, fehlendes Selbstvertrauen seien Schüler mit Lernproblemen auf überschaubare, strukturierte Lernsituationen mit hoher Lehrerlenkung angewiesen; offenes, selbstgesteuertes Lernen dagegen sei ungünstig oder gar nicht möglich (Bohl/Kucharz 2010, 76 f.).
Diese Bedenken können so generalisierend nicht geteilt werden. Kooperatives Lernen ist Voraussetzung, Weg und Ziel zugleich. Auch wenn die Voraussetzungen noch nicht hinreichend gegeben sind, müssen sie dennoch über diesen Weg in adaptiver Weise geschaffen werden. Kooperatives Lernen ist gerade für Schüler mit Lernschwierigkeiten geeignet,

- weil kooperatives Lernen in hohem Maße strukturiert ist und deshalb Sicherheit bietet;
- weil die schwachen Schüler von den anderen Schülern angeregt, unterstützt und angeleitet werden. Kooperatives Lernen ermöglicht Lernen am Modell und in der „Zone der nächsten Entwicklung“;
- weil der Sprachanteil der Schüler weitaus höher ist als in einem lehrerzentrierten Unterricht;
- weil sie zeitnah Rückmeldungen und Bekräftigungen erhalten;
- weil sie aufgrund der positiven Interdependenz sich als selbstwirksam und kompetent erleben;
- weil der intensive Austausch und die interaktive Informationsverarbeitung zu einem elaborierten Wissen, tieferen Verstehen und einer gesteigerten Problemlösungskompetenz führt. Erklären ist hochgradig lernwirksam! Erklären macht schlau!
- weil der intensive Kontakt unter den Schülern Vertrautheit und Vertrauen stärkt, ein positives Lernklima schafft und die gegenseitige Akzeptanz steigert;
- weil sie auf einem hohen Aktivierungsniveau arbeiten. Aktive Lernzeit ist der Unterrichtsforschung zufolge der beste Prädiktor effizienten Lernens (Helmke 2009).

„Folglich profitieren Schüler mit besonderem Förderbedarf ganz wesentlich, wenn sie mit leistungsstärkeren Kindern und Jugendlichen zusammenarbeiten.“ Kooperatives Lernen verhindert, „dass Schüler mit besonderem Förderbedarf an den Rand gedrängt oder isoliert werden und das Ziel des gemeinsamen Unterrichts verfehlt wird“ (Benkmann 2009, 153 und 152; vgl. Weidner 2005).

Insbesondere die Sonderpädagogik ist aufgefordert, ihr mangelhaftes Zutrauen in die Entwicklungskräfte behinderter Kinder aufzugeben. Nötig tut eine Kehrtwende zum Empowerment: Behinderte Kinder müssen ermächtigt werden, die Regie über ihre eigene Entwicklung zu übernehmen!
Das kooperative Lernen ist in hohem Maße mit den Zielen und Anliegen der Inklusion kongruent. Es ist ausdrücklich für heterogene Lerngruppen konzipiert und erlaubt wie kaum ein anderes Methodenkonzept die gemeinsame Unterrichtung verschiedener Schüler. In zahlreichen wissenschaftlichen Evaluationsstudien ist immer wieder nachgewiesen worden, dass alle Schüler, die schwachen wie die starken, vom kooperativen Lernen profitieren. Die vielfach geäußerte Mutmaßung, dass inklusiver Unterricht doch entweder zu Lasten der leistungsstarken oder der leistungsschwachen Schüler gehe, kann als nicht haltbares Vorurteil zurückgewiesen werden. Die kognitiven Leistungen, die in kooperativen Lehr-Lern-Arrangements erzielt werden, sind mindestens gleich gut wie in traditionellen Unterrichtssettings, mitunter sogar besser. Darüber hinaus sind auch positive motivationale Effekte (Lern- und Anstrengungsbereitschaft), deutliche emotionale Vorteile (psychisches Wohlbefinden, Selbstvertrauen und Selbstwertgefühl, Schul- und Lernfreude) und nennenswerte soziale Gewinne (Empathie, prosoziales Verhalten, Kommunikationsfähigkeit, Teamfähigkeit) auf der Habenseite zu nennen. Alles in allem bringen kooperative Lehr-Lernformen die allerbesten Voraussetzungen für die Unterrichtung heterogener Lerngruppen mit. Die bisherige „Erfolgsgeschichte“ (Johnson/Johnson 2008, 16) des Konzepts berechtigt zu der Hoffnung, dass durch weitere Entwicklungsarbeit unbekannte, brachliegende Schätze des kooperativen Lernens gehoben werden können. Behindertenpädagogik und Inklusive Pädagogik sind gut beraten, die immanenten Potenzen kooperativer Arbeit zu entdecken und weiter zu entwickeln.
Wenn mit kooperativen Methoden die gesamte Bandbreite heterogener Schüler unterrichtet und auch die behinderten Kinder einbezogen und erreicht werden sollen, dann sind freilich durchaus kreative Anpassungen vonnöten. Das wichtigste Erfordernis ist die explizite Vermittlung und Einübung kooperativer Kompetenzen (Klippert 2010; Souvingnier 1999 und 2007). Dass mehr möglich ist, als der Chor der Skeptiker monoton wiederholt, sei abschließend an wenigen Beispielen demonstriert:

*Joker-Methode*
Wenn Schüler mit Lernschwierigkeiten beim abschließenden Quiz eine Frage beantworten müssen, haben sie die Möglichkeit, einen Joker zu wählen oder sich von einem Mitglied der Gruppe beraten zu lassen.

*Gruppen-Votum*
Prüfungsfragen werden zuerst in der Gruppe beraten, dann trägt ein behinderter Schüler die Antwort stellvertretend im Plenum vor.

### 5.2.1.2 Tutorielles Lernen

Beim tutoriellen Lernen arbeiten zwei Schüler für den Erwerb, die Konsolidierung und Überprüfung von Kenntnissen und Fertigkeiten zusammen. Ein Lernpartner übernimmt im Lerntandem die Rolle des Tutors, der andere die Rolle des Tutanden. Der Tutor ist der „Lehrer", der Wissen vermittelt, Fragen stellt, Rückmeldung zu den Antworten gibt, das Fortschreiten im Lernprozess steuert und schließlich den Lernerfolg des Tutanden in Listen schriftlich protokolliert. Der Tutand ist der „Schüler", er beantwortet die Fragen, stellt selbst Rückfragen und erläutert seine Lösungen.
In der Regel sind die Tandems leistungsheterogen und/oder altersheterogen zusammengesetzt. Bei dieser Standardform des Peer Tutoring findet kein reziprokes, wechselseitiges Lehren und Lernen statt, ein Rollentausch ist nicht vorgesehen. Sind die Lerndyaden dagegen leistungshomogen und/oder altersgleich zusammengesetzt, sollte ein regelhafter Rollenwechsel stattfinden. Der Tutor wird zum Tutand und der Tutand zum Tutor. Solche reziproken Lerntandems werden begrifflich auch als Peer Collaboration bezeichnet. Zwei Beispiele mögen die Methode illustrieren:
Beim *Sprachenlernen im Tandem* kommunizieren zwei Lernpartner in unterschiedlichen (Mutter)sprachen miteinander. Der Tutor spricht ein Wort oder einen Satz, der Tutand übersetzt das Wort oder den Satz in seine Sprache. Der Dialog kann mündlich oder schriftlich geführt werden. Per E-Mail ist auch eine ort- und zeitunabhängige Tandempartnerschaft möglich. Beim Sprachenlernen in Tandems lernen die Partner miteinander und voneinander, beide profitieren von der Heterogenität (Brammerts 2004).
Beim *Lesetraining im Tandem* liest der Tutor den Text laut vor, der Tutand liest leise mit. Dann werden die Rollen getauscht, der Tutand liest vor, der Tutor korrigiert etwaige Lesefehler. Wieder Rollentausch. Der Tutor stellt Verständnisfragen zum gelesenen Text, der Tutand beantwortet die Fragen und wird ggf. vom Tutor unterstützt und verbessert. Abschließend erzählt der Tutand die Geschichte nach oder formuliert eine Zusammenfassung des Sachtextes, der Tutor ergänzt und verbessert die Darstellung des Tutanden (Haag 2004, 48).
Das tutorielle Lernen hat sich in empirischen Untersuchungen als sehr wirksam erwiesen. Als wirksame Faktoren sind zu nennen:

- Die aktive Lernzeit und die Lernintensität werden bedeutsam erhöht. Anders als im Klassenunterricht kann sich kein Schüler in eine passive

Schülerrolle zurückziehen. Der Sprachanteil der Schüler ist allemal um ein Vielfaches höher als in einem lehrerzentrierten Unterricht.

- Die Zusammenarbeit fördert eine elaborierte und reflexive Auseinandersetzung mit dem Stoff. Die Lernpartner versprachlichen ihre Lernaktivitäten und begründen ihre Lösungen.
- Der Lernprozess wird nach Lerntempo, Aufgabenschwierigkeit und Lernhilfen individualisiert. Die Schüler geben sich zeitnahe Rückmeldungen und wechselseitige Verstärkungen.
- Die Lernpartner profitieren in beiden Rollen. Der Tutor muss, um lehren zu können, sich in vertiefender Weise mit dem Unterrichtsstoff auseinandersetzen. Die Übernahme der Tutorenrolle stärkt sein Selbstwertgefühl. Kinder zeigen gerne, was sie schon können. Der Tutand kann in einem geschützten Rahmen ohne Angst vor einer öffentlichen Blamage lernen.
- Das tutorielle Lernen fördert die sozialen Beziehungen zwischen den Schülern und stärkt die gegenseitige Achtung und die Toleranz von Verschiedenheit (Benkmann 1998; Renkl 2001; Nückles 2006).

#### 5.2.1.3 Sozialerziehung

Schüler sind nicht nur Unterrichtshelfer, sondern können auch Erziehungshelfer sein. Ihr Beitrag zu einem friedfertigen und ertragreichen Klassenleben geht weit über die Erfüllung von Ämtern und Ordnungsdiensten hinaus. Sozialerziehung gelingt nicht über Sozialkundeunterricht, sondern nur durch tätige Teilnahme am Leben und Lernen einer Gruppe. Maria Montessori und Peter Petersen haben eine indirekte Sozialerziehung praktiziert, indem sie gleichermaßen sich zweier Maßnahmen bedienten: Materialbeschränkung und Altersmischung.

Die bewusste Beschränkung der Arbeitsmittel macht Absprachen und Einigungen unter den Schülern notwendig und stimuliert somit kooperative Aushandlungsprozesse. Zur Erzeugung von positiver Abhängigkeit erhält etwa bei Gruppenarbeit die gesamte Gruppe nur einen Lesetext.

Eine noch größere Bedeutung für die Sozialerziehung hat die Altersmischung. „Von der allergrößten Wichtigkeit ist es, dass die verschiedensten Begabungen beisammen gehalten werden“ (Petersen 1961, 15). In Jena-Plan-Schulen werden die Jahrgangsklassen zugunsten von drei Jahrgänge umfassenden Stammgruppen aufgelöst. Durch die altersgemischten Stammgruppen entsteht nicht nur ein fruchtbares ‚Bildungsgefälle‘, sondern auch ein lebensnahes, natürliches sozialerzieherisches Milieu. Jährlich rückt jeweils ein Drittel einer Stammgruppe in die nächsthöhere Stammgruppe auf. Mit dem neuen Drittel kommt ‚neues Blut‘ und frischer Wind in eine Stammgruppe. Die zwei verbliebenen Drittel gewährleisten das Fortleben der ‚Überlieferung‘. Im Verlaufe

der gesamten Schulzeit müssen die Schüler sich dreimal neu in eine Stammgruppe einleben und einen neuen Platz im Sozialgefüge erarbeiten (Petersen 1961). Ein turbulenter Schulstart, wie er im Abschnitt „Regeln, Rituale, Routinen" beschrieben wurde, ist in altersgemischten Klassen unbekannt.
Altersgemischte Klassen können in gewisser Weise mit ‚begabungsgemischten' Lerngruppen verglichen werden. Beide Organisationsformen begreifen Heterogenität als eine produktiv nutzbare Chance. „Eine gemischte, heterogene Kindergruppe bietet natürliche Möglichkeiten gegenseitiger Anregung und fruchtbare Gelegenheiten sozialen Lernens" (Wocken 1987,70). Heterogenität evoziert sensu Piaget sozio-kognitive Konflikte, die das Kind zu neuen Konstruktions- und Anpassungsleistungen herausfordern, und damit seine kognitive und moralische Entwicklung befördern. Die Kinder erleben, dass es mehrere Weisen zu sehen und zu denken, zu lernen und zu leben gibt. In den sozialen Austauschprozessen sind sie genötigt, auch mal „in den Schuhen des Anderen" zu stehen. Diese Perspektivenübernahme ist Voraussetzung für wechselseitiges Verstehen und einen akzeptierenden und wertschätzenden Umgang mit Andersartigkeit.
Diese sozialerzieherischen Wirkungen werden nicht durch Belehrung erreicht, sondern durch die Inkorporation der sozialerzieherischen Funktion in eine entwicklungsheterogene Lerngruppe. Der inklusive Lehrer muss die sozialerzieherische Potenz heterogener Lerngruppen nicht erst erzeugen, sondern schlichtweg nutzen.

*Modelllernen*
„Die Menge der Ungleichheit der Kinder erleichterte meinen Gang. So wie das ältere und fähigere Geschwister unter dem Auge der Mutter den kleineren Geschwistern leicht alles zeigt, was es kann, und sich froh und groß fühlt, wenn es also die Mutterstelle vertritt, so freuten sich meine Kinder, das, was sie konnten, die anderen zu lehren. Ihr Ehrgefühl erwachte, und sie lernten gedoppelt, indem sie selbst vormachten und andere nachsprechen machten. So hatte ich schnell unter meinen Kindern selbst Gehülfen und Mitarbeiter, die ...brauchbarer waren als angestellte Lehrer" (J. H. Pestalozzi: Stanser Brief (1799)).

*Schüler als Tester*
Die älteren bzw. leistungsstärkeren Schüler konstruieren einen Test für die jüngeren bzw. leistungsschwächeren Schüler; nach der Durchführung korrigieren sie die Tests und geben Rückmeldung.

*Schüler als Übungshelfer*
In jeder Klasse gibt es „Bewegungsexperten" etwa im Tanzen, in den Ballspielen oder in den Rollsportarten (Skatroller, Einradfahren). Der Lehrer bittet die

Bewegungsexperten, als Übungshelfer, Spielleiter oder Schiedsrichter tätig zu werden (Laging 2007).

*Schüler als Paten*
In Jena-Plan-Schulen haben sich „Patenschaften als ein sehr wertvolles Mittel der gegenseitigen Erziehung erwiesen“ (Petersen 1974, 42). „Der verhaltensoriginelle Drittklässler entwickelt eine lammfromme Beziehung zum neuen Schulkindergartenkind, ein Erstklässler liest drei Zweitklässlern aus Harry Potter vor“ (Peschel 2007, 111).

*Schüler als Lernpartner*
Die Heinrich-Zille-Schule in Berlin-Kreuzberg hat für Schüler mit schweren Behinderungen ein Partnersystem etabliert, das während der gesamten Grundschulzeit praktiziert wird:
„Zwei Partnerkinder werden jede Woche neu ausgewählt und ihre Fotos auf den Tisch des Kindes geklebt. Sie begleiten das Kind in den Pausen und helfen zum Beispiel auf dem Weg vom Taxi in den Klassenraum und zum Hortgebäude. Im Unterricht werden sie zu Lern- und Arbeitspartnern, zum Beispiel bei den Aufgaben aus dem Wochenplan. Auch zum Psychomotorikunterricht oder zum wöchentlichen Schwimmen im Therapiebad einer Fördereinrichtung gehen diese Kinder gemeinsam, und sie helfen bei lebenspraktischen Tätigkeiten, wie zum Beispiel der Zubereitung des Frühstücks oder kleiner Speisen“ (Matt/Koller-Hesse 2010, 255).

#### 5.2.1.4 Streitschlichter

Mediation bedeutet Vermittlung zwischen Konfliktparteien durch unparteiische Dritte. Bei Mediation in der Schule sind Schülerinnen und Schüler als „Streitschlichter“ oder „Konfliktlotsen“ tätig. Mediation durch Schüler wird nur bei geringfügigen Streitfällen angewendet, schwierige Konflikte und gravierende Regelverletzungen bedürfen der Intervention durch Lehrer. Die Streitschlichtung findet nur dann statt, wenn beide Konfliktparteien eine Vermittlung wünschen und dem Verfahren zustimmen. Eine Mediation kann abwartend oder aufsuchend angeboten werden, die Schlichter werden also gerufen oder bieten sich an. Eine Anordnung durch den Lehrer ist nicht statthaft. Die Mediatoren haben die Aufgabe, die Schrittfolge der Konfliktklärung zu steuern und für die Einhaltung der Regeln zu sorgen. Aufgabe der Schlichter ist es nicht, die Schuldfrage zu klären oder einen Schiedsspruch zu fällen. Die Konfliktlösung wird nicht vom Mediator diktiert, sondern muss von den Streithähnen selbst erarbeitet werden. Die Übereinkunft wird in einem Vertrag dokumentiert und von allen Beteiligten unterschrieben.

Die Streitschlichterprogramme haben sich in der Praxis bewährt und ihre Wirksamkeit empirisch unter Beweis stellen können. Steitschlichterprogramme verbessern das Schulklima, tragen zur Gewaltprävention bei, unterstützen den Erwerb sozialer Kompetenzen wie Toleranz, Empathie, Selbstregulation von Emotionen, Sensibilität für Gerechtigkeit, und entlasten die Lehrer von Alltagskonflikten. Streitschlichter sind Erziehungshelfer, und insofern eine Methode eines indirekten Unterrichts. Das folgende Beispiel stammt aus einem Streitschlichter-Programm (Jeffery-Duden 2008, 75f.):

*Die Friedensbrücke*
Die Friedensbrücke ist eine einfache, ritualisierte Form der Streitschlichtung durch Schüler als Mediatoren. Sie besteht aus zwei spiegelbildlich angeordneten Treppen mit 4 Stufen: 1. Streitregeln anerkennen, 2. Standpunkte austauschen, 3. Lösungen suchen, 4. Abkommen und Versöhnung. Die einzelnen „Stufen“ werden als Teppichfliesen auf den Boden gelegt oder als Brücke, über die man gehen muss, visualisiert. Die beiden Konfliktpartner stehen beiderseits der Brücke und erklimmen unter Anleitung des Schlichters Stufe für Stufe bis zur abschließenden gütlichen Lösung ohne Niederlagen.

### 5.2.2 Assistenten

Für einen inklusiven Unterricht wurde ein Mehr-Pädagogen-System als unverzichtbare Rahmenbedingung gefordert. Welche Berufsgruppen und Professionen in einem inklusiven Pädagogen-Team tätig sind bzw. sein sollten, ist recht vielfältig und beileibe noch nicht abschließend geklärt. Derzeit nehmen etwa Zivildienstleistende, Schulbegleiter, Erzieher, Sozialpädagogen, Heilpädagogen, Regelschullehrer und Sonderpädagogen die Rolle des zweiten Pädagogen wahr. Im Bewusstsein einer eingeschränkten Palette von möglichen Assistenten wird hier lediglich auf Integrationshelfer und Heilpädagogische Förderlehrer eingegangen.

#### 5.2.2.1 Integrationshelfer

Integrationshelfer, auch als Schulassistent oder Schulbegleiter bezeichnet, sind ‚paraprofessionelle‘ Hilfen, die im Rahmen der Eingliederungshilfe des SBG XII finanziert werden. Die Aufgaben von Integrationshelfern werden vom bayerischen Kultusministerium folgendermaßen definiert:

> „Integrationshelfer sind keine Zweitlehrer. Die Vermittlung des Lehrstoffes ist deshalb alleinige Aufgabe der Lehrkräfte bzw. der MSD-Lehrkräfte der Förderschule. Integrationshelfer tragen dazu bei, Defizite im pflegeri-

schen, sozialen, emotionalen und kommunikativen Bereich, die den Sozialhilfebedarf begründen, auszugleichen. Sie helfen bei lebenspraktischen Verrichtungen, erledigen die anfallenden pflegerischen Tätigkeiten während der Schulzeit und unterstützen ganz allgemein bei der Orientierung im Schulalltag"(KM Bayern 1995).

Während aus formal-juristischen Gründen eine strikte Abgrenzung der pflegerisch-psychosozialen Aufgaben von pädagogisch-unterrichtlicher Unterstützung notwendig erscheint und die Administrative großen Wert darauf legt, dass der Integrationshelfer keine unterrichtlichen und pädagogischen Aufgaben wahrnimmt, sieht die Realität ganz anders aus. In einer empirischen Studie stellten Beck/Dworschak/Eibner (2010) fest, dass die Schulbegleiter ein breites, vielfältiges Tätigkeitsfeld haben, „das von gänzlich alltagspraktischen bis hin zu eindeutig pädagogisch-unterrichtlichen Aufgaben reicht. So plant jeder zweite Schulbegleiter Sequenzen im Rahmen der Einzelförderung. Knapp jeder Dritte bereitet Unterrichtsmaterial vor. Ungefähr jeder Zehnte engagiert sich im Hinblick auf Diagnostik, Unterrichts- und Förderplanung" (2010, 252).
Obwohl weder eine einschlägige Ausbildung noch fachspezifische Qualifikationen vorausgesetzt werden, können Integrationshelfer offensichtlich die Erziehungs- und Unterrichtsarbeit des Regelschullehrers wirksam unterstützen. Für den anstehenden Argumentationskontext bedeutet dies, dass Lehrfunktionen auch an nichtprofessionelle Assistenten delegiert werden können. Welche unterrichtsrelevanten Hilfen sie neben der Unterstützung bei lebenspraktischen Anforderungen einbringen können, ist wegen der disparaten persönlichen Voraussetzungen sehr vom Einzelfall abhängig. In dem Maße, in dem eine fachliche Einarbeitung in das Tätigkeitsfeld, eine kontinuierliche fachliche Anleitung durch den Lehrer und ein berufliches Engagement des Integrationshelfers gegeben sind, steht dem Inklusionslehrer auch ein wichtiger ‚Hilfslehrer' für die Bewältigung eines inklusiven Unterrichts zur Verfügung (KM Bayern 2010; VDS 2006; ISB 2007; Hasselmeyer 2010). Eine allgemeingültige Beschreibung des Arbeitsplatzes und der möglichen Arbeitsaufgaben ist aber derzeit nicht möglich.

#### 5.2.2.2 Heilpädagogische Förderlehrer

„Heilpädagogische Förderlehrer" verfügen in der Regel über eine zweijährige Ausbildung und sind in verschiedenen sonderpädagogischen Arbeitsfeldern tätig. In Förderschulen leisten sie einen großen Teil der Erziehungs- und Unterrichtsarbeit und werden vielfach auch mit der Klassenleitung beauftragt.

Das Bayerische Erziehungs- und Unterrichtsgesetz beschreibt die Tätigkeit der Heilpädagogischen Förderlehrer folgendermaßen:

> „Heilpädagogische Förderlehrerinnen bzw. Förderlehrer, Werkmeisterinnen bzw. Werkmeister und sonstiges Personal für heilpädagogische Unterrichtshilfe an Förderschulen unterstützen die Erziehungs- und Unterrichtstätigkeit der Lehrkraft; im Rahmen eines mit den Lehrkräften für Sonderpädagogik gemeinsam erstellten Gesamtplans wirken sie bei Erziehung, Unterrichtung und Beratung von Kindern und Jugendlichen mit sonderpädagogischem Förderbedarf mit. Sie nehmen diese Aufgaben selbständig und eigenverantwortlich wahr und wirken bei sonstigen Schulveranstaltungen und bei Verwaltungstätigkeiten mit." (BayEUG Art. 60).

In den Sonderpädagogischen Förderzentren Bayerns planen und gestalten Heilpädagogische Förderlehrer selbstständig und eigenverantwortlich Unterricht. Das Berufsbild des Heilpädagogischen Förderlehrers kommt insgesamt der Profession des Sonderschullehrers recht nahe. Ihre Ausbildung für die Förderschwerpunkte körperliche und motorische Entwicklung sowie geistige Entwicklung befähigt sie, bei einer entsprechenden Förderbedarfslage inklusiver Lerngruppen den Part der Sonderpädagogen zu übernehmen. Nicht zuletzt, weil sie (unter)bezahlt werden, sind sie eine diskussionswürdige Alternative zum Sonderschullehrer. Ihre Mitwirkung in einem inklusiven Unterrichtsarrangement dürfte sich von der Arbeit von Sonderschulpädagogen nur wenig unterscheiden.

### 5.2.3 Lehrer

Eine wichtige und unverzichtbare personale Hilfe sind andere Professionelle, die auch das Lehrerhandwerk erlernt haben und deshalb den verantwortlichen Regelschullehrer insbesondere kraft besonderer pädagogischer Kompetenzen unterstützen können. Zu der Gruppe der „gelernten" Lehrer werden hier alle Lehrerberufe gezählt, also sowohl die Lehrer an allgemeinbildenden Schulen als auch Sonderpädagogen. Was kann der Inklusionslehrer an Lehraufgaben und -funktionen an die „zweite" Lehrkraft delegieren? In welchen Arbeitsformen kann sich die kooperative Bewältigung des inklusiven Auftrags, viele verschiedene Schüler zur gleichen Zeit zu unterrichten, vollziehen:
Es lassen sich verschiedene Möglichkeiten unterscheiden, wie zwei Lehrer sich die gemeinsame Aufgabe aufteilen können; sie sollen im Folgenden einschließlich der damit verbundenen Chancen und Problemen beschrieben werden.

*1. Aufteilung der Lehrertätigkeiten und -aufgaben*
Das gesamte Lehrerhandeln umfasst die Aufgabenkomplexe bzw. Kompetenzbereiche Erziehen, Unterrichten, Beurteilen, Beraten und Innovieren. Als allgemeiner Grundsatz hat zu gelten, dass alle Lehrpersonen eines inklusiven Pädagogenteams grundsätzlich in allen fünf Aufgabenbereichen tätig und beteiligt sind. Einzelne Teammitglieder können dabei durchaus spezifische Teilbereiche der Aufgabenfelder schwerpunktmäßig wahrnehmen. So kann etwa die Unterrichtsvorbereitung arbeitsteilig erfolgen, der eine Lehrer sich um die Klassenbibliothek kümmern, der andere eine Klassenarbeit vorbereiten und korrigieren, der eine die Anwesenheitsliste führen, der andere für ein Unterrichtsthema Material recherchieren und beschaffen.
Die Bewältigung der Komplexität einer heterogenen Schülerschaft fordert unabdingbar die Etablierung einer funktionsteiligen Arbeitsstruktur. Unter Berücksichtigung der Interessen und Kompetenzen der Teammitglieder wird die Gesamtaufgabe partialisiert und auf verschiedene Schultern verteilt. Die Gesamtheit der Anforderungen wird in abgrenzbare Aufgabenbereiche und Teilfunktionen zerlegt, die dann von einzelnen Pädagogen verantwortlich übernommen werden. Auf diese Weise entsteht im Team eine differenzierte Aufgaben- und Rollenstruktur. Ein differenziertes Rollendifferential ist von unschätzbarem Wert. Jeder weiß, was er zu tun hat, man steht sich nicht gegenseitig im Wege und auf den Füßen, und schließlich ist es entlastend: Geteilte Arbeit ist halbe Arbeit.
Eine arbeitsteilige Aufgaben- und Rollenstruktur muss sich aber auf alle Aufgabenkomplexe des Lehrerhandelns beziehen und darf die Kompetenzbereiche Erziehen, Unterrichten, Beurteilen, Beraten und Innovation nicht auseinanderreißen. Die Partizipation aller Teammitglieder an allen Aufgaben sollte nicht prinzipiell in Frage gestellt werden. Genau dies geschieht aber leider nicht selten bei der Konzeptualisierung der Rolle von Sonderpädagogen. In manchen sonderpädagogischen Konzepten finden sich sehr deutliche Gleichgewichtsverschiebungen und einseitige Schwerpunktsetzungen. Der Sonderpädagoge verabschiedet sich mehr oder minder von der Erziehungs- und Unterrichtsaufgabe und sieht seinen Arbeitsschwerpunkt in den Aufgabenbereichen Beurteilen und Beraten. Kernaufgabe des Sonderpädagogen sei es, Schüler, Eltern und Kollegen zu beraten, sonderpädagogische Gutachten anzufertigen und Förderpläne zu schreiben. Der Sonderpädagoge mutiert zu einer Art schulpsychologischen Dienst, der sich lediglich diagnostisch und beratend engagiert, die pädagogische Arbeit aber dem Inklusionslehrer überlässt.

*2. Die Aufteilung der Unterrichtsfächer und -inhalte*
Eine inhaltliche Differenzierung der Aufgaben eines inklusiven Lehrerteams führt zur Etablierung eines Fachlehrersystems. Regelschullehrer und Sonder-

pädagoge teilen die Unterrichtsfächer des schulischen Lehrplans einvernehmlich unter sich auf. Der Sonderpädagoge, dem in aller Regel nur eine beschränkte Stundenanzahl zur Verfügung steht, wird dann als Fachlehrer tätig und unterrichtet mit seiner beschränkten Stundenzahl ein Fach, etwa Mathematik oder Sport oder Musik. Doch als Fachlehrer ist der Sonderpädagoge eine Fehlbesetzung, nicht weil er es nicht könnte, sondern er schlichtweg einen anderen Auftrag hat. Seine Existenz als zweiter Lehrer legitimiert sich allein durch die Heterogenität der individuellen Förderbedarfe einer inklusiven Lerngruppe. Wenn Sonderpädagogen sich die Fachlehrerrolle zulegen, machen sie sich als Sonderpädagogen überflüssig und gänzlich ersetzbar durch „richtige" Fachlehrer.

Stattdessen sei inklusiven Schulen eher empfohlen, sich die Erfahrungen des Team-Kleingruppen-Modells zu eigen zu machen (Schwager 2005). Hierbei geht es um die Bildung von Lehrerteams von 2 bis 4 Mitgliedern, denen eine weitgehende Planungshoheit für einen Jahrgang zugestanden wird und die gleichsam eine kleine „Schule in der Schule" repräsentieren. „Jahrgangsteams treffen sich z. B. zur Konzipierung von Unterrichtssequenzen, zur Erstellung von Wochenplänen und Materialien, legen Anforderungen fest, entwickeln differenzierte Materialien, sprechen Leistungsüberprüfungen ab, archivieren Unterrichtsplanungen, Materialien und Vereinbarungen, so dass sie für alle zugänglich sind und auf bereits Erarbeitetes zurückgegriffen werden kann" (Bartnitzky u. a. 2009, 336).

*3. Aufteilung der Lerngruppe*

Die gesamte Lerngruppe wird in kleinere, aber miteinander vergleichbare Teilgruppen aufgeteilt. Durch die Aufteilung der gesamten Klasse in vergleichbare Teilgruppen wird die Komplexität heterogener Gruppen merklich reduziert, jeder Pädagoge unterrichtet nun eine kleinere, übersichtliche Lerngruppe. Eine derartige Differenzierung in vergleichbare Lerngruppen setzt allerdings voraus, dass die beiden Pädagogen auch annähernd gleiche Kompetenzen haben, um die themengleich arbeitenden Gruppen fachlich angemessen zu fördern.

Problematisch wird eine Differenzierung der Schülergruppe dann, wenn sie in eine vertikale, hierarchische Stufung umschlägt und eine Klasse in „gute" und „schwache" Lerner aufgeteilt wird. Die Differenzierung der Schülerschaft nach einem Fähigkeits- und Leistungskriterium mag auch in inklusiven Klassen hin und wieder notwendig und berechtigt sein. Eine längerfristige Schülergruppierung nach dem Leistungskriterium wäre allerdings nichts weiter als eine schlechte Kopie des gegliederten Schulwesens im Haus der Inklusion.

Dies ist leider eine der häufigsten Fehlformen in der inklusionspädagogischen Praxis. Der Regelschullehrer unterrichtet die Gruppe der „normalen" Kinder,

der Sonderpädagoge zieht sich mit den behinderten Kindern in den Gruppenraum zurück. Diesem Konzept liegt ein eklatantes Missverständnis von Inklusionspädagogik als bloßer Addition von Regel- und Sonderpädagogik, als Ergänzung von normalem Unterricht um Extra-Förderung und Therapie zugrunde. Weil der allfällige Unterricht unverändert bleibt, trägt eine additiv agierende Sonderpädagogik zu einer Stabilisierung einer falschen Normal- und Durchschnittspädagogik, zu einer „sonderpädagogischen Verseuchung der allgemeinen Schule" (Reiser 1989, 146) bei.

*4. Aufteilung der Arbeitsverantwortung*
Eine differenzierte Rollen- und Aufgabenstruktur ist nicht nur von der Sache her, also von der Bewältigung der Komplexität her geboten, sie hat auch unschätzbare Vorteile für die Pädagogen selbst. Diffuse Rollenerwartungen und unklare Aufgabenverteilungen führen dazu, dass niemand genau weiß, was er zu tun hat, dass man sich gegenseitig im Wege und auf den Füßen steht, und dass schließlich alle im gleichen Topf herumrühren. Viele Kooperationskonflikte sind hier grundgelegt. Eine abgestimmte und identifizierbare Aufgaben- und Rollenstruktur schafft dagegen Verlässlichkeit und Sicherheit. Die Mitwirkung der einzelnen Teammitglieder bei der Bewältigung der gemeinsamen Aufgabe ist jetzt bis zu einem gewissen Grade antizipierbar. Eine wichtige Voraussetzung für erfolgreiches Kooperieren ist also eine differenzierte Rollenstruktur.
Das Ideal kooperierender Pädagogenteams scheint eine egalitäre Interaktion zu sein. Eine egalitäre Arbeits- und Rollenstruktur ist an eine wichtige Bedingung geknüpft: Sie setzt voraus, dass die kooperierenden Pädagogen in etwa die gleiche Ausbildung haben, in etwa gleich bezahlt werden und in etwa auch die gleiche Arbeitsleistung, gemessen in Unterrichtsstunden, erbringen. In inklusiven Pädagogenteams sind diese Voraussetzungen fast nie gegeben. Die Pädagogen, die in inklusiven Klassen arbeiten, sind in aller Regel eben nicht gleich, sondern nach Ausbildung, Selbstverständnis, Bezahlung und Stundendeputat recht verschieden. Das hat Folgen für die funktionsteilige Zusammenarbeit.
In Unterrichtsteams von Inklusionsklassen pflegt sich regelhaft eine Rollenstruktur auszubilden, die grob mit den Begriffen Unterrichtsgestaltung und Unterrichtsunterstützung bezeichnet werden kann. Dabei sind die Kompetenz- und Anforderungsstrukturen von Unterrichtsgestaltung und Unterrichtsunterstützung deutlich unterschiedlich. Unterrichtsgestaltung erfordert Regelschul- und Klassenlehrerkompetenzen im hergebrachten Sinne. Unterrichtsunterstützung ist demgegenüber eine reagierende, subsidiäre Tätigkeit, die den Unterricht flankierend begleitet, und insbesondere immer dort eingreift, wo einzelne

Schüler Hilfe brauchen, damit sie nicht verloren gehen. Durch eine funktionsteilige Arbeitsdifferenzierung kommt also immer auch ein Stück Hierarchie in die Arbeitsorganisation eines Unterrichtsteams hinein.

Das Verhältnis dieser beiden Rollenkomplexe ist asymmetrisch und komplementär. Die Unterrichtsgestaltung des einen Pädagogen ist auf die subsidiäre Unterrichtsunterstützung des anderen angewiesen. Die Unterrichtsunterstützung wird dabei nicht eigeninitiativ und unabhängig gegeben, sondern ist an der richtunggebenden Funktion der Unterrichtsgestaltung orientiert. Weder Unterrichtsgestaltung noch Unterrichtsunterstützung funktionieren autonom, sondern nur in einem komplementären Zusammenspiel. Wegen der führenden Rolle der Unterrichtsgestaltung und der subsidiären Funktion der Unterrichtsunterstützung ist das Verhältnis der Rollenkomplexe asymmetrisch. Der Regelschullehrer ist der verantwortliche Klassenlehrer und Leiter des Teams; er hat die Aufgabe der Unterrichtsgestaltung. Der zweite Pädagoge, gleichviel ob Erzieher, Heilpädagoge oder Sonderpädagoge, ist mitverantwortlicher Mitarbeiter des Teams; er hat die Aufgabe der Unterrichtsunterstützung.

Welche Lehrfunktionen und -aufgaben der Regelschullehrer an den zweiten Pädagogen delegieren kann, ist entscheidend von zwei Bedingungen abhängig:

1. Lehrkompetenzen. Es können selbstredend nur Aufgaben delegiert werden, wofür der zweite Pädagoge auch ausgebildet und kompetent ist. Weil die Kompetenzprofile von Integrationshelfern, Erziehern, Heilpädagogen und Sonderpädagogen sich erheblich unterscheiden, muss die Aufgabendelegation auch nach den berufsspezifischen Kompetenzprofilen ausgerichtet sein.
2. Arbeitsumfang. Bei der Delegation von Lehraufgaben muss ferner der zeitliche Arbeitsaufwand der Aufgabe mit dem verfügbaren Stundenkontingent, das der zweite Pädagoge einbringt, in Übereinstimmung gebracht werden.

Wegen dieser variablen Voraussetzungen können also kaum allgemeingültige Empfehlungen gegeben werden. Die Pädagogen sind gehalten, in Kenntnis der gegebenen Arbeitsbedingungen vor Ort die konkrete funktionsteilige Arbeitsverteilung und -verantwortung auszuhandeln und zu vereinbaren. Eine starre Abgrenzung der unterschiedlichen Qualifikationen und die Etablierung spezieller Zuständigkeiten für einzelne Kinder, bestimmte Fächer und besondere Aufgaben sind konzeptwidrig. „Sowohl die Aufspaltung der Kinder als auch die Aufspaltung der Aufgaben (Unterrichtsunterstützung versus Unterrichtsgestaltung) sind als problematische Rollenverteilungen zu charakterisieren“ (Wocken 2006, 102). In einem inklusiven professionellen Team sollte die Arbeits- und

Verantwortungsstruktur möglichst flexibel gehandhabt und nicht mit starren Zuständigkeiten und definierten Arbeitsrollen verknüpft werden.
Wie die Zusammenarbeit des Inklusionslehrers mit seinem Partnerlehrer konkret ausgestaltet werden kann, hat Lütje-Klose (1999) systematisch aufgelistet:

1. *Lehrerin und Beobachterin („one teach, one observe")*
   Eine Pädagogin übernimmt die primäre Unterrichtsverantwortung, während die andere Person beobachtet.
2. *Lehrerin und Helferin („one teach, one support")*
   Eine der beiden Lehrpersonen übernimmt die primäre Unterrichtsverantwortung, die andere unterstützt die Schüler/innen.
3. *Stationsunterricht („station teaching")*
   Der Unterrichtsinhalt wird in zwei Bereiche aufgeteilt. Es werden zwei Schülergruppen gebildet, die von einer Lehrperson zur nächsten wechseln, so dass alle Schülerinnen nacheinander von beiden Pädagogen unterrichtet werden.
4. *Parallelunterricht („parallel teaching")*
   Jede/r Lehrer/in unterrichtet eine Klassenhälfte, beide beziehen sich auf dieselben Inhalte.
5. *Niveaudifferenzierter Unterricht („remedial teaching")*
   Ein/e Lehrer/in unterrichtet die Gruppe von Schülerinnen, die den Unterrichtsstoff bewältigen können, die andere arbeitet mit denjenigen, die auf einem anderen Niveau operieren.
6. *Zusatzunterricht („supplemental teaching")*
   Eine Lehrperson führt die Unterrichtsstunde durch; die andere bietet zusätzliches Material und differenzierte Hilfen für diejenigen Schüler/innen an, die den Stoff so nicht bewältigen können.
7. *Gemeinsamer Unterricht („team teaching")*
   Regelschullehrer/in und Sonderpädagog/in führen den Unterricht mit allen Schülerinnen gemeinsam durch. Das kann heißen, dass sie gemeinsam oder abwechselnd die Führung übernehmen.

Alle aufgelisteten Kooperationsformen können und dürfen auch in einem inklusiven Unterricht in einer ausgewogenen Weise zum Tragen kommen, aber bitte in einer ausgewogenen Weise. In Sonderheit ist beim niveaudifferenzierten Unterricht (5.) eine hohe Zurückhaltung geboten.

### 5.2.4 Eltern

Und die Eltern? Können auch an die Eltern gemäß der Maxime des indirekten Unterrichts Lehrfunktionen delegiert werden? In unterrichtsmethodischen

Überlegungen spielen die Eltern keine bedeutsame Rolle. Möglicherweise kann eine Mutter mal die Betreuung einer Lerngruppe übernehmen. Möglicherweise kann ein Vater im Rahmen der Projektwoche ein berufsnahes Teilprojekt mitbetreuen. Auch können die Eltern bei der Vorstellung des Jahresplans gebeten werden, zu bestimmten Sachthemen Informationsmaterial zu sammeln. Insgesamt wird es sich allerdings eher um sporadische Hilfen handeln, eine regelhafte, einplanbare Mitarbeit der Eltern im Unterricht muss man wohl eher ausschließen.

Wichtiger ist ein anderer Beitrag der Eltern. Die Eltern haben eine andere Schule erlebt und eine anderes Bild von Schule im Kopf. Nicht alle Eltern können verstehen, dass es keine Notenzeugnisse mehr gibt, dass der Lehrer seltener „richtigen" Unterricht hält oder dass in der Klasse des eigenen Kindes auch Kinder sind, die „normalerweise da nicht hingehören". Der verständnisvolle, innere Mitvollzug der Unterrichtsreform – das ist ein wesentlicher, nicht zu unterschätzender Beitrag der Eltern. Sie haben ein Recht darauf, den Sinn, die Regeln, Abläufe und Verfahrensweisen des neuen Unterrichts zu verstehen. Ohne grundlegende Einsichten über einen inklusiven Unterrichts können sie das eigene Kind weder verstehen noch unterstützen. Wie etwa sollen sie ihrem Kind raten, die Streitschlichtung aufzusuchen, wenn sie gar nicht von deren Existenz wissen? Ein inklusiver Unterricht macht eine gelebte Erziehungspartnerschaft zwischen Elternhaus und Schule unumgänglich. Aufgabe des Lehrers ist es, die Eltern durch Unterrichtshospitationen, Gedankenaustausch bei Begegnungen und auch auf offiziellen Elterntreffen Einsichten und Einblicke zu vermitteln. Wenn die Eltern mitgenommen und für die Unterrichtsreform gewonnen werden können, wird das sicher auch die Arbeit des Lehrers erleichtern. Insofern können die Eltern doch eine Hilfe sein, obwohl sie als Helfer im Unterricht selbst nur eine marginale Rolle spielen.

## 6. Der inklusive Lehrer

Wenn inklusiver Unterricht als die Inszenierung einer vorbereiteten Lernlandschaft mit vielfältigen Helfern und Mittlern verstanden werden darf, dann hat dieses Verständnis auch Auswirkungen auf die Rolle des inklusiven Lehrers. Vor einer positiven Konturierung der neuen Lehrerrolle seien einige Rollenbilder skizziert, die als unangemessen angesehen werden.

1. Der ‚Oberlehrer'. Er halt in altlehrerhafter Manier alle Zügel in der Hand und hat allezeit die volle Kontrolle über das Unterrichtsgeschehen. Der ‚Oberlehrer' glaubt zu wissen, wie Lernen geht, und zwingt mit missionarischem Eifer seinen Glauben den Schülern auf.
2. Der ‚Helfer'. Er greift allen Kindern, deren Lernprozess auf Abwege oder

ins Stocken zu geraten droht, sofort hilfreich unter die Arme. Seinem Helfersyndrom gehorchend, sind ihm auch unerbetene und verfrühte Hilfestellungen nicht fremd. „Die Folge dieser Lehrerfürsorge sind verwöhnte Kinder und unselbständige Lerner“ (Klippert 2010, 226).

3. Der ‚Hyperaktivist‘. Er krempelt die Ärmel hoch, stellt sich den gewachsenen Herausforderungen einer heterogenen Lerngruppe und versucht diese durch erhöhten Einsatz und Umtriebigkeit kompensatorisch zu bewältigen. „Die Kehrseite dieser ‚Hyperaktivität‘: Die Schüler sind überwiegend passiv. Sie reagieren und konsumieren; sie hören zu und schalten nicht selten auch ab“ (Klippert 2010, 226).
4. Der ‚Förderer‘. Das Selbstverständnis des Förderers ist durch ein besonderes Spezialistentum geprägt. Einem eher technologischen Erziehungsverständnis folgend arbeitet er direkt ‚am Kind‘ und verabreicht sog. spezielle Interventionen. Das Selbstbewusstsein hoher Kompetenz geht einher mit der festen Überzeugung von einer höheren Wirksamkeit direkter Förderung. Auch einfache pädagogische Maßnahmen werden als „Therapie“ begrifflich überhöht und damit mythologisiert (z. B. „Therapiesitzungen“ mit der Wortkartei; Labas/Bederski 2004). Lieblingsvokabeln des Förderers sind ‚speziell‘, ‚gezielt‘ und ‚passgenau‘.

Mögen die gezeichneten Lehrerbilder auch karikierend überzeichnet sein, so sind sie im pädagogischen Alltag doch in nuce durchaus vertreten. Der ‚Förderer‘ ist als implizites Vorbild in den Vorstellungen von sonderpädagogischen Standesorganisationen auffindbar, und wird auch von einer empiristischen Unterrichtstechnologie hofiert und propagiert. Ihre gemeinsame theoretische Grundhaltung ist das mangelnde Zutrauen zu Kindern und ihren Selbstorganisationskräften. Lernen ist mehr oder minder die Folge von Lehre, von Beibringen und von Trainings. Die Kinder selbst tragen zu ihrer eigenen Entwicklung wenig bei und sind Objekte von äußeren Einwirkungen und Einflussnahmen. Eine inklusive Didaktik und Methodik folgt eher einem konstruktivistischem Lern- und Entwicklungsverständnis. Kinder sind die „Akteure ihrer eigenen Entwicklung“ (Piaget) und „Baumeister ihrer selbst“ (Montessori). Wenn das Kind selbst als tätiges Subjekt seiner eigenen Lernentwicklung angesehen wird, dann kann der Lehrer nicht mehr der dominante, autokratische Agent im Lehr-Lerngeschehen sein. „Guter Unterricht ist ein Unterricht, in dem mehr gelernt als gelehrt wird“ (Weinert 1998, zit. nach Helmke 2009, 386). Bildung kann nicht gelehrt und vermittelt, sondern nur von den Subjekten selbst angeeignet werden.
In diesem Sinne plädiert Klippert für eine „Umstellung vom offensiven zum defensiven Lehrerhandeln“ (Klippert 2010, 89). „Die Lehrerinnen und Lehrer in Deutschland sind zu offensiv“ (Klippert 2010, 226).

Jakob Muth belegt die neue Haltung eines inklusiven Lehrers mit dem Begriff „Pädagogischer Takt"; er hat diesen Begriff von Herbart übernommen und neu ausgelegt. Pädagogischer Takt ist gekennzeichnet „durch das feste Vertrauen auf den autonomen Lebenswillen und die eigenen Wachstumskräfte von Kindern; durch die aufspürende Aufmerksamkeit für die Botschaften, die die Handlungen der Kinder vermitteln; und durch die zurückhaltende Unterstützung der gegebenen Fähigkeiten" (Wocken 1988, 220). „Der Lehrer muss dazu seine pädagogische und didaktische Aggressivität aufgeben, die sich darin äußert, dass er ständig fragt, belehrt, fordert, diktiert, korrigiert, an die Tafel schreibt, bittet, befiehlt, vorträgt, usw.. Zurückhaltung ist auf Seiten des Lehrers die kardinale methodische Tugend" (Muth 1986, 76). Inklusion glaubt an den Lernwillen der Kinder und hat „Achtung vor den sich entwickelnden Fähigkeiten von Kindern mit Behinderungen" (BRK 2009, Art. 3).
Falko Peschel, ein Vertreter des offenen Unterrichts, hat einmal die rhetorische Frage gestellt: „Ist das noch Unterricht? Unterrichten ohne zu unterrichten!" (Peschel 2005) Das Plädoyer für den defensiven Lehrer ist keineswegs so zu verstehen, als würde der inklusive Lehrer zum Nichtstun verurteilt und in eine passive Zuschauerrolle gedrängt. Dies wäre ein Missverständnis. Richtig ist, dass es bei inklusiver Unterrichtsarbeit eine signifikante Verlagerung des Arbeitsschwerpunktes von der Unterrichtsdurchführung auf die Unterrichtsvorbereitung gibt. Die Bewegungslandschaft in der psychomotorischen Förderung kann diese Verschiebung der Lehreraktivität symbolisch verdeutlichen. Während der Unterrichtszeit in der Bewegungslandschaft ist der Lehrer defensiv und zurückhaltend; er ist präsent und verfügbar, agiert aber als Berater, Begleiter, Helfer und Beobachter eher im Hintergrund der Lernbühne. Der Schwerpunkt der aktiven Lehrertätigkeit liegt „vor" der Unterrichtsstunde im konzeptionellen Entwurf und schließlich im konkreten Aufbau der Bewegungslandschaft.
Das Beispiel der psychomotorischen Bewegungslandschaft kann als Orientierungsmodell auf unterrichtliche Lehr- und Lernlandschaften übertragen werden. Der indirekte Unterricht ist mehr als jeder andere Unterricht auf eine sorgfältige Vorbereitung angewiesen. Bei der Vorbereitung eines lehrergesteuerten Unterrichts muss der Lehrer vornehmlich sich selbst in Szene setzen und nur wenige Accessoires akquirieren. Beim indirekten Unterricht ist dagegen die Ausgestaltung einer vorbereiteten Lernlandschaft mit vielfältigen Helfern und Mittlern die zentrale Aufgabe eines inklusiven Lehrers. Wenn der unterrichtliche Arbeits- und Lernprozess wenig lehrergelenkt und möglichst selbstgesteuert ablaufen soll, dann müssen vor Unterrichtsbeginn die Helfer verfügbar, in Stellung gebracht und aufgebaut sein. Indirekter Unterricht ist vorbereiteter Unterricht par excellence, mit den Worten Montessoris: eine vorberei-

tete Lernumgebung. Der inklusive Lehrer ist der Innenarchitekt einer Lernlandschaft, die für selbstständige und differenzierte Arbeitsprozesse von heterogenen Gruppen vorbereitet sein will. Die Charakterisierung einer inklusiven Lehrerrolle mit Attributen wie Lernbegleiter und Lernberater ist durchaus korrekt, diese Rolle gilt aber nur für den Unterrichtsprozess und ist deshalb nur die eine Seite der Lehrerrolle.
Der Imperativ für einen inklusiven Lehrer kann etwa so lauten: Inszeniere einen vorbereiteten Arbeitsprozess, in dem du selbst in flexiblen Nebenrollen durchaus mitbeteiligt bist, bei dem aber die Schüler die Hauptakteure sind und vielfältige Mittler und Helfer als ‚Kollaborateure' und Hilfslehrer tätig werden. Der Wechsel vom direkten Unterricht zum indirekten Unterricht, vom offensiven zum defensiven Lehrer, vom lehrer- zum schülergesteuerten Unterricht, von der Vorbereitung einer Unterrichtslektion zur Gestaltung einer vorbereiteten Lernlandschaft kann mit einigem Recht durchaus als ein Paradigmenwechsel (Peschel 2007, 113) bezeichnet werden. Vom Lehrer erfordert ein inklusiver Unterricht einerseits neue und zusätzliche Kompetenzen, anderseits eine Neuverteilung der Lehrerarbeit. Bis zu einer Routinisierung der neuen Arbeits- und Lernkultur dürfte anfänglich auch ein höherer Vorbereitungsaufwand anfallen. Sowohl der Kompetenzzuwachs als auch die aufwendige Vorbereitung rechtfertigen es, den inklusiven Lehrer statusmäßig mit dem Sonderpädagogen nach Gehalt und Pflichtstundenzahl gleichzustellen.

## 7. Schluss

Die Überlegungen zu einer inklusiven Unterrichtsmethodik haben einen großen Gedankenkreis durchschritten. Sie verkünden eine Botschaft, formulieren eine Idee, entwerfen ein Konzept. Zum guten Ende soll die Logik der entwickelten Theorie noch einmal in wenigen Kernsätzen rekapituliert werden:

- Eine zentrale Fragestellung einer inklusiven Unterrichtsmethodik ist, wie viele verschiedene Schüler zur gleichen Zeit unterrichtet werden können.
- Als unhintergehbarer Grundsatz (Axiom) hat zu gelten, dass inklusive Lerngruppen, die das ganze Spektrum der Heterogenität ohne jegliche Einschränkungen umfassen, grundsätzlich eines Mehr-Pädagogen-Systems als professioneller Rahmenbedingung bedürfen.
- Ein Mehrpädagogen-System darf nicht als ein volles Zwei-Pädagogen-Team aus Regel- und Sonderpädagogen verstanden werden. Eine zusätzliche volle Sonderpädagoge-Stelle ist weder für alle inklusive Lerngruppen notwendig und begründbar noch kann der Sonderpädagoge aufgrund eines begrenzten Kompetenzspektrums (zwei sonderpädagogische Fach-

richtungen) die mögliche Vielzahl spezieller Unterstützungsbedarfe abdecken. Die Man-Power- und Needs-Power-Strategie lösen das methodische Problem eines inklusiven Unterrichts nicht.
- In pointierter Form lautet die Fragestellung einer inklusiven Unterrichtsmethodik, wie ein einziger Lehrer viele verschiedene Schüler gleichzeitig unterrichten kann. Es wäre unredlich, die zeitweilige „Einsamkeit“ des Regelpädagogen zu leugnen, bzw. unstatthaft, in den zeitweiligen „einsamen“ Unterrichtsstunden die behinderten Kinder einfach nur als „Mitläufer“ oder „Beisitzer“ zu behandeln.
- Als handlungsleitendes Konzept einer inklusiven Unterrichtsmethodik wurde der indirekte Unterricht entwickelt. Das Attribut indirekt kennzeichnet einen Unterrichtsprozess, der weitestgehend ohne unmittelbare Steuerung durch einen Lehrer auskommt. Die Lehrfunktionen des Lehrers wie Motivation, Information, Anleitung, Beratung, Evaluation u. a. werden an ein Medium übertragen, das hier begrifflich als Mittler und Helfer benannt wird.
- Indirekter Unterricht ist nicht schon selbst eine Unterrichtsmethode, sondern lediglich das wegweisende Prinzip, das allen indirekten Unterrichtsverfahren als Konstruktionsregel zugrundeliegt.
- Ein indirekter Unterricht wird in einer vorbereiteten Lernlandschaft realisiert, in der vielfältige nonpersonale und personale Helfer und Mittler positioniert sind, den Lernraum markieren und abstecken, und als Leitplanken die Lernprozesse der Schüler unterstützen und steuern.
- Der mittelbare Unterricht fordert Lehrer mit einem defensiven Unterrichtsstil. Ein defensives Lehrerverhalten ist gekennzeichnet durch Aufmerksamkeit für die Lernbewegungen der Schüler, durch spürbare Präsenz und verlässliche Verfügbarkeit sowie durch eine taktvolle Hilfe zur Selbsthilfe. Pädagogische Defensivität steht in deutlichem Kontrast zu Förderaktionismus, Schonraumpädagogik und Helferprotektionismus.

Soweit die Essentials des Plädoyers für eine inklusive Unterrichtsmethodik, die sich dem Konzept des indirekten Unterrichts verpflichtet weiß. Zu guter Letzt sollen zweierlei kritische Einschränkungen geltend gemacht werden:

1. Heterogene Lerngruppen machen einen indirekten Unterricht unumgänglich. Ungeachtet dieser unbedingten Notwendigkeit sind selbstverständlich auch weiterhin Formen des direkten Unterrichts (Literatur: Wember 2007a; Wember 2007b, Mackowiak/Lauth/Spieß 2008, Grell/Wiechmann 2008, Gudjons 2007) möglich, statthaft und unverzichtbar. „Keine Lehrmethode kann mit einem Alleinvertretungsanspruch auftreten“ (Benkmann 2009, 151). Das „Ende des Methodendogmatismus“ (Helmke 2009, 259) und das

Plädoyer für Methodenvariation und „Methodenmix“ (Meyer 2005) sind längst unstrittiges Allgemeingut in der unterrichtsdidaktischen Fachdiskussion. Die proportionalen Anteile von direktem und indirektem Unterrichts können gegenwärtig nicht allgemeingültig festgeschrieben werden. Als allgemeine Regel könnte gelten: Ein hoher Anteil von indirektem Unterricht ist generell wünschenswert (Klippert 2010). Je heterogener Lerngruppen sind, desto größer muss unbedingt auch der Anteil des indirekten Unterrichts sein. Je homogener Lerngruppen sind, desto mehr ist auch ein direkter Unterricht möglich.

2. Als ein wichtiges Qualitätskriterium eines inklusiven Unterrichts kann die Balance von gemeinsamen und individuellen Lernsituationen (Wocken 1998, 75) gelten. Das Konzept des indirekten Unterrichts vermag durchaus beide Aspekte dieses Qualitätskriteriums zu bedienen.
   In der weiteren Entwicklung eines indirekten Unterrichts sollte die Qualitätsfrage, welche Bausteine in welchem Umfange einerseits die Gemeinsamkeit der Verschiedenen befördern und andererseits auch die Verschiedenheit in der Gemeinsamkeit unterstützen, eine hinlängliche Beachtung finden.

Die Inklusionspädagogik ist aufgefordert, die Idee des indirekten Unterrichts weiter zu entwickeln, zu konkretisieren und praktikable, alltagstaugliche Konzepte zu entwerfen. Bislang ist ihr Beitrag zur Lösung didaktischer und methodischer Probleme beschämend gering. Über weite Strecken wird schlichtweg das programmatische Postulat vom „Lernen am gemeinsamen Gegenstand“ (Feuser) gebetsmühlenartig wiederholt, kaum expliziert, noch weniger konkretisiert und schon gar nicht im Unterrichtsalltag realisiert. Viele Standardwerke verlieren sich im unverbindlichen Allgemeinen, präsentieren kritische Diskurse, grundlegende Grundlagen, programmatische Forderungen und nicht zuletzt überzeugte Meinungen; den an der Gestaltung einer inklusiven Unterrichtspraxis interessierten Lehrer lässt die inklusionspädagogische Fachliteratur bislang nicht selten rat- und hilflos zurück. Lehrer sind aber (auch) Handwerker und brauchen daher für die Bewältigung des Unterrichtsalltags einen professionellen Werkzeugkoffer, vollgepackt mit didaktischen und methodischen Instrumenten. Die „empirische Wende“ der Erziehungswissenschaft wird zur Qualitätsoptimierung des Unterrichts nur wenig beitragen. Lehrer, die PISA & Co rauf und runter lesen, können deshalb keinen Deut besser unterrichten. Die Produktion eines inklusionspädagogischen Handwerkskoffers wäre eigentlich ein Kinderspiel; die größte Hürde ist scheinbar die Einsicht in die Notwendigkeit einer „pragmatischen Wende“. Das Gelingen eines inklusiven Unterrichts ist die Nagelprobe der Inklusionspädagogik. Wenn Inklusion nicht im Unterricht praktisch eingelöst wird, verpufft die inklusive Idee zu Schall und Rauch.

## Literatur


[BRK] (2009): Übereinkommen über die Rechte von Menschen mit Behinderungen. (Behindertenrechtskonvention). Schattenübersetzung des Netzwerk Artikel 3 e.V.Berlin

Ball, H./Becker, G./Bruder, R. Girmes, R./Stäudel, L./Winter, F. (Hrsg.) (2003): Aufgaben. Lernen fördern – Selbstständigkeit entwickeln. Seelze: Friedrich Jahresheft XXI

Bartnitzky, H./Brügelmann, H./Hecker, U./Heinzel, F./Schönknecht, G./ Speck-Hamdan, A. (2009) (Hrsg.): Kursbuch Grundschule. Frankfurt: Grundschulverband

Bastian, J./Combe, A. (2008): Feedback tut not. Differenzierte Lehr-Lern-Formen brauchen das methodengeleitete Gespräch über Unterricht. In: Biermann, Chr./ Fink, M./Hänze, M./Heckt, D,/Meyer, M./Stäudel, L. (Hrsg.): Individuell Lernen – kooperativ arbeiten. Seelze: Friedrich Jahresheft XXVI , S. 118-119

Beck, Ch./Dworschak, W./Eibner, S. (2010): Schulbegleitung am Förderzentrum mit dem Förderschwerpunkt Geistige Entwicklung. In: Zeitschrift für Heilpädagogik 61, 7, S. 244-254

Becker, G./Lenzen, K.-D./Stäudel, L./Tillmann, K.-J./Werning, R./Winter, F. (Hrsg.) (2004): Heterogenität. Unterschiede nutzen – Gemeinsamkeiten stärken. Seelze: Friedrich Jahresheft XXII.

Becker, S./Feindt, A./Meyer, H./Rothlend, M./Ständel, L./Terhart, E. (Hrsg.) (2007): Guter Unterricht. Seelze: Friedrich

Benkmann, R. (1997): Förderung kooperativen Lernens unter Kindern mit und ohne Lernschwierigkeiten. In: Heimlich, U. (Hrsg.) : Zwischen Aussonderung und Integration. Schülerorientierte Förderung bei Lern- und Verhaltensschwierigkeiten. Neuwied , S. 87-101

Benkmann, R. (2009): Individuelle Förderung und gemeinsames Lernen. In: Empirische Sonderpädagogik, 143-156, S.

Benkmann, R. (2010): Individuelle Förderung und kooperatives Lernen im Gemeinsamen Unterricht. Im Erscheinen

Benkmann, Rainer (2004): Helfen im gemeinsamen Unterricht. Förderliche Prozesse in der Veränderten Schuleingangsphase. In: Vierteljahresschrift für Heilpädagogik und ihre Nachbargebiete, 4, S. 377-387

Biermann, Chr./Fink, M./Hänze, M./Heckt, D,/Meyer, M./Stäudel, L. (Hrsg.) (2008): Individuell Lernen – kooperativ arbeiten.Seelze: Friedrich Jahresheft XXVI

Blaser, Elisabeth (2002): Time out. Die Konzentrationsinsel – ein Modell zur Beruhigung. In: Becker, Gerold/u. a. (Hrsg.) : „Disziplin". Seelze: Friedrich (Jahresheft XX des Friedrich Verlags) (Jahresheft XX des Friedrich Verlags), S. 120-122

Boban, Ines/Hinz, Andreas (2008): „The inclusive classroom“ – Didaktik im Spannungsfeld zwischen Lernprozesssteuerung und Freiheitsberaubung. In: Ziemen, Kerstin (Hrsg.): Reflexive Didaktik. Annäherungen an eine Schule für alle. Oberhausen: Athena , S. 71-100

Bochmann, R./Kirchmann, R. (2007): Tiere aus Arktis und Antarktis In: Praxis Deutsch 34, S. 12-16

Boer, H. de/Burk, K./Heinzel, F. (Hrsg.) (2007): Lehren und Lernen in jahrgangsgemischten Klassen. Frankfurt/M.: Arbeitskreis Grundschule

Bohl, Th./Kleinknecht, M. (2009): Aufgabenkultur . In: Blömeke, S./Bohl, Th./ Lang-Woitasik, G./Sacher, W. (Hrsg.): Handbuch Schule. Theorie – Organisation – Entwicklung. Bad Heilbrunn: Klinkhardt , S. 331-334

Bohl, Thorsten/Kuchartz, Dietmar (2010): Offener Unterricht heute. Konzeptionelle und didaktische Weiterentwicklung. Weinheim: Beltz

Bönsch, Manfred (1988): Projektarbeit – Projektorientierung . In: Haarmann, D. (Hrsg.): Wörterbuch Neue Schule. Die wichtigsten Begriffe zur Reformdiskussion Weinheim: Beltz, S. 131-138

Brammerts, H. (2004): Sprachenlernen im Tandem . In: Becker, G./Lenzen, K.-D./Stäudel, L./Tillmann, K.-J./Werning, R./Winter, F. (Hrsg.): Heterogenität. Unterschiede nutzen – Gemeinsamkeiten stärken. Seelze: Friedrich Jahresheft XXII. , S. 121-123

Brüning, L./Saum, T. (2008): Regisseure im Klassenzimmer. Über die Dramaturgie individueller und kooperativer Unterrichtsphasen . In: Biermann, Chr./ Fink, M./Hänze, M./Heckt, D,/Meyer, M./Stäudel, L. (Hrsg.): Individuell Lernen – kooperativ arbeiten. Seelze: Friedrich Jahresheft XXVI , S. 38-41

Brunnstein, J.C./Spörer, N. (2001): Selbstgesteuertes Lernen . In: Rost, Detlef (Hrsg.) : Handwörterbuch Pädagogische Psychologie. 2. Aufl. Weinheim: Beltz, S. 677-685

Claussen, C. (1993): Wochenplan . In: Heckt, D./Sandfuchs, U. (Hrsg.): Grundschule von A bis Z Braunschweig: Westermann, S. 70-72

Claussen, C. (Hrsg.) (1995b): Handbuch Freie Arbeit. Weinheim: Beltz

Claussen, Cl. (1996): Wochenplanarbeit in der Grundschule – Möglichkeiten zur markanten Veränderungen der üblichen Unterrichtsplanung . In: Haarmann, D. (Hrsg.) : Handbuch Grundschule. Band 1: Allgemeine Didaktik: Voraussetzungen und Formen grundlegender Bildung. 3. Aufl. Weinheim: Beltz , S. 223-239

Claussen, Claus (1988): Freie Arbeit . In: Haarmann, D. (Hrsg.): Wörterbuch Neue Schule. Die wichtigsten Begriffe zur Reformdiskussion Weinheim: Beltz, S. 60-63

Claussen, Claus (1988): Wochenplan . In: Haarmann, D. (Hrsg.): Wörterbuch Neue Schule. Die wichtigsten Begriffe zur Reformdiskussion Weinheim: Beltz, S. 193-196

Claussen, Claus (1993): Wochenplan und Freiarbeit. Braunschweig

Comenius, J. A. (1992): Große Didaktik („Didactica magna“ 1657, übersetzt und hrsg. von A. Flitner).7. Aufl. Stuttgart: Klett

Deci, Edward L./Ryan, Richard M. (1993): Die Selbstbestimmungstheorie der Motivation und ihre Bedeutung für die Pädagogik . In: Zeitschrift für Pädagogik, 39, 2, S. 223-238

Dubs, Rolf (2009): Lehrerverhalten. Ein Beitrag zur Interaktion von Lehrenden und Lernenden im Unterricht. Wiesbaden: Steiner

Fechler, Hans (1987): Möglichkeiten und Grenzen des Kompagnon-Modells. Anmerkungen zu einem Schulversuch in Hildesheim . In: Sonderschule in Niedersachsen, 3, S. 43-61

Frey, K./Frey-Eiling, A. (2008): Die Projektmethode . In: Wiechmann, Jürgen (Hrsg.): Zwölf Unterrichtsmethoden. Vielfalt für die Praxis. 4. Aufl. Weinheim: Beltz , S. 172-179

Frey-Eiling, A./Frey, K. (2008): Das Gruppenpuzzle . In: Wiechmann, Jürgen (Hrsg.): Zwölf Unterrichtsmethoden. Vielfalt für die Praxis. 4. Aufl. Weinheim: Beltz , S. 52-60

Gidion, Niklas (2010): Der Beitrag der „Demokratischen Schulen“ zu einem inklusiven Schulsystem . In: Hinz, A./Körner, I./Niehoff, U. (Hrsg.): Auf dem Weg zur Schule für alle. Barrieren überwinden – inklusive Pädagogik entwickeln. Marburg: Lebenhilfe, S. 192-212

Göhlich, Michael (1997): Reggiopädagogik. Geschichte und Konzeption . In: Göhlich, Michael (Hrsg.): Offener Unterricht, Community Education, Alternativschulpädagogik, Reggiopädagogik. Die neuen Reformpädagogiken. Geschichte, Konzeption, Praxis. Weinheim: Beltz, S. 184-196

Graumann, O. (2002): Gemeinsamer Unterricht in heterogenen Gruppen. Von lernbehindert bis hochbegabt. Bad Heilbrunn: Klinkhardt

Green, Norm/Green, Kathy (2005): Kooperatives Lernen im Klassenraum und im Kollegium. Das Trainingsbuch. Seelze: Kallmeyer

Grell, J./Wiechmann, J. (2008): Direkte Instruktion . In: Wiechmann, Jürgen (Hrsg.): Zwölf Unterrichtsmethoden. Vielfalt für die Praxis. 4. Aufl. Weinheim: Beltz , S. 39 51

Gudjons, Herbert (2007): Frontalunterricht – neu entdeckt. Integration in offene Unterrichtsformen.2. Aufl. Bad Heilbrunn: Klinkhardt

Haag, Ludwig (2004): Tutorielles Lernen . In: Lauth, Gerhard W./Grünke, Matthias/Brunstein, Joachim C. (Hrsg.): Interventionen bei Lernstörungen. Förderung, Training und Therapie in der Praxis. Göttingen: Hogrefe, Verl. für Psychologie , S. 402-411

Hagstedt, H. (2007): Unterricht im Unterricht: Wenn Kinder lehren können. In: Boer, H. de/Burk, K./Heinzel, F. (Hrsg.): Lehren und Lernen in jahrgangsgemischten Klassen. Frankfurt/M.: Arbeitskreis Grundschule , S. 55-63

Hagstedt, Herbert (1988): Stationenlernen . In: Haarmann, D. (Hrsg.): Wörterbuch Neue Schule. Die wichtigsten Begriffe zur Reformdiskussion Weinheim: Beltz, S. 160-164

Hagstedt, Herbert (1998): Lernwerkstätten . In: Haarmann, Dieter (Hrsg.): Wörterbuch Neue Schule. Stichworte zur aktuellen Reformdiskussion. Weinheim: Beltz, S. 100-104

Hasselmeyer, Timm (2010): Schulbegleitung als Inklusionshilfe . In: Metzger, K./Weigl, E. (Hrsg.): Inklusion – eine Schule für alle. Modelle, Positionen, Erfahrungen. Berlin: Cornelsen-Scriptor, S. 114-121

Heckt, D. (2008): Das Prinzip Think – Pair – Share. Über die Wiederentdekkung einer wirkungsvollen Methode . In: Biermann, Chr./Fink, M./Hänze, M./Heckt, D,/Meyer, M./Stäudel, L. (Hrsg.): Individuell Lernen – kooperativ arbeiten. Seelze: Friedrich Jahresheft XXVI , S. 31-33

Hegele, Irmintraut (2008): Stationenarbeit – Ein Einstieg in den offenen Unterricht . In: Wiechmann, Jürgen (Hrsg.): Zwölf Unterrichtsmethoden. Vielfalt für die Praxis. 4. Aufl. Weinheim: Beltz , S. 61-76

Heimlich, Ulrich (2007): Didaktik des gemeinsamen Unterrichts . In: Walter, J./Wember, F. B. (Hrsg.): Sonderpädagogik des Lernens. Handbuch Sonderpädagogik, Bd. 2. Göttingen, S. 357-374

Heimlich, Ulrich (2007): Gemeinsamer Unterricht im Rahmen inklusiver Didaktik . In: Heimlich, Ulrich/Wember, Franz (Hrsg.): Didaktik des Unterrichts im Förderschwerpunkt Lernen. Ein Handbuch für Studium und Praxis. Stuttgart: Kohlhammer , S. 69-81

Helmke, Andreas (2009): Unterrichtsqualität und Lehrerprofessionalität. Diagnose, Evaluation und Verbesserung des Unterrichts.2. Aufl. Stuttgart: Klett

Hinz, Renate (2009): Altersgemischtes Lernen . In: Hinz, Renate/Walthes, Renate (Hrsg.): Heterogenität in der Grundschule. Den pädagogischen Alltag erfolgreich bewältigen. Weinheim: Beltz , S. 133-142

Horster, Leonhard/Rolff, Hans-Günter (2001): Unterrichtsentwicklung. Grundlagen, Praxis, Steuerungsprozesse. Weinheim: Beltz

Huber, Anne (Hrsg.) (2004): Kooperatives Lernen – kein Problem. Effektive Methoden der Partner- und Gruppenarbeit (für Schule und Erwachsenenbildung).Leipzig: Klett

Huber, Franz (1961): Unsere Landschule. Bad Heilbrunn: Klinkhardt

Huschke, P. (1996): Grundlagen des Wochenplanunterrichts. Von der Entdekkung der Langsamkeit. Weinheim: Beltz

ISB (Staatsinstitut für Schulqualität und Bildungsforschung) (o.J.): Beantragung eines Schulbegleiters für Kinder und Jugendliche mit Autismus. www.isb.bayern.de

Jefferys-Duden, Karin (1999): Das Streitschlichter-Programm. Mediatorenausbildung für Schülerinnen und Schüler der Klassen 3 – 6.Weinheim: Beltz

Johnson, D./Johnson R. (2008): Wie kooperatives Lernen funktioniert. Über die Elemente einer pädagogischen Erfolgsgeschichte . In: Biermann, Chr./ Fink, M./Hänze, M./Heckt, D,/Meyer, M./Städel, L. (Hrsg.): Individuell Lernen – kooperativ arbeiten. Seelze: Friedrich Jahresheft XXVI , S. 16-20

Jürgens, E. (2006): Offener Unterricht . In: Arnold, K.-H./Wiechmann, J./ Sandfuchs, U. (Hrsg.): Handbuch Unterricht. Bad Heilbrunn: Klinkhardt, S. 280-284

Jürgens, Eiko (2010): Was ist guter Unterricht aus der Sicht der Reformpädagogik? Vom Aktivitätsparadigma zum 'Schüleraktiven Unterricht' . In: Jürgens, Eiko/Standop, Jutta (Hrsg.): Was ist „guter" Unterricht? Namhafte Expertinnen und Experten geben Auskunft. Bad Heilbrunn: Klinkhardt , S. 39-82

Kahl, Reinhard (o.J.): Der Raum ist der dritte Pädagoge. Film zum Münsteraner Konvent. o.O.: www.archiv-der-zukunft.de

Kaiser, Astrid (2000): 1000 Rituale für die Grundschule. Hohengehren: Schneider

Kasper, H. (Hrsg.) (1979): Vom Klassenzimmer zur Lernumgebung. Bausteine für eine fördernde Grundschule. Langenau-Ulm: Vaas

Kautter, H./Klein, G./Laupheimer, W./Wiegand, S. (1988): Das Kind als Akteur seiner Entwicklung. Heidelberg: Schindele

Klippert, H./Müller, Fr. (2004): Methodenlernen in der Grundschule. Bausteine für den Unterricht.2. Aufl. Weinheim: Beltz

Klippert, Heinz (2006): Kommunikationstraining. Übungsbausteine für den Unterricht.11. Aufl. Weinheim: Beltz

Klippert, Heinz (2010): Heterogenität im Klassenzimmer. Wie Lehrkräfte effektiv und zeitsparend damit umgehen können. Weinheim: Beltz (Pädagogik praxis)

KM Bayern (1995): Zusammenarbeit der Sonderschullehrkräfte mit den Heil pädagogen, Werkmeistern und dem sonstigen Personal für heilpädagogische Unterrichtshilfe an den Förderschulen. (Bekanntmachung vom 23. Juni 1995) www.km.bayern.de (bbb, Bekanntmachung vom 23. Juni 1995)

KM Bayern (2008): Einsatz von Integrationshelfern/innen an Grund- und Hauptschulen bei der Beschulung von Schülern/innen mit sonderpädagogischem Förderbedarf im Förderschwerpunkt Geistige Entwicklung. www.km.bayern.de

KMK (2004). Bildungsstandards im Fach Deutsch für den Primarbereich. Beschluss vom 15.10.2004Neuwied: Luchterhand

Konrad, Klaus/Traub, Silke (2008): Kooperatives Lernen.3. Aufl. Hohengehren: Schneider

Krapp, A. (2008): Motivation ist das A und O. Über eine grundlegende Gelingensbedingung kooperativen Lernens . In: Biermann, Chr./Fink, M./Hänze, M./Heckt, D,/Meyer, M./Stäudel, L. (Hrsg.): Individuell Lernen – kooperativ arbeiten. Seelze: Friedrich Jahresheft XXVI , S.

Kretschmer, J. (2003): Bewegungslandschaften . In: Köppe, G./Schwier, J. (Hrsg.): Handbuch Grundschulsport. Hohengehren: Schneider , S. 257-274

Kretschmer, J. (2009): Bewegungslandschaften – Anspruch und Wirklichkeit . In: Lange, H./Sinning, S. (Hrsg.): Handbuch Sportdidaktik. Balingen: Spitta , S. 385-400

Kullik, Udo (2004): Computergestützte Rechtschreibtrainingsprogramme . In: Lauth, Gerhard W./Grünke, Matthias/Brunstein, Joachim C. (Hrsg.): Interventionen bei Lernstörungen. Förderung, Training und Therapie in der Praxis. Göttingen: Hogrefe, Verl. für Psychologie , S. 320-329

Kullik, Udo (2004): Computergestützte Rechentrainingsprogramme. In: Lauth, Gerhard W./Grünke, Matthias/Brunstein, Joachim C. (Hrsg.): Interventionen bei Lernstörungen. Förderung, Training und Therapie in der Praxis. Göttingen: Hogrefe, Verl. für Psychologie , S. 329-338

Kunkel, R. (2003): „Ein Tag im Leben eines Taxifahrers." Gemeinschaftsromane – eine Verführung zum Schreiben . In: Ball, H./Becker, G./Bruder, R. Girmes, R./Stäudel, L./Winter, F. (Hrsg.): Aufgaben. Lernen fördern – Selbstständigkeit entwickeln. Seelze: Friedrich Jahresheft XXI , S. 104-108

Labas, M./Bederski, H. (2004): Das Üben mit der Wortkartei . In: Lauth, Gerhard W./Grünke, Matthias/Brunstein, Joachim C. (Hrsg.): Interventionen bei Lernstörungen. Förderung, Training und Therapie in der Praxis. Göttingen: Hogrefe, Verl. für Psychologie , S. 307-320

Laging, R. (1995): Altersgemischtes Lernen in der Grundschule . In: Eberwein, H./Mand, J. (Hrsg.): Forschen für die Schulpraxis. Was Lehrer über Erkenntnisse qualitativer Schulforschung wissen sollten. Weinheim: Deutscher Studien-Verlag, S. 117-136

Laging, Ralf (Hrsg.) (1999): Altersgemischtes Lernen in der Schule. Hohengehren: Schneider

Laging, Rolf (2007): Bewegungserziehung in altersgemischten Gruppen . In: Boer, H. de/Burk, K./Heinzel, F. (Hrsg.): Lehren und Lernen in jahrgangsgemischten Klassen. Frankfurt/M.: Arbeitskreis Grundschule , S. 232-245

Lauth, G. W. (2004): Selbstinstruktionstraining . In: Lauth, Gerhard W./Grünke, Matthias/Brunstein, Joachim C. (Hrsg.): Interventionen bei Lernstörungen. Förderung, Training und Therapie in der Praxis. Göttingen: Hogrefe, Verl. für Psychologie , S. 360-371

Lauth, Gerhard W./Grünke, Matthias/Brunstein, Joachim C. (Hrsg.) (2004): Interventionen bei Lernstörungen. Förderung, Training und Therapie in der Praxis. Göttingen: Hogrefe, Verl. für Psychologie

Lütje-Klose, Birgit/Willenbring, Monika (1999): „Kooperation fällt nicht vom Himmel“. Möglichkeiten der Unterstützung kooperativer Prozesse in Teams von Regelschullehrerin und Sonderpädagogin aus systemischer In: Behindertenpädagogik, 38, 1, S. 2-31
Machowiak, K./Lauth, G./Spieß, R. (2008): Förderung von Lernprozessen. Stuttgart: Kohlhammer
Mackowiak, Katja (2004): Vermittlung von Lernstrategien . In: Lauth, Gerhard W./Grünke, Matthias/Brunstein, Joachim C. (Hrsg.): Interventionen bei Lernstörungen. Förderung, Training und Therapie in der Praxis. Göttingen: Hogrefe, Verl. für Psychologie , S. 145-159
Matt, Hedwig/Koller-Hesse, Sabine (2010): Kinder mit schweren Behinderungen gehören dazu. Gemeinsamer Unterricht an einer Berliner Grundschule – Konzepte und Erfahrungen . In: Hinz, A./Körner, I./Niehoff, U. (Hrsg.): Auf dem Weg zur Schule für alle. Barrieren überwinden – inklusive Pädagogik entwickeln. Marburg: Lebenshilfe , S. 253-266
Mayer, W.G. (1994): Riten, Regeln, Rituale . In: Kohls, E. (Hrsg.) : Grundbegriffe zur Erziehung, zum Lehren und Lernen in der Grundschule. Heinsberg: Agentur Dieck , S. 226-240
Mayer, W.G. (1994): Klassenraumgestaltung . In: Kohls, E. (Hrsg.) : Grundbegriffe zur Erziehung, zum Lehren und Lernen in der Grundschule. Heinsberg: Agentur Dieck , S. 130-141
Mayer-Behrens, Hanne (1993): Grundschule – Haus für Kinder. Vom Klassenraum zur Lernlandschaft.2. Aufl. Heinsberg: Agentur Dieck
Meyer, H. (2005): Was ist guter Unterricht? 2. Aufl. Berlin: Cornelsen
Meyer, M./Heckt, D. (2008): Individuelles Lernen und kooperatives Arbeiten. Über das enge Verhältnis scheinbar widersprüchlicher Ansätze . In: Biermann, Chr./Fink, M./Hänze, M./Heckt, D,/Meyer, M./Stäudel, L. (Hrsg.): Individuell Lernen – kooperativ arbeiten. Seelze: Friedrich Jahresheft XXVI, S. 7-10
Montessori, Maria (1968): Grundlagen meiner Pädagogik.4. Aufl. Heidelberg: Quelle & Meyer
Muth, Jakob (1986): Integration von Behinderten. Über die Gemeinsamkeit im Bildungswesen. Essen: Neue Deutsche Schule
Naegele, Ingrid M. (1991): Das Lernen lernen. Lern- und Arbeitstechniken für Grundschüler . In: Haarmann, Dieter (Hrsg.): Handbuch Grundschule. Bd. 1. Allgemeine Didaktik: Voraussetzungen und Formen grundlegender Bildung. Weinheim/Basel: Beltz, S. 240-250
Neber, Heinz (2001): Kooperatives Lernen . In: Rost, Detlef (Hrsg.) : Handwörterbuch Pädagogische Psychologie. 2. Aufl. Weinheim: Beltz, S. 355-361
Nückles, Matthias (2006): Lernen durch Lehren in tutoriellen und kooperativen Lern-Arrangements . In: Arnold, K.-H./Wiechmann, J./Sandfuchs, U. (Hrsg.): Handbuch Unterricht. Bad Heilbrunn: Klinkhardt , S. 303-308

Pallasch, W./Wiechmann, J. (2008): Pädagogische Werkstattarbeit . In: Wiechmann, Jürgen (Hrsg.): Zwölf Unterrichtsmethoden. Vielfalt für die Praxis. 4. Aufl. Weinheim: Beltz , S. 158-171

Peschel, F. (2005): Ist das noch Unterricht? Unterricht ohne zu unterrichten. In: Voß, R. (Hrsg.): Unterricht aus konstruktivistischer Sicht. Die Welt in den Köpfen der Kinder. Weinheim: Beltz , S. 14-18

Peschel, F. (2007): Vom Abteilungsunterricht zum Offenen Unterricht . In: Boer, H. de/Burk, K./Heinzel, F. (Hrsg.): Lehren und Lernen in jahrgangsgemischten Klassen. Frankfurt/M.: Arbeitskreis Grundschule , S. 104-114

Petersen, Peter (1961): Der Kleine Jena-Plan. (1927) 31. Aufl. Weinheim: Beltz

Platte, Andrea (2010): Inklusiver Unterricht – eine didaktische Herausforderung . In: Hinz, A./Körner, I./Niehoff, U. (Hrsg.): Auf dem Weg zur Schule für alle. Barrieren überwinden – inklusive Pädagogik entwickeln. Marburg: Lebenshilfe , S. 87-100

Reiser, Helmut (1989): Probleme der Kooperation zwischen allgemeinen Pädagogen und Sonderpädagogen . In: Der Senator für Schulwesen, Berufsausbildung und Sport (Hrsg.): Sonderpädagogik heute – Bewährtes und Neues. Berlin: Selbstverlag , S. 146-164

Renkl, Alexander (2001): Lernen durch Lehren . In: Rost, Detlef (Hrsg.) : Handwörterbuch Pädagogische Psychologie. 2. Aufl. Weinheim: Beltz, S. 416-421

Röbe, Edeltraud (1994): Freiarbeit . In: Kohls, E. (Hrsg.): Grundbegriffe zur Erziehung, zum Lernen und Lehren in der Grundschule. Heinsberg: Agentur Dieck, S.

Scherer, Petra (2008): Mathematiklernen in heterogenen Gruppen – Möglichkeiten einer natürlichen Differenzierung . In: Kiper, H./Miller, S./Palentien, Ch./Rohlfs, C. (Hrsg.): Lernarrangements für heterogene Lerngruppen. Lernprozesse professionell gestalten. Bad Heilbrunn: Klinkhardt , S. 199-214

Schwager, M. (2005): Eine Schule auf dem Weg zur Inklusion? Entwicklungen des Gemeinsamen Unterrichts an der Gesamtschule Köln-Holweide . In: Zeitschrift für Heilpädagogik 56, S. 261-268

Schwager, M./Pilger, D. (2010): Die IGS Köln-Holweide – eine Schule in Teamstrukturen auf dem Weg zur inklusiven Schule . In: Hinz, A./Körner, I./ Niehoff, U. (Hrsg.): Auf dem Weg zur Schule für alle. Barrieren überwinden – inklusive Pädagogik entwickeln. Marburg: Lebenshilfe , S. 267-279

Souvignier, E. (1999): Kooperatives Lernen in Sonderschulen für Lernbehinderte und Erziehungsschwierige . In: Sonderpädagogik, 29, 1, S. 14-15

Souvignier, E. (2007): Kooperatives Lernen . In: Walter, J./Wember, F. B. (Hrsg.): Sonderpädagogik des Lernens. Handbuch Sonderpädagogik, Bd. 2. Göttingen, S. 452-466

Stähling, Reinhard (2004): Multiprofessionelle Teams in altersgemischten Klassen. Ein Konzept für integrativen Unterricht . In: Die Deutsche Schule, 96, 1, S. 45-55

Stamme, Martin (2003): Fressen und gefressen werden. Strukturelles Denken entwickeln. In: Ball, H./Becker, G./Bruder, R. Girmes, R./Stäudel, L./ Winter, F. (Hrsg.): Aufgaben. Lernen fördern – Selbstständigkeit entwickeln. Seelze: Friedrich Jahresheft XXI , S. 90-93

Strobel, Anton (1963): Die Arbeitsweise der Landschule. Mit besonderer Berücksichtigung der produktiven Stillarbeit.5. Aufl. Donauwörth: Auer

Tillmann, J. (2004): System jagt Fiktion. In: Becker, G. (Hrsg.): Heterogenität. Seelze: Friedrich Jahresheft XXII. , S. 6ff

Trapp, E.C. (1977): Versuch einer Pädagogik. Paderborn

Vaupel, Dieter (2008): Wochenplanarbeit . In: Wiechmann, Jürgen (Hrsg.): Zwölf Unterrichtsmethoden. Vielfalt für die Praxis. 4. Aufl. Weinheim: Beltz , S. 77-92

Verband Sonderpädagogik (2006): Handreichung „Schulbegleitung“. www.verband-sonderpaedagogik-nrw.de

Wagener, M. (2007): Gegenseitiges Helfen im altersgemischten Unterricht . In: Boer, H. de/Burk, K./Heinzel, F. (Hrsg.): Lehren und Lernen in jahrgangsgemischten Klassen. Frankfurt/M.: Arbeitskreis Grundschule , S. 124-133

Weidner, Margit (2005): Kooperatives Lernen im Unterricht. Das Arbeitsbuch.2. Aufl. Seelze-Velber: Kallmeyer

Wember, F. B. (2007): Direkter Unterricht . In: Wember, Franz B.; Heimlich, Ulrich (Hrsg.): Didaktik des Unterrichts im Förderschwerpunkt „Lernen“. Stuttgart: Kohlhammer, S. 163-175

Wember, F. B. (2007): Indirekter Unterricht . In: Walter, J./Wember, F. B. (Hrsg.): Sonderpädagogik des Lernens. Handbuch Sonderpädagogik, Bd. 2. Göttingen, S. 391-418

Wember, F. B. (2008): Direkte Förderung . In: Vierteljahresschrift für Heilpädagogik und ihre Nachbargebiete 77, 98-103, S.

Werner, B./Peters, A. (2007): Lineare Gleichungen – in der Förderschule? Substantielle Aufgabenformate im Unterricht der Förderschule – exemplarische Erprobung anhand des Themas In: Zeitschrift für Heilpädagogik 58, 4, S. 122-129

Wiechmann, Jürgen (Hrsg.) (2008): Zwölf Unterrichtsmethoden. Vielfalt für die Praxis.4. Aufl. Weinheim: Beltz

Wiedenhorn, Thomas/Engel, Anja (2008): Das Portfolio in der Unterrichtspraxis. Präsentations-, Lernweg- und Weinheim: Beltz

Wocken, H. (1987b): Integrationsklassen in Hamburg . In: Wocken, H./Antor, G. (Hrsg.): Integrationsklassen in Hamburg. Erfahrungen – Untersuchungen – Anregungen. Oberbiel: Jarick , S. 65-90

Wocken, H. (1998): Gemeinsame Lernsituationen. Eine Skizze zur Theorie des gemeinsamen Unterrichts . In: Hildeschmidt, A./Schnell, I. (Hrsg.): Integrationspädagogik. Auf dem Wege zu einer Schule für alle. Weinheim, München: Juventa , S. 37-52

Wocken, H. (1999): Ambulanzlehrerzentren – Unterstützungssysteme für integrative Förderung . In: Heimlich, U. (Hrsg.) : Sonderpädagogische Fördersysteme. Auf dem Wege zur Integration. Pfaffenweiler: Centaurus (Pädagogik) (Pädagogik), S. 79-96

Wocken, H. (2001): Integration . In: Antor, G./Bleidick, U. (Hrsg.): Handlexikon der Behindertenpädagogik. Schlüsselbegriffe aus Theorie und Praxis. Stuttgart: Kohlhammer , S. 76-80

Wocken, Hans (1987): Bilanz und Perspektiven des Schulversuchs Integrationsklassen . In: Wocken, Hans/Antor, Georg/Hinz, Andreas (Hrsg.): Integrationsklassen in Hamburger Grundschulen. Bilanz eines Schulversuchs. Hamburg: Curio, S. 49-60

Wocken, Hans (1988): Kooperation von Pädagogen in integrativen Grundschulen . In: Wocken, Hans/Antor, Georg/Hinz, Andreas (Hrsg.): Integrationsklassen in Hamburger Grundschulen. Bilanz eines Modellversuchs. Hamburg: Curio, S. 199-274

Wocken, Hans (1988): Offener Unterricht . In: Wocken, Hans/Antor, Georg/ Hinz, Andreas (Hrsg.): Integrationsklassen in Hamburger Grundschulen. Hamburg: Curio, S. 359-377

Wocken, Hans (1996): Zur Aufgabe von Sonderpädagogen in integrativen Klassen. Eine theoretische Skizze . In: Behindertenpädagogik, 35, 4, S. 372-376

Wocken, Hans (2010): Integration & Inklusion. Ein Versuch, die Integration vor der Abwertung und die Inklusion vor Träumereien zu bewahren . In: Stein, Anne-Dore/Niediek, Imke/Krach, Stefanie (Hrsg.): Integration und Inklusion auf dem Wege ins Gemeinwesen. Möglichkeitsräume und Perspektiven. Bad Heilbrunn: Klinkhardt , S. 204-234

Wocken, Hans (2010): Architektur eines inklusiven Schulsystems. Eine bildungspolitische Skizze . In: Gemeinsam leben. Zeitschrift für integrative Erziehung 18, 3

Wocken, Hans (2010): Restauration der Stigmatisierung! Kritik der „diagnosegeleiteten Integration“ . In: Behindertenpädagogik 49, 6, S. (im Erscheinen)

Wocken, Hans (2010): Über Widersacher der Inklusion und ihre Gegenreden. Ein advokatorisches Essay . In: Aus Politik und Zeitgeschehen, Beilage zur Wochenzeitung „Das Parlament“, Juni, S. 25-31

# 10. Sonderpädagogen in der Inklusion. Was sie schon können, was sie noch lernen und was sie wieder verlernen müssen.

## 1. Die ideale Besetzung?

„Inklusion braucht Professionalität!" – so lautete das Motto eines Fachkongresses, der vom Verband Sonderpädagogik (VdS) im Jahre 2010 in Weimar ausgerichtet wurde. Fürwahr ein großes Wort, aber bei näherer Betrachtung doch eine inhaltsarme Leerformel. Bildung, Schule und Unterricht brauchen Professionalität – wer könnte und wollte dies bestreiten! Die Programmatik ist aufgrund der inhaltlichen Blässe schlichtweg nicht falsifizierbar. Wozu dann ein so großes Wort?

Nun, da die Proklamation des Mottos durch den Verband Sonderpädagogik (VdS) erfolgte, wird man auch ein berufsständisches Anliegen als hintersinnige Botschaft vermuten dürfen, und diese könnte lauten: Inklusion braucht Sonderpädagogik! Auch diese Botschaft bedürfte kaum einer expliziten Hervorhebung, weil sie landauf landab geteilt und kaum ernsthaft in Frage gestellt wird. Mit einer Ausnahme: Eberwein stellt Integrationspädagogik als „eine höher entwickelte Qualitätsstufe der Pädagogik" (Eberwein 1993) dar, auf der die sonderpädagogischen Förderschwerpunkte Lernen, Sprache und Verhalten „dialektisch aufgehoben" sind und allenfalls noch die speziellen Fachrichtungen Bestand haben. Ansonsten sind im inklusionspädagogischen Diskurs kein Text und keine Person aufzutreiben, die die Sonderpädagogik aus der inklusiven pädagogischen Arbeit exkludieren möchte.

Gleichsam um möglichen Exklusionen präventiv vorzubeugen, unterstreicht die Sonderpädagogik selbst mit einer offensiven Sprache in der Öffentlichkeit ihre Unentbehrlichkeit und Hochwertigkeit. Thomas Stöppler, der Vorsitzende des Verbands Sonderpädagogik in Baden-Württemberg, lässt in einem Beitrag ein mehrfaches Hoch auf die Sonderpädagogik erklingen: „hohe fachliche Professionalität", „hohe spezialisierte didaktische Konzepte", „hohe fachliche Standards der Sonderpädagogik", „hohe spezialisierte Fachleute für Lern- und Bildungsprozesse", „hoch qualifizierte professionelle Beratungsleistungen", „hoch spezialisierte Bildungsangebote" (Stöppler 2010)! Sollte es in der PISA-gebeutelten Bildungsrepublik etwa eine „pädagogische Provinz" geben, die als Ausnahmeerscheinung aus der allgemeinen Tristesse durch Makellosigkeit und Exzellenz brillieren könnte? Kaum ein Positionspapier sonderpädagogischer Provenienz verzichtet auf die Forderung, dass bei den anstehenden Inklusionsreformen der „Standard der Sonderpädagogik" unbedingt zu erhalten sei. Dieser „hohe Standard der Sonderpädagogik" müsse bei der Entwicklung einer inklusiven Bildungslandschaft genutzt werden und ungeschmälert Eingang in die Regelschule finden.

Die aktuelle sonderpädagogische Diskurslage lässt sich vereinfachend so beschreiben: Die Regelpädagogik ist zu einer qualifizierten Inklusion nicht in der Lage und in hohem Maße veränderungsbedürftig. Die Sonderpädagogik dagegen bedarf dank ihres hohen Standards keinerlei Änderungen, sie ist so, wie sie ist, schon „fertig"; sie muss eigentlich nur noch in die Regelpädagogik importiert und implantiert werden. Die Sonder(schul)pädagogik ist demnach der ideale Partner der Inklusionspädagogik und der Sonder(schul)pädagoge die ideale Besetzung in einem inklusiven Zwei-Pädagogenteam.

Zweifel an dieser Logik werden im öffentlichen Diskurs kaum laut. Doch durch welche wissenschaftlichen Belege ist eigentlich der bekundete „hohe Standard" der Sonderpädagogik erwiesen? Ein PISA-Test hat in Sonderschulen nicht stattgefunden; vielleicht müsste man sagen: PISA ist den Sonderschulen erspart geblieben. Die empirische Beweislage für den selbstattestierten Standard jedenfalls ist dürftig, ja nicht einmal ansatzweise vorhanden. In der Lernbehindertenpädagogik beispielsweise existiert nicht eine einzige seriöse empirische Untersuchung, die eine höhere Effektivität der Sonderschule für Lernbehinderte belegen könnte (Hildeschmidt/Sander 1996; Haeberlin u. a. 2003; Wocken 2007). Angesichts einer völlig unzureichenden bis fehlenden empirischen Evidenz ist der behauptete „hohe Standard" eine durchaus legitime standespolitische Selbstbekräftigung, die mit gleichem Recht aber auch bezweifelt werden darf. Die vorliegende Studie widmet sich der kritischen Überprüfung der Inklusionstauglichkeit sonder(schul)pädagogischer Professionalität und fragt: Ist der Sonder(schul)pädagoge auch ein „fertiger" Inklusionspädagoge und die ideale Besetzung in einem inklusionspädagogischen Lehrerteam?

Die Überlegungen beanspruchen nicht den Status abgesicherter wissenschaftlicher Erkenntnisse, sondern verstehen sich als tastende Versuche, Allgemeine Pädagogik und Sonderpädagogik so einander anzunähern, dass sie sich zu einem ertragreichen Arbeitsbündnis inklusiver Pädagogik zusammenfügen. Hypothetische Grundannahme ist, dass weder Allgemeine Pädagogik noch auch Sonderpädagogik schon fertige Bausteine einer Inklusiven Pädagogik sind, die keinerlei Modifikation bedürften, sondern lediglich zu addieren wären: Inklusion = Regelpädagogik + Sonderpädagogik. Im anstehenden Zusammenhang steht allein die Inklusionstauglichkeit der Sonderpädagogik, nicht jedoch der Regelpädagogik zur Prüfung an. Die Überprüfung der Inklusionseignung der Sonderpädagogik wird dabei um einige unerfreuliche Aussagen nicht herumkommen. Die kritische Feststellung einer eingeschränkten Inklusionstauglichkeit der traditionellen Sonder(schul)pädagogik in Theorie

und Praxis wird die werktätigen Sonderpädagogen nicht erfreuen und wohl auch ihre standespolitische Interessenorganisation, den Verband Sonderpädagogik (VdS), auf den Plan rufen und zum Widerspruch herausfordern. Die unbequemen Wahrheiten müssen gleichwohl ausgesprochen werden in der zuversichtlichen Erwartung, dass aus der kritischen Antithese zur bisherigen Sonder(schul)pädagogik nach gründlichen theoretischen Diskursen, ergiebigen praktischen Erfahrungen und empirischen Rückversicherungen eine neue inklusionstaugliche Sonderpädagogik entstehen wird.
Inklusion braucht Sonderpädagogik! Die Notwendigkeit eines sonderpädagogischen Beitrages zu einer inklusiven Pädagogik ist völlig unstrittig. Es geht nicht um die Frage, ob Sonderpädagogik gebraucht wird, sondern darum, welche Sonderpädagogik gebraucht wird. Damit will die Arbeit auch zu einer professionstheoretischen Selbstverständigung beitragen: „Was ist Sonderpädagogik? Was kann Sonderpädagogik? Was soll Sonderpädagogik?“ (Horster/Hoyningen-Süess/Liesen 2005, 8).

## 2. Was Sonderpädagogen verlernen müssen

Die Musterung der sonderpädagogischen Kompetenzanalyse soll eröffnet werden mit einer Beschreibung von Konzepten, deren theoretische Geltung nicht mehr gegeben und deren praktische Konsequenzen als bedenklich einzustufen sind.

*Status- und Eigenschaftsorientierung*
Behinderungen gelten als ein individuelles Persönlichkeitsmerkmal, Träger dieses Persönlichkeitsmerkmals sind individuelle Personen, die als Behinderte bezeichnet werden. Das Persönlichkeitsmerkmal Behinderung wird als eine situationsübergreifende und zugleich stabile, invariante Eigenschaft angesehen. Behinderungen werden gleichgesetzt mit biologischen Merkmalen wie etwa Augenfarbe oder Geschlecht. Eine blaue Augenfarbe verändert sich über die Lebensspanne nicht, sie ist eine biologische Mitgift und frei von sozialen Einflüssen. Behinderung ist also ein ontologischer Status, der Individuen wie ein Brandzeichen anhaftet. Der Mensch XYZ ist und bleibt behindert.

*Defizit- und Defektorientierung*
Das Persönlichkeitsmerkmal Behinderung wird als eine negative Abweichung von einer erwarteten Normalität bewertet und abgewertet. Behinderte gelten als subnormal, deviant, krank, defizitär, als eine „Minusvariante“ des Menschenseins. Diese Sichtweise kommt auch heute noch in einem Lehrbuch der Psychiatrie, das immerhin in 7. Auflage erschienen ist, zum Ausdruck. Intelli-

genzminderungen werden dort „nicht nur als Minusvariante der Verstandesbegabung, sondern auch als Krankheitsfolge im Rahmen genetisch oder chromosomal bedingter (...) Krankheiten und Missbildungen oder exogen bei prä-, peri- und postnatalen Hirnschäden" angesehen (Huber 2003, 424). Die defizitorientierte Sprache folgt einer hierarchisierenden Normalitätsvorstellung und ist Ausdruck einer hegemonialen Dominanzkultur, die das Anderssein nur im Modus von Minusvarianten wahrnehmen kann.
Die abwertende Bewertung des Behindertseins hat den Ausschluss von Gleichwertigkeit und Gleichwürdigkeit zur unmittelbaren Konsequenz. Nicht alle Menschen, nein, nur Behinderte sind Mängelwesen (Arnold Gehlen). In sonderpädagogischen Gutachten, die zur Feststellung eines sonderpädagogischen Förderbedarfs angefertigt werden, werden zur Begründung eines sonderpädagogischen Förderbedarfs und damit zur Akquise zusätzlicher Ressourcen Zeile für Zeile Defizite und Defekte aufgelistet, die das Kind als förderungsbedürftiges Mängelwesen ausweisen. Das Stigma Behinderung reduziert Behinderte tendenziell auf dieses eine Leitsymptom, andere menschliche Qualitäten werden eher ausgeblendet; die Behinderung wird zum Master-Status.

*Förder- und Fürsorgeorientierung*
Die defizitäre Sichtweise produziert das Bild eines hilflosen, unselbstständigen, abhängigen, imperfekten, antriebsarmen und geschwächten Menschenkindes, dem es an Eigeninitiative, Selbstgestaltungskraft, Entwicklungspotentialen und Sinnstreben mangelt. Behinderte können ihr Leben nicht in die eigenen Hände nehmen, sondern müssen umsorgt, behütet, beschützt werden. Ihr Mangel an Autonomie rechtfertigt es, dass advokatorische Stellvertreter in bester Absicht paternalistisch das Steuer übernehmen, mit karitativem Wohlwollen die ureigenen Belange der behinderten Menschen bevormundend regeln und die Persönlichkeitsentfaltung durch verordnete Therapien und Förderprogramme an sich ziehen. Das mangelnde Vertrauen in die eigenen Entwicklungspotentiale von behinderten Kindern ist der Grund und der Anfang einer gesteigerten Therapie- und Förderorientierung der Sonderpädagogik. Milani-Comparetti hat hierfür den Begriff „Therapiewut" geprägt (vgl. Hinz 1993, 157f).
Die Förder- und Fürsorgeorientierung äußert sich in einer Tendenz zu Overprotektion. Auf die Hilfsbedürftigkeit reagiert die traditionelle Sonderpädagogik mit zweierlei Maßnahmen. Einerseits mit einer Schonraumpädagogik, die behinderte Kinder vor Überforderung und Misserfolgen bewahren will, andererseits mit einem gesteigerten Förderaktionismus, der nach Möglichkeit die Defekte und Defizite heilen oder doch mindestens kompensieren möchte. Bei beiden Konzepten liegt das Aktions- und Regiezentrum nicht mehr beim Kind, sondern in sonderpädagogischer Vormundschaft.

**Tabelle 1**: Konstitutionsmodi des medizinischen und sozialen Modells

| | **Medizinisches Modell** | **Soziales Modell** |
|---|---|---|
| **Konstruktion** | Status- und Eigenschaftsorientierung | Prozess- und Situationsorientierung |
| **Rekonstruktion** | Defizit- und Defektorientierung | Barrieren- und Ressourcenorientierung |
| **Dekonstruktion** | Förder- und Fürsorgeorientierung | Assistenz- und Adaptionsorientierung |

Die beschriebenen sonder(schul)pädagogischen Handlungs- und Orientierungsmuster haben eine gemeinsame theoretische Wurzel: das medizinische Modell. In der informierten Fachwelt sind die kritisierten Handlungs- und Orientierungsmuster seit längerem überwunden, in sonderpädagogischen Alltagstheorien und -praxen wohl aber durchaus noch lebendig. Es sind Altlasten einer medizinisch orientierten Sonderpädagogik, die es zu verabschieden gilt. Sie sind in einer inklusiven Erziehung dysfunktional.
Die Behindertenrechtskonvention (BRK) setzt dem tradierten und traditionsreichen medizinischen Modell das soziale Modell von Behinderungen entgegen. Behinderungen sind als ein Wechselwirkungsprodukt von individualen und sozialen Bedingungen zu verstehen. Der paternalistischen Fürsorge erteilt die BRK eine Absage und propagiert sehr selbstbewusst die Leitbegriffe Selbstbestimmung, Gleichberechtigung, Teilhabe. Fürsorgliche Belagerung und vormundschaftliche Reparaturen haben ihre Rechtfertigung verloren. Die Tabelle 1 listet in kontrastierender Vereinfachung die divergenten Orientierungen des medizinischen und sozialen Modells auf.

## 3. Was Sonderpädagogen schon können oder noch lernen müssen

### 3.1 Feststellung professioneller Kompetenz

Professionelle Kompetenz erweist sich in der qualifizierten Bewältigung von beruflichen Anforderungssituationen durch individuell verfügbare Handlungskompetenzen, sie ergibt sich also aus einer stimmigen Situation-Person-Relation. Wenn eine Person genau jene Fähigkeitspotentiale verfügbar hat und abrufen kann, die zur Meisterung bestimmter beruflicher Aufgaben erwartet werden und notwendig sind, dann ist sie kompetent. Gemäß dieser Situation-Person-Relation ist also in einem ersten Schritt der Arbeitsplatz Inklusion auf seine sonderpädagogischen Anforderungen hin zu untersuchen und in einem folgenden Schritt sind dann die Sonder(schul)pädagogen als potentielle Arbeitnehmer nach ihren vorhandenen beruflichen Qualifikationen zu befragen. Sofern sich eine hinlängliche Passung von erwarteten und gegebenen Kompetenzen feststellen lässt, ist der Bewerber geeignet. Bei erheblichen Diskrepanzen zwischen situativen Anforderungen und individuellem Vermögen ist der Kandidat disqualifiziert. Geringfügige Inkongruenzen können ggf. durch nachträgliche Qualifikationsanstrengungen behoben werden.

### 3.1.1 Anforderungsprofil Inklusion

Soweit zur Logik der Kompetenzanalyse, nun zur Anforderungsstruktur inklusiver Erziehungs- und Unterrichtssituationen. Hierzu liegen Entwürfe verschiedener Autoren vor (Heimlich 1999 und 2004; Heyer/Meyer 1988; Moser u.a. 2008.), die sich zwar in der Anzahl der Anforderungskategorien und in ihrer Begrifflichkeit unterscheiden, aber dennoch ein beachtliches Maß an Übereinstimmung erkennen lassen. Die Gliederung der folgenden Strukturanalyse inklusiver Arbeit erfolgt in loser Anlehnung an das Modell der themenzentrierten Interaktion (Cohn), in dem bekanntlich die Bedingungsgruppen ICH, WIR, ES und der GLOBE unterschieden werden. Entsprechend wird die Anforderungsstruktur in einem inklusiven Handlungsfeld Schule in vier Bereiche unterteilt:

*1. Personale Kompetenzen (Selbstkompetenz)*
Hier geht es um die persönliche Beziehung jedes einzelnen Pädagogen zur Inklusion: Persönliche Vorkenntnisse, Meinungen und Überzeugungen, Vorurteile, Positionen, Bereitschaften, Motive, Selbsteinschätzung, Bewusstsein persönlicher Grenzen, Umgang mit sich selbst. Die personale Dimension reicht bis in existentielle Tiefen hinein. Mit Goethe lässt sich die Glaubensfrage so formulieren: Wie hältst Du's mit der Inklusion?

*2. Aufgabenkompetenzen (Fachkompetenz)*
Zu dieser Kompetenzklasse gehört alles, was ein Lehrer im pädagogischen Umgang mit einer heterogenen Lerngruppe tut und macht: Erklären, vormachen, anleiten, beobachten, steuern, ermahnen, wahrnehmen, beurteilen, eingreifen, korrigieren, helfen usw.. Im Fortgang der Erörterung werden diese fachlichen Kompetenzen in die vier Subkategorien Erziehung, Unterricht, Diagnose und Förderung untergliedert.

*3. Kooperative Kompetenzen (Kooperationskompetenz)*
„Sonderpädagogisches Handeln ist stets kooperatives Handeln“, argumentiert

Heimlich (2008, 386). Die Wir-Kompetenzen sollen hier ausdrücklich nicht den sozialen Austausch mit den Schülern einschließen, die dem Unterricht zugerechnet werden, sondern sich ausschließlich auf die kollegiale Zusammenarbeit mit anderen pädagogischen oder auch nichtpädagogischen Kräften beziehen. Teamarbeit, Teamentwicklung, Aufgabenverteilung, Rollendifferenzierung, kollegiale Beratung, interdisziplinäre Zusammenarbeit und anderes mehr gehört zu diesem sozialen Kompetenzbereich.

*4. Systemische Kompetenzen (Systemkompetenz).*
Der inklusive Klassenunterricht ist in ein vielfältiges inner- und außerschulisches Gewebe eingebunden. Die systemische Struktur des Arbeitsplatzes Inklusion kann etwa mit Stichworten wie Sozialraumorientierung, Organisations- und Schulentwicklung, Elternarbeit, Beratungsprozesse und -stellen, gemeindliche Dienste, Sozialpartnerschaften u. ä. schlagwortartig umschrieben werden.
Die Anforderungsstruktur des Arbeitsplatzes Inklusion kann folglich mit den vier Qualifikationsklassen Selbst-, Fach-, Kooperations- und Systemkompetenz formal umfassend und systematisch geordnet beschrieben werden. Die inhaltliche Füllung der Kompetenzbereiche wird an späterer Stelle im Zusammenhang mit der analytischen Prüfung der Qualifikationsprofile von Sonderpädagogen geschehen. Hierfür wäre nun vorab ebenfalls ein kategoriales Beschreibungssystem für sonderpädagogische Kompetenzen zu präsentieren.

### 3.1.2 Qualifikationsprofil Sonderpädagogik

Die deskriptive Darstellung des professionellen Qualifikationsprofils von Sonderpädagogen steht vor dem Problem, dass es nicht einen einzigen, monolithischen Typus von Sonderpädagogen gibt und folglich auch nicht ein verallgemeinerbares Qualifikationsprofil des sonderpädagogischen Berufsstandes. Selbst im Handlungsfeld Schule lässt sich kein Berufsbild von Sonderpädagogen darstellen, das alle Spielarten professioneller sonderpädagogischer Tätigkeit in charakteristischer Weise zu einem typischen Qualifikationscluster bündeln könnte. Die Profession Sonderpädagoge existiert nur in der Mehrzahl.
Im Handlungsfeld Schule lässt sich das Tätigkeitsspektrum von Sonderpädagogen in zweifacher Weise auffächern, und zwar einerseits nach den sonderpädagogischen Förderschwerpunkten („Fachrichtungen“) und andererseits nach dem institutionellen Arbeitsplatz. Heimlich (1996) diagnostizierte bei Streifzügen durch den sonderpädagogischen Alltag einen nachhaltigen „Strukturwandel in der sonderpädagogischen LehrerInnenarbeit“ (54) und unterschied drei Tätigkeitsprofile: „gestandene“ SonderschullehrerInnen, Bera-

tungs- und AmbulanzlehrerInnen im Mobilen Dienst, sowie Sonderpädagogen, die an allgemeinen Schulen fest verankert sind und in integrativen Klassen arbeiten. Setzt man nun die sieben sonderpädagogischen Fachrichtungen zu den drei Arbeitsplätzen in Beziehung, so ergibt die in Tab. 2 dargestellte Matrix. Theoretisch lassen sich also 21 verschiedene Subtypen der Profession Sonderpädagogik unterscheiden.

**Tabelle 2:** Typen sonderpädagogischer Professionalität

| **Arbeitsplatz** | **Förderschwerpunkt** | | | | | | |
|---|---|---|---|---|---|---|---|
| | Lernen | Sprache | Verhalten | Sehen | Hören | geistige Entwicklung | körperliche Entwicklung |
| **Sonderschule** | X | X | X | X | X | X | X |
| **Mobiler Dienst** | X | X | X | X | X | X | X |
| **Integrative Klassen** | X | X | X | X | X | X | X |

Wer die Wirklichkeit sonderpädagogischer Tätigkeitsfelder in Augenschein zu nehmen versucht, wird wohl zu der Überzeugung gelangen, dass die Matrix sonderpädagogischer Professionalität die tatsächlich vorhandende multiple Realität abbildet und nicht etwa fiktive, nicht existierende Typen erfindet. Angesichts dieser Vielfalt von Typen sonderpädagogischer Professionalität ist eine Einschätzung, was Sonderpädagogen schon können oder noch lernen müssen, wenn nicht unmöglich, dann doch ein riskantes Unterfangen. Jede Aussage über den einen Typus kann zugleich für manch andere Typen nicht zutreffen, und ist damit zugleich richtig und falsch. Die schwierige Aufgabe eines Ratings sonderpädagogischer Kompetenzen wird allerdings durch den Umstand, dass die meisten Sonderpädagogen Sonderschulpädagogen sind, etwas erleichtert. Da gegenwärtig etwa 85 Prozent aller behinderten Kinder Sonderschulen besuchen, dürften die professionellen Sonderpädagogen auch in etwa der gleichen Größenordnung in Sonderschulen tätig sein. Die Ratings des Kompetenzprofils von Sonderpädagogen beziehen sich daher in begründeter Weise auf diese Gruppe der Sonder(schul)pädagogen.
Am ehesten scheinen verallgemeinernde Aussagen für die Querschnittdimension „Arbeitsplatz“ möglich zu sein. So sind etwa alle Sonderpädagogen an Sonderschulen in den allermeisten Fällen auch Klassenlehrer und zumeist auch Fachlehrer. Alle Sonderpädagogen im Mobilen Dienst sind nur ambulant,

stundenweise in der allgemeinen Schule tätig, fast nie mehr Klassenlehrer und dienstlich entweder in einem schulexternen „Förderzentrum“ oder weiterhin in der Sonderschule verortet. Sonderpädagogen in integrativen Settings haben ihre dienstliche Heimat in der Allgemeinen Schule, gehören zum dortigen Kollegium, sind fast nie Klassenlehrer, eher selten Fachlehrer, sondern leisten zumeist spezielle Unterstützungsdienste für mehrere Klassen.
Der Zusammenhang zwischen der Arbeitsplatz- und der Qualifikationsstruktur kann durch ein Beispiel exemplarisch erhellt werden. Die „Klassenlehrerkompetenz“, teilweise auch die „Fachlehrerkompetenz“ wird weder im Mobilen Dienst noch in Inklusiven Klassen gebraucht. Umgekehrt müssen ambulant und inklusiv tätige Sonderpädagogik gediegene Kenntnisse der allgemeinen Pädagogik, von „normalen“ Kindern haben und insbesondere über eine qualifizierte Kooperationskompetenz (Teamteaching; kollegiale Beratung usw.) verfügen – beides sind Anforderungen, mit denen der Sonderschullehrer in aller Regel gar nicht oder nur in geringfügigem Umfang konfrontiert ist. Diese Kontrastierung der drei Arbeitsplätze verdeutlicht exemplarisch, dass zwischen dem „alten“ und dem „neuen“ Sonderpädagogen erhebliche Differenzen ihrer Qualifikationsprofile bestehen. Der Sonder(schul)pädagoge ist – so das vorwegnehmende Fazit – keineswegs schon ein „fertiger“ Inklusionspädagoge. Da gibt es mancherlei Kompetenzen, die schon vorhanden sind und gebraucht werden, aber auch solche, die für eine inklusivpädagogische Tätigkeit neu zu erwerben sind, oder auch solche, die als dysfunktional zu verlernen sind. Das wäre nun im Detail auszuarbeiten.

### 3.2 Selbstkompetenz: Personale Kompetenzen

Bei den personalen Kompetenzen geht es um das je individuelle Verhältnis einer Lehrperson zu seiner Aufgabe einer inkludierenden Erziehung und Unterrichtung einer sehr heterogenen Lerngruppe, und zwar in einem umfassenden Sinne. Zu befragen sind der Stand der Kenntnisse und Erfahrungen, die persönlichen Motivationen und Einstellungen, berufliche Identitätskonstruktionen und professionelle Reflexivität sowie selbstregulative Kompetenzen. Auf die Fähigkeit zur Selbstregulation und Selbstkontrolle wird bei der Beschreibung der Kooperationskompetenz näher eingegangen. Das Zentrum der Selbstkompetenzen bilden die „beliefs“, d. h. die grundlegenden Wertorientierungen und berufsethischen Überzeugungen (Moser/Schäfer/Jakob 2010).
Die personalen Kompetenzen sind das Fundament des inklusionspädagogischen Kompetenzgebäudes. Fehlt dieses Fundament oder ist es instabil und nicht tragfähig, ist es auch um das Obergebäude von fachlichen, kooperativen und systemischen Kompetenzen schlecht bestellt. Wie soll jemand, der von

der Notwendigkeit und Möglichkeit inklusiver Erziehung nicht zutiefst überzeugt ist, etwa an der Gestaltung eines inklusiven Unterrichts engagiert und kreativ mitwirken oder auf der Organisationsebene sich leidenschaftlich für eine inklusive Schulentwicklung einsetzen? Wer in einer kirchlichen Einrichtung Dienst tun oder ein kirchliches Amt wahrnehmen will, sollte im Grunde seines Herzens auch dem Glauben dieser Kirche zugetan sein. Entsprechend gilt: Ohne inklusive beliefs ist eine inklusive Professionalität undenkbar.
Mit ausdrücklicher Bezugnahme auf das Grundgesetz der Bundesrepublik Deutschland, auf die Kinderrechtskonvention sowie die Behindertenrechtskonvention der Vereinten Nationen werden hier drei basale ‚beliefs' formuliert:

*1. Wertschätzung der Verschiedenheit aller Kinder*
Die Menschenrechte fordern „die Achtung vor der Unterschiedlichkeit von Menschen mit Behinderungen und die Akzeptanz dieser Menschen als Teil der menschlichen Vielfalt und der Menschheit" (BRK 2009, Art. 3). Behinderte Kinder sind in ihrer Einzigartigkeit eine Bereicherung des Menschseins und eine Ressource für vielfältiges und gemeinsames Leben und Lernen. Verschiedenheit verdient Anerkennung und Kultivierung, ist Chance für kokonstruktives und prosoziales Lernen; sie darf keinen Automatismus für pädagogische Reparaturen und therapeutische Interventionen auslösen.

*2. Anerkennung der Gleichheit aller Kinder*
Die Allgemeine Erklärung der Menschenrechte der Vereinten Nationen bestimmen, „dass alle Menschen ohne jeglichen Unterschied Anspruch auf alle darin aufgeführten Rechte und Freiheiten hat" (BRK 2009, Präambel). Auch behinderte Kinder haben ungeachtet ihrer Einmaligkeit das gleiche Recht auf „Achtung der ihnen innewohnenden Würde" (BRK 2009, Art. 1); es ist zu gewährleisten, „dass Kinder mit Behinderungen gleichberechtigt mit anderen Kindern alle Menschenrechte und Grundfreiheiten genießen können" (BRK 2009, Art. 7).

*3. Wertschätzung der Gemeinsamkeit und Zugehörigkeit*
Kinder mit Behinderungen haben ein Recht auf „volle und wirksame Teilhabe an der Gesellschaft und Einbeziehung in die Gesellschaft" (BRK 2009, Art. 3). Voraussetzung hierfür ist: „Teilhabe setzt Zugehörigkeit voraus" (Habermas 1995, 160). Es ist daher erforderlich, dass Kinder mit Behinderungen „gleichberechtigt mit anderen in der Gemeinschaft, in der sie leben, Zugang zu einem inklusiven ... Unterricht an Grundschulen und weiterführenden Schulen haben" (BRK 2009, Art 24).
Diese drei basalen ‚beliefs' – Verschiedenheit, Gleichwürdigkeit und Gemeinsamkeit – werden hier gebündelt unter der oberbegrifflichen Kategorie „Inklu-

sivpädagogisches Ethos“.

Wie verhält es sich nun – das ist ja die kompetenztheoretische Prüffrage – mit dem inklusivpädagogischen Ethos von Sonder(schul)pädagogen? Eine spontane Antwort wird wohl von der Annahme ausgehen, dass all jene, die in der Behindertenpädagogik beruflich tätig sind, eo ipso sich auch durch behindertenfreundliche Einstellungen und Überzeugungen auszeichnen. Eine Erinnerung an die Geschichte der Sonderpädagogik ist indes eine deutliche Warnung, dass Sonderpädagogen keineswegs für ihr berufliches Handeln „von Amts wegen“ auch adäquate, wünschenswerte berufsethische Haltungen und Überzeugungen mitbringen. Während des Nationalsozialismus haben etwa maßgebliche Vertreter der Lernbehindertenpädagogik das Persönlichkeitsrecht von Menschen mit Lernbehinderungen auf Nachkommenschaft und eigene Familie gröblich missachtet und dem sozialdarwinistischen Rassenwahn aufgeopfert (Ellger-Rüttgardt 2003). Ein Textabschnitt von Tornow, seinerzeit immerhin Schriftleiter der Zeitschrift ‚Die deutsche Sonderschule‘, und dem Gehörlosenlehrer Weinert möge die ethische Position der Hilfsschullehrerschaft im Nationalsozialismus beispielhaft illustrieren:

„Aus alledem ersehen wir, was für ein schweres und schlechtes Leiden die erbliche Geistesschwäche ist. Sie ist ein Unglück für die Geistesschwachen selbst und für das ganze deutsche Volk. Die Geistesschwachen können im Leben nie so richtig froh und glücklich werden. (…) Ein solches Leben ist bestimmt nicht lebenswert, und es wäre für diese Menschen besser, sie wären nie geboren worden. Ein erblich belasteter Geistesschwacher darf deshalb keine Kinder haben. Er darf sein Leiden und damit ein elendes Leben nicht auf seine Kinder vererben, die er damit unglücklich machen würde. Er soll und muss deshalb auf Kinder verzichten“ (Tornow/Weinert 2003, 303f.).

Dieses schwarze Kapitel der Sonderpädagogik ist zwar Vergangenheit, sollte aber nicht als erledigt zur Seite gelegt, sondern als kritische Warnung wachgehalten werden. In der jüngeren Sonderpädagogik haben insbesondere Haeberlin (1999), Speck (1996) sowie Antor/Bleidick (1995; 2002) Heilpädagogik als „eine wertgeleitete Wissenschaft“ (Haeberlin) begründet. Bei Otto Speck heißt es: „Alles heilpädagogische Handeln ist auch wertorientiertes Handeln. (…) Wenn es Hilfe zur Verwirklichung gelingenden Lebens mit einer Behinderung sein will, muss es zum einen von der praktizierten Gültigkeit gemeinsamer Werte (Tugenden) getragen und zum anderen von Menschen, die ihren Beruf auch als persönliche sittliche Verpflichtung (…) auffassen“ (Speck 1996, 323; Hervorhebung im Original). Wir dürfen wohlmeinend annehmen, dass diese berufsethische Grundlegung in der heutigen Sonder(schul)pädagogenschaft fest verankert und berufsständisches Allgemeingut ist. Dieses wertschätzende Urteil über die ‚beliefs‘ von Sonder(schul)-pädagogen ist sich allerdings nur bezüglich der beiden ersten Elemente eines inklusionspädagogischen Ethos sicher, also bezüglich der Wertschätzung der Verschiedenheit und der Anerkennung der Gleichwürdigkeit. Was die Wertschätzung der Gemeinsamkeit, also der inklusiven schulischen Erziehung und Unterrichtung, selbst angeht, bleiben beträchtliche Zweifel.

In einer schweizerischen Untersuchung von schulischen Heilpädagoginnen und Heilpädagogen (SHP) hielten 70 Prozent der Befragten an der Notwendigkeit von separaten Sonderklassen und -schulen fest. Die inklusionsskeptische Position war dabei vielfach durch eine Kritik an unzureichenden personellen und strukturellen Voraussetzungen in der Regelschule begründet.

In der sonderpädagogischen Wissenschaft werden kritische Positionen kaum öffentlich geäußert. Eine inklusionskritische Schrift hat Speck (2010) vorgelegt. Erklärte Absicht der Schrift war laut Klappentext eigentlich, gegen „ideologische Überzeichnungen“ und für „mehr Objektivität in der fachlichen Diskussion“ einzutreten; aufgrund der selektiven Wahrnehmung inklusiver Entwicklungen missriet die Schrift allerdings zu einer Apologie der Sonderschule.

In aller Offenheit und mit unbeirrbarer Festigkeit vertritt der Berufsverband der Sonderpädagogik im bildungspolitischen Diskurs eine inklusionsskeptische Position. Inklusive Bildung wird vom VdS nicht nur unter vielfache Vorbehalte erforderlicher Rahmenbedingungen gestellt, was durchaus begründet und nachvollziehbar ist. Darüber hinausgehend wird der unbedingte und prioritäre Gültigkeitsanspruch der Inklusion, wie er in der Behindertenrechtskonvention geltend gemacht wird, substantiell in Frage gestellt und eine „Pluralität der Lernorte“ als bildungspolitische Richtschnur eingefordert. Das Postulat eines pluralen Schulsystems für Kinder mit Behinderungen wird nicht deutlich als eine Übergangs- und Zwischenlösung auf dem Wege zu einer progressiven Inklusionsentwicklung ausgewiesen, sondern als ein zeitlich unbefristetes Bildungsprogramm dargestellt (Stöppler 2010).

Diese dogmatische Festlegung auf ein duales Bildungssystem für behinderte Kinder ist nicht durch die Behindertenrechtskonvention gedeckt, die zwar eine Separation in Sonderschulen als ultima ratio nicht ausschließt, aber hierfür einen sehr hohen Begründungs- und Rechtfertigungsbedarf vorsieht (Riedel 2010). Eine regelhafte, grundsätzliche Bestandsgarantie für Sonderschulen, wie sie der VdS postuliert, geht weit über eine konventionskonforme Ausnahmeregelung hinaus. Die Formel von der „Pluralität der Lernorte“ verneint die grundsätzliche Möglichkeit einer inklusiven Bildung ausnahmslos aller Kinder, konserviert das unselige Konstrukt der „Integrationsunfähigkeit“ einer „Restgruppe“ von behinderten Kindern, und prolongiert die Fortexistenz von Sonderschulen ad Infinitum.

Inwieweit diese offizielle Position des Berufsverbandes der Sonderpädagogen

von den Sonderpädagogen vor Ort selbst, seien sie nun Mitglied oder auch nicht, geteilt wird, ist nicht bekannt und schwer einschätzbar. Der generalpräventive Vorbehalt, dass für einige behinderte Kinder letztlich doch eine separierende „Pädagogik des Schonraums" vorzuziehen und unabdingbar sei, ist mit dem hier eingeforderten inklusionspädagogischen Ethos nicht vereinbar. Ein Sonderpädagoge, der in und während der inklusiven Arbeit in der allgemeinen Schule unentwegt die untergründige Frage ventiliert, ob ein behindertes Kind „hier wirklich gut aufgehoben ist", gerät in Gefahr, von den eigenen Zweifeln zermürbt, gelähmt und handlungsunfähig zu werden. Aus professionstheoretischer Sicht postulieren Moser/Schäfer/Jakob: „Aufgabe sonderpädagogischen Handelns wäre die Herstellung und Sicherung von Inklusion aller im Erziehungssystem – durch Absicherung von Heterogenität" (2010, 91). Sonderpädagogen, die sich a priori und prinzipiell die Sonderschule als Hintertür offen halten, kann man sich schwer als verlässliche Anwälte der Inklusion vorstellen.
Inklusion ist eine Wertentscheidung, und diese fundamentale Wertentscheidung muss allen Inklusionspädagogen und mithin auch den Sonderpädagogen abgefordert werden. Weil Wertentscheidungen eine sehr persönliche Sache sind, kann über das inklusionspädagogische Ethos von Sonderpädagogen auch nicht in einer verallgemeinernden Form befunden werden. Einen „Fraktionszwang", der inklusionsdistanzierten Position des Verbandes Sonderpädagogik beizupflichten, gibt es nicht. Jeder einzelne Sonderpädagoge ist gefordert, sich zu positionieren: „Wie hältst du es mit der Inklusion?"

### 3.3 Aufgabenkompetenz: Fachliche Kompetenzen

#### 3.3.1 Heterogenitätskompetenz

Das begriffliche Konstrukt Heterogenitätskompetenz ist ungewöhnlich. Die Kategorie Heterogenität liegt auf einer anderen Ebene als die vier Teilkomponenten der Aufgabenkompetenz Erziehung, Unterricht, Diagnose und Förderung. Obwohl das Konstrukt Heterogenitätskompetenz sich unter fachlich-systematischen Gesichtspunkten nicht rechtfertigen lässt, wird es hier trotzdem – mit dem Bewusstsein eines vorläufigen Arbeitsbegriffs – eingeführt. Die Begründung hierfür liegt in der überragenden Bedeutung, die dem Merkmal Heterogenität in der inklusiven Pädagogik zukommt. Was inklusive Pädagogik von allen anderen Pädagogiken auszeichnet und unterscheidet, ist eben die prinzipiell unbegrenzte und ungeteilte Vielfalt der pädagogischen Subjekte. Die Pädagogiken der Schulformen Gymnasium, Realschule, Hauptschule, Sonderschule sind allesamt Sonderpädagogiken, weil sie sich auf ein klar umgrenztes und definiertes Klientel beziehen. Inklusive Pädagogik ist allgemeine Pädagogik insofern, weil sie alle Kinder ohne jegliche Ausnahme und ohne Ansehen ihrer Person einbezieht; es gibt weder definitorische Ausgrenzungen noch klassifikatorische Aufspaltungen. Inklusion – so das geflügelte Wort – heißt alle willkommen.

Heterogenität liegt, wie bereits erwähnt, auf einer anderen Ebene als die kategorialen Teilkomponenten Erziehung, Unterricht, Diagnose und Förderung, nämlich gleichsam quer zu diesen (Tab. 3). Erziehung, Unterricht, Diagnose und Förderung erhalten durch die konstitutive Bedingung Heterogenität eine bestimmte inhaltliche Füllung, sie müssen immer unter der bedingenden Variation einer anthropologischen Vielfalt gesehen werden.

Die Vielfalt der Kinder äußert sich in unzähligen Merkmalen. Von pädagogischer Relevanz dürften insbesondere die folgenden sein: Alter („age"), Geschlecht („gender"), Ethnie („race" bzw. „culture"), soziale Herkunft („class") und Begabung („(dis)ability"). Während die Heterogenitätsdimensionen Alter, Geschlecht, Ethnie und soziale Herkunft auch schon jetzt die Wirklichkeit aller Schulen mehr oder minder bestimmen, kommt in inklusiven Lerngruppen die Diversität von Begabungen („(dis)abilities") als neue Heterogenitätsdimension hinzu.

**Tabelle 3**: Heterogenität als grundlegende Bedingungsvariation der Aufgabenkomplexe Erziehung, Unterricht, Diagnose und Förderung

| | Erziehung | Unterricht | Diagnose | Förderung |
|---|---|---|---|---|
| Heterogenität | **X** | **X** | **X** | **X** |

Ein inklusiver Lehrer ist im Prinzip mit der gesamten, denkmöglichen Vielfalt der Kinder konfrontiert – und muss entsprechend vielfältig qualifiziert sein. Das meint Heterogenitätskompetenz. Alle inklusiven Lehrer sollten also grundlegende Kenntnisse haben über geschlechtergerechte Erziehung, über interkulturelle Erziehung, über unterschiedliche sozialkulturelle Lebenslagen, über differente Entwicklungsphasen und über das gesamte Begabungsspektrum von Hochbegabungen bis hin zu den verschiedenen Behinderungsformen. Das ist im Grundsatz die durchaus mögliche Anforderungssituation von inklusiven Lerngruppen. Ohne jegliche Geringschätzung kann man mit großer Gewissheit sagen: Den über alle Heterogenitätsaspekte hinweg kompetenten inklusiven Lehrer gibt es nicht! Es gibt keine Lehrerprofessionalität, die in der Ausbildung sich eine umfassende Heterogenitätskompetenz aneignen konnte oder in der späteren beruflichen Tätigkeit sehr breite Heterogenitätserfahrungen sammeln konnte. Auch Grundschullehrer und Gesamtschullehrer verfügen trotz einer respektablen Erfahrungsvielfalt immer noch über eine eingeschränkte Heterogenitätskompetenz. Und diese Feststellung gilt in der Folge dann auch für Sonder(schul)pädagogen zu: Eingeschränkt inklusionstauglich!

### 3.3.2 Erziehungskompetenz

Schule und Lehrer befassen sich gemeinhin wenig mit Erziehungsfragen. Schule ist eine Unterrichtsanstalt und keine Erziehungseinrichtung, so ähnlich kann man es immer wieder hören. Unausgesprochen gilt die Erwartung, dass die Schüler erzogen, das heißt „unterrichtsreif" sind: Sie kommen pünktlich zur Schule, haben gefrühstückt und sind gepflegt, kennen und beachten die Schulregeln, üben einen friedlichen Umgang mit den Mitschülern, nehmen auf den Stühlen Platz und folgen aufmerksam dem Unterricht. Die veränderte Kindheit entlässt heutigentags andere Kinder, die in der Schule auch erzogen werden sollen. Dies gilt erst recht für eine inklusive Schule.
Die Erziehungsaufgabe der Schule kann in zwei Bereiche untergliedert werden. Die *edukative* Aufgabe umfasst die Erziehung zur Selbstkompetenz (Selbstkontrolle, Ichstärke, Eigenverantwortung, usw.) und zur Sozialkompetenz (Sozialverhalten, Einfühlungsvermögen, Hilfsbereitschaft, usw.). Die *kurative* Aufgabe bezieht sich auf den grundlegenden Auftrag, sich um das körperliche und seelische Wohlbefinden des Schülers zu kümmern.
Die kurative, pflegerische Umsorgung von Schülern ist den Regelschullehrern weniger, den Sonderpädagogen dagegen zumeist vertraut; hier besitzen sie reichhaltige Umgangserfahrungen, werden in den sonderpädagogischen Einrichtungen aber auch vielfach von zusätzlichen Fach- und Pflegekräften entlastet. Die inklusive Schule wird sich der kurativen Aufgabe bei behinderten Schülern annehmen müssen; z. B. muss der Umgang mit anfallskranken Kindern eingeübt, die physischen Barrieren für Rollstuhlkinder beseitigt werden, der Arbeitsplatz sehgeschädigter Kinder gut ausgeleuchtet sein oder die Batterien eines Hörgerätes überprüft werden. Die Erfüllung der kurativen Aufgaben dürfte aber weniger ein ernsthaftes Kompetenzproblem, sondern eher ein Ressourcenproblem sein. Bei gravierenden kurativen Bedürfnissen ist die Einstellung eines Schulhelfers vonnöten und gesetzlich garantiert.
Eine inklusive Schule sieht sich auch gewachsenen edukativen Herausforderungen gegenüber. Beispiele sind Mobbing von behinderten Kindern, ADHS, Schulabsentismus, Gewalttätigkeiten. Auch bezüglich der edukativen Aufgabe dürfen von den Sonderpädagogen einschlägige Erfahrungen und Kompetenzen erwartet werden.
Zu den Erziehungskompetenzen gehören auch pädagogische Einstellungen.

Der gesamte Komplex der Einstellungen wurde unter 3.2 als inklusionspädagogisches Ethos, bestehend aus den Elementen (1.) Achtung der Autonomie und Eigenwürdigkeit, (2.) Respektierung der Gleichwürdigkeit und (3.) Wertschätzung von Solidarität und Gemeinsamkeit dargestellt.
Aus dem Selbstbestimmungsrecht (1.) leitet sich pädagogisch der Auftrag ab, dem Anspruch behinderter Kinder auf ein individuales Curriculum mit angepassten Zielen und Inhalten nachzukommen. Die Sonderpädagogen sind beauftragt, diesem Bildungsrecht auf eine Individualisierung der Lernanforderungen und -angebote zur Geltung zu verhelfen und standhaft gegen alle Tendenzen zur Standardisierung der Bildung zu verteidigen.
Die Gleichwürdigkeit aller Kinder (2.) fordert eine durchgängige und kompromisslose Nichtdiskriminierung ein. Inklusive Erziehung vermeidet alle hierarchisierenden Wertigkeitsabstufungen. Jede Koppelung eines Menschen mit negativen Attributen wertet ab, grenzt aus, beschädigt und beschämt. Sonderpädagogen sind aufgerufen, gegen deklassierende und entwürdigende Schulrituale wie Sitzenbleiben, Ziffernzeugnisse oder Leistungsrankings anzutreten. Wo immer soziale Vergleiche praktiziert und kultiviert werden, geraten Kinder mit Behinderungen ins Hintertreffen. Das absolute pädagogische Minimum ist, dass behinderte Kinder aus dem Wettbewerb genommen werden und von allen beschämenden Stigmatisierungen freibleiben. Hier ist die breite Brust der Sonderpädagogen gefordert.
Last not least geht es in der Inklusion um Solidarität und Gemeinsamkeit (3.). Nicht zuletzt ist hier die große erziehrische Aufgabe zu nennen, soziale Gemeinschaften zu schaffen, die alle Kinder einschließen. Die soziale Integration von behinderten Kindern ist kein Selbstläufer. Aus den vielen Schulversuchen wissen wir verlässlich, dass die Herstellung von Kohäsion und Kohärenz durchaus möglich ist, aber auch gefährdet sein kann (Wocken 1987). Mögliche Gefahren sind Vereinsamung oder Außenseitertum (Huber 2009), denen durch eine sozialintegrative Gestaltung des Schul- und Klassenlebens proaktiv begegnet werden muss.
Ohne sonderpädagogische Fürsprecher wird es in der Inklusion nicht gehen (Schwager/Pilger 210, 276). Kinder mit Behinderungen brauchen Sonderpädagogen gleichsam als ihre persönlichen Behindertenbeauftragten, damit sie im System der Normalität nicht untergehen und bestehen können. Die entschiedene pädagogische Parteinahme für die Bildungsrechte von Kindern mit Behinderungen sollte dabei ohne die Androhung eines Rückzugs der Klientel in separierende Schonräume auskommen und an der unverbrüchlichen Priorisierung inklusiver Erziehung keine Zweifel aufkommen lassen.

### 3.3.3 Unterrichtskompetenz

Die Didaktik und Methodik eines Unterrichts mit heterogenen Lerngruppen wurde in den beiden Abhandlungen „Was ist inklusiver Unterricht? Eine Checkliste zur Zertifizierung schulischer Inklusion“ und „Inklusive Unterrichtsorganisation. Indirekter Unterricht als Maxime einer inklusiven Unterrichtsmethodik“ in differenzierter Weise dargelegt; eine eingehende Beschreibung der Anforderungen eines inklusiven Unterrichts ist daher an dieser Stelle nicht vonnöten.

Sonderpädagogen verfügen in aller Regel über vertiefte Kenntnisse und Erfahrungen in zwei behinderungsspezifischen Fachgebieten. Im Aufgabenfeld Inklusion bedürfen die angestammten behinderungsspezifischen Kompetenzen in zweifacher Hinsicht einer erheblichen Erweiterung.

In einer inklusiven Schule begegnen den dort tätigen Sonderpädagogen nicht nur behinderte Kinder der eigenen Fachrichtungen, sondern der Möglichkeit nach Kinder mit Behinderungen und Benachteiligungen jedweder Art. Wenn von Allgemeinpädagogen erwartet wird, dass sie etwa 10 Prozent ihres Studiums für die Aneignung eines sonderpädagogischen Grund- und Orientierungswissens aufwenden (Bildungskommission 1973), dann darf von Sonderpädagogen erwartet werden, dass sie durch Selbststudium und Fortbildung mindestens für all jene Behinderungen sich grundlegende Kenntnisse und Fähigkeiten aneignen, die in der eigenen Lerngruppe präsent sind. Ferner sollten grundlegende Kompetenzen für die Erziehung und Unterrichtung der Geschlechter, von sozial benachteiligen Kindern und von Kindern mit Migrationshintergrund gegeben sein. Bezüglich eines komfortablen Wissens über Behinderungen und Benachteiligungen aller Art sollten Sonderpädagogen sich nicht von Regelpädagogen übertreffen lassen. Dieser Kompetenzkomplex wurde im Abschnitt 3.3.1 als „Heterogenitätskompetenz“ beschrieben.

Die andere Erweiterung bisheriger sonderpädagogischer Kompetenz bezieht sich auf Kenntnisse der allgemeinen Pädagogik: Schulsystem, Schulrecht, Bildungsstufe, Bildungsauftrag der Schulart, Schulprofil, Richtlinien und Lehrpläne, Bildungstheorien, allgemeine und fachbezogene Didaktiken, Lerntheorien, Psychologie der Entwicklungsstufe und der große Bereich der Unterrichtsmethoden, insbesondere der individualisierenden Lernarrangements sowie der kooperativen Methoden. Ein inklusiver Sonderpädagoge sollte schlichtweg auch in der „Normalpädagogik“ zu Hause sein.

Der Anforderungskatalog ist beträchtlich, und so auch kaum zu leisten. Es kann nicht darum gehen, den Sonderpädagogen zu einem pädagogischen Universalpädagogen und omnipotenten Tausendsassa zu stilisieren. Die „Standards der sonderpädagogischen Lehrerbildung“, die der Verband Sonderpäd-

agogik vorgelegt hat (VdS), satteln auf die allgemeinen Standards für Lehrerbildung der KMK die sonderpädagogischen Standards zusätzlich obendrauf! Wer kann das alles wissen und können? Der solchermaßen konstruierte sonderpädagogische Supermann ist ein Phantom und völlig illusionär. Professionalität darf weder mit Perfektionismus noch mit Universalismus verwechselt werden. Den Standards des VdS fehlt es an Augenmaß für das Notwendige und Leistbare; sie schrecken durch ihre unzensierte Maßlosigkeit ab und erzeugen eher Resignation und Burnout denn Kompetenz. Damit sonderpädagogische Professionalität nicht ausufert und nicht überfordert, müssen sinnvolle Begrenzungen der Aufgaben vorgenommen werden.
Die allgemeinpädagogischen Kenntnisse und Fähigkeiten müssen nur in einem solchen Maße erworben werden, dass eine verständige und konstruktive Mitwirkung an der Unterrichtsaufgabe in einem kooperativen Team möglich ist. Nicht mehr, und nicht minder. Darüber hinausgehend kann die Komplexität der Aufgabe nur durch eine arbeitsteilige Schwerpunktsetzung bewältigt werden. Regel- und Sonderpädagogen haben in einem kooperativen Team verschiedene Aufgabenschwerpunkte.
In den „Standards der sonderpädagogischen Förderung“ (VdS 2009) werden zwei sonderpädagogische Kernaufgaben genannt:

1. „Sicherung des Lernerfolgs im allgemein bildenden Kerncurriculum für Lernende mit sonderpädagogischem Förderbedarf.
2. Ergänzung des Kerncurriculums der Allgemeinen Schulen durch spezifische und individuell angepasste Förderung von Kenntnissen und Fertigkeiten“.

Die zweitgenannte Aufgabe „Ergänzung des Kerncurriculums …“ bezeichne ich begrifflich als „Förderung“; sie wird im Abschnitt „Förderung“ näher ausgeführt. Die erstgenannte Aufgabe „Sicherung des Lernerfolgs …“ umschreibe ich mit dem Begriff „Unterrichtsunterstützung“. Wember erläutert diesen Tätigkeitsschwerpunkt folgendermaßen:

- „Inhalte des Unterrichts werden didaktisch modifiziert, indem z. B. individuell weniger relevante Inhalte gestrichen oder verkürzt, besonders wichtige Inhalte vertieft und zu anspruchsvolle Inhalte vereinfacht behandelt werden,
- Arbeitsweisen des Unterrichts werden methodisch modifiziert, indem z. B. bei Sinnesschädigungen alternative sensorische Zugänge gewählt, bei mangelhaften Leseleistungen Hilfen bei der Texterarbeitung gewährt oder bildliche Medien angeboten und bei schwierigem Sozialverhalten Alternativen zur Kleingruppenarbeit eröffnet werden,

- Inhalte und Arbeitsweisen des Klassenunterrichts werden in Kleingruppenarbeit vor- oder nachbereitet oder in ausgewählten Lernbereichen durch begleitenden intensiven Unterricht gesichert” (Wember 2009,94).

Dem Regelpädagogen kommt eher die Aufgabe der Unterrichtsgestaltung, dem Sonderpädagogen eher die Aufgabe der Unterrichtsunterstützung zu (Wocken 1988). „Sonderpädagogische Begleit- und Unterstützungsformen sind konsequent subsidiär, sowohl bezogen auf den einzelnen Menschen wie auf die systemischen Kontexte angelegt“ (Schumann/Burghardt/Stöppler 2009, 109). Unterrichtsgestaltung meint den aktiven Part, Unterrichtsunterstützung den subsidiären Part des kooperativen Unterrichtens. Die Wahrnehmung einer subsidiären Funktion im Unterrichtsprozess entlastet; sie erlaubt es, die Aufmerksamkeit auf schwierige Lernsituationen zu konzentrieren und dort unterstützend zu agieren. Das Unterrichtskonzept als Ganzes muss gewiss gemeinsam entwickelt und verantwortet werden, die Umsetzung und Realisierung erfolgen jedoch arbeitsteilig. Allein die geringere zeitliche Präsenz des Sonderpädagogen lässt ein wirklich paritätisches Teamteaching selten zu. In der Rolle der Unterrichtsunterstützung ist der Sonderpädagoge nicht als „Aktivist“ und „Generalist“ gefordert; er ist eher als „Spezialist“ für die Ergänzung und Modifikation des Unterrichts zuständig. Die adaptive Umgestaltung des unterrichtlichen Angebots für Kinder mit Unterstützungsbedarf gleicht in mancher Hinsicht der Gestaltung sonderpädagogischer Lernsituationen, erfordert daher nicht in gleichem Maße und auf gleichem Kompetenzniveau allgemeinpädagogische Expertise wie die Rolle der Unterrichtsgestaltung. Das allgemeinpädagogische Kompetenzniveau von Sonderpädagogen sollte etwa zwischen Experte und Novize liegen.
Eine inklusive sonderpädagogische Förderung wahrt die Balance zwischen unterrichts(mit)gestaltenden und unterrichtsunterstützenden Funktionen. Eine dauerhafte und strikte Aufspaltung der Aufgaben (Unterrichtsgestaltung hier – Unterrichtsunterstützung dort) zwischen Regelschul- und Sonderpädagoge ist als problematische Rollenverteilung in einem kooperativen Team zu charakterisieren (vgl. Wocken 1996). In einer inklusiven Pädagogik hat auch die Verschiedenheit der Pädagogen einen legitimen Platz: „Denn gute Kooperation ist Ausdruck des Zusammenwirkens von kompetenten Individualisten mit je eigenen Profilen. Gerade die Norm der Gleichheit und Gleichartigkeit aller Lehrkräfte behindert Kooperation“ (Bauer 2004, 829). Ein Kompetenztransfer kann sich nur zwischen unterschiedlichen Professionen ereignen, „gleiche“ Pädagogen sind keine Bereicherung, sondern nichts weiter als austauschbare Doppelgänger.
Abschließend soll noch einmal der gewandelte Erziehungs- und Unterrichtsstil in Erinnerung gebracht werden: Keine Pädagogik des Behütens und des

„Förderns", keine Pädagogik des Vorschreibens und der Gängelung, keine reduktionistische Pädagogik der kleinen Schritte, sondern eine Pädagogik des anspruchsvollen Forderns und der zurückhaltenden Unterstützung. Auch sonderpädagogische Förderung vertraut auf die Selbstgestaltungskräfte von Kindern mit Behinderungen. Erziehung und Unterricht sind zu verstehen als eine Aufforderung zur Selbsttätigkeit und praktizieren einen defensiven pädagogischen Stil. Kinder mit Behinderungen sollen die Chance erhalten, sich möglichst eigenständig mit der anregungsreichen heterogenen Umwelt auseinanderzusetzen. Umwelt erzieht – eine Binsenweisheit, die Vertrauen verdient. Und eine heterogene Umwelt ist eine vielfältigere und anregungsreichere Umwelt als reduktionistische Schonräume. Kinder mit Behinderungen werden so weit wie möglich in die eigene Mündigkeit freigelassen; sie dürfen in der inklusiven Schule Akteure ihres eigenen Lernens und Autoren ihres eigenen Lebens werden und sein. Mit Montessoris Worten: Auch behinderte Kinder sind „Baumeister ihrer selbst". Dies erfordert den pädagogischen Respekt, sie auch als selbstverantwortliche „Bauherren" anzuerkennen; die notwendige aktive Unterstützung darf nicht umschlagen in einen bevormundenden Dirigismus und therapeutisierenden Förderaktionismus: „Immer muss die Haltung des Lehrers die der Liebe bleiben. Dem Kind gehört der erste Platz, und der Lehrer folgt ihm und unterstützt es. Er muss auf seine eigene Aktivität zugunsten des Kindes verzichten. Er muss passiv werden, damit das Kind aktiv werden kann"(Montessori 2005, 24).

### 3.3.4 Diagnosekompetenz

Das Feld der Diagnostik wird von der Sonderpädagogik reichlich bestellt. Sonderpädagogen führen die Überweisungsverfahren für Sonderschulen durch, erheben anamnestische Daten, protokollieren Beobachtungen bei Unterrichtshospitationen, kennen diverse einschlägige Testverfahren, wissen, was ein Standardmessfehler ist, und anderes mehr. In keiner anderen Schulform wird so viel diagnostiziert wie in Sonderschulen, und in keiner anderen Schulform werden Gutachten über Kinder geschrieben! Diagnostische Kompetenz ist daher gewiss eine Korsettstange sonderpädagogischer Identität. Diagnostik scheint eine Paradedisziplin der Sonderpädagogik zu sein. Sind Sonderpädagogen also in diagnostischer Hinsicht reif für Inklusion?
Der Vergleich des inklusionspädagogischen Anforderungsprofils mit dem vorhandenen sonderpädagogischen Qualifikationsprofils bezüglich der diagnostischen Kompetenzen kommt um tragikkomische Bilanzierungen nicht herum. Die hohe diagnostische Kompetenz ist nämlich recht spezifisch auf Selektion ausgerichtet und vornehmlich Status- und Gutachtendiagnostik. Und genau

diese Art von Diagnostik ist in inklusiven Kontexten dysfunktional und unerwünscht. Inklusion akzeptiert ausnahmslos alle Kinder in ihrer jeweiligen Verschiedenheit. Die Verschiedenheit der Kinder muss nicht erst durch testdiagnostische Untersuchungen festgestellt und durch gutachterliche Verfahren amtlich dokumentiert werden, sondern wird von Anfang an so angenommen. Wenn irgend möglich, verzichtet eine inklusive Pädagogik auch auf kategoriale Klassifikationen in verschiedene Behinderungsarten sowie auf identitätsschädigende Behinderungsbegriffe. Inklusive Pädagogik strebt eine weitestgehende Dekategorisierung an, weil Behinderungskategorien eine identitätsschädigende Wirkung haben können. So manche sonderpädagogischen Fachbegriffe haben eine unheilvolle stigmatisierende Wirkung. Intelligenzminderung etwa ist nicht nur ein beschreibender, sondern zugleich ein abwertender Begriff. Das Minder weist auf ein Minus hin, auf ein Defizit der kognitiven Ausstattung. Die ungewollten Implikationen mancher sonderpädagogischer Begriffe sind also Abwertung, Stigmatisierung, Beschämung, ja Diskriminierung. Die Behindertenrechtskonvention fordert kategorisch die Achtung der Menschenwürde aller Kinder ein und verbietet unmissverständlich alle Formen von Diskriminierung. Status-, Eigenschafts- und Gutachtendiagnostik sind daher mit Inklusion nicht kompatibel.

Ob und welche statusdiagnostischen Informationen auch in inklusiven Settings weiterhin von pädagogischer (!) Relevanz sind, kann nicht generell entschieden werden, sondern muss jeweils von den sonderpädagogischen Förderschwerpunkten einer gesonderten, fachbezogenen Überprüfung unterzogen werden. Für die Lernbehindertenpädagogik soll hier eine entschiedene Absage an die traditionelle Diagnostik vorgetragen werden. Die Lernbehindertenpädagogik war bekanntlich – neben dem Militär – in der Geschichte ein Steigbügelhalter für den historischen Aufstieg der Intelligenzdiagnostik. Nach einer über einhundertjährigen Testpraxis kann festgestellt werden, dass die geschichtliche Leistung der Intelligenzdiagnostik, ihr Nähr- und Mehrwert für das pädagogische Handeln eher beschämend ist. Die gesamte Intelligenzdiagnostik hat zur Optimierung der lernbehindertenpädagogischen Praxis keinen signifikanten Beitrag geleistet. Gäbe es keine Intelligenztest, wäre dies für die Erziehung und Unterrichtung von Kindern mit Lernbehinderungen kein Verlust. Auf den IQ kann im Unterricht der Sonderschule gut und gerne verzichtet werden. Der Intelligenztest wird in der Schülerakte abgelegt – und vergilbt dort. Eine kritische Vergangenheitsbewältigung der Wirkungsgeschichte der Intelligenzdiagnostik dürfte kaum schmeichelhaft ausfallen. Das historische Trauerspiel rechtfertigt das Urteil: Die Intelligenzdiagnostik gehört mangels pädagogischer Relevanz auf den Abfallhaufen der Geschichte. Der „Abschied vom IQ“ (Gardner 1998) ist überfällig. Nicht die Pädagogik braucht die Intelligenzdiagnostik; ihre einzige und wahre Funktion war und ist die quasiwissenschaftliche Rechtfertigung administrativer Selektionsentscheidungen (Probst 1973). Solange der Auftraggeber Selektion heißt, solange kann auch „Förderdiagnostik" nichts anderes als Selektionsdiagnostik sein. Auch die sogenannte „Förderdiagnostik" ist letztlich nichts anderes als „Förderortdiagnostik". Die traditionsreiche sonderpädagogische Förderortdiagnostik ist in einer inklusiven Schule deplatziert, weil dort die Frage des Lernortes grundsätzlich vorentschieden ist: „Du gehörst zu uns!" (Stähling 2009). Im Haus der Inklusion kann es keine Selektions- und Förderortdiagnostik geben!

Inklusion braucht eine neue Diagnostik. Auch die bisherige sogenannte Förderdiagnostik ist in keinerlei Hinsicht inklusionstauglich. Eine inklusionstaugliche Diagnostik ist allenfalls in Vorbereitung (von Knebel 2010). An dieser Stelle können lediglich einige Konturen einer inklusionsgeeigneten Diagnostik skizziert werden (Schuck 2008).

Das Hauptkriterium für die Tauglichkeit diagnostischer Informationen ist pädagogische Relevanz *(Handlungsrelevanz).* Relevanz bedeutet, dass alle Diagnostik einen bedeutsamen und unmittelbaren Profit für die Optimierung pädagogischen Handelns abwerfen muss (Hauschildt 1998). Der Pädagoge will wissen: Was habe ich davon und was kann ich damit anfangen? Diagnostik, die um ihrer selbst willen als selbstgenügsame, autoerotische Kunst betrieben wird, ist ohne profitablen Gebrauchswert und rundherum verzichtbar.

Hieraus folgt als nächstes Kriterium einer inklusionstauglichen Diagnostik die *Prozessorientierung*. Pädagogisches und diagnostisches Handeln sollte in einem möglichen engen Zusammenhang stehen. Ein Grundübel der traditionellen Diagnostik ist ihre Abspaltung aus dem pädagogischen Prozess. Zur Aufklärung einer pädagogischen Problemlage sondert sich die Diagnostik ab, führt extensive diagnostische Verfahren durch und inszeniert gleichsam eine sich verselbständigende Nebenhandlung. Nach geraumer Zeit werden dann per Gutachten diagnostische Informationen für eine Problemlage präsentiert, die so gar nicht mehr existiert, weil die Zeit nicht stehen geblieben ist. Eine abgespaltene Diagnostik impliziert die Annahme von stabilen, invariablen Persönlichkeitsmerkmalen. Eine prozessorientierte Diagnostik dagegen bescheidet sich mit hypothetischen und informellen Informationen, die möglichst unmittelbar in den pädagogischen Prozess einfließen, dort Handlungsrelevanz entfalten und gegebenenfalls flexibel korrigierbar sind. Sie ist niederschwellig, zeitnah, nicht eigenschafts-, sondern curriculum- und lerngegenstandsbezogen – eine unaufwändige Begleitung pädagogischer Prozesse. Diagnostik ist nicht eine getrennte Sonderveranstaltung, sondern Diagnostik und Pädagogik sind ein zirkulärer und zusammenhängender Prozess (Wember 2009).

Als weiteres Gütekriterium einer inklusionstauglichen Diagnostik wäre die *Situationsorientierung* zu nennen. Nicht das Kind steht im Zentrum diagnostischer Erkenntnisbemühungen, sondern die gesamte Lernsituation. Zu diagnostizieren sind nicht primär die Behinderungen eines Kindes, sondern jene Barrieren im Umfeld des Kindes, die seine Entwicklung und sein Lernen behindern. Das soziale Modell der Behindertenrechtskonvention regt nachdrücklich zu einer veränderten diagnostischen Blickrichtung vom Kind auf die Barrieren in der Umwelt des Kindes an.
Allerdings wäre eine einseitige Barrierenforschung halbierte Vernunft. Die Umwelt ist nicht allein eine Quelle ungünstiger Bedingungen für Teilhabe und Selbstbestimmung, sondern sie hält auch positive Ressourcen und protektive Faktoren bereit, die in einem diagnostischen Prozess zu identifizieren wären. Sie offeriert nicht nur Barrieren, sondern auch Brücken und Sprungbretter, die eine vorteilhafte Persönlichkeitsentfaltung von Menschen mit Behinderungen begünstigen. Ein ökologisches, interaktionistisches Verständnis von Behinderungen (Sander 1999) regt dazu an, die einseitige Fixierung auf Barrierenforschung zu transzedieren und auch die positiven gesellschaftlichen Ressourcen zur Beförderung von Autonomie und Partizipation in den Blick zu nehmen. Die Forderung der Situationsorientierung wird derzeit etwa in dem diagnostischen Ansatz der „Kind-Umfeld-Analyse“ (Sander 2000) eingelöst.
Eine inklusive Diagnostik ist des Weiteren partizipatorisch (*Partizipationsorientierung*). Ein Leitmotto der Bewegung „Selbstbestimmt leben“ mag die partizipatorische Ausrichtung vorgeben: Nichts über uns ohne uns! Eine partizipatorische Diagnostik hebt sich kontrastreich von der sonderpädagogischen Überweisungsdiagnostik ab. Das hergebrachte selektionsdiagnostische Setting ist eine machtvolle Demonstration der herrschenden Normalität. Es gleicht in mancherlei Hinsicht der Szenerie und Dramaturgie eines Gerichtsverfahrens. Ein Mensch mit Behinderungen wird wegen mancherlei Mängel, Fehler und Unzulänglichkeiten einem Gericht, das als Agentur der Normalität autorisiert ist, vorgeführt. Zwischen dem beschuldigten Behinderten und der richterlich tätigen Amtsperson klaffen beträchtliche Status- und Rechtsabstufungen. Der Leiter der gerichtlichen Untersuchungen ist Richter und Staatsanwalt in einer Person. Dem behinderten Kind steht kein Anwalt zur Seite, der seine Interessen vertreten könnte. Die Verhandlungen finden weitestgehend unter Ausschluss der Öffentlichkeit statt. Die Entmündigung und Wehrlosigkeit des Beschuldigten ist nahezu vollkommen. Nach einer inquisatorischen diagnostischen Aufspürung aller erdenklichen Defekte und Defizite wird ein gutachterlicher Schuldspruch gefällt. Es lautet in allzu vielen Fällen: Lebenslänglich. Das Urteil muss klaglos akzeptiert werden, allenfalls Formfehler garantieren eine Wiederaufnahme des Verfahrens. In ähnlicher Weise ist das sonderpäd-

agogische Überweisungsverfahren zutiefst entwürdigend und diskriminierend. Auch hier herrschen Hierarchie, Intransparenz, Entmündigung, Fremdbestimmung.

Eine inklusionstaugliche Diagnostik muss dieser Diktatur der Normalität ein Ende setzen. Alle Kinder mit Behinderungen und ihre Erziehungsberechtigten müssen von Anfang an in alle diagnostischen Maßnahmen einbezogen werden. Kinder mit Behinderungen haben nicht allein das Recht auf informationelle Selbstbestimmung, sondern weitergehend das Recht auf Selbstbestimmung überhaupt. Sie dürfen nicht von der Teilhabe an Situationen und Verfahren ausgeschlossen werden, in denen es um nichts Geringeres geht als um ihr eigenes Leben: Tua res agitur (Horaz)! Deine Sache steht auf dem Spiel und darf nicht zum Spielball von Fremdbestimmung durch Normalitätsagenten und -agenturen werden. Das meint partizipatorische Diagnostik.

Ein gutes Beispiel für eine partizipatorische Diagnostik sind die sogenannten Persönlichen Zukunftskonferenzen (Boban/Hinz 2003; 2009). Die experten und solidarischen Unterstützer sitzen mit dem Betroffenen, um dessen Zukunft es geht, an einem runden Tisch. Hierarchien gibt es nicht, den Vorsitz hat der Betroffene selbst. Er ist nicht das ‚Objekt', sondern Herr des Verfahrens, denn es geht um sein Leben, seine Zukunft. Von solch einer partizipatorischen Diagnostik ist die real existierende sonderpädagogische Diagnostik, die weitestgehend in obrigkeitsstaatlicher Manier nach Gutsherrenart betrieben wird, noch recht weit entfernt – und die wissenschaftlichen Lehrbücher der sonderpädagogischen Diagnostik ebenso.

Zuguterletzt soll *Empathie* als ein hochwertiges Kriterium einer integrationstauglichen Diagnostik benannt werden. Inklusivdiagnostisches Handeln ist weniger an der objektiven Messung von Eigenschaften und Merkmalen kindlicher Persönlichkeiten gelegen, sondern zuerst und vor allem an einem empathischen Verstehen des Kindes. Ein Kind, das nicht verstanden wird, ist auch nicht angenommen und nicht inkludiert. Empathie und Verstehen sind nach meinem Dafürhalten unverzichtbare diagnostische Fähigkeiten. In dieser Hinsicht fühle ich mich sehr den Arbeiten von Hansjörg Kautter „Das ‚Thema des Kindes' erkennen. Umrisse einer verstehenden pädagogischen Diagnostik" (1998) und „Das ‚Außen' wahrnehmen, das ‚Innen' verstehen – Aspekte einer ganzheitlichen sonderpädagogischen Diagnostik" (2000) verbunden.

Die gegenwärtige sonderpädagogische Diagnostik ist immer noch weitgehend Status-, Eigenschafts-, Lernort- und Gutachtendiagnostik. Die „neue", inklusionstaugliche sonderpädagogische Diagnostik muss ihre psychometrischen Traditionen übersteigen, die erfahrungswissenschaftlichen Fesseln abwerfen und auch andere diagnostische Zugänge, die etwa von der humanistischen Psychologie oder der psychoanalytischen Pädagogik nahegelegt werden, einbeziehen. Prosaisch mit dem Kleinen Prinzen von Saint-Exupéry gesprochen: „Man sieht nur mit dem Herzen gut. Das Wesentliche ist für die Augen unsichtbar.“

Eine sonderpädagogische Diagnostik, die sich nicht um ein empathisches Verstehen des Kindes mit Behinderung bemüht, ist nicht wirklich beim Kind angekommen und befindet sich im Vorhofe einer inklusiven Pädagogik. Im Kern geht es bei der Entwicklung einer inklusionstauglichen Diagnostik nicht um die Konstruktion neuer Testinstrumente, um neue Verfahrensalgorithmen oder um bürokratische Förderpläne, sondern um die Person des Pädagogen als Diagnostiker. Das Ziel ist ein sensibler, aufmerksamer Pädagoge, der im Hier und Jetzt ein Kind einfühlend wahrnimmt, verstehend akzeptiert, hypothetisch reagiert, sich korrigiert, neu wahrnimmt und so fort. Das zentrale diagnostische Werkzeug sind nicht diagnostische Instrumente, sondern ist die Person der Pädagogen selbst. Inklusive Diagnostik ist dialogisch orientiert, ist ein empathischer Dialog eines Pädagogen mit dem Kind. Inklusive Diagnostik ist zuallererst und vor allem ein Dialog und kein Test.

### 3.3.5 Förderungskompetenz

Internationale Abkommen wie die Kinderrechtskonvention sowie der Gleichheitsgrundsatz und das Sozialstaatsprinzip des Grundgesetzes haben der Schule eine Förderpflicht auferlegt. Schule und Unterricht sind eine optimale Förderung jedes einzelnen Schülers aufgegeben. In inklusiven Kontexten erhält der Förderauftrag eine besondere Bedeutung, weil heterogene Lerngruppen sich durch große Unterschiede in den Lernpotentialen und -fähigkeiten auszeichnen. Der Förderauftrag konzentriert sich in besonderer Weise auf leistungs- und lernschwache Schüler, die vornehmlich aus Familien kommen, die an der Armutsgrenze leben oder eine Migrationsgeschichte aufweisen.

Fördern und Förderunterricht hat in der Wirklichkeit der Schule keinen herausragenden Stellenwert (Sandfuchs 2009). Schule hat sich historisch als eine Einrichtung für Massenunterricht herausgebildet, die das Scheitern von Kindern einkalkulierte und Hilfe in die Verantwortung von häuslicher oder privater Nachhilfe abdrängte. Förderunterricht findet symbolisch vielsagend eher in den Randstunden statt und fällt bei Ressourcenmangel und Vertretungsbedarf dem Rotstift zum Opfer. Empirischer Ausdruck dieser unterentwickelten Fördermentalität ist der erschreckend hohe Anteil von „Risikokindern“, den die PISA-Studie ermittelt und insbesondere in unteren sozialen Schichten und ausländischen Familien lokalisiert hat.

Wenn Lern- und Entwicklungsprozesse nicht auf Vorläuferfähigkeiten zurückgreifen können oder ins Stocken geraten, stellt sich die Frage nach Möglichkeiten einer unterstützenden Förderung. Eine ergänzende unterrichtliche Förderung kann in unterschiedlicher Weise erfolgen:

- *Inhaltlich*: Die Förderung kann sich inhaltlich auf spezifische Lern- und Leistungsbereiche, auf Lern- und Arbeitstechniken oder eher unspezifisch auf inhaltsübergreifende, basale psychische Dispositionen beziehen. Gegenstand von Fördermaßnahmen sollten vorrangig die basics, die grundlegenden Fähigkeiten in den Kulturtechniken und den Hauptfächern sein. Formalen „Funktionstrainings" (Wahrnehmung, Bewegung usw.) mangelt es dagegen vielfach an nachhaltigen Transfereffekten für schulische Lernprozesse. Trainings und Therapien sollten nur bei einer strengen evidenzbasierten Indikation in der Schule zum Einsatz kommen.
- *Zeitlich*: Die Förderung kann anstehende Lernprozesse vorbereiten, aktuelle Lernsituationen zeitnah begleiten oder remediale „Nachhilfe" leisten. Der nacharbeitende Förderunterricht gilt wegen seiner demotivierenden Wiederholungen und seiner zeitlichen Distanz als wenig effektiv. Dagegen ist die antizipatorische Vermittlung aufgabenrelevanter Vorkenntnisse außerordentlich wirksam, in der Realität aber eher selten. Inklusiv wäre die zeitnahe, unmittelbare Unterstützung im laufenden Unterricht.
- *Organisatorisch*: Ein inklusiver Unterricht favorisiert innere Differenzierung, die angemessene Lernhilfen unterrichtsimmanent anbietet. Bei äußerer Differenzierung werden mehrere Schüler in zumeist leistungshomogenen Lerngruppen zusammengefasst; in einem gesonderten Förderunterricht erhalten sie über einen längeren Zeitraum intensive Hilfen, die die Leistungsrückstände verringern sollen. Beispielhaft kann auf Alphabetisierungskurse für Migrantenkinder hingewiesen werden.

  Derartige Förderkurse können eine sinnvolle Organisationsform sein, beinhalten allerdings die Gefahr, dass leistungshomogenes Streaming sich zu einer dauerhaften Ausprägung von A-B-C-Gruppen verfestigt. Eine im inklusiven Unterricht bevorzugte organisatorische Zwischenform ist das Teamteaching, bei dem zwei Lehrkräfte mit aufgeteilten heterogenen Lerngruppen arbeiten.

Fördermethodisch unterscheidet Wember (2009) eine kompensatorische Strategie und eine remediale Strategie:

„Die *kompensatorische Strategie* verfolgt das Ziel, eine Lernerschwernis zu umgehen, indem fehlende oder unzureichend ausgebildete Kenntnisse und Fertigkeiten durch andere Qualifikationen ersetzt oder ergänzt werden; dies ist z. B. dann der Fall, wenn blinde oder hochgradig sehbehinderte Menschen die Punktschrift statt der Schwarzschrift erlernen und im Mobilitätstraining den Umgang mit dem weißen Stab üben oder wenn Schwerhörige das Ablesen von den Lippen und die Gebärdensprache erlernen. Die kompensatorische Strategie ist immer dann die Strategie der Wahl, wenn fehlende Lernvoraussetzungen überhaupt nicht oder nicht mit vertretbarem Aufwand ausgebildet werden können.

Die *remediale Strategie* verfolgt das Ziel, eine Lernerschwernis zu beheben, indem fehlende oder unzureichend ausgebildete Kenntnisse und Fertigkeiten direkt gefördert werden; dies ist z. B. dann der Fall, wenn bei einem Kind mit Schwierigkeiten beim Schriftspracherwerb phonologische Basisfertigkeiten angebahnt und geübt oder wenn bei einem Kind mit ungesichertem Zahlbegriff Mengen- und Zahlvergleiche und Zählversuche durchgeführt werden, um bessere Lernvoraussetzungen für den Mathematikunterricht zu schaffen. Die remediale Strategie ist immer dann die Strategie der Wahl, wenn fehlende Lernvoraussetzungen überhaupt und mit vertretbarem Aufwand angebahnt und ausgebildet werden können" (Wember 2009, 94).

Sonderpädagogische Förderung kann sich auch in individuellen Förderplänen konkretisieren. Die „Standards sonderpädagogischer Förderung" (VdS 2009) beschreiben individuelle Förderung als einen zyklischen, rückgekoppelten Prozess, der hier in modifizierter Form in Abb. 1 wiedergegeben wird. Differenzierte Ausführungen zur Arbeit mit Förderplänen enthalten die Beiträge von Mutzeck (2000), Arnold/Kretschmann (2002; 2005), Wember (2009).

Ein schwieriges und ungelöstes Problem ist die Verzahnung der Förderpläne mit dem Curriculum für alle. In den „Standards der sonderpädagogischen Förderung" heißt es hierzu: „Der pädagogischen Arbeit liegt ein duales Curriculum zugrunde" (VdS 2009, 46). Das duale Curriculum besteht aus dem Kerncurriculum für alle, das durch das sonderpädagogische Curriculum für individuelle Schüler ergänzt wird. Mit der Begriffswahl „duales Curriculum" ist aus inklusionspädagogischer Sicht die Verknüpfung von allgemeinem und individuellem Curriculum deutlich misslungen. Der Unterricht wird gleichsam didaktisch aufgespalten in ein allgemeines Curriculum, dem additiv individuelle Curricula hinzugefügt werden. Das Resultat könnte ein bloßes Nebeneinander von „Normalunterricht" und „Förderplanunterricht" sein. Ein duales Curriculum spiegelt die überholte „Zwei-Gruppen-Theorie" wieder. Eine inklusive Didaktik fordert ein gemeinsames Curriculum für alle, das neben einem gemeinsamen Fundamentum auch individualisierende Addita für alle enthält.

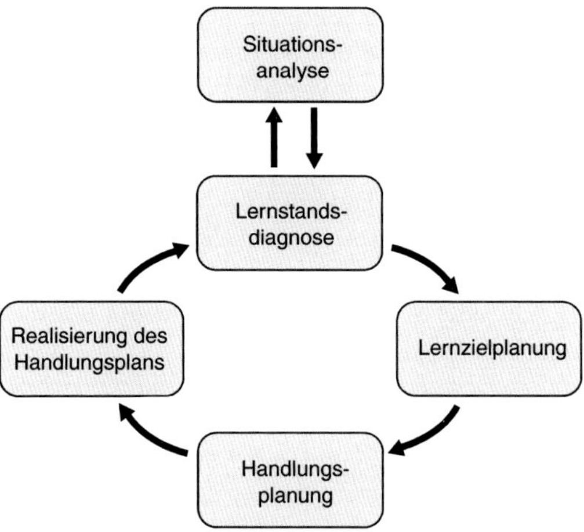


*Abbildung 1: Individuelle Förderung als zyklischer Handlungsprozess*

Zu den wichtigsten Grundsätzen erfolgreicher Förderarbeit zählen: Ein ermutigendes und angstfreies Lernklima; zieldifferente Leistungsanforderungen, die die Vermittlung von Erfolgsmotivation und Könnenserfahrungen garantieren; eine Intensivierung des Arbeitsrhythmus mit ausgedehnten Gelegenheiten zum gründlichen Lernen und variationsreichen Üben; eine hinlängliche Intensität und Kontinuität der sozialen Beziehungen zwischen den Förderschülern und -lehrern.
In einem inklusiven Pädagogenteam sind die Sonderpädagogen schwerpunktmäßig für die individuelle Unterstützung von Schülern mit Teilhabebedarf zuständig. Die Sonderpädagogen

- „erstellen Eingangsdiagnosen;
- entwickeln individuelle Förderpläne,
- fördern kompensatorisch,
- fördern remedial,
- diagnostizieren individuell und unterrichtsbegleitend,
- prüfen, revidieren und entwickeln Förderpläne weiter,
- schaffen entwicklungsförderliche schulische Lernumgebungen,
- gestalten entwicklungsförderliche Lehr- und Lernarrangements“
(VDS 2009,247)

Fördern ist das tägliche Brot von Sonderpädagogen. Daher kann bei Sonderpädagogen auch eine ausgeprägte Fördermentalität und -kompetenz angenommen werden. Die Förderkompetenz bezieht sich allerdings nicht generalisierend auf alle behindertenpädagogischen Förderschwerpunkte, sondern in der Regel nur auf maximal zwei Förderschwerpunkte. Bei inklusivpädagogischer Tätigkeit muss die Bereitschaft erwartet werden, sich ggf. auch für andere Förderbereiche und -bedarfe in einer heterogenen Lerngruppe nachzuqualifizieren.

Die sonderpädagogischen Fachdisziplinen halten gemeinhin ein Füllhorn an Fördermaßnahmen und -materialien bereit. Für den Förderschwerpunkt Lernen kann etwa auf die Handbücher von Borchert (1996) sowie Lauth/Grünke 2004) verwiesen werden, die in kompendienhafter Dichte theoretisch fundierte Konzepte, empirisch evaluierte Strategien und Interventionen in Verbindung mit konkreten Anleitungen und Hinweisen für die praktische Umsetzung anbieten.

### 3.4 Kooperationskompetenz: Kooperative Kompetenzen

Die kooperativen Kompetenzen kann man vierfach nach den Bereichen ICH (Lehrerpersönlichkeit), WIR (Teamstrukturen und -prozesse), ES (Pädagogische Aufgaben) und GLOBE (Rahmenbedingungen) untergliedern (Wocken 1988; 1991).

*Persönlichkeitsdimension*

Inklusive pädagogische Arbeit ist immer kooperative Arbeit. Der Sonderpädagoge arbeitet fortan in Anwesenheit eines anderen Pädagogen, gleichsam unter seinen Augen. Der Regelpädagoge wird gewiss verfolgen, wer der neue Pädagoge ist. Er wird aufmerksam wahrnehmen, ob der besondere Pädagoge auch etwas Besonderes kann oder auch „nur mit Wasser kocht". Bei der Arbeit im Team müssen alle Pädagogen sich öffnen, sowohl als menschliche Person als auch als professionelle Rolle. Sich outen kann riskant sein, es erfordert „Standing", ein aufgeklärtes und reflektiertes Verhältnis zu sich selbst, zu den eigenen Möglichkeiten und Begrenzungen. Diese Selbstvergewisserung der persönlichen und beruflichen Identität ist allen Pädagogen eines kooperierenden Teams aufgegeben, auch den Sonderpädagogen. Die Akzeptanz der Andersheit von imperfekten Kindern und anderen Kollegen gelingt nur, wenn jeder für sich selbst ein aufgeschlossenes Verhältnis zur eigenen Unvollkommenheit entwickelt hat und einen toleranten Umgang mit den eigenen Menschlichkeiten pflegt. Selbstunsichere, unreflektierte, überhebliche, pflichtvergessene, unfreundliche, humorlose, inflexible, nicht belastbare oder intolerante Pädagogen haben und machen Teamprobleme, mögen sie auch noch so fachkompetent sein.

*Aufgabendimension*

Hier lautet die Kernfrage: Wer macht im Team was? Verbindliche Vorgaben gibt es gemeinhin nicht. Die Konzipierung einer arbeitsteiligen, gleichwohl kohärenten Aufgaben- und Verantwortungsstruktur muss zu guter Letzt jedes Team selbst leisten, und zwar in Ansehung der je individuellen Lerngruppe und der je situativen Bedingungen. Das zu entwickelnde Konzept einer inklusiven Pädagogik muss eine veränderte allgemeine Pädagogik für heterogene Lerngruppen sein. Eine inklusive Pädagogik ist dabei mehr und anderes als eine bloße Plus-Pädagogik, eine schlichte Addition von Regel- und Sonderpädagogik. Es ist ein verbreitetes, berufsständisch inspiriertes Missverständnis, inklusive Pädagogik als einen Import von „Standards" der Sonder(schul)pädagogik in die Regelpädagogik anzusehen. Auch wenn für eine inklusive Didaktik und Methodik grundlegende theoretische Entwürfe vorliegen, müssen diese Grundmuster und -konturen für jedes inklusive Klassenzimmer adaptiert werden. Der Sonderpädagoge ist gehalten, an der Gestaltung des allgemeinen, alltäglichen Unterrichts mitzuwirken. Er kann sich nicht aus der Mitverantwortung für die gesamte Lerngruppe und für den Unterricht überhaupt verabschieden. Denn in einem inklusiven Klassenzimmer soll ja der allgemeine Unterricht nicht wie üblich und wie gehabt abrollen, sondern sonderpädagogisch durchdrungen sein und möglichst so gestaltet sein, dass er auch für die besonderen Kinder Teilnahme- und Lernchancen beinhaltet.

Es ist mithin das „Schicksal" des Sonderpädagogen, dass seine Verortung relativ unbestimmt und diffus ist. Thesenhaft kann die Frage nach der Verortung des Sonderpädagogen so beantwortet werden: Der Sonderpädagoge ist in seinem Kern ein Pädagoge für besondere Aufgaben und für besondere Kinder, obwohl er dies möglichst nicht ausschließlich und nicht längerfristig sein sollte. Er steht damit seinem originären Auftrag nach der Support-Rolle näher als der Klassenlehrer-Rolle. Sowohl die Aufspaltung der Kinder (meine Kinder – deine Kinder) als auch die Aufspaltung der Inhalte (meine Fächer – deine Fächer) als auch die Aufspaltung der Aufgaben (Unterrichtsgestaltung hier – Unterrichtsunterstützung dort) zwischen Regel- und Sonderpädagoge sind als problematische Rollen von Sonderpädagogen in inklusiven Lerngruppen zu charakterisieren (Wocken 1996).

*Beziehungsdimension*

In der professionellen WIR-Dimension geht es um zweierlei, um Beziehungsstrukturen und Beziehungsprozesse bei kooperierenden Pädagogen. Die erste, strukturelle Frage evoziert eine Klärung der Verantwortlichkeiten und Zuständigkeiten. Sind alle Mitglieder eines professionellen Teams, der Regelpädagoge, der Integrationshelfer, die Erzieherin und der Sonderpädagoge, wirklich

gleichberechtigt oder gibt es heimliche bzw. amtlich verbindliche Hierarchien? Wer trägt für welche Aufgaben die geteilte Verantwortung? Wem kommt die pädagogische Gesamtverantwortung für eine inklusive Klasse zu? Wer bestimmt, wie offen ein Unterricht gestaltet werden soll, welcher Leselehrgang für den Erstleseunterricht zugrundegelegt wird, welche Regeln und Rituale in der Klasse gelten sollen?
Das Thema Gleichberechtigung ist in kooperierenden Teams eine höchst sensible Angelegenheit, insbesondere für Sonderpädagogen. Die einstige Autonomie des Klassenlehrers ist dahin. Bei einer nur stundenweisen Präsenz und Mitarbeit wird es der Sonderpädagoge schwer haben, für alle pädagogischen Fragen eine volle gleichberechtigte Mitsprache einzufordern. Und jene Sonder(schul)pädagogen, die in Schulen für Geistig- oder Körperbehinderte tätig waren und dort durchaus kooperative Vorerfahrungen sammeln konnten, werden es vermutlich doppelt schwer haben. In der Sonderschule hatten sie die Leitung und Führung eines Teams, nun in einem inklusiven Team müssen sie sich auf eine subsidiäre, unterstützende und nachgeordnete Rolle einrichten, die Gesamtverantwortung des Regelpädagogen anerkennen und diesem mindestens die Position eines primus inter pares zubilligen.
Die zweite, prozessuale Seite der Beziehungsdimension betrifft die kommunikativen Prozesse. Wann und wie häufig gibt es Zeiten für Teamsitzungen und gemeinsame Unterrichtsvorbereitung? Wie kann sichergestellt werden, dass alle Teammitarbeiter, auch die Fachlehrer, über alle wichtige Geschehnisse in der Klasse im Bilde sind? Wie geht man miteinander um? Welche Feedback- und Kritikkultur herrscht in einem Team? Verteilen sich Sympathien und Anerkennungen von Eltern und Kindern „gerecht“ auf alle Mitglieder des Teams? Gibt es heimliche Rivalitäten und Konkurrenzen?

*Rahmenbedingungen*

In inklusiven Klassen ist derzeit eine Vielzahl pädagogischer Professionen tätig. Diverse Regelschullehrer, Heilpädagogische Förderlehrer, Integrationshelfer, Sonderpädagogen, Sozialpädagogen, Erzieher. All diese Pädagogengruppen unterscheiden sich nach Ausbildung, arbeitsrechtlichem Status, Arbeits- und Urlaubsregelungen, und nicht zuletzt nach Gehalt und beruflichem Selbstverständnis. Alle diese Unterschiedlichkeiten wollen be- und verarbeitet werden. Die gerne vorgetragene Proklamation der Gleichheit aller Teammitglieder hat keine reale Basis, sondern übertüncht lediglich die faktischen Differenzen.
Viele Rahmenbedingungen liegen außerhalb der Verfügungsmacht eines kooperativen Teams, etwa die unterschiedliche Bezahlungen. Manches muss aber auch im Team koordiniert und abgestimmt werden: Beteiligung an der

Unterrichtsvorbereitung, an Elternabenden und Schulausflügen, Konferenzen und Teambesprechungen. Sonderpädagogen sind – sowohl im mobilen Dienst wie auch als Teampartner – zumeist in mehreren Klassen tätig. Das bedeutet: Der Sonderpädagoge muss „auf mehreren Hochzeiten tanzen", unter Umständen Fahrzeiten koordinieren und auch mancherlei Anfragen auf Beteiligung und Unterstützung abschlägig bescheiden, wenn er sich nicht selbst überfordern will. Die Bewältigung von Multitasking und Multipräsenz verlangt Flexibilität, souveränes Zeitmanagement, Fähigkeit zu rascher Situationsanpassung, Fähigkeit zu einer Distanzierung von „Feuerwehraufgaben", von Heilungs- oder Therapieerwartungen und von überbordenden Problemzumutungen und nicht zuletzt auch Stresstoleranz. Das Klassenlehrerdasein in der Sonderschule jedenfalls verläuft in ruhigeren Bahnen.
Alle Lehrer aller Schularten und -formen sind als Solisten sozialisiert. Alle müssen daher auch kooperatives Arbeiten mehr oder minder von der Pike auf lernen. Bezüglich der kooperativen Kompetenzen sind Sonderpädagogen keineswegs durchgängig im Vorteil, hier müssen auch sie von Null anfangen. Während die Regelpädagogen auch weiterhin Klassen- oder Fachlehrer sind und sich damit ihre professionelle Rolle nicht gravierend ändert, ist es das „Schicksal" von Sonderpädagogen, dass ihrer Rolle relativ unbestimmt und diffus ist.

### 3.5 Systemkompetenz: Systemische Kompetenzen

Das hier bevorzugte Konstrukt „Systemkompetenz" hat keine genaue Entsprechung in den „Standards für die Lehrerbildung" der KMK (2004). Dort ist der Kompetenzbereich mit „Innovation – Lehrerinnen und Lehrer entwickeln ihre Kompetenzen ständig weiter" umschrieben. Das Konstrukt „Systemkompetenz" will umfassender verstanden werden. Es umfasst die Teilkomponenten Unterrichts- und Schulentwicklung, Beratung und Netzwerkarbeit, mit anderen Worten: alles, was außerhalb des Klassenzimmers an pädagogischer Arbeit geleistet wird.

*Netzwerkkompetenz*
Sonderpädagogische Förderung ist – gleichviel an welchem Lernort – in ein vielfältiges sozialräumliches Netz eingebunden: Soziale, gemeindliche, medizinische und gesundheitliche Dienste, Rechtspflege, Justiz und Polizei, kulturelle Einrichtungen, Sportvereine, Freizeiteinrichtungen und -angebote. In der inklusiven Schule muss es Pädagogen geben, die mit den einschlägigen gesetzlichen Grundlagen vertraut sind: BSHG, Sozialhilfe, KJHG, Sozialgesetzbuch. Es ist auch Expertise vonnöten, in welchen Bedarfslagen wie und

wo ein Integrationshelfer beantragt werden kann. Der Sonderpädagoge sollte sich im System der sonderpädagogischen Förderung (Kinder- und Jugendhilfe, Frühfördereinrichtungen, mobile Dienste, berufsbildende Einrichtungen) auskennen. In der Sekundarstufe sind gute Kenntnisse und Kontakte zur Wirtschafts- und Arbeitswelt wichtig. Sonderpädagogische Förderung ereignet sich in einem verzweigten Netz von schulischen, familialen und sozialräumlichen Bezügen.

*Unterrichts- und Schulentwicklungskompetenz*

„Lehrerinnen und Lehrer verstehen ihren Beruf als Lernaufgabe", heißt es in den „Standards" der KMK. Fortbildung – das ist bei der Erörterung Erziehungs- und Unterrichtskompetenz sehr deutlich geworden – ist eine unverzichtbare Bedingung einer erfolgreichen inklusiven Arbeit. Kein Pädagoge und keine Profession könnte zur Zeit von sich behaupten, für eine inklusive pädagogische Arbeit über hinreichende Kenntnisse, Erfahrungen und professionelle Routine zu verfügen. Ohne kontinuierliche Weiterbildung ist die Entwicklung einer inklusiven Schule zum Scheitern verurteilt.

Ein inklusiver Unterricht ist letztlich nur in einer inklusiven Schule möglich. Es ist die gemeinsame Aufgabe aller pädagogischen Kräfte einer Schule, in begleiteten und unterstützten Schulentwicklungsprozessen ein inklusives Schulprogramm zu entwickeln, zu evaluieren und kontinuierlich fortzuschreiben. Die Sonderpädagogen sind hierbei in besonderer Weise aufgefordert, den Aspekt der Heterogenität umfassend und nachhaltig zu vertreten und in das Schulprofil einzubringen. Eine inklusive Schule sollte das inklusionspädagogische Ethos in den Leitzielen des Schulprogramms aufnehmen. Eine gute Hilfe für eine inklusive Schulentwicklung wäre beispielsweise der „Index für Inklusion"(Booth/Ainscow 2003).

*Beratungskompetenz*

Zur Systemkompetenz gehört insonderheit Beratungskompetenz. Beratungsanlässe sind einerseits die Beratung von Eltern bei Schul- und Entwicklungsproblemen von Kindern mit Unterstützungsbedarf. Die Sonderpädagogen sind in erster Linie gefordert, eine gute und förderliche Beziehung zwischen Elternhaus und Schule herzustellen und aufrechtzuerhalten.

Ein anderes Beratungsfeld ist das Sich-Beraten des Sonderpädagogen mit Kolleginnen und Kollegen des eigenen Teams oder aus dem gleichen Haus. Mit „Sich-Beraten" soll ausgedrückt sein, dass die Beratungsprozesse auf einer egalitären, symmetrischen Ebene stattfinden sollen (Mutzeck 1993; 2003). Sonderpädagogische „Besserwisserei" und Bevormundung sollten unterbleiben; alle Beratung gründet auf dem Respekt vor der Autonomie des Ratsu-

chenden und der Wertschätzung seiner Kompetenzen und seiner Zuständigkeit in seinem Verantwortungsbereich.
Für Sonderpädagogen im Mobilen Dienst ist Beratung ein Kern ihrer Tätigkeit. Der mobile sonderpädagogische Dienst hat ein spezifisches, eigenständiges Anforderungs- und Qualifikationsprofil, das hier nicht erörtert werden kann.

## 4. Schluss

Ziehen wir ein Fazit. Die Tabelle 4 fasst die voranstehenden Analysen zusammen. Für die Selbstkompetenz, also für das inklusionspädagogische Ethos, wurde keine generalisierte Einschätzung notiert. Sie ist wohl eher von der individuellen Persönlichkeit jedes einzelnen Sonderpädagogen abhängig und weniger von dem praktizierten Förderschwerpunkt oder vom derzeitigen Arbeitsplatz Sonderschule.
Alle Einschätzungen sind nicht durch empirische Belege gedeckt, sondern subjektive Einschätzungen des Autors. Empirische Untersuchungen zum Qualifikationsniveau von Sonderpädagogen existieren schlichtweg nicht, deshalb sind subjektive Taxierungen unumgänglich. Angesichts fehlender empirischer Evidenzen ist es also durchaus möglich, zu anderen Qualifikationsurteilen zu kommen – natürlich mit der gleichen relativierenden Zusatzbemerkung, dass auch andere Ratings nicht evidenzbasiert sind, sondern sich auf persönliches Erfahrungswissen gründen. Abweichende Ratings sind keine Katastrophe, sondern könnten ein produktiver Anlass für eine kritische Selbstvergewisserung sein.

**Tabelle 4**: Einschätzung sonder(schul)pädagogischer Kompetenzen hinsichtlich der Passung für inklusive Arbeit

<table>
<tr><th colspan="2">Kompetenzen</th><th>Kompetenzgrad</th></tr>
<tr><td colspan="2">1. Selbstkompetenz</td><td>?</td></tr>
<tr><td rowspan="4">2. Aufgabenkompetenz</td><td>- Erziehungskompetenz</td><td>mittel</td></tr>
<tr><td>- Unterrichtskompetenz</td><td>mittel</td></tr>
<tr><td>- Diagnosekompetenz</td><td>niedrig</td></tr>
<tr><td>- Förderkompetenz</td><td>hoch</td></tr>
<tr><td colspan="2">3. Kooperationskompetenz</td><td>niedrig</td></tr>
<tr><td colspan="2">4. Systemkompetenz</td><td>mittel</td></tr>
</table>

Damit ist auch schon die Zeit für abschließende Bemerkungen gekommen. Die Analyse der Inklusionstauglichkeit von Sonder(schul)pädagogen endet mit dem summarischen Befund: Auf gutem Wege und mit guten Voraussetzungen, aber eben noch nicht „fertig“. Ein „Reifezeugnis“ kann hier und jetzt noch nicht ausgestellt werden. Dieses einschränkende Eignungstestat weist auf dringliche Handlungsbedarfe hin.

Zunächst: Wenn Fortbildungsbedarf besteht, dann muss konsequenterweise auch Fortbildung angeboten und realisiert werden. Die wichtigste reformbegleitende Maßnahme, die sofort und umfassend konkrete Gestalt annehmen muss, ist Lehrerfortbildung! Nicht nur die Sonderpädagogen, sondern alle Pädagogen sind jetzt noch nicht „reif“ für Inklusion. Inklusive Pädagogik ist eine anspruchsvolle Herausforderung, anspruchsvoller als jede andere Lernortpädagogik. Ob Inklusion gelingt, wird zuallererst von dem Engagement und der Kompetenz der beteiligten Pädagogen abhängen. Und sie brauchen und verdienen hier und jetzt professionelle Unterstützung.

Des Weiteren ist die Sonderpädagogik in Theorie und Praxis, als Wissenschaft wie als Praxeologie gefordert. Die sonderpädagogische Wissenschaft ist aufgerufen, in allen Kompetenzfeldern die vorhandenen Desiderate theoretisch wie empirisch aufzuarbeiten und eine inklusionstaugliche Sonderpädagogik zu entwickeln. Die „alte“ Sonder(schul)pädagogik war über ein Jahrhundert hin eine desintegrierte Sonderdisziplin, die ihre Theorien und Konzepte vornehmlich aus den eigenen Reservaten gewann und nur dort Bewährungsproben ausgesetzt war. Es führt kein Weg daran vorbei: Eine inklusive Sonderpädagogik muss und wird eine gewandelte Sonderpädagogik sein. Für diese Aufbau- und Entwicklungsarbeit ist auch die Mitwirkung aller Sonderpädagogen, die in inklusiven Handlungsfeldern praktisch tätig sind, unabdingbar erforderlich.

Eingangs wurde gefragt, ob der Sonder(schul)pädagoge die ideale Besetzung für ein inklusives Pädagogenteam sei. In generalisierender Form lautet dann die Fragestellung, ob Sonder(schul)pädagogik überhaupt eine gewisse Vorbildfunktion für inklusive Pädagogik beanspruchen könne. Der Verfasser verneint diese Frage. Sonder(schul)pädagogik ist weder eine Vorzeige-Pädagogik noch ein Modell für inklusive Pädagogik. Es wäre ziemlich absurd, die Sonder(schul)pädagogik, die innerhalb der Sammelkategorie Behinderungen noch einmal kategoriale Unterscheidungen trifft und homogenisierende Sonderschulformen etabliert, als Protagonisten einer Pädagogik der Vielfalt und Heterogenität zu apostrophieren. Alle Erfahrungen bezüglich der Individualisierung der Lernens, deren sich die Sonderpädagogik gerne rühmt, hat die Sonderpädagogik ausschließlich in den eigenen, hochexklusiven Häusern sammeln können. Alle Sonderschulen sind lediglich kleine Parzellen in der großen Heterogenitätslandschaft, lediglich ein ausschnitthaftes Segment der ungeteilten Heterogenität. Einen Transfer der sonderartspezifischen Individualisierungskompetenzen auf das gesamte Heterogenitätsspektrum darf man wohl ausschließen.

Auch in bildungspolitischer Hinsicht ist die Sonder(schul)pädagogik nicht der geborene Anwalt einer heterogenitätsfreundlichen Schule. Der Verband Sonderpädagogik (VdS) tritt für den ungeschmälerten Erhalt aller Sonderschulformen ein und zählt damit im Verein mit dem Philologen- und Realschullehrerverband zu den verlässlichsten und prominentesten Stützen eines gegliederten Schulwesens – eine unselige Koalition. Im Engagement für eine inklusive Schule, die alle willkommen heißt, ist die Sonder(schul)pädagogik eher ein zwielichtiger Partner, auf den man nicht verlässlich zählen kann.

Die Vorbildfunktion für eine inklusive Pädagogik muss zweifelsfrei der Grundschule zugesprochen werden. Die Grundschule ist

- seit ihrer Konstituierung in der Weimarer Republik die einzige flächendeckende Gesamtschule Deutschlands mit einer über einhundertjährigen Erfahrung;
- eine traditionsreiche Schule, die seit Jahrzehnten sich als eine „Schule der Vielfalt und Gemeinsamkeit" versteht (Bartnitzky 2009) und sich längst der inklusiven Aufgabe programmatisch angenommen hat;
- ausweislich internationaler Vergleichsstudien (IGLU) die beste Schule Deutschlands.

Der Grundschule wird daher zu Recht Modellcharakter für andere Schulen zugeschrieben: „Sie unterrichten nahezu alle Kinder eines Altersjahrgangs gemeinsam, sie erreichen im internationalen Vergleich Ergebnisse, die mit den Ergebnissen wichtiger Vergleichsländer mithalten können, sie realisieren täglich eine Pädagogik, die sich weitaus mehr als die der anderen Schulformen vom Prinzip des differenzierten Umgangs mit Unterschieden leiten lässt" (Klemm 2006, 73).

Für den aktuellen integrationspädagogischen und -politischen Diskurs sei der Sonderpädagogik ein wenig mehr Understatement empfohlen. Es ist nicht üblich und ratsam, sich schon vor der Erledigung einer Aufgabe ein Denkmal zu setzen. Der viel gepriesene und öffentlich beschworene hohe Standard der Sonderpädagogik ist mit Blick auf die neue Aufgabe einer inklusiven Bildung und Erziehung so durchaus nicht gegeben. Die Sonderpädagogik ist derzeit noch nicht fertig oder komplett für Inklusion, aber sie kann und sollte es werden. In der Inklusion sind alle willkommen, nicht allein die besonderen Kinder, sondern auch die besonderen Pädagogen, die nicht besser, sondern etwas anders sind.

## Literatur


[BRK] (2009): Übereinkommen über die Rechte von Menschen mit Behinderungen. (Behindertenrechtskonvention). Schattenübersetzung des Netzwerk Artikel 3 e.V. Berlin

Ackermann, Karl-Ernst (2004): Heilpädagogik als Profession und als Disziplin. In: Vierteljahresschrift für Heilpädagogik und ihre Nachbargebiete, 4, S. 344-349

Albrecht, F./Hinz, A./Moser, V. (Hrsg.) (2000): Perspektiven der Sonderpädagogik. Disziplin- und professionsbezogene Standortbestimmungen. Neuwied: Luchterhand

Antor, G./Bleidick, U. (2002): Behindertenpädagogik als angewandte Ethik. 2. Aufl. Stuttgart: Kohlhammer

Antor, G./Bleidick, U. (Hrsg.) (1995): Recht auf Leben – Recht auf Bildung. Aktuelle Fragen der Behindertenpädagogik. Heidelberg: Edition Schindele

Arnold, Karl-Heinz/Kretschmann, Rudolf (2002): Förderdiagnostik, Förderplan und Förderkontrakt: Von der Eingangsdiagnose zu Förderungs- und Fortschreibungsdiagnosen. In: Zeitschrift für Heilpädagogik, 53, 7, S. 266-271

Arnold, Karl-Heinz/Kretschmann, Rudolf (2005): Förderpläne, Konflikte und professionelle Kooperation. In: Zeitschrift für Heilpädagogik, 56, 1, S. 2-13

Bauer, K.O. (2004): Lehrerinteraktion und -kooperation. In: Helsper, W./Böhme, J. (Hrsg.): Handbuch der Schulforschung. Wiesbaden: VS-Verlag, S. 813-833

Baumert, J./Kunter, M. (2006): Stichwort: Professionelle Kompetenz von Lehrkräften. In: Zeitschrift für Erziehungswissenschaft, S. 469-520

Benkmann, R. (2005): Zur Veränderung sonderpädagogischer Professionalität im Gemeinsamen Unterricht aus der Sicht der Pädagogik bei Lernbeeinträchtigungen. In: Zeitschrift für Heilpädagogik 56, S. 418-426

Benkmann, Rainer (2001): Sonderpädagogische Professionalität im Wandel unter besonderer Berücksichtigung des Förderschwerpunkts Lernen. In: Zeitschrift für Heilpädagogik, 52, 3, S. 90-98

Boban, I./Hinz, A. (2003): Diagnostik für Integrative Pädagogik. In: Eberwein, Hans (Hrsg.): Lernprozesse verstehen. Wege einer neuen (sonder- ) pädagogischen Diagnostik. Ein Handbuch. 2. Aufl. Weinheim: Beltz, S. 151-164

Boban, I./Hinz, A. (2009): Bürgerzentrierte Zukunftsplanung im Unterstützerkreis. Ein Schlüssel zu inklusiven Lebensperspektiven. In: Theunissen, G./ Wüllenweber, E. (Hrsg.): Zwischen Tradition und Innovation. Methoden und Handlungskonzepte in der Heilpädagogik und Behindertenhilfe. Marburg: Lebenshilfe, S. 453-460

Böllert, Karin/Gogolin, I. (2002): Stichwort: Professionalisierung. In: Zeitschrift für Erziehungswissenschaft, 5, 3, S. 367-383

Booth, Tony/Ainscow, Mel (2003): Index für Inklusion. Lernen und Teilhabe in der Schule der Vielfalt entwickeln. (Übersetzt, für deutschsprachige Verhältnisse bearbeitet und herausgegeben von Ines Boban und Andreas Hinz) Halle: Martin-Luther-Universität Halle-Wittenberg

Borchert, J. (1996): Pädagogisch-therapeutische Interventionen bei sonderpädagogischem Förderbedarf. Göttingen: Hogrefe

Deutscher Bildungsrat, Empfehlungen der Bildungskommission (1976): Zur pädagogischen Förderung behinderter und von Behinderung bedrohter Kinder und Jugendlicher. 2. Aufl. Stuttgart: Klett

Dlugosch, Andrea (2004): Sonderpädagogisches Fallverstehen als Baustein pädagogischer Professionalität? In: Sonderpädagogische Förderung, 3, S. 285-300

Eberwein, Hans/Michaelis, E. (1993): Welche spezifischen Qualifikationen brauchen „Sonder"-Pädagogen in Integrationsschulen?. Ergebnisse einer Befragung in Berlin. In: Zeitschrift für Heilpädagogik, 44, 6, S. 395-401

Ellger-Rüttgardt, S. (Hrsg.) (2003): Lernbehindertenpädagogik. Weinheim: Beltz (Studientexte zur Geschichte der Behindertenpädagogik, Bd. 5)

Fornefeld, Barbara (2000): Selbstbestimmung und Erziehung von Menschen mit Behinderung. Ein Widerspruch? In: Behinderte in Familie, Schule und Gesellschaft, 23, 1, S. 27-34

Gardner, H. (1998): Der Abschied vom IQ. Die Rahmentheorie der vielfachen Intelligenzen. 2. Aufl. Stuttgart: Klett-Cotta

Habermas, J. (1995): Theorie des kommunikativen Handelns.Bd. 1. Frankfurt a.M.: Suhrkamp

Haeberlin, U. (1999): Das Menschenbild für die Heilpädagogik. 4. Aufl. Bern: Paul Haupt (Beiträge zur Heil- und Sonderpädagogik)

Haeberlin, Urs (1995): Integration – Konsequenzen für die Primar- und Sekundarstufenlehrerausbildung. In: Beiträge zur Lehrerbildung 13, S. 145-152

Haeberlin, Urs/Bless, Gérard/Moser, Urs/Klaghofer, Richard (2003): Die Integration von Lernbehinderten. Versuche, Theorien, Forschungen, Enttäuschungen, Hoffnungen. 4. Aufl. Bern et al.: P. Haupt

Hauschildt, Jörg (1998): Diagnosegeleitete Förderung – ein wirklichkeitsorientiertes pädagogisches (Unterrichts- )Konzept? Ein Plädoyer für pädagogische Orientierung an der Wirklichkeit des Kindes. In: Sonderpädagogik, 28, S. 84-92

Heimlich, U. (2004): Heilpädagogische Kompetenz – eine Antwort auf die Entgrenzung der Heilpädagogik? In: Vierteljahresschrift für Heilpädagogik und ihre Nachbargebiete 73, S. 256-259

Heimlich, U. (2007): Kompetenzschwerpunkte in der ersten Phase der sonderpädagogischen Lehrerbildung. In: Heimlich, Ulrich/Wember, Franz (Hrsg.): Didaktik des Unterrichts im Förderschwerpunkt Lernen. Ein Handbuch für Studium und Praxis. Stuttgart: Kohlhammer, S. 381-195

Heimlich, Ulrich (1996): Orte und Konzepte sonderpädagogischer Förderung – Ökologische Entwicklungsperspektiven der Heilpädagogik. Vortrag zur Eröffnung der Hauptversammlung in Magdeburg. In: Zeitschrift für Heilpädagogik 339, 2, S. 46-54

Heimlich, Ulrich (1999): Der heilpädagogische Blick – Sonderpädagogische Professionalisierung auf dem Weg zur Integration. In: Heimlich, Ulrich/u.a. (Hrsg.): Sonderpädagogische Fördersysteme. Auf dem Weg zur Integration. Stuttgart u.a.: Kohlhammer, S. 163-182

Heyer, Peter/Meier, Richard (1988): Zur Lehrerbildung für die integrationspädagogische Arbeit an Grundschulen. In: Eberwein, Hans (Hrsg.): Behinderte und Nichtbehinderte lernen gemeinsam. Handbuch der Integrationspädagogik. Weinheim: Beltz, S. 337-342

Hildeschmidt, A./Sander, A. (1996): Zur Effizienz der Beschulung sogenannter Lernbehinderter in Sonderschulen. In: Eberwein, H. (Hrsg.): Handbuch Lernen und Lern-Behinderungen. Aneignungsprobleme – Neues Verständnis von Lernen – Integrationspädagogische Lösungsansätze. Weinheim: Beltz, S. 115-134

Hildeschmidt, A./Sander, A. (1999): Der ökosystemische Ansatz als Grundlage für Einzelintegration. In: Eberwein, H. (Hrsg.): Integrationspädagogik. Kinder mit und ohne Behinderungen lernen gemeinsam. Ein Handbuch. 5. Aufl. Weinheim/Basel: Beltz, S. 268-276

Hinz, A. (1993): Heterogenität in der Schule. Integration – Interkulturelle Erziehung – Koedukation. Hamburg: Curio

Hinz, A./Körner, I./Niehoff, U. (Hrsg.) (2010): Auf dem Weg zur Schule für alle. Barrieren überwinden inklusive Pädagogik entwickeln. Marburg: Lebenshilfe

Horster, D./Hoyningen-Süess, U./Liesen, C. (Hrsg.) (2005): Sonderpädagogische Professionalität. Beiträge zur Entwicklung der Sonderpädagogik als Disziplin und Profession. Wiesbaden

Horstkemper, Marianne (2004): Diagnosekompetenz als Teil pädagogischer Professionalität. In: Neue Sammlung, 44, 2, S. 201-214

Huber, Ch. (2009): Gemeinsam einsam? Empirische Befunde und praxisrelevante Ableitungen zur sozialen Integration von Schülern mit Sonderpädagogischem Förderbedarf im Gemeinsamen Unterricht. In: Zeitschrift für Heilpädagogik 60, S. 242-248

Huber, G. (2005): Psychiatrie. Lehrbuch für Studium und Weiterbildung. 7. Aufl. Stuttgart

Jonach, I./Röhner-Münch, K. (2000): Interkulturelle Handlungskompetenz – auch für Sonderpädagogen? In: Vierteljahresschrift für Heilpädagogik und ihre Nachbargebiete 69, S. 249-356

Kautter, H. (1998): Das „Thema des Kindes“ erkennen. Umrisse einer verstehenden pädagogischen Diagnostik. In: Eberwein, H./Knauer, S. (Hrsg.): Handbuch Lernprozesse verstehen. Wege einer sonderpädagogischen Diagnostik. Weinheim: Beltz, S. 81-94

Kautter, H.; Klein, G.; Laupheimer, W. (Hrsg.) (1998): Das Kind als Akteur seiner Entwicklung. Idee und Praxis der Selbstgestaltung in der Frühförderung entwicklungsverzögerter und entwicklungsgefährdeter Kinder. 4. Aufl. Heidelberg: Edition Schindele

Kautter, Hansjörg (2000): Das „Außen“ wahrnehmen, das „Innen“ verstehen – Aspekte einer ganzheitlichen sonderpädagogischen Diagnostik. In: Mutzek, W. (Hrsg.): Förderdiagnostik bei Lern- und Verhaltensstörungen. 2. Aufl. Weinheim: Beltz, S. 25-38

Klauß, Theo (2010): Qualifizierung von Lehrerinnen und Lehrern für eine Schule für alle. In: Hinz, A./Körner, I./Niehoff, U. (Hrsg.): Auf dem Weg zur Schule für alle. Barrieren überwinden – inklusive Pädagogik entwickeln. Marburg: Lebenhilfe, S. 281- 296

Knebel, U. von (2010): Auf dem Weg zu einer inklusionstauglichen Diagnostik. In: Sonderpädagogische Förderung heute 55, 3, S. 231-251

Lauth, Gerhard W./Grünke, Matthias/Brunstein, Joachim C. (Hrsg.) (2004): Interventionen bei Lernstörungen. Förderung, Training und Therapie in der Praxis. Göttingen: Hogrefe, Verl. für Psychologie

Lindmeier, Bettina/Meyer, Dorothee (2005): Persönliche Zukunftsplanung mit Unterstützerkreisen. Stand der Umsetzung und Perspektiven für die Bundesrepublik Deutschland. In: Behinderte in Familie, Schule und Gesellschaft, 1, S. 1-16

Lindmeier, C. (2000): Heilpädagogische Professionalität. In: Sonderpädagogik 30, S. 166-180

Lindmeier, C. (2009): Sonderpädagogische Lehrerbildung für ein inklusives Schulsystem? In: Zeitschrift für Heilpädagogik 60, S. 416-427

Lindmeier, Christian (2000): Heilpädadogische Professionalität. In: Sonderpädagogik, 30, 3, S. 166-180

Montessori, M. (2005): Grundlagen meiner Pädagogik. 9. Auflage, Wiebelsheim: Quelle & Meyer, 9. Aufl.

Moser, V./Loeken, H./Windisch, M./Saalow, M. (2008): Sonderpädagogische Professionsforschung: Eine Skizze des Forschungsstandes. In: Zeitschrift für Heilpädagogik 59, S. 82-87

Moser, V./Schäfer, L./Jakob, S./ (2010): Sonderpädagogische Kompetenzen, 'beliefs' und Anforderungssituationen in integrativen Settings. In: Stein, A./ Niedick, I./Krach, S. (Hrsg.): Integration und Inklusion auf dem Weg ins Gemeinwesen. Möglichkeitsräume und Perspektiven. Bad Heilbrunn: Klinkhardt, S. 235-244

Mutzeck, W. (1993): Kooperative Beratung – Eine Zusatzqualifikation für Lehrkräfte an integrativ arbeitenden sonderpädagogischen Förderzentren und Beratungsdiensten. In: Schuck, K.D./Rath, W./Bleidick, U. (Hrsg.): Integration verändert Schule. Hamburg: Hamburger Buchwerkstatt, S. 112-126

Mutzeck, W. (2002): Kooperative Beratung. Grundlagen und Methoden der Beratung und Supervision im Berufsalltag. 4. Aufl. Weinheim: Deutscher Studienverlag

Mutzeck, W. (Hrsg.) (2000): Förderplanung Grundlagen – Methoden – Alternativen. Weinheim: Beltz

Opp, G./Theunissen, G. (Hrsg.) (2009): Handbuch schulische Sonderpädagogik. Bad Heilbrunn: Klinkhardt

Probst, H. (1973): Die scheinbare und wirkliche Funktion von Intelligenztests im Sonderschulüberweisungsverfahren. In: Kritik der Sonderpädagogik. Giessen: Achenbach, S. 107-184

Reiser, H. (1998): Sonderpädagogik als Service-Leistung? Perspektiven der Berufsrolle. Zur Professionalisierung der Hilfsschul- bzw. Sonderschullehrerinnen. In: Zeitschrift für Heilpädagogik, 49, S. 46-54

Riedel, Eibe (2010): Gutachten zur Wirkung der internationalen Konvention über die Rechte von Menschen mi Behinderung und ihres Fakultativprotokolls auf das deutsche Schulsystem. o. 0:: Universität Mannheim

Sander, A. (1999): Behinderungsbegriffe und ihre Konsequenzen für die Integration. In: Eberwein, H. (Hrsg.): Integrationspädagogik. Kinder mit und ohne Behinderungen lernen gemeinsam. Ein Handbuch. 5. Aufl. Weinheim/Basel: Beltz, S. 99-107

Sander, A. (2000): Kind-Umfeld-Diagnostik bei Schülern und Schülerinnen mit sonderpädagogischem Förderbedarf. In: Mutzek, W. (Hrsg.): Förderdiagnostik bei Lern- und Verhaltensstörungen. 2. Aufl. Weinheim: Beltz, S. 6-24

Sander, Alfred (2000): Zu Theorie und Praxis individueller Förderpläne für Kinder mit sonderpädagogischem Förderbedarf. In: Mutzeck, W. (Hrsg.): Förderplanung. Grundlagen-Methoden – Alternativen. Weinheim: Beltz, S. 14-32

Sandfuchs, U. (2009): Fördern und Förderunterricht. In: Blömeke, S./Bohl, Th./Lang-Woitasik, G./Sacher, W. (Hrsg.): Handbuch Schule. Theorie – Organisation – Entwicklung. Bad Heilbrunn: Klinkhardt, S. 341-348

Sasse, A. (2001): Gleichachtung und die Anerkennung von Differenz als Dilemma der Behindertenpädagogik in modernen Gesellschaften. In: Behindertenpädagogik, 40, S. 133-146

Schnell, Irmtraud (1997): Das Ganze ist mehr als die Summe seiner Teile. Lehrerbildung für eine integrative In: Grundschule, 29, 2, S. 29-31

Schuck, Karl Dieter (2008): Konzeptionelle Grundlagen der Förderdiagnostik. In: Arnold, K.-H./Graumann, O./Rakhkochkine, A. (Hrsg.): Handbuch Förderung. Grundlagen, Bereiche und Methoden der individuellen Förderung von Schülern. Weinheim: Beltz S. 106-116

Schumann, G./Burghardt, M./Stöppler, Th. (2009): Zur Qualität professionellen Handelns von Sonderpädagoginnen und Sonderpädagogen. In: Wember, F./Prändl, St. (Hrsg.): Standards der sonderpädagogischen Förderung. München, Basel: Reinhardt, S. 109-122

Schwager, M./Daniela Pilger, D. (2010): Die IGS Köln-Holweide – eine Schule in Teamstrukturen auf dem Weg zur inklusiven Schule. In: Hinz, A./Körner, I./ Niehoff, U. (Hrsg.): Auf dem Wege zur Schule für alle. Barrieren überwinden – inklusive Pädagogik entwickeln. Marburg: Lebenshilfe, S. 267- 280.

Speck, O. (2010): Schulische Inklusion aus heilpädagogischer Sicht. Rhetorik und Realität. München, Basel: Reinhardt

Speck, Otto (1996): Erziehung und Achtung vor dem Anderen. Zur moralischen Dimension der Erziehung. München, Basel: Reinhardt

Speck, Otto (1996a): Sonderpädagogische Förderung neu verstehen. Teil I In: Forum E 49, 5, S. 17-21

Speck, Otto (1996b): Sonderpädagogische Förderung neu verstehen. (Teil 2). In: Forum E, 49, 6, S. 9-12

Speck, Otto (2000): Sonderschulpädagogische Professionalität durch Qualitätsentwicklung – Begriffe, Modelle, Probleme. In: Heilpädagogische Forschung, 26, 1, S. 2-15

Stadler, H. (2003): Das Lehramt Sonderpädagogik – historische und aktuelle Aspekte der In: Gehrmann, P./Hüwe, B. (Hrsg.): Kinder und Jugendliche in erschwerten Lernsituationen. Aktuelle sonderpädagogische Forschungs- und Arbeitsfelder. Stuttgart: Kohlhammer, S. 123-135

Stähling, R. (2009): „Du gehörst zu uns". Inklusive Schule. Ein Praxisbuch für den Umbau der Schule. 2. Aufl. Hohengehren: Schneider

Stein, R. (2004): Berufsbezogene „Diskrepanzen" bei Lehrern für Sonderpädagogik. In: Zeitschrift für Heilpädagogik 55, S. 430-439

Stöppler, Th. (2010): Ja zur Vielfalt (sonder-)pädagogischer Angebote. In: Aus Politik und Zeitgeschichte. Beilage zur Wochenzeitung Das Parlament, 7. Juni, S. 19-24

Tenorth, Heinz-Elmar (2001): Bildsamkeit und Behinderung. Operativ-professionelle Konsequenzen eines pädagogischen Grundbegriffs. In: Wachtel, Grit (Hrsg.): Heil- und Sonderpädagogik – auch im 21. Jahrhundert eine Herausforderung. Aktuelle Denkansätze in der Heilpädagogik und ihre historischen Wurzeln. Weinheim u.a.: Beltz, S. 51-63

Tenorth, Heinz-Elmar (2004): Bildungsminimum und Lehrfunktion. Eine Apologie der Schulpflicht und eine Kritik der 'therapie'-orientierten pädagogischen Professionstheorie. In: o.A. : Was Schule macht. Weinheim u.a.: Beltz (Beltz Wissenschaft), S. 15-29

Tornow, K./Weinert, H. (2003): Erbe und Schicksal. (Original 1942) In: Ellger-Rüttgardt, S. (Hrsg.): Lernbehindertenpädagogik. Weinheim: Beltz (Studientexte zur Geschichte der Behindertenpädagogik, 5), S. 297-304

Verband Sonderpädagogik (VdS) (2007). Standards der sonderpädagogischen Lehrerbildung. Bad Sassendorf

Verband Sonderpädagogik (VdS) (2009): Standards der sonderpädagogischen Förderung – verabschiedet auf der Hauptversammlung 2007 in Potsdam. In: Wember, F./Prändl, St. (Hrsg.): Standards der sonderpädagogischen Förderung. München, Basel: Reinhardt, S. 41-88

Wagner, S. J./Powell, J.J.W. (2003): Ethnisch-kulturelle Ungleichheit im deutschen Bildungswesen – Zur Überrepräsentanz von Migrantenjugendlichen an Sonderschulen. In: Cloerkes, Günther (Hrsg.): Wie man behindert wird. Texte zur Konstruktion einer sozialen Rolle und zur Lebenssituation betroffener Menschen. Heidelberg: Winter (Materialien zur Soziologie der Behinderten, 1), S. 183-208

Welling, A./Grümmer, C./Schulz, B. (2003): Lehrerbildung und sonderpädagogischer Studien- und Praxisschwerpunkt Sprache: Ein Beitrag zur Professionalisierung der unterrichts- und therapiedidaktischen Praxis. In: Zeitschrift für Heilpädagogik, 54, 5, S. 194-212

Wember, F. (2009): Individuelle Förderung – Kern der sonderpädagogischen Förderung und zentrales Instrument der Qualitätssicherung. In: Wember, F./ Prändl, St. (Hrsg.): Standards der sonderpädagogischen Förderung. München, Basel: Reinhardt, S. 89-108

Wember, F./Prändl, St. (Hrsg.) (2009): Standards der sonderpädagogischen Förderung. München, Basel: Reinhardt

Wocken, H. (1997): Die Ausbildung von Sonderpädagogen neu denken! In: Wittrock, M. (Hrsg.): Sonderpädagogischer Förderbedarf und sonderpädagogische Förderung in der Zukunft. Neuwied: Luchterhand

Wocken, Hans (1987): Soziale Integration behinderter Kinder. In: Wocken, Hans/Antor, Georg (Hrsg.): Integrationsklassen in Hamburg. Oberbiel: Jarick, S. 203-275

Wocken, Hans (1988): Sonderschullehrer in Integrationsklassen. In: Wocken, Hans/Antor, Georg/Hinz, Andreas (Hrsg.): Integrationsklassen in Hamburger Grundschulen. Bilanz eines Schulversuchs. Hamburg: Curio, S. 185-198

Wocken, Hans (1988): Kooperation von Pädagogen in integrativen Grundschulen. In: Wocken, Hans/Antor, Georg/Hinz, Andreas (Hrsg.): Integrationsklassen in Hamburger Grundschulen. Bilanz eines Modellversuchs. Hamburg: Curio, S. 199-274

Wocken, Hans (1991): Integration heißt auch: Arbeit im Team. Bedingungen und Prozesse kooperativer Arbeit. In: Pädagogik, 43, 1, S. 18-23

Wocken, Hans (1996): Zur Aufgabe von Sonderpädagogen in integrativen Klassen. Eine theoretische Skizze. In: Behindertenpädagogik, 35, 4, S. 372-376

Wocken, Hans (2007): Fördert Förderschule? Eine empirische Rundreise durch Schulen für „optimale In: Demmer-Dieckmann, I./Textor, A. (Hrsg.) : Integrationsforschung und Bildungspolitik im Dialog. Bad Heilbrunn: Klinkhardt, S. 35-60

Wocken, Hans (2010): Architektur eines inklusiven Schulsystems. Eine bildungspolitische Skizze. In: Gemeinsam leben. Zeitschrift für integrative Erziehung 18, 3, S. (im Erscheinen)

Wocken, Hans (2010): Integration & Inklusion. Ein Versuch, die Integration vor der Abwertung und die Inklusion vor Träumereien zu bewahren. In: Stein, Anne-Dore/Niediek, Imke/Krach, Stefanie (Hrsg.): Integration und Inklusion auf dem Wege ins Gemeinwesen. Möglichkeitsräume und Perspektiven. Bad Heilbrunn: Klinkhardt, S. 204-234

Wocken, Hans (2010): Über Widersacher der Inklusion und ihre Gegenreden. Ein advokatorisches Essay. In: Aus Politik und Zeitgeschehen, Beilage zur Wochenzeitung „Das Parlament", Juni, S. 25-31

# 11. Über Widersacher der Inklusion und ihre Gegenreden. Ein advokatorisches Essay.

## 1. Widersacher der Inklusion

Die Botschaft der UN-Behindertenrechtskonvention hat aufgerüttelt. Alle Organisationen, Institutionen und Verbände, die in irgendeiner Weise mit der pädagogischen Förderung von Kindern mit Behinderungen befasst sind, fühlen sich zu einer Stellungnahme herausgefordert. Eine kaum noch überschaubare Anzahl von Positionspapieren, Resolutionen und Memoranden bezeugt die lebhafte Auseinandersetzung mit der Konvention.

Eine erste Sichtung der Reaktionen führt zu einem höchst überraschenden Ergebnis: Die Behindertenrechtskonvention wird allerorten einhellig „begrüßt"! Kritische oder gar ablehnende Stellungnahmen sind nicht bekannt. Es gibt also – so scheint es – keine Gegner der Inklusion! Auf der Ebene der Bekenntnisse sind wir „ein einzig Volk von Brüdern" (Schiller).

Der erste Eindruck einer allgemeinen Zustimmung ist indes oberflächlich. Unterhalb der freundlichen Oberfläche der Akzeptanz leben die tradierten Vorbehalte unverändert fort. Aus den einstigen „Gegnern" der Integration sind keineswegs von heute auf morgen Anhänger und Freunde der Inklusion geworden.

Wo gesellschaftliche Gruppierungen sich in Wahrheit positionieren, kann verlässlich erst mit der bohrenden Nachfrage: „Wie hältst Du's mit der Sonderschule?" erschlossen werden. Mittels dieser Tiefenbohrung wird alsbald deutlich werden, dass das hergebrachte Konzept einer separierten Unterrichtung behinderter Kinder in Sonderschulen sich unverändert einer nennenswerten Zustimmung erfreut. Manch einer fügt dem Bekenntnis zur Inklusion flugs den wichtigen Nachsatz hinzu: Aber die Sonderschulen müssen bestehen bleiben! Die Grenzen werden also nicht durch das Pro oder Contra Inklusion markiert, sondern durch die Zusicherung oder Verweigerung einer generellen Bestandsgarantie für Sonderschulen. Gegner der Inklusion gibt es nicht, Widersacher der Inklusion aber schon. Als Widersacher der Inklusion sind all diejenigen anzusehen, die zwar für Inklusion ein höfliches Lippenbekenntnis erübrigen können, aber im Übrigen an der weiteren Existenz von Sonderschulen unverbrüchlich festhalten. Ohne Anspruch auf Vollständigkeit seien einige Widersacher der Inklusion namentlich angeführt.

Der Philologenverband und der Realschullehrerverband sind die natürlichen Exponenten des gegliederten Schulwesens schlechthin. Sie treten dafür ein, dass ausschließlich „geeignete" Schüler ihre Schulformen besuchen und schließen deshalb alle Schüler mit Leistungsbeeinträchtigungen aus.

Viele Förderschulen befinden sich in privater Trägerschaft, entweder der christlichen Kirchen oder von Sozialverbänden und Stiftungen. Alle Privatschulen finanzieren sich auch über Pro-Kopf-Zuweisungen pro Kind. Die Inklusion behinderter Schüler in allgemeine Schulen könnte den Exodus behinderter Kinder zur Folge haben und damit den Privatschulen durch eine Abstimmung mit den Füßen die finanzielle Grundlage entziehen.

Die Interessenlage bei den Betroffenenverbänden ist unübersichtlich und nicht einheitlich; sie variiert von Förderschwerpunkt zu Förderschwerpunkt und von Landesverband zu Landesverband zum Teil erheblich. Während etwa der Bundesverband Lebenshilfe sich deutlich pro Inklusion positioniert hat, halten manche Regionalverbände an der Notwendigkeit von separaten Sonderschulen fest. In den Förderschwerpunkten „Hören“ und „Sehen“ veranlassen positive Erfahrungen mit sonderpädagogischer Frühförderung die Eltern dazu, die separate Unterrichtung auch in der Schule fortzusetzen. In den Förderschwerpunkten „Lernen“ und „emotionale und soziale Entwicklung“ sind die Eltern aufgrund vielfältiger persönlicher Belastungen an Schule überhaupt wenig interessiert. Während die Eltern dieser Förderschwerpunkte sich tendenziell gleichgültig verhalten, treten die entsprechenden Lehrerverbände zum Teil mit Vehemenz für den Erhalt „ihrer“ Sonderschulen ein. Im Förderschwerpunkt „Sprache“ wissen die Eltern den therapeutischen Anspruch der „Durchgangsschule“ und die kleine Lerngruppe durchaus zu schätzen; die wissenschaftliche Sprachheilpädagogik befürwortet aufs Ganze gesehen die Möglichkeiten und Chancen einer inklusiven Förderung. Bei Körperbehinderungen und schweren Mehrfachbehinderungen hat für die Eltern die Möglichkeit einer ganztägigen Betreuung einen entscheidenden Stellenwert.

Unter den sonderpädagogischen Verbänden kommt dem Verband Sonderpädagogik (VDS) eine exponentielle Bedeutung zu. Der VDS, der größte sonderpädagogische Fachverband Europas, agiert weitgehend defensiv und hat sich eindeutig auf ein Sowohl-als-auch festgelegt. Theoretisch wird zwar das Primat der Integration und die subsidiäre Funktion von Sonderpädagogik unterstützt, praktisch aber an separaten, eigenständigen Existenzformen festgehalten: eigene Lehrerausbildung, eigene Schulhäuser, eigene Standesorganisation und eigene Lehrerbesoldung. Inklusion – nicht verstanden als Ziel, sondern als Weg! – ist über die Sonderpädagogik über Nacht hereingebrochen. Sie wurde von der Sonderpädagogik nicht herbeigesehnt, sondern musste und muss ihr abgerungen werden.

Bezüglich der bildungspolitischen Positionen der Parteien spielt die Farbenlehre leider eine einflussreiche Rolle. Im linken Parteienspektrum wird ein inklusives Schulsystem durchgängig befürwortet, Unterschiede zeigen sich hier allenfalls hinsichtlich des Fortbestands eigenständiger Sonderschulen.

Das bürgerliche Lager ist für eine inklusive Schulreform – mit erheblicher regionaler Varianz – durchaus aufgeschlossen, verbindet aber die schulpolitische Öffnung hin zur Inklusion zugleich mit einer verbindlichen Bestandsgarantie für Sonderschulen. Sehr pointiert bringt diese Parallelität sonderpädagogischer Förderung behinderter Schüler in allgemeinen und besonderen Schulen die FDP zum Ausdruck: „Für die FDP ist klar: Förderschulen werden auch künftig ein fester Bestandteil des nordrhein-westfälischen Schulsystems sein" (FDP-Abgeordnete Pieper-von Heiden, Landtag NRW).
Der Streifzug durch diverse gesellschaftliche Organisationen und Gruppierungen hat gezeigt, dass die Bundesrepublik Deutschland – anders als die skandinavischen Länder oder Italien – noch recht weit von einem gesamtgesellschaftlichen Konsens entfernt ist. Das allgemein beteuerte Bekenntnis zur UN-Behindertenkonvention ist gewiss erfreulich, aber nicht wirklich tragfähig und belastbar. Wenn es ganz konkret um den Aufbau inklusiver Bildungsangebote geht, klaffen das bekundete Bekenntnis zur Inklusion und die Bereitschaft zu realen schulpraktischen Konsequenzen immer wieder erheblich auseinander. Es gibt sie leider eben doch noch, die Widersacher der Inklusion.

## 2. Gegenreden gegen inklusive Bildung

Wie begründen die Widersacher inklusiver Bildung ihre defensive Position? Bei der argumentativen Verteidigung segregierender Bildung kommen – neben einer Reihe von detaillierten Begründungen – immer wieder recht typische Einwände und Vorbehalte zur Sprache. Diese typischen Argumentationsfiguren soll im Folgenden nachgezeichnet werden.

### 2.1 Die homodoxe Antwort: Der Glaube an Gleichheit

In der inklusiven Pädagogik ist die Anpassung der Schule an die Schüler Programm. Der Schüler ist gleichsam die Konstante, die Schule die Variable. Die Gegenreden aus dem Lager der separierenden Pädagogik folgen genau der entgegengesetzten Programmatik. Es gibt ein feststehendes System von Schulformen, in das die verschiedenen Schüler einsortiert werden müssen. Für die „begabungsgerechte" Schule werden die passenden Schüler gesucht. Das System Schule steht unveränderlich fest, die zu lösende Aufgabe ist die Auswahl („Selektion") der richtigen Schüler. Diese homodoxe Philosophie von ein- und unterteilenden Schulsystemen sei in ihren Grundzügen kurz erläutert. Verfechter und Widersacher inklusiver Bildung unterscheiden sich fundamental in der Wertschätzung von Heterogenität und Homogenität. Inklusive Bildung versteht sich als Pädagogik der Vielfalt; sie ist überzeugt von dem Nutzen und der Fruchtbarkeit von heterogenen Lerngruppen. Für den Gegenspieler ist dagegen Homogenität die grundlegende Voraussetzung und zugleich optimale Bedingung für erfolgreiches Lehren und Lernen. Dieses grundlegende Axiom exkludierender Bildung wird hier mit einem neuen Begriff umschrieben: homodox. Die Neuschöpfung wurde analog zum Begriff orthodox geprägt. Orthodox heißt übersetzt rechtgläubig, homodox meint entsprechend gleichgläubig. Im Zentrum der homodoxen Pädagogik steht die Gleichheitsbedingung, der Glaube an Homogenität. Die Schüler einer Lerngruppe sollten in ihren Lernvoraussetzungen, -möglichkeiten und -bedürfnissen möglichst gleich sein. Allein Homogenität, Gleichheit gewährleistet optimale schulische Lernprozesse – das ist der Lehrsatz der homogenitätsgläubigen Philosophie. Den traditionellen Glauben an den Vorteil homogener Gruppen beschreibt die „Württembergische Schulordnung" aus dem Jahre 1559 so:

> „So dann der Schulmeister die Schulkinder mit Nutz lehren will, so soll er sie in drei Häuflein einteilen.
> Das eine, darinnen diejenigen gesetzet, so erst anfangen zu buchstabieren.
> Das andere die, so anfangen die Syllaben zusammenzuschlagen.
> Das dritte, welche anfangen zu lesen und zu schreiben.
> Desgleichen soll er in jedem Häuflein besondere Rotten machen, damit diejenigen, so einander in jedem Häuflein am gleichsten sind, zusammensitzen; dadurch wird dem Schulmeister die Arbeit geringert" (in: Dietrich/Klink 1964, S. 19).

Aus der Gleichheitsbedingung als oberstem Grundsatz der homodoxen Pädagogik folgt der Imperativ der Gliederung aller Schüler in möglichst gleiche Gruppen: Je gleicher, desto besser. Im Bildungssystem als Ganzem erfolgt die Aufteilung der Schüler in mindestens vier hierarchische Stufen: Gymnasium, Realschule, Hauptschule, Sonderschule. Nach der interschulischen Grobeinteilung in verschiedene Schulformen wird dann eine intraschulische Untergliederung in homogene Jahrgangsklassen vorgenommen. Und wenn die Heterogenität innerhalb eines Subsystems als grenzwertig empfunden wird, werden im eigenen Hause noch einmal A-B-C-Gruppen gebildet.

Die Stratifizierung der Schüler durch das homodoxe Schulsystem misslingt in großem Maßstab. Zur Herstellung und Aufrechterhaltung der Gleichheit muss fortwährend nachgesteuert und korrigiert werden. 10 Prozent aller Schulanfänger werden bei Schulbeginn als „schulunreif" klassifiziert und zurückgewiesen. 40 Tausend Schüler erreichen Jahr für Jahr nicht das Klassenziel. Jeder vierte Schüler hat im Laufe der Schulzeit wenigstens eine „Ehrenrunde" gedreht. 15 Prozent aller Schüler werden alljährlich aus höheren Schulen in niedere Schulen abgestuft. Innerhalb und außerhalb der Schule bemühen sich

Liftkurse, Förderunterricht und ein exorbitanter Nachhilfemarkt darum, dass die Schwachen nicht aus den jeweiligen Subsystemen herausfallen und wieder mithalten können. Die homodoxe Pädagogik lässt sich aber von derlei Pannen, Widersprüchen und Fehlleistungen der Gliederungs- und Exklusionsmaschinerie nicht beeindrucken und setzt das Werk des Sortierens unverdrossen fort.
Auf der Unterrichtsebene ist das Idealbild einer homodoxen Didaktik der gleichschrittige Frontalunterricht. Der homodoxe Lehrer verlässt sich auf die Gleichheitsgarantie des Systems und geht folglich von einer prinzipiellen Homogenität der Schüler aus. Die gleichen Schüler erhalten den gleichen Unterricht mit den gleichen Zielen, den gleichen Inhalten und den gleichen Methoden. Sofern vorübergehend sogenannte Maßnahmen der inneren Differenzierung zum Zuge kommen, dienen sie nicht der Anpassung des Unterrichts an die Schüler, sondern umgekehrt der Anpassung der ungleichen Abweichler an den fiktiven Standard. Individualisierung hat paradoxerweise De-Individualisierung, die „Normalisierung" der ungleichen Schüler zum Zweck, damit sie wieder im Gleichschritt mitmarschieren können.
Die Gleichheitsbedingung der homodoxen Pädagogik führt konsequenterweise dazu, dass alle Schüler mit Behinderungen nicht nur aus dem allgemeinen Bildungssystem für „normale" Schüler herausfallen, sondern innerhalb des Sondersystems noch einmal kategorial aufgeteilt werden in unterschiedliche Behinderungsarten. Damit nicht genug. Innerhalb der Sonderschulen hat das Homogenisieren immer noch kein Ende, sondern dort werden noch einmal „normal" behinderte Schüler von schwerstbehinderten Schülern unterschieden und dann jeweils in separaten Klassen zusammengefasst.
Wenn die Bildungslandschaft erst einmal parzelliert ist und das gesamte Schülervolk auf die Kleinstaaten verteilt ist, beginnen die Bildungsprovinzen ein Eigenleben zu entfalten. Sie konstruieren vorab eine Sonderanthropologie des Schülers. Die monodoxe Schülertypologie weiß genau, was ein typischer Gymnasiast, ein typischer Realschüler, ein typischer Hauptschüler und ein typischer Sonderschüler ist. Zu diesen Bildern von typischen Schülern werden in einem zweiten Schritt dann als Rahmungen passgenaue, schülertypische Sonder-Pädagogiken erfunden. Die Pädagogik der Realschule etwa hat insbesondere darzulegen, dass der typische Realschüler ein ganz anderer, unterscheidbarer und unvergleichlicher Schüler ist, dem nur eine maßgeschneiderte, spezielle Realschulpädagogik zu entsprechen imstande ist. Die Sonderpädagogik ist in der Konstruktion „spezieller" Pädagogiken besonders erfinderisch und behauptet, dass es für alle „Störungsbilder" deutlich unterscheidbare differentielle Pädagogiken und Didaktiken gäbe.
Das gegliederte System als Ganzes pflegt das Phantom der begabungsgerechten Schule. Dabei ist die begabungsgerechte Schule von der empirischen For-

schung längst als Ideologie demaskiert worden; die vermeintlichen Begabungstypen gibt es nicht, sie sind ein mittlerweile historisches Relikt der Ständegesellschaft. Der „gute“ Hauptschüler ist dem „befriedigenden“ Realschüler durchaus ebenbürtig und schafft auch ein mindestens „ausreichendes“ Abitur. Und zwischen Sonderschülern „Lernen“ und Hauptschülern gibt es breite Überlappungen, aber keinen „cut off point“, der eine klare Trennung der Gruppen erlaubte. Das letzte Glied in der Besonderung der Schulen, der Anthropologien, der Pädagogiken ist dann die besondere Professionalität der Lehrer, die sich in einer eigenständigen Lehreraus- und fortbildung sowie in streng abgegrenzten Standesverbänden abbildet.
Das homodoxe Prinzip ist im bundesdeutschen Bildungswesen allgegenwärtig, bestimmend und von einer durchdringenden Wirksamkeit. Gegen diese Allmacht der Homodoxie tritt inklusive Pädagogik an. Es ist ein Kampf von David gegen Goliath. Dabei findet sich die Lehre der homodoxen Pädagogik eigentlich in keinem Lehrbuch der Pädagogik. Homodoxe Pädagogik ist keine ausgearbeitete wissenschaftliche Theorie, sondern gleicht einem ungeschriebenen Gesetz. Obwohl weder explizit ausformuliert noch rational begründet noch empirisch validiert, gilt die homodoxe Doktrin umso mehr. Kein anderes Regulativ ist für die Strukturierung von Lernprozessen so universal, so dominant und so wirkmächtig wie das homodoxe Grundgesetz, das Gesetz der Gleichheit.

## 2.2 Die gespaltene Antwort: Sowohl – als auch

Die gespaltene Antwort gehört zum Standard der Inklusionsskeptiker und -widersacher. Die gespaltene Antwort toleriert – zähneknirschend und widerwillig – das Erfordernis eines inklusiven Bildungssystems, betont aber gleichzeitig mit standhafter Unnachgiebigkeit die absolute Notwendigkeit, das bestehende Sonderschulsystem in seiner vollen Differenziertheit zu erhalten. Die Formel heißt: Sowohl Inklusion, als auch Sonderschule. Ein quantitativer Rückgang der Sonderschülerzahlen wird hingenommen, eine qualitative Minderung der Sonderschultypen wird dagegen strikt abgelehnt.
Das primäre Ziel der Sowohl-Als-auch-Strategie ist die Erhaltung und Rettung der Sonderschulen als zusätzlicher Säule im gegliederten Schulsystem. Während die UN-Konvention eher eine sukzessive Abwicklung des Sonderschulsystems nahelegt, fordern die Widersacher im Gegenzug die „Weiterentwicklung“.
Mit „Weiterentwicklung“ ist zunächst einmal gemeint, dass die bisherigen Sonderschulen sich zu externen Unterstützungssystemen weiter entwickeln sollen. Externe Unterstützungssysteme, die ambulante Dienste für inklusive Schulen anbieten und auch unter den Begriffen „Kompetenzzentrum“ oder

„Mobile sonderpädagogische Dienste“ firmieren, sind gewiss auch in einem inklusiven Schulsystem unabdingbar notwendig. Bei der gespaltenen Argumentationsstrategie ist aber keineswegs an eine Umwandlung von Sonderschulen zu „Kompetenzzentren“ als „Schulen ohne Schüler“ gedacht. Die bisherige Sonderschule soll als ein stationäres System mit eigenen Klassen und eigenen Schülern voll erhalten bleiben und zusätzlich um ein ambulantes System ergänzt werden.

Der Argumentationsduktus der Sowohl-als-auch-Strategie endet regelhaft mit einer Warnung vor einer neuen Schulstrukturdebatte. Es dürfe „auf keinen Fall eine Systemdiskussion“ geführt werden, so der Vorsitzende des Verbandes Sonderpädagogik (VDS); eine Diskussion des Schulsystems steht unter Ideologieverdacht: „Es darf keine Möglichkeit der Förderung aufgegeben werden aufgrund ideologischer Diskussionen“ (Stephan Prändl, VDS). Natürlich kann die Sowohl-als-auch-Strategie eine Strukturdebatte nicht wollen, denn diese würde nicht allein das viergliedrige Schulsystem problematisieren, sondern insbesondere auch die Existenz eines separierten Sonderschulsystems in Frage stellen.

Die gespaltene Antwort ist mit zweierlei schwerwiegenden Folgeproblemen belastet. Wenn man als grobe Schätzung einmal unterstellt, dass etwa die Hälfte aller Eltern von behinderten Kindern sich eine inklusive Schule wünschen wird, hat das logischerweise eine Halbierung der Schülerzahlen an Sonderschulen zur Folge. Das bedeutet, dass viele Sonderschulen mangels Masse geschlossen werden müssen, für die verbleibenden Sonderschüler längere Schulwege und höhere Fahrtkosten anfallen und ggf. manche Sonderschulen nur als Internat geführt werden können. Die Sonderschule wird den gleichen Erosionsprozess erleben wie die dahinsiechende Hauptschule, einschließlich der unerwünschten Nebenwirkung einer zunehmenden Problemkonzentration in den „Restschulen“.

Die weitere Folge der gespaltenen Antwort ist eine gravierende Belastung der öffentlichen Haushalte. Es ist relativ müßig darüber zu debattieren, ob Sonderschule oder Inklusion teurer oder billiger ist. Ein zweigleisiges Fördersystem für behinderte Kinder ist ohne Frage die schlechteste Lösung. Beide Systeme werden unentwegt um die knappen Ressourcen rangeln und sich wechselseitig das Wasser abgraben. Die Folge ist dann Mittelknappheit und Mittelmäßigkeit auf beiden Seiten. Der Aufbau inklusiver Schulen bei gleichzeitiger Bestandswahrung und „Weiterentwicklung“ der Sonderschulen – das ist mit Sicherheit die teuerste und schlechteste Lösung überhaupt.

### 2.3 Die delegierte Antwort: Der Elternwille

Die Sowohl-als-auch-Strategie stattet die Sonderschulen mit einer verlässlichen Bestandsgarantie aus. Diese Bestandsgarantie bedarf natürlich einer Legitimation: Warum soll oder muss es eigentlich weiterhin Sonderschulen geben?

Eine einleuchtende und überzeugende Rechtfertigung wäre ein wissenschaftlich belastbarer Nachweis einer qualifizierten pädagogischen Wirksamkeit. Genau daran aber mangelt es, aus verschiedenen Gründen. Die großen internationalen und nationalen Vergleichsstudien (PISA, IGLU, KESS usw.) sparen regelmäßig die Sonderschulen aus. In der wissenschaftlichen Sonderpädagogik selbst sind empirische Effizienzstudien äußerst selten, allenfalls die Lernbehindertenpädagogik kann hier respektable Studien vorlegen. So bleibt es bei der unbewiesenen „optimalen Förderung“, einem geflügelten Wort, das die Sonderschulen gerne als Rechtfertigungsformel vor sich hertragen.

In dieser argumentativen Notlage nehmen die Kontrahenten der Inklusion Zuflucht zu einer „demokratischen“ Begründung der Schulform Sonderschule. Die Sonderschule – so die Begründung der delegierten Antwort – entspreche dem Elternwillen! „Es gibt Eltern, die für ihre Kinder den gemeinsamen Unterricht wünschen. Es gibt aber auch Eltern, die sich den Unterricht an einer Förderschule wünschen. Deshalb muss ... die Förderschule als Angebot fortgeschrieben werden. Es darf kein Entweder-Oder, sondern es muss ein Sowohl-Als auch geben“ (CDU-Abgeordnete Kastner, Landtag NRW). Durch den Verweis auf den Elternwillen wird also die Begründungspflicht gleichsam an die Eltern delegiert. Die Eltern wollen und wünschen diese Schule, also ist sie rechtens.

Der Rekurs auf den Elternwillen ist überraschend und historisch neu. Es ist nicht bekannt, dass die Sonderpädagogik in ihrer über einhundertjährigen Geschichte jemals für das Elternwahlrecht plädiert hätte. In manchen Förderschwerpunkten, z. B. in der Lernbehindertenpädagogik, musste die Sonderschule sogar gegen den Willen der Eltern durchgesetzt werden. Und in allen Förderschwerpunkten gab es bis zum Erscheinen der Konvention eine gesetzlich verbindliche Pflicht zum Besuch der Sonderschule. Die behinderten Kinder wurden über viele, viele Jahrzehnte etikettiert und auch gegen den Willen von Eltern zwangsweise in Sonderschulen „eingewiesen“. Angesichts dieser historischen Tradition einer vollständigen Missachtung des Elternwillens verwundert der „Paradigmenwechsel“ doch. Nun, wo der Besuch einer Sonderschule nicht mehr Pflicht ist und auch nicht mehr sein darf, wird Wahlfreiheit für Eltern behinderter Kinder reklamiert. Mit anderen Worten: Nach dem Verlust der Vormundschaft ist das Elternwahlrecht für Sonderschulen die allerletzte Möglichkeit der existentiellen Absicherung. Das Elternwahlrecht wird als dienlich für die Erhaltung der Sonderschule in Anspruch genommen.

Bildungspolitiker aller Couleur und aller Bundesländer haben schon bald nach

der Ratifizierung der UN-Behindertenrechtskonvention angekündigt, dass sie das Elternwahlrecht „stärken" wollen. Diese schulpolitische und -rechtliche Innovation wird von den Kultusministern gerne mit dem Gestus von demokratischer Toleranz vorgetragen und als Respekt vor dem Elternwillen hingestellt. Die Abschaffung der Sonderschulpflicht ist indes nicht ein Ausdruck einer besonderen Reformfreudigkeit, sondern schlichtweg ein zwingendes Gebot der UN-Konvention. Diese besagt bekanntlich, dass kein Kind wegen seiner Behinderung vom Besuch der allgemeinen Schule ausgeschlossen werden darf! Alles andere als eine vollständige Abschaffung der Sonderschulpflicht wäre konventions- und verfassungswidrig. Eltern behinderter Kinder dürfen allgemeine Schule wählen, und diese ist dann in der Pflicht.
Von hohem Interesse ist die weiterführende Frage, wie denn das Elternwahlrecht konkret ausgefüllt wird. Dürfen die Eltern behinderter Kinder ausnahmslos alle Schulformen des gegliederten Schulwesens wählen? Es wäre fatal, wenn in der Sekundarstufe ausschließlich die Hauptschule für die Mehrzahl von Eltern behinderter Kinder die einzige Wahlmöglichkeit wäre; die inklusive Schule wäre dann schlichtweg die Restschule der Nation. Auf eine Inklusionsreform, die de facto auf eine Zusammenlegung von Hauptschule und Sonderschule hinausläuft, wird inklusive Pädagogik sich nicht einlassen können und dürfen.

## 2.4 Die verweigerte Antwort: Das Kindeswohl

Nach der Berufung auf Eltern, die sich die Sonderschule wünschen, wird als weiterer Kronzeuge für die Rechtfertigung von Sonderschulen das behinderte Kind selbst benannt. Es geht um das Kindeswohl! Auch die UN-Behindertenrechtskonvention kennt diese Begründung. Der einschlägige Paragraph lautet: „Bei allen Maßnahmen, die Kinder mit Behinderungen betreffen, ist das Wohl des Kindes ein Gesichtspunkt, der vorrangig zu berücksichtigen ist" (Art. 7, 2). Das Wohl des Kindes mit einer Behinderung ist in der Tat der oberste Leitwert, der nicht zur Diskussion gestellt werden kann. Jede Entscheidung über einen Lernort muss sich immer vor diesem prioritären pädagogischen Prinzip des Kindeswohls verantworten können.
Das Problem ist nicht die unantastbare Geltung des Prinzips, sondern seine Anwendung und Auslegung. Erstens wäre die Frage zu beantworten, wer eigentlich genau und sicher weiß, was bei einem konkreten Kind mit einer Behinderung das Wohl des Kindes ist. Und zweitens ist von erheblicher Bedeutung, wem die Kompetenz zugesprochen wird, letztlich zu entscheiden, was in diesem konkreten Fall zum Wohle des Kindes ist. Und schließlich gilt es drittens zu bedenken, um wessen Kindeswohl es eigentlich geht, um das

Wohl der behinderten Kinder oder um das Wohl der nichtbehinderten Kinder. Sind die Eltern selbst die Experten für das behinderte Kind, weil sie es aus eigenem Erleben durch viele Jahre hindurch und in vielfältigen Lebenssituationen genau kennen? Oder sind die Sonderpädagogen kraft ihres professionellen Expertentums, der angeeigneten theoretischen Kenntnisse und der gediegenen Umgangserfahrungen in der beruflichen Praxis die besseren Experten? Expert sind sicherlich beide, Eltern wie Sonderpädagogen, aber wer hat zu guter Letzt das Sagen? Mit ausdrücklichem Bezug auf das Kindeswohl findet die Vorsitzende einer Elternvereinigung die Anmaßung, „dass der Staat besser als die Eltern weiß, wo die Kinder am besten aufgehoben sind" (CDU-Abgeordnete Kastner, Landtag NRW) unerträglich. Kann und darf der Staat die ultimative Entscheidungskompetenz in jedem Fall den Eltern überantworten und sich außer einem beraterischem Beistand ganz aus der Verantwortung zurückziehen? Kann umgekehrt von den Eltern behinderter Kinder erwartet werden, dass sie die Entscheidung über die schulische Bildung vollends dem Staat überantworten und außer einer Anhörung das grundgesetzlich verbriefte Erziehungsrecht aus der Hand geben? Weder die Entmündigung des Staates noch die Entmündigung der Eltern sind tolerabel. Im Streit um das Kindeswohl hilft der fromme Rat zu einem einvernehmlichen Kompromiss nicht viel weiter, hier bedarf es handfester und handhabbarer Verfahrensregeln und -strukturen.

Wer zur Begründung der Sonderschule auf das Kindeswohl hinweist, hat ohne jeglichen Zweifel ein wichtiges und richtiges Argument ins Feld geführt. Aber das Kindeswohl-Argument löst leider kein Problem, sondern wirft im Gegenteil gravierende neue Fragen auf, die niemand unangreifbar und schlüssig beantworten kann. Das Kindeswohl-Argument gibt eine Antwort, die keine wirkliche Antwort ist. Die Antwort auf die Frage Sonderschule oder Inklusion wird vertagt und letztlich verweigert.

Abschließend soll eine letzte Erwägung der bereits aufgeworfenen Frage gelten, ob es bei der Streitfrage um das Wohl der behinderten oder der nichtbehinderten Kinder geht. Natürlich immer um beiderlei Wohl, was denn sonst. So einfach liegen die Dinge aber häufig nicht. Es gibt durchaus Fälle, wo das Wohl des einen Kindes dem Wohl des anderen Kindes entgegensteht, wo das eine Kind das andere Kind in seinem Wohlergehen und in seiner Entwicklung „behindert". Muss dann dasjenige Kind, das das andere Kind „behindert" und ihm zu einer schwer erträglichen, kaum zumutbaren Last wird, das Feld räumen?

Alle Kinder haben das gleiche Recht auf eine volle und „ungehinderte" Entfaltung ihrer Persönlichkeit. Was ist nun im Konfliktfall, der „Behinderung" von Kindern durch Kinder, zu tun? Der juristischen Diskussion der Behindertenrechtskonvention ist nach gegenwärtigem Stand eine klare Lösungspräferenz zu entnehmen. Das Recht eines jeden Kindes auf freie Persönlichkeitsentfaltung und auf Gemeinsamkeit mit anderen Kindern endet dort, wo die gleichen Rechte der anderen Kinder auf Persönlichkeitsentfaltung in nicht zumutbarer Weise eingeschränkt werden. Recht und Wohl des einen Kindes dürfen sich nicht in erheblichem Umfange gegen Recht und Wohl des anderen Kindes wenden. Freiheit und Würde des einen finden eine begründete Grenze in der Freiheit und Würde des anderen.

Es gibt unstrittig auch behinderte Kinder, die in schwerwiegender, nicht mehr ertragbarer Weise andere Kinder in ihrer Persönlichkeitsentwicklung und in ihrem Wohlbefinden beeinträchtigen können. In all diesen Fällen würde das „behindernde" Kind seinen Rechtsanspruch auf Gemeinsamkeit und auf Inklusion verlieren. Im Konfliktfall wird es keine andere Lösung geben können. Die geschilderte Konfliktlösung ist bitter, aber unumgänglich.

Wenn also in der Diskussion um die Notwendigkeit besonderer Schutzräume darauf verwiesen wird, dass in extremen Fällen die Verbringung „behindernder" Kinder in Schutzräume angezeigt ist, und zwar um ihrer selbst und um der anderen Kinder willen, dann wird zu Recht mit dem Wohl des Kindes argumentiert. Die ausdrückliche Anerkennung einer legitimen Argumentation wird hier aber mit einem zweifachen Vorbehalt verbunden.

Zunächst: Es gibt angeblich behinderte Kinder, die für andere, nicht behinderte Kinder „unzumutbar" sind. Aber wie und warum können dann diese „unzumutbaren" Kinder anderen behinderten Kindern in Sondereinrichtungen zugemutet werden?

Sodann eine eindringliche und besorgte Warnung. Jene Extremfälle, die hier diskutiert werden, sind von einer außerordentlichen Seltenheit. Es wäre fatal, wenn in fahrlässiger Leichtfertigkeit im öffentlichen Diskurs immer wieder die „schwersten" Fälle in abschreckender Form gleichsam als „Monster" geschildert werden und zugleich der unausgesprochene Eindruck erzeugt wird, derartige „schwerste" Fälle seien eben keine Seltenheit. Eine derartige Argumentationsstrategie dient und bezweckt nichts anderes als Abschreckung. Solche Abschreckungsfeldzüge musste ich leider häufiger erleben; sie sind perfide und instrumentalisieren die „schweren" Fälle in unaufrichtiger und wahrheitswidriger Weise für die Legitimation des Sonderschuldogmas.

Das Argument, dass behinderte Kinder nichtbehinderte Kinder behindern, ist uralt. Geschichtlich wurde die Einrichtung von Sonderschulen immer schon mit der Entlastungsfunktion begründet. In Verbindung mit der sozialdarwinistischen Lehre wurde im Nationalsozialismus aus der Entlastungsfunktion unversehens die Ballasthypothese. Behinderte sind Ballastexistenzen, die es auszumerzen gilt. Weil dieser Entlastungs- und Belastungsgedanke weit verbreitet und tief verwurzelt ist, könnte er durch die beschriebene Abschreckungsstrategie wieder zu neuem Leben erwachen. Wer in der Auseinandersetzung um Inklusion auf Abschreckung setzt, wird – so ist zu befürchten – Zustimmung finden, aber um den Preis der definitiven Abspaltung Behinderter aus der Gemeinsamkeit und der Mitmenschlichkeit. Das können nicht einmal die Widersacher der Inklusion wirklich wollen.

# Quellennachweise

1. **Integration.**
   In: Antor, G./Bleidick, U. (Hrsg.): Handlexikon der Behindertenpädagogik. Schlüsselbegriffe aus Theorie und Praxis. Stuttgart: Kohlhammer 2001, S. 76-80. © Kohlhammer Verlag
2. **Sonderpädagogischer Förderbedarf als systemischer Begriff.**
   In: Sonderpädagogik 1996, 26, S. 34-38
3. **Restauration der Stigmatisierung!**
   Kritik der „diagnosegeleiteten Integration".
   In: Behindertenpädagogik 2010, 49, S. 117-134. © Psychosozial-Verlag Gießen
4. **Elternwahlrecht!?**
   Über Dienstbarkeit, Endlichkeit und Widersinn des Elternwillens.
   In: Vierteljahresschrift für Heilpädagogik und ihre Nachbargebiete 2010, 79, 2, S. 186-195. © Ernst Reinhardt Verlag
5. **Von der Integration zur Inklusion.**
   Ein Spickzettel für Inklusion.
   In: Gemeinsam leben. Zeitschrift für integrative Erziehung 2009, 17, 4, S. 216-219. © Juventa Verlag
6. **Integration & Inklusion.**
   Ein Versuch, die Integration vor der Abwertung und die Inklusion vor Träumereien zu bewahren.
   In: Stein, Anne-Dore/Niediek, Imke/Krach, Stefanie (Hrsg.): Integration und Inklusion auf dem Wege ins Gemeinwesen. Möglichkeitsräume und Perspektiven. Bad Heilbrunn: Klinkhardt 2009, S. 204-234. © Klinkhardt Verlag
7. **Architektur eines inklusiven Bildungswesens.**
   Eine bildungspolitische Skizze.
   In: Gemeinsam leben. Zeitschrift für integrative Erziehung 2010, 18, 3, S. 167-178. © Juventa Verlag
8. **Was ist inklusiver Unterricht?**
   Eine Checkliste zur Zertifizierung schulischer Inklusion.
   In: Gemeinsam leben. Zeitschrift für integrative Erziehung 2010, Heft 4 und 2011, Heft 1. © Juventa Verlag
9. **Inklusive Unterrichtsorganisation.**
   Indirekter Unterricht als Maxime einer inklusiven Unterrichtsmethodik.
   Originalbeitrag
10. **Sonderpädagogen in der Inklusion.**
    Was sie schon können, was sie noch lernen und was sie verlernen müssen.
    Originalbeitrag
11. **Über Widersacher der Inklusion und ihre Gegenreden.**
    Ein advokatorisches Essay.
    In: Aus Politik und Zeitgeschehen, Beilage zur Wochenzeitung „Das Parlament", 2010, 7. Juni, S. 25-31

**Der Autor dankt den Verlagen für die Erteilung der Abdruckerlaubnis!**

**Weitere Bücher von Hans Wocken in der EDITION HAMBURGER BUCHWERKSTATT im FELDHAUS VERLAG**

**Zum Haus der inklusiven Schule**
Ansichten – Zugänge – Wege
3. Auflage 2017, 248 Seiten, ISBN 978-3-925408-51-9, € 24,80

**Im Haus der inklusiven Schule**
Grundrisse – Räume – Fenster
2. Auflage 2016, 260 Seiten, ISBN 978-3-925408-49-6, € 24,80

**Vom Haus der inklusiven Schule**
Berichte – Botschaften – Widerworte
1. Auflage 2015, 256 Seiten, ISBN 978-3-925408-48-9, € 24,80

**Am Haus der inklusiven Schule**
Anbauten – Anlagen – Haltestellen
1. Auflage 2016, 256 Seiten, ISBN 978-3-925408-50-2, € 24,80

**Beim Haus der inklusiven Schule**
Praktiken – Kontroversen – Statistiken
1. Auflage 2017, 308 Seiten, ISBN 978-3-925408-52-6, € 29,80

**Bayern integriert Inklusion**
Über die schwierige Koexistenz widersprüchlicher Systeme
1. Auflage 2015, 136 Seiten, ISBN 978-3-925408-46-5, € 19,80

**Die AUCH-Inklusion**
Die Idee der Inklusion und die Macht des Systems
1. Auflage 2019, 248 Seiten, ISBN 978-3-925408-54-0, € 24,80

**Die ZÄHMUNG der Inklusion**
Separation integriert Inklusion
1. Auflage 2020, 292 Seiten, ISBN 978-3-925408-55-7, € 24,80

**DIALEKTIK der Inklusion**
Inklusion als Balance
1. Auflage 2021, 284 Seiten, ISBN 978-3-925408-56-4, € 24,80

Die Inhaltsverzeichnisse der Bücher können eingesehen werden unter: www.hans-wocken.de